SERIE CULTURA S

UN MUNDO SIN COPYRIGHT
Artes y medios en la globalización

SERIE CULTURA 5

Dirigida por Néstor García Canclini

Se ha vuelto necesario estudiar la cultura en nuevos territorios. La industrialización y la globalización de los procesos culturales, además de modificar el papel de los intelectuales y los artistas, provoca que se interesen también en este campo los empresarios y los economistas, los gestores de proyectos culturales y los animadores de la comunicación y la participacón social. La serie Culturas dará a conocer estudios sobre estos nuevos escenarios, así como enfoques interdisciplinarios de las áreas clásicas, las artes y la literatura, la cultura popular, los conflictos fronterizos, los desafíos culturales del desarrollo y la ciudadanía. Daremos preferencia a estudios en español y en otras lenguas que están renovando tanto el trabajo de las disciplinas «dedicadas» a la cultura –antropología, historia y comunicación– como los campos del conocimiento que se abren para estos temas en la economía, la tecnología y la gestión sociopolítica.

LUIS REYGADAS	*Ensamblando culturas* Diversidad y conflicto en la globalización de la industria
JEAN-PIERRE WARNIER	*La mundialización de la cultura*
GEORGE YÚDICE	*El recurso de la cultura* Usos de la cultura en la era global
ROSALÍA WINOCUR	*Ciudadanos mediáticos* La construcción de lo público en la radio
SCOTT MICHAELSEN Y DAVID E. JOHNSON	*Teoría de la frontera* Los límites de la política cultural
GUSTAVO LINS RIBEIRO	*Postimperialismo* Cultura y política en el mundo contemporáneo
GEORGE YÚDICE Y TOBY MILLER	*Política cultural*
ALEJANDRO GRIMSON	*La nación en sus límites* Contrabandistas y exiliados en la frontera Argentina-Brasil
ÉTIENNE BALIBAR	*Violencias, identidades y civilidad* Por una cultura política global
RENATO ORTIZ	*Mundialización: saberes y creencias*

UN MUNDO SIN COPYRIGHT
Artes y medios en la globalización

Joost Smiers

Traducción de Julieta Barba y Silvia Jawerbaum

© Joost Smiers

Primera edición: septiembre de 2006, Barcelona

Derechos reservados para todas las ediciones en castellano

© Editorial Gedisa, S.A.
Paseo Bonanova 9, 1º1ª
08022 Barcelona, España
Tel 93 253 09 04
Fax 93 253 09 05
gedisa@gedisa.com
www.gedisa.com

ISBN: 84-9784-052-6
Depósito legal: B. 37859-2006

Diseño de colección: Silvia Sans
Impreso por Romanyà Valls
Impreso en España *Printed in Spain*

Queda prohibida la reproducción parcial o total por cualquier medio de impresión, en forma idéntica, extractada o modificada de esta versión castellana de la obra.

ÍNDICE

Agradecimientos 11

Introducción 13

Parte I: La expresión artística en un mundo corporativo

1. El arte y el mundo 23
   El arte, campo de batalla 23
   Formas específicas de comunicación 33
   Un triángulo y un archipiélago de tecnología avanzada 37
   Notas 46

2. El poder de decisión 49
   Los efectos de la dimensión 49
   El tema de la propiedad 56
   Paquete cultural, carga política y peso económico 62
   Las empresas de segundo nivel 66
   La producción y la distribución en masa 69
   Los mercados de las artes visuales: tan frenéticos como los
      mercados de valores 72
   Tras la era del telégrafo magnético 83
   Notas 91

3. Originalidad dudosa 95
   El bien más valioso del siglo XXI 95
   ¿A la caza de los piratas? 99
   MP3, Napster, Kazaa... 106
   La noción de originalidad 108
   Los artistas siguen creando 111
   Un concepto occidental 112
   Notas 119

4. Vida artística local 121
   Deslocalización 121
   Un vasto dominio de producción cultural 130
   Destrucción de la diversidad en menos de una década 147
   Tradicional, autóctono, popular, del mundo 160
   Identidades: demarcación de diferencias 168
   Hibridación ubicua: ¿por qué? 173
   Notas 179

5. Una cultura corporativa 181
   La estética y la tierra del deseo 181
   Algo para contar, algo para vender 187
   El entorno del mensaje comercial 189
   La violencia se propaga con facilidad 197
   Influencia 205
   Estimular el deseo, despertar la memoria, crear la fantasía 211
   La historia que la cultura corporativa no cuenta 220
   Notas 223

Parte II: Libertad y protección

6. Equilibrio entre comercio y cultura 227
   La cuadratura del círculo 227
   El comercio: otra guerra mundial 230
   Un nuevo tratado internacional sobre diversidad cultural 238
   Notas 244

7. Una reglamentación a favor de la diversidad cultural 245
   El camino para alejarse de los grandes grupos culturales 245
   Reglamentación de propiedad 248
   Reglamentación de contenido 256
   Responsabilidad pública 266
   Notas 270

8. Políticas culturales 271
   Guardar distancia 271
   Infraestructuras regionales para la distribución de películas ... 279
   Notas 282

9. Un mundo sin copyright 283
    Un contexto difícil de imaginar 283
    ¿Hay alternativas posibles? 287
    Artistas, productores y patrocinadores: empresarios 290
    La solución: el mercado y el usufructo transitorio 291
    Nuevo mercado cultural y campo de juego equilibrado 296

10. Nuestro patrimonio cultural 305
    Protección del mundo cultural en un mundo dinámico y
        antagónico 305
    El asalto al arte 312
    Todo lo que es frágil necesita protección: cultura y ecología .. 314
    Notas 318

11. Libertad de expresión *versus* responsabilidad 321
    La producción del discurso siempre está controlada 321
    El dominio digital no es lo que parecía 326
    Notas 329

Acordes finales. Todo lo que tiene valor es indefenso: estrategias para los movimientos culturales 331

Bibliografía 343

Índice de nombres y temático 365

AGRADECIMIENTOS

El autor agradece a Kiki Amsberg, Sanderijn Amsberg, Barbara Clarke, Wendy Davies, Cees Hamelink, Dragan Klaic, Jaap Klazema, Ole Reitov, Marieke van Schijndel y Giep Hagoort, colega del Grupo de Investigación de Artes y Economía de la Escuela de Artes de Utrecht, el apoyo brindado durante la investigación y redacción de este libro.

INTRODUCCIÓN

Éste es un libro sobre arte. En él me pregunto cuál es el lugar de la vida artística local en la era de la globalización económica y por qué es necesario tratar este tema. La música, el teatro, la danza, el diseño, la televisión, las películas, los cuentos, la poesía, las canciones, las pinturas, las esculturas y las fotografías son formas esenciales de comunicación en toda sociedad. El arte ofrece información sobre nuestros sentimientos más profundos, nos da placer, nos acompaña en momentos de tristeza, nos entretiene y, con frecuencia, se utiliza para atraernos o persuadirnos de que algo es de determinada manera. En algunas sociedades se prohíben distintas formas de expresión artística o se las considera ofensivas o peligrosas. En una cantidad de sociedades cada vez mayor, las personas reciben imágenes visuales o están expuestas a música de fondo casi todo el día.

El arte nunca ha sido marginal. Y hoy en día, eso es menos cierto que nunca. En la publicidad se usan creaciones artísticas. El cine, el vídeo y la música son grandes negocios, y la industria editorial también. Algunas zonas del mundo de las artes visuales son tan inestables como el mercado de valores, y grandes sumas de dinero cambian de manos a cada instante. Internet está convirtiéndose en una eficaz vía de transmisión de un sinnúmero de creaciones artísticas. Mientras tanto, cientos de miles de artistas tratan de ganarse el pan modestamente con su trabajo, y sólo unos pocos logran algo más que eso en materia de dinero.

¿Qué tiene que ver todo esto con la globalización económica y el libre comercio mundial? O, para invertir los términos: ¿por qué es tan importante el arte en toda sociedad, y por qué debería estar ligado a una sociedad en particular en lugar de reflejar la influencia de fuerzas culturales y económicas mundiales? La respuesta es: por la democracia. Una de las características de la democracia es que en ella pueden oírse muchas voces diferentes y expresarse muchas opiniones distintas. En toda sociedad democrática, el dominio público es el espacio físico y mental en el que se intercambian ideas y se debate abiertamente sobre todo tipo de temas sin que intervengan los agentes del Estado, que pueden tener sus propios temas para discutir, ni las fuerzas comerciales, cuyo único propósito es vender la mayor cantidad de productos posible.

El arte es fundamental para el debate en democracia y para el proceso de responder a la multiplicidad de preguntas que surgen de la vida cotidiana, tanto en el plano emocional como en otros. Para que esto suceda se necesita una gran diversidad de formas de expresión y canales de comunicación. Entre otros factores, las personas forman sus opiniones con los libros que leen, la música que escuchan, las películas que ven y las imágenes que reciben, aunque no siempre se trata de un proceso consciente. El arte, que en este libro se entiende como todas las formas del entretenimiento y el diseño, apela a nuestras emociones y deseos, muchas veces ocultos, a cómo nos percibimos, a nuestras esperanzas y anhelos.

Puede ocurrir que creaciones artísticas de distintas partes del mundo tengan un efecto en grupos específicos dentro de una sociedad en particular en un momento dado de la historia. Sin embargo, es importante advertir que una gran parte de la comunicación artística refleja sin el menor atisbo de nostalgia lo que sucede en cualquier comunidad, incluso en las que se forman por Internet o que vinculan a personas de diferentes países o regiones. Sería una pérdida que los sentimientos expresados por medio del arte dejaran de relacionarse con los conflictos, el deseo de un ambiente jovial y relajado, las formas de diversión, los tipos de humor específico y las preferencias estéticas de una sociedad *en particular*.

Más aún, es importante que, dentro de una misma sociedad, se creen y distribuyan *diversas* formas de expresiones artísticas, en manos de *diversos* productores y distribuidores. Las personas son diferentes entre sí; ¿y qué hay tan humano como la esperanza de encontrar formas dramáticas, musicales, visuales, literarias o cinematográficas que expresen adecuadamente las propias confusiones, las sensaciones de placer o los gustos estéticos?

Si para la democracia resulta vital que el arte se cree y muestre de tal forma que se pueda relacionar, al menos hasta cierto punto, con las sociedades específicas en las que se produce, es lícito preguntarse cuáles son los efectos de la globalización económica. Al fin y al cabo, el respeto por las empresas locales no es precisamente una prioridad en el sistema del libre comercio mundial. ¿Eso quiere decir que, en muchas sociedades, la vida artística se evapora? ¿Que a los artistas se les complica la distribución de su trabajo en su propio entorno? ¿Significa esto que gran parte de la atención pública se centrará en todo el mundo en una pequeña cantidad de productos y creadores artísticos que se publicitarán en todas partes? ¿Conduce esto a una homogeneización del gusto mundial? ¿O sería más apropiado decir que en todo el mundo está produciéndose una «deslocalización»?

Éstas son las preguntas que pretendo responder en este libro, sin olvidar que, en todo el mundo, hay muchos, muchísimos artistas que siguen creando y poniendo en práctica fascinantes formas de arte. El libro está dividido en dos partes. En la primera analizo la situación actual; en la segunda, propongo algunos posibles cambios.

En el capítulo 1 veremos que el arte es eminentemente un campo en el que se confrontan las incompatibilidades emocionales, los conflictos sociales y las cuestiones de estatus con una intensidad mucho mayor que la de la comunicación cotidiana. Si a ello sumamos los enormes intereses económicos que inciden en el campo cultural, nos encontraremos en una zona muy compleja y conflictiva de la vida humana. Esto es aún más cierto hoy en día, cuando la globalización económica está produciendo un cambio radical en la estructura de muchas instituciones y actividades del campo cultural.

La mayoría de las personas que ven televisión, escuchan música, leen un libro, disfrutan de una película o compran un cuadro no piensan quiénes son los dueños de los medios de producción, distribución y promoción de esas obras de arte, vehículos de entretenimiento o de saber, según cómo se miren. ¿Y por qué tendrían que pensar en ello? No obstante, tal como sostengo en el capítulo 2, el tema de la posesión de los medios de producción cultural es la espina dorsal de una lucha que se libra a escala mundial: quién llega a las audiencias más numerosas en lugar de responder al gusto de un pequeño grupo de aficionados.

En el capítulo 3 defiendo la idea de que los artistas deberían recibir una remuneración justa por su trabajo, tanto en los países ricos como en los pobres. Muchos todavía consideran que el copyright es una de las fuentes de ingreso más importantes para un artista, pese a la evidencia en contra de esa opinión. De hecho, el copyright –que en algunos países europeos se denomina derechos de autor– es uno de los productos comerciales más importantes del siglo XXI. Por este mismo fenómeno, es poco probable que el sistema de protección de la propiedad intelectual defienda los intereses de la mayoría de los músicos, compositores, actores, bailarines, escritores, diseñadores, artistas plásticos y cineastas. En cualquier caso, el dominio público está reciciéndose gracias a la imparable privatización de los bienes creativos e intelectuales de uso colectivo. Para revertir esta situación, en el capítulo 9 propongo la abolición del sistema de copyright, y sugiero una alternativa con la que, de acuerdo con el análisis que hago, se beneficiarían los artistas, el dominio público y los países del Tercer Mundo.

En el capítulo 4 analizo la función del arte en la vida social, sus efectos tanto locales como mundiales. A finales del siglo XX hubo movimientos que afirmaron la inexistencia de la sociedad: todos somos individuos dotados de autodeterminación y ciudadanos del mundo, no estamos sujetos a las convenciones sociales ni a la contextualización. En el siglo XXI nos hemos dado cuenta de que eso es verdadero sólo en parte y, en muchos casos, es directamente falso. Ahora también sabemos que no es del todo saludable cortar amarras con el entorno social inmediato. Después de haber experimentado la deslocalización del neoliberalismo, hoy mejor que nunca sabemos que el mundo es demasiado grande y complejo para que podamos orientarnos y encontrar un refugio seguro en él. En dicho capítulo presento ejemplos de la vasta producción cultural contemporánea y analizo la deslocalización cultural que también, y contra la homogeneización, está produciéndose.

En el capítulo 5 me centro en la idea de que no existen restricciones significativas respecto a *qué* puede consumirse: en principio, todos los objetos, las actividades y las relaciones sociales pueden intercambiarse como mercancías. En el mundo de hoy, en el que los grandes grupos de la industria cultural difunden sus ideas acerca de qué debe ser la cultura, la pregunta básica es: ¿de quiénes son las historias que se cuentan hoy? ¿Y quiénes son los que las cuentan? ¿Cómo se producen, difunden y reciben? Las obras de arte están convirtiéndose en vehículos de mensajes comerciales y tienen por función preparar el ambiente propicio para la estimulación del deseo. Con frecuencia ese contexto está lleno de violencia. Toda creación artística transmite un clima, un contenido, reflexiones sobre una forma de vida o una concepción del placer. Entonces la pregunta que no debemos evitar es: ¿esto me afecta a mí, a usted, a nosotros o a ellos? Quizá la mayor influencia sea la ausencia de toda una serie de cuestiones en el discurso dominante y la cultura del consumo. Si pensamos en valores como el respeto, la igualdad, la mesura, la sabiduría, la jovialidad, la moralidad, la solidaridad, la comunidad y la sostenibilidad, o en la convicción de que causar dolor o celebrar la violencia deberían prohibirse, rápidamente nos damos cuenta de que todos estos valores, junto con muchos otros, no aparecen tematizados en el mundo de la cultura corporativa.

En la segunda parte de este libro me ocuparé del artículo publicado por el *New York Times* en marzo de 1998 sobre la adquisición de Random House por el grupo Bertelsmann, en el que el autor afirma que la transacción se percibe como una operación justa y habitual en el mundo editorial:

> El problema es que la compra no nos llama la atención. Sólo nos provoca un suspiro, lo que sugiere que ya nos hemos acostumbrado a la frecuente convergencia de medios bajo una familia corporativa cada vez más grande. Pero en esa convergencia [...] algo se pierde; por ejemplo, la propiedad diversificada de los puntos de venta, o la ineficiencia productiva, en términos democráticos, de la comercialización de la información. El camino que nos aleja de los grandes grupos culturales será difícil de encontrar.

Desde la publicación de este comentario en adelante, el *New York Times* no se ha caracterizado por empezar a buscar ese camino que se aleja de los grupos de empresas culturales. En la segunda parte de este libro me propongo zanjar esa brecha y sugiero algunas soluciones para los problemas expuestos en los capítulos de la primera parte.

En el capítulo 6 trato el tema de la convención sobre la diversidad cultural, que oficialmente se denomina «Convención sobre la Protección y Promoción de la Diversidad de las Expresiones Culturales», de la que se ocupa la Unesco desde 2003. Un documento vinculante de este tipo conferiría a los Estados el derecho a regular el mercado cultural en favor del desarrollo de la diversidad cultural. El capítulo 7 constituye un ejercicio de la imaginación en relación con la reglamentación adecuada para fomentar la diversidad, como la regulación de la propiedad o los contenidos, o la obligación de los grupos de empresas de hacerse responsables de sus políticas en la esfera pública. Además de regular los mercados culturales, las autoridades locales, regionales y nacionales deberían apoyar activamente la producción y distribución de las expresiones artísticas cuando el mercado no las ampara. De este tema me ocupo en el capítulo 8. En el capítulo 9 retomo el tema planteado en el 3 respecto a la inviabilidad del sistema actual de copyright. Por muy difícil que sea, debemos tratar de formular alternativas que generen mejores remuneraciones para los artistas de todas partes del mundo y que devuelvan la creatividad y el conocimiento al dominio público, que es donde deben estar.

La globalización económica del mundo contemporáneo no garantiza la persistencia del legado cultural del que somos herederos. En el capítulo 10 presento algunas reflexiones al respecto, comparando el campo cultural con el de la ecología. Por último, en el capítulo 11 relaciono el valor fundamental de la libertad de expresión y comunicación con otro valor de igual importancia: la responsabilidad de los artistas, sus productores e intermediarios respecto al contenido del arte. ¿Qué opción es mejor: libertad *versus* responsabilidad, o libertad *y* responsabilidad? Se trata de uno de los temas básicos que dividen las aguas en las culturas del mundo, aunque no haya recibido un tratamiento muy exhaustivo hasta el momento.

Con esta breve descripción ya debería quedar claro que este libro no es un texto sobre formas artísticas específicas ni un estudio comparativo del arte en distintas regiones. Es, en cambio, un estudio hecho por un científico de lo político sobre las formas de tratar el arte en el mundo de hoy. Tampoco ofrezco una presentación de los principios básicos del copyright o del libre comercio, sino que me dedico a analizar cómo puede promoverse la diversidad de las expresiones artísticas y cuáles son los obstáculos que aparecen en el camino.

En este sentido, es significativo el cambio de título que hemos elegido para la edición española, tomado de uno de los capítulos añadidos a la nueva versión en castellano: *Un mundo sin copyright*. Deliberadamente impactante, combativo y provocador, el nuevo bautismo responde sobre todo a la necesidad de trascender caminos ya trillados y ofrecer al lector o lectora alternativas que devuelvan la creatividad y el conocimiento al dominio público y favorezcan la necesaria diversidad cultural. Si bien el tema del copyright no es el único que desarrollamos, sí es cierto que éste es una de las piedras basales de la arquitectura temática de la obra, y, además, uno de los principales instrumentos mediante el cual las grandes corporaciones culturales ejercen su dominio sobre las creaciones artísticas, influyendo negativamente en el delicado equilibrio del ecosistema cultural. El nuevo título, pues, no sólo refleja nítidamente nuestra argumentación a favor de la diversidad cultural que defendemos en esta obra, sino también la fe y la esperanza razonadas en la utopía de un mundo en el cual el arte no se venda, no se compre, y sea disfrutado por todos de manera libre.

En la etapa de investigación y preparación del libro he encontrado no pocas dificultades metodológicas y algunas preguntas sin respuesta. En primer lugar tuve que decidir si la investigación recaería sólo sobre mis espaldas o si trabajaría con un grupo de colaboradores. Como no cuento con un equipo internacional de investigadores, preferí trabajar solo. Por supuesto, también era imposible viajar por todo el mundo para recabar la información *in situ*: no sólo estaba fuera del alcance de mi presupuesto, sino que además no podía albergar muchas esperanzas de llegar a conocer a fondo los cambios operados por la globalización económica en cada lugar si me quedaba poco tiempo en países o regiones que apenas conocía o que no conocía en absoluto. Por eso tuve que depender de fuentes secundarias. Utilicé varios periódicos, como *Le Monde* y el *International Herald Tribune*, así como otras publicaciones y revistas que me permitieron comprender los sucesos y cambios cotidianos que todavía no aparecen descritos en estudios académicos.

Agradezco su ayuda a muchos de los bibliotecarios de los distintos institutos especializados en estudios de área o en el campo del arte y la cultura, pese a que no encontré tantos libros como esperaba, quizá porque todavía nadie los ha escrito. Muchos estudiosos de los países no occidentales trabajan en condiciones penosas; no siempre tienen la oportunidad de dedicarse a la investigación que realmente les interesa sobre la situación social, económica o cultural del arte en su país, o no consiguen que alguien publique su trabajo en el ámbito internacional. Hay estudios que no están traducidos. (Entiéndase que estoy reclamando que se destinen fondos a la traducción y la publicación de este tipo de obras.)

Entre otros temas, este libro se ocupa de la libertad y de la protección. Hay quienes opinan que es obvio que los artistas merecen trabajar en libertad y que la producción, distribución y recepción del arte no deben tener límites. Sin embargo, en esta época de neoliberalismo mundial no parece tan obvio que debamos cuidar a los artistas, en tanto creadores e intérpretes. La riqueza y la diversificación del clima cultural necesitan protección. Si bien en este terreno caminamos por la cuerda floja, los amantes del circo saben que aunque dicha actividad requiere una enorme habilidad y un tenaz esfuerzo, su resultado visual es hermoso.

PARTE I

LA EXPRESIÓN ARTÍSTICA EN UN MUNDO CORPORATIVO

1. EL ARTE Y EL MUNDO

El arte, campo de batalla

Existe la idea generalizada de que el arte nos permite vivir los mejores momentos de la vida: momentos de armonía, de placer, de entretenimiento o de reflexión profunda. Si bien a veces todo eso es real, y esperamos que así sea, la historia es más compleja. El campo del arte está lleno de incompatibilidades emocionales, conflictos sociales y cuestiones de estatus que chocan con mayor estridencia que en el contexto de la comunicación cotidiana. Asimismo, si tenemos en cuenta los intereses económicos que se ponen en juego en la esfera de la cultura, seremos plenamente conscientes de encontrarnos en un ámbito que soporta presiones considerables. Hay quienes se irritan cuando se encuentran en un ambiente con música de fondo, otros que consideran que la arquitectura de los últimos setenta años no ha ofrecido nada valioso en términos estéticos, y también están los que se oponen a la publicidad que muestra a las mujeres como sujetos de seducción. También hay personas que se vuelven agresivas cuando las expresiones artísticas no coinciden con sus convicciones más profundas e incluso creen que esas manifestaciones constituyen una provocación explícita o implícita que merece una reacción violenta.

Una expresión que para algunos representa algo bello es de dudoso gusto para otros. Pocas veces las personas coinciden en qué obras son valiosas en el teatro, el cine, la danza, la música, las artes visuales, el diseño, la fotografía o la literatura. El arte puede generar descontento, intolerancia y agresión, hasta el punto de que es bastante normal que ciertas obras de arte se prohíban o se consideren muy sospechosas en algunas sociedades. Ha habido artistas asesinados a causa de su trabajo. Ciertas formas de arte no reciben apoyo económico, en tanto otras obtienen financiación suficiente para su producción y distribución. Algunas creaciones artísticas reciben elogios y otras un silencio absoluto; y el apoyo o la falta de apoyo no tiene relación alguna con la calidad.

En mi opinión, la mayoría de las películas de Hollywood producidas en la actualidad parecen hechas por aficionados y su banda musical es mediocre, pero eso no parece tener importancia si el público las disfruta. «En los últimos años, en Taiwán, ha surgido una cantidad insólita de cantantes jóvenes de música popular. Se trata de intérpretes jóvenes, apuestos, que visten a la moda y que, a pesar de tener un talento limitado, o no tener ninguno, cuentan con un gran apoyo comercial» (Leo Ching, 1996: 177-178). En Zimbabue hay un mercado floreciente de esculturas en piedra, que en un principio se producían en serie para los turistas y no gozaban de prestigio entre los habitantes del país, pero que hoy a los zimbabuenses les gustan y las consideran obras de arte, así que con el paso del tiempo se han revalorizado (Rozenberg, 1994: 16).

Vemos entonces que la calidad o importancia de una obra de arte son relativas. En todas las áreas de la producción artística hay enormes diferencias en cuanto a calidad, y las personas que gustan de determinados géneros creen saber por qué algunas obras pertenecientes a los mismos son mejores que otras. Sin embargo, en un contexto social más amplio hay otros criterios que se aplican para decidir si las obras de arte ocuparán un lugar de privilegio en la sociedad o no tendrán ninguna importancia. No es fácil hacer generalizaciones, porque esos criterios varían según las sociedades y las épocas (véase Benhamou, 2002).

La apreciación social varía porque el arte afecta a nuestras emociones más profundas. La música, el teatro, las telenovelas, las imágenes, las películas, las novelas y los poemas estructuran los sentimientos. Son objetos concretos que representan la estructura de nuestras creencias y sentimientos (véase Edelman, 1995: 1-9). Nos brindan una orientación dentro de ciertos dominios que no forman parte de nuestra lógica y racionalidad. Entonces sería erróneo pensar que el arte sólo hace una aportación a la belleza, al placer o a los aspectos inocentes o respetables desde el punto de vista moral. A escala *personal*, el arte alimenta las aspiraciones expresas o secretas de las esferas de la vida en las que nos comprometemos, cuyos elementos abarcan desde lo sórdido hasta lo místico.

El arte también se relaciona con la *lucha social* que se desata para establecer qué expresiones del placer, la agresión, el deseo, la ternura, el poder, el cinismo o el miedo tienen un lugar entre las cosas que compartimos y consideramos deseables y cuáles no contarán con la aprobación de la sociedad. Para cada contexto social se determinará qué es bello, entretenido, divertido o estimulante. ¿Qué es más beneficioso desde el punto de vista cultural? ¿La gratificación inmediata que se espera de la expresión artística o el lento proceso que implica aprender qué tiene valor artístico, es decir, qué obras de arte proporcionan una dimensión más profunda a la vida? ¿Qué referencias al contexto sociopolítico deberían incluir los artistas en sus obras y cuáles deberían evitar? Lionel Tiger observa que «en muchas comunidades hay acalorados debates acerca de qué otorga placer, cuándo, con quiénes y a qué coste» (1992: 6).

El hecho de que haya referencias al arte como «campo de batalla simbólico» tiene fundamento (Shohat y Stam, 1994: 183), y es evidente la dificultad de que las diversas formas de arte, las opiniones sobre el arte y sobre qué debería o no hacer un artista convivan en armonía. A continuación daré algunos de los numerosos ejemplos de esa lucha y de sus diversas consecuencias.

El 10 de noviembre de 1995, el gobierno de Nigeria ejecutó al escritor Ken Saro-Wiwa junto con otros ocho líderes de la minoría étnica ogoni que habían protestado contra la injusticia social y la contaminación medioambiental, hechos de los cuales responsabilizaban a la petrolera Shell (Klein, 2000: 383-384; Larson, 2001: 140). Los talibanes e Idi Amin destruyeron instrumentos musicales tradicionales en Afganistán y Uganda, respectivamente (Gründ, 1995: 10). Debido a su interpretación de la *sharia*, los talibanes denunciaron todas las formas de expresión cultural que «iban en contra de la religión», es decir, que eran irrespetuosas con el Islam por incluir personas en sus representaciones: obras de entretenimiento, música y danza, que, en consecuencia, se prohibieron.[1]

Las editoriales que publicaron *Los versos satánicos*, de Salman Rushdie, los traductores y los distribuidores del libro recibieron amenazas, y algunos fueron asesinados. El cantante Lounès Matoub, famoso en el mundo árabe, cayó asesinado en junio de 1998. Originario de la región argelina de Kabilia, cuyos habitantes se sentían oprimidos por el gobierno central, Matoub reivindicaba la lengua bereber, prácticamente prohibida en la región, y luchaba contra el fundamentalismo islámico.[2]

Los pocos ejemplos presentados revelan cuán cruel puede ser el «campo de batalla simbólico» del arte y nos llevan a admitir una gran contradicción, porque si consideramos que los valores de la democracia cultural son la única posibilidad, debemos aceptar y respetar esas «crueldades» como elementos esenciales de la cultura de dichas sociedades. De acuerdo con el relativismo cultural, cada cultura establece su propia escala de valores. No obstante, podríamos argumentar que existen valores fundamentales que trascienden a los que cada cultura considera justos, normales y aceptables. Pensemos en la Declaración Universal de los Derechos Humanos, que, justamente por presentarse como universal, genera rechazo en muchas partes del mundo (Nederveen Pieterse, 2004).

Un ejemplo concreto es la obsesión que tenemos en Occidente por la libertad de expresión. Esa obsesión no nos permite entender por qué otros pueblos ven ese derecho como una gran falta de respeto a lo que ellos consideran sagrado. En tanto no se cuestione el derecho a la libertad de expresión ilimitada, será difícil acortar la brecha que existe entre distintas culturas. Un caso que sirve para ilustrar este tema es la muestra acogida en 1999 en el Museo de Arte de Brooklyn, de Nueva York, en la que se exhibía un cuadro con el escote de la Virgen María decorado con un material que con mucha elegancia se describió como desechos metabólicos de elefante. La obra es una creación del artista británico-nigeriano Chris Ofili, quien «descubrió» el uso del excremento de elefante durante un viaje a Zimbabue financiado por el British Council (Stallabrass, 1999: 107-117). ¿El uso del material es una falta de respeto a los católicos? Rudolf Giuliani, alcalde de Nueva York por entonces, creyó que sí, de modo que amenazó con retirar el apoyo municipal al museo. Quizá su rechazo a la obra fue, en realidad, una estrategia para obtener apoyo popular durante la campaña con objeto de conseguir un escaño en el Senado, algo por lo que competía con Hillary Clinton. Habría sido mucho más fructífero iniciar un debate sobre la relación entre la libertad artística y los valores de determinados grupos sociales que recurrir a la censura. ¿Hay algo de malo en que en una sociedad civilizada se respeten las creencias o las costumbres de los demás, incluso si eso significa que los artistas tengan que restringir sus creaciones para no herir sentimientos ajenos?

En *Nuestra diversidad creativa*, el informe de la Unesco y de la Comisión Mundial de Cultura y Desarrollo de las Naciones Unidas, se debate el tema y se establece una diferencia entre las libertades culturales individuales y colectivas: «La mayoría de las libertades se refieren al individuo: libertad de expresión oral y escrita, derecho de transitar libremente, de profesar la religión deseada. La libertad cultural, en cambio, es una libertad colectiva. Se refiere al derecho de un grupo de personas de llevar la vida que elijan» (Pérez de Cuéllar, 1996: 25). En Occidente, la creencia dominante es que la libertad individual es la única forma verdadera de libertad y que todos deben estar de acuerdo en eso. La idea de que puede haber, y de hecho hay, muchas otras formas valiosas de libertad, cuyos efectos entran en conflicto, no forma parte del espíritu occidental.

En este sentido es interesante mencionar una causa judicial tratada en los tribunales de Beirut que involucró a Marcel Khalife, uno de los cantautores más conocidos del mundo árabe. Khalife compuso la música para el poema «Oh, Padre, soy yo, Youssef», que termina con un verso del Corán. El juez de mayor jerarquía de Beirut, que era sunita, aceptó la denuncia contra el músico por haber cometido el delito de ofender a la religión dominante del país: el Islam. El gran muftí Muhammad Kabanech explicó las razones de dicha denuncia:

> Cuando alguien compone música instrumental para acompañar los versos del Corán está faltando el respeto a la palabra de Dios en la tierra. Hay reglas que deben cumplirse. Esto no tiene nada que ver con la libertad. Los artistas tienen derecho a usar letras compuestas por seres humanos, pero no a usar la palabra de Dios.[3]

El juez, sin embargo, desestimó los cargos: «El acusado ha tomado con seriedad los versos sagrados del Corán; por lo tanto, no ha cometido ninguna blasfemia ni ha alentado a otros a cometerla».[4]

Existen más contradicciones y conflictos sociales, no siempre teñidos de religiosidad, que se manifiestan en el campo del arte. Chris Waterman relata el caso de la sociedad yoruba de Nigeria, donde el líder de una banda de música jùjú recopila datos de la vida personal de todos los invitados importantes a las grandes celebraciones con el fin de aumentar sus ingresos:

> El músico utiliza esa información para crear frases que luego incorpora a sus canciones, que canta como solista o acompañado por los asistentes. Los temas principales de las canciones jùjú son la plegaria (àdúrà), el dinero (owò), el honor (olá), el destino personal (orí), los celos (ìlara), la rivalidad (idíje) y, los más importantes, el elogio (yìn) a los invitados famosos y el insulto (bú) a sus enemigos (òtá) y rivales (abánidjíje).

De ese modo, la música y la letra de las canciones alimentan el fuego de las tensiones sociales y personales existentes:

> Una persona que está sentada a la mesa o baila al son de la música de la banda oye que el cantante pronuncia su nombre (dárúko) y los de sus familiares, esposa(s) e hijos. El cantante se refiere a ellos por medio de un lenguaje metafórico en el que aparecen palabras que denotan el magnífico árbol del algodón (àràbà), el elefante (àjànàkú) o una imponente montaña (òkè àpáta pìtì), mientras que a los enemigos los relacio-

na con la mezquina tortuga (*ahun*) y la traicionera rata de los arbustos (*òkété*). El homenajeado siente orgullo por su capacidad, confía en su destino personal (*orí*) y se siente seguro en compañía de quienes le apoyan (Waterman, 1990: 186).

En la India, en 1997, unos hindúes «fanáticos» destruyeron obras del pintor musulmán Maqdool Fida Husain en las que las diosas Saraswati y Durga aparecían desnudas. Tras la agresión se inició un fuerte debate sobre qué podría haber inducido a los vándalos a cometer el hecho. ¿Qué les había ofendido? ¿La desnudez o la religión del pintor? Algunos pensaban que el artista había ofendido a los hindúes, a pesar de que la imagen de Saraswati, la diosa del arte y la ciencia, aparecía como una mujer desnuda desde hacía siglos. Sin embargo, en opinión de la artista Shambhavi, el conflicto se debía a que en la sociedad contemporánea la desnudez se percibe de otra manera, y no a la confrontación entre hindúes y musulmanes. Shambhavi cuenta que el famoso templo de Khajuraho, que alberga un despliegue de estatuas con figuras en actitud erótica, fue visitado por un grupo de turistas indios, que parecían personas respetables; vestían ropas de estilo occidental y llevaban cámaras de vídeo. Los turistas se sintieron incómodos por las estatuas y su reacción fue reír nerviosamente. En ese momento llegó una mujer de una aldea cercana, colocó unas flores junto a las estatuas, recibió su bendición y se fue. Para esa mujer, el ambiente y las estatuas de las diosas eran algo sagrado. En cambio, para los habitantes de la ciudad el marco de referencia era completamente diferente, por eso erraron al pensar en el sexo, el erotismo y la excitación.[5]

En julio de 2001, el director de orquesta judío Daniel Barenboim provocó un revuelo en Jerusalén cuando dirigió una orquesta alemana que interpretó música de Richard Wagner, el compositor preferido de Hitler. El incidente surgió al final del concierto, cuando Barenboim se dirigió al público y ofreció tocar la pieza. «Si no estáis de acuerdo, no la tocaremos», aclaró. Algunos asistentes le acusaron de fascista y gritaron: «¡Qué vergüenza!», «¡Falso!», «¡Ésta es música de campo de concentración!». Algunos se retiraron indignados, pero la mayor parte del público permaneció en la sala y ovacionó de pie al director y a la orquesta por su interpretación de extractos de *Tristán e Isolda*. Las autoridades del festival israelí, en cuyo marco se realizó el concierto, y otras figuras públicas, entre ellas el primer ministro Ariel Sharon, condenaron la actitud del director. Sharon afirmó que en Israel había muchas personas para las que la herida del nazismo todavía no se había cerrado y que quizás era muy pronto para interpretar a Wagner en el país. Ehud Olmert, alcalde de Jerusalén, sentenció: «Lo que hizo Barenboim fue descarado, arrogante, incivilizado y desalmado».[6]

En el campo de batalla del arte hay otro conflicto que involucra las actitudes opuestas de las industrias cinematográficas francesa y estadounidense y que fue más evidente que nunca durante el Festival de Cannes de 1999. El 25 de mayo de ese año, el periódico francés *Le Monde* publicó un artículo en el que destacaba la enorme cantidad de buenas películas presentadas en la muestra, lo que mostraba «la vitalidad del arte cinematográfico en todo el mundo». En los filmes premiados hubo actores de enorme talento, algunos de ellos aficionados. En la mayoría de las obras, los temas centrales fueron la desintegración de la familia y el desmoronamiento de antiguas certezas, presentados con la estética tradicional de la cinematografía europea, bastante distinta de la estadounidense. En Francia, la prensa estaba encantada. En Estados Unidos, no tanto.

En el *International Herald Tribune* del 8 de junio de 1999, Joan Dupont rechazó la selección de las películas ganadoras: «Los votos privilegiaron la falta de elaboración artística; la decisión del jurado constituyó un manifiesto a favor del cine de bajo presupuesto, del cine *varieté*, como si éste fuese el género más noble». El crítico de la revista *Variety* Todd McCarthy se preguntó, disgustado, por qué los críticos elogiaban tanto a las ganadoras, cuyos personajes tenían una vida que estaba a años luz de la que tiene la gente común. Las películas, en opinión de McCarthy, no contaban historias que despertaran la pasión del público y sus ideas eran poco menos que esotéricas.

La ganadora de la Palma de Oro del Festival de Cannes de 1999 fue *Rosetta*, dirigida por los belgas Luc y Jean-Pierre Dardenne. La película trata de las penurias de la exclusión social. En Bélgica tuvo gran repercusión, tanto que el gobierno belga dispuso nuevas medidas para alentar la creación de empleo, enmarcadas en un plan que recibió el nombre de Rosetta.[7] En tanto los críticos estadounidenses expresaron su desdén por la película, el público belga sabía muy bien por qué era importante, no sólo en el plano estético sino también en el social.

El problema es que los filmes europeos del tipo de *Rosetta* cuentan con muy pocos canales de distribución en Europa, a pesar de «la vitalidad del arte cinematográfico en todo el mundo», evidente en Cannes el año 1999. En Europa, como en la mayor parte del mundo, el público en general no tiene acceso a ver más películas que las de Hollywood, realizadas según la fórmula que describe Strauss Zelnick, ex presidente de Twentieth Century-Fox: «Nuestra fórmula es la siguiente: en primer lugar, las películas tienen que contar una historia; segundo, las películas de mayor presupuesto, además de contar una historia, deben estar protagonizadas por grandes estrellas; en tercer lugar, jamás producimos películas sin historia y sin estrellas, y no hay espacio para películas caras que cuenten una historia pero no incluyan estrellas en su elenco» (Ohmann, 1996: 19).

En el mundo editorial, ¿en qué sentido los cien mejores libros en inglés publicados en el siglo XX dan cuenta de un campo de batalla sobre la materia simbólica de la palabra escrita? La organización estadounidense Modern Library decidió elaborar una lista de esos libros. La idea parece interesante, y uno podría esperar que la elección fuese neutral. No obstante, la comisión de selección estaba integrada por nueve hombres blancos y una mujer blanca, y la edad promedio de los miembros era de 68,7 años. La lista final incluía solamente nueve libros escritos por mujeres, tres por autores negros y sólo cuatro publicados después de 1975. Modern Library es una organización que depende de Random House, editorial del grupo Bertelsmann. Cincuenta y nueve del total de cien libros de la lista eran publicaciones de editoriales de ese grupo. La lista de los «100 principales» se convierte entonces en un instrumento de la batalla económica.

Con todo, ése no es el único inconveniente de las listas de ese tipo y de la noción de calidad y excelencia con la que se construyen. Katha Pollitt publicó en el número del 24 de agosto de *The Nation*: «Las listas son una muy buena idea en abstracto; después de todo, ¿quién defendería la mediocridad? Pero cuando se analizan los casos concretos, la flexibilidad es tal –¿cuáles son las historias interesantes?, ¿a quiénes les resultan interesantes?, ¿qué es lo universal y qué es lo particular?, ¿qué prosa es placentera? y, en cualquier caso, ¿el placer tiene importancia?– que es difícil que aclare los conceptos».

Ashoke Chatterjee, asesor del Instituto Nacional de Diseño de la India, da cuenta de un conflicto que si bien no es un problema entre culturas muestra la diferencia de los sistemas de valores que dominan el diseño en su país y en muchos otros países del Tercer Mundo. Chatterjee se lamenta de que

> [...] los países ricos nos envían infinidad de imágenes atractivas y superficiales. El común denominador es la abundancia y la obsolescencia con las que se pretende satisfacer caprichos incoherentes cuyo único fin es ganar dinero. La fuerza con que penetra este nuevo concepto del diseño en la mente de la elite constituye un desprecio por todo lo que han hecho los diseñadores en las últimas dos décadas. La intención es reempla-

zar las necesidades reales con la imagen de un estilo de vida de cinco estrellas (Whiteley, 1993: 4).

Aquí la cuestión es quién tiene el poder de expresarse, sea con palabras, imágenes, películas o música, a quiénes se escucha, quién carece de ese poder y quién es responsable de evitar que se hable de ciertos temas problemáticos. Edward Said, refiriéndose al colonialismo, sostiene:

> [...] las formas culturales como la novela o la ópera no alientan a las personas a salir a colonizar el mundo –Carlyle no llevó a Rhodes a África ni es responsable de los problemas que padece el sur del continente–, pero es preocupante que las grandes ideas humanistas, las instituciones y los monumentos británicos hayan acompañado y acelerado el avance imperialista. Cabe preguntarse cómo ese cuerpo de ideas humanistas pudo convivir sin conflictos con el imperialismo (Said, 1993: 81-82).

Podemos agregar otro interrogante: ¿por qué en los países europeos, que no dejaron ninguna parte de África sin colonizar, no hay grandes exposiciones –con excepción del museo dedicado a la esclavitud en Bristol, en el Reino Unido– que muestren las atrocidades cometidas durante siglos? (Nederveen Pieterse, 1997). En la misma línea de pensamiento, John Holt considera que «el problema de Occidente con el "arte islámico" se agudiza por la falta de comprensión de la historia y el pensamiento islámico por parte de Occidente. La falta de un contexto claro en el que ubicar la obra de "artistas islámicos", "tradicionales" y "modernos", conduce inevitablemente a los estereotipos, o peor aún, a la indiferencia por el arte de toda una región del continente asiático» (Holt, 1996).

Según Said, «la capacidad para representar, describir, caracterizar y retratar no está permitida a todos los miembros de todas las sociedades», al menos así es en muchas partes del mundo (1996: 79-80). Se entiende, entonces, que haya habido ese silencio en el mundo occidental cuando se destruyó el rico patrimonio iraquí durante los bombardeos de la Guerra del Golfo y en ataques posteriores.

Aun así, no todas las creaciones y representaciones artísticas provocan siempre conflictos. Es cierto que algunas cosas nos irritan a veces, pero ¿vale la pena formar un escándalo por eso? Si la relación de poder en el arte y en otros campos es como es, ¿para qué insistir con que no se justifica que algunas formas de comunicación artística ocupen lugares de privilegio y reciban apoyo económico mientras que a otras se las ignore o prohíba? Uno de los factores fundamentales es que las controversias están latentes en el campo de batalla simbólico (el arte) y a veces explotan. En realidad, es sorprendente que tantas personas que disfrutan con formas distintas de arte y entretenimiento puedan vivir juntas y en paz en el seno de una sociedad.

Otro factor importante es que las relaciones de poder determinan qué obras de arte, formas de entretenimiento o moda son más prestigiosas que otras. Apinan Poshyananda da el ejemplo del papel que representan los bancos y las empresas en Tailandia en la escena artística:

> [Esas instituciones] tienen la capacidad de modificar el valor comercial y el estético, que, por supuesto, están íntimamente ligados. Cuando establecen sus colecciones de arte tailandés moderno ejercen el poder de aprobar y promocionar lo que consideran arte de calidad y de discriminar lo que para ellas es arte de mala calidad. Así, los patrocinadores corporativos y sus comisiones de selección preparan el clima estético y financiero del mercado del arte en Tailandia (Poshyananda, 1992).

Esta apreciación nos lleva a tratar la cuestión de la relación compleja entre arte, mercancía y gusto. La compra de obras de arte moderno se ha convertido en un símbolo de estatus para la clase alta tailandesa; para los ricos y famosos es una muestra de los principios de valor y calidad de una sociedad que intenta emular al capitalismo occidental:

> Una de las consecuencias de la mercantilización del arte por la entrada de compradores de obras de arte provenientes del sector comercial es que muchos artistas tailandeses han decidido adaptar su estilo a la tendencia y la demanda del mercado. Es evidente que los bancos y las empresas ocupan el lugar de patrocinadores que antes ocupaban las instituciones religiosas [...]. [Los artistas] creen que es necesario adaptarse, es decir, crear obras que satisfagan una demanda que, por lo general, no acepta imágenes eróticas, ni temas relacionados con el descontento social o la política, ni las manifestaciones antirreligiosas o contrarias al gobierno, ni obras de arte experimental como el arte conceptual y las instalaciones. Si quieren producir «arte de calidad» para los nuevos ricos y la cultura del consumo, muchos artistas tailandeses se ven obligados a ejercer la autocensura (Poshyananda, 1992: 174-175).

Poshyananda destaca el hecho de que la creación, producción, representación, distribución y promoción del arte depende sobre todo de la voluntad de quienes desean ver, leer o escuchar determinadas obras, recibir beneficios o adquirir estatus con ellas; si quieren que esas obras cobren vida y aparezcan en escena, tienen que hacer un esfuerzo.

El fenómeno opera por medio de infraestructuras y mecanismos de selección que determinan a qué artistas se contrata o se les encarga un trabajo. Después de todo, el arte y los artistas están donde está el poder. A veces, en sus obras, los artistas expresan emociones o códigos que ofrecen una visión sobre el futuro o sugieren simbólicamente que el presente ha dejado de ser viable; en ese sentido son agentes del cambio ideológico. Sin embargo, los artistas no pueden cambiar por sí solos las estructuras económicas que les permiten ganarse la vida. Cuando en determinados momentos históricos en ciertas sociedades se producen cambios sociales, políticos y económicos, el control de las infraestructuras y los mecanismos de selección del arte también cambian, y los nuevos grupos de poder reemplazan las viejas estructuras si lo consideran necesario. Claro está que esos procesos no están exentos de fricciones.

Todo esto no es una simple observación, también es una advertencia. En el capítulo 6 propongo cambios en las infraestructuras asociadas con el arte en las sociedades contemporáneas de todo el mundo. Sin embargo, es impensable que los cambios en los mecanismos de selección no vayan acompañados de modificaciones en las relaciones económicas y sociales, en particular en las relaciones dominantes hoy en día, enmarcadas dentro del neoliberalismo y el poder corporativo, y que sean independientes de los movimientos sociales, económicos y ecológicos de todas partes del mundo cuyo propósito es cambiar las estructuras de poder dominantes.

Formas específicas de comunicación

Las tensiones, los conflictos y las contradicciones que rodean el arte son la evidencia de que las películas, los libros, la televisión, el teatro, la música y la danza no son objetos decorativos inocentes. La observación es muy importante, porque el arte forma parte de un amplio campo de actividades sociales que afectan a todos los aspectos de nuestra vida. Imaginemos, por ejemplo, un día sin música o sin imágenes.

Sería erróneo restringir el dominio del arte a lo que en el mundo occidental consideramos «alta cultura». Debemos tener en cuenta, en primer lugar, que si bien el arte forma parte de un amplio espectro de actividades sociales, tiene características propias. En el arte hay *for-*

mas específicas de comunicación. El espacio del arte no es neutral. Hay obras en las que algunos ven un gran valor estético pero que para otros no tienen ningún atractivo (Eagleton, 1990: 28). Además, obras que en una época determinada se consideran de mal gusto son vistas con ojos más benévolos con el paso de los años; a veces una misma persona cambia de parecer. Siempre habrá circunstancias sociales, culturales, históricas, económicas o personales que influyan en la definición de qué es «alta» o «baja» cultura o en qué es importante o interesante y qué no (Frith, 1996: 94-95). Siempre ha sido así y no dejará de serlo.

No se trata de un mero relativismo. Estoy de acuerdo con John Gray cuando afirma que «*La Ilíada* es más valiosa que *The Silence of the Lambs* [*El silencio de los corderos/El silencio de los inocentes*]» y también coincido en que el templo zen de Ryoanji es muy superior a las iglesias al aire libre donde los fieles asisten a los servicios religiosos sin bajar de su coche (Gray, 1998: 124). Tiene valor reconocer esas diferencias cuando creemos que una obra de arte en particular es un recurso espiritual valioso para una comunidad determinada.

En segundo lugar, el arte constituye un campo específico de comunicación, porque lo que comunica es más denso, más concentrado, probablemente más desconocido o más reflexivo que lo que se comunica en la vida cotidiana. En el arte hay una comunicación en el plano espiritual y esa comunicación adquiere un significado específico expresado en películas, obras musicales, diseños, pinturas, bailes, novelas, anuncios publicitarios, acontecimientos multimedia o espectáculos pornográficos.

Tercero, es evidente que el arte, como *forma específica de comunicación humana*, se manifiesta en *lugares específicos* que revelan que allí ocurre algo especial, por ejemplo un teatro, una galería de arte, un espacio en una plaza donde un actor callejero representa su número o la pantalla del televisor. No obstante, podemos cantar mientras paseamos en bicicleta, dibujar estando en una reunión, recitar un poema mientras hacemos el amor o caminar por la calle describiendo sutiles pasos de baile. Cuando un borracho habla en voz alta, a veces suena como si estuviese cantando.[8] Un libro es una creación literaria o el resultado de un proceso de diseño sólo en parte; también implica cuestiones económicas y medioambientales, ya que la impresión de millones de libros es algo muy preocupante. Los anuncios publicitarios nos dicen qué deberíamos comprar; la presentación y el envase de los productos es el resultado del trabajo de artistas, porque en ellos hay música, imágenes o textos poéticos.

A veces ocurre que una obra de arte –*una forma específica de comunicación humana*– existe como fenómeno social independiente, como es el caso de un concierto o una película, pero lo más frecuente es que el arte se incluya en otras actividades sociales. En ese sentido, Mike Featherstone analiza la estetización de la vida cotidiana. Según este autor, algunos de los límites entre el arte y la vida diaria están desmoronándose, y la protección del arte como un producto enmarcado en un coto sufre un proceso de erosión concomitante con «la migración del arte hacia el campo del diseño industrial, la publicidad y otros sectores vinculados con la producción de imágenes simbólicas» (1991: 25). Pero éste no es un fenómeno nuevo: en las iglesias y las cortes siempre hubo lugar para el arte, y esa integración no siempre carecía de propósito. Hoy en día, la producción estética está incorporada a la producción industrial como resultado de la «urgencia económica por generar productos que parezcan novedosos (desde ropa hasta aviones) con una velocidad de recambio cada vez mayor» (Jameson, 1992: 4-5).

El arte perfila nuestro modo de pensar, procura nuevas texturas a nuestras emociones, moldea nuestro lenguaje y configura el ambiente que nos rodea, nuestra percepción de la realidad pasada y presente, nuestros sentimientos por los demás y nuestra sensibilidad. El arte, por tanto, influye en nuestra ideología, concepto que, según la opinión de Stuart Hall, se refiere al «marco mental –lenguajes, ideas, categorías, imágenes mentales y sistemas de representación– que los distintos grupos sociales utilizan para comprender y describir el funcionamiento de la sociedad» (en Morley y Chen, 1996: 26-27). Refiriéndose a la industria cinematográfica, el director y productor francés Marin Karmitz observa: «Detrás del aspecto industrial hay un aspecto ideológico. El sonido y las imágenes siempre se han usado como instrumentos de propaganda. En este momento, la verdadera batalla se libra para establecer quién tendrá en el mundo el control de las imágenes que permita vender un estilo de vida, una cultura, unos productos y unas ideas determinadas» (en Barber, 1996: 82).

Las personas suelen usar la palabra «cultura» como sinónimo de arte. En Occidente la idea dominante ha sido que había sólo una cultura valiosa –la occidental– y que el arte era la representación más elevada de esa cultura. Pero los occidentales se han dado cuenta de que hay muchas culturas, en el sentido antropológico del término, en las que existen numerosas formas artísticas que cumplen distintas funciones; por tanto, lo que se considera artísticamente valioso es cuestión de gustos personales o sociales. Sin embargo, todas las opiniones sobre el arte derivan de luchas por el poder; por ejemplo, quiénes imponen los juicios de valor que adoptarán vastos sectores de una población o sociedad en particular.

Para comprender mejor el contexto, es importante que antes de aceptar o rechazar manifestaciones artísticas hagamos un análisis de qué procesos culturales afectan a la producción, distribución y recepción de, por ejemplo, las películas, la danza, la música, el teatro, la literatura, el arte audiovisual, la televisión y otras disciplinas artísticas. Es necesario asociar las formas específicas de comunicación representadas en el arte con la cultura en que se establecen. «Para cada texto hay un contexto», observa Salman Rushdie, quien da un ejemplo concreto. En la época de Margaret Thatcher se filmaron varias películas coproducidas por India y Gran Bretaña en las que se glorificaba el pasado colonial, proceso que el escritor denomina "revisionismo Raj",* del que el filme *Gandhi*, de Richard Attenborough, es un claro ejemplo. En esas películas aparecen actores brillantes, pero no debemos olvidar que los filmes son «la expresión artística del auge de la ideología conservadora en Gran Bretaña». Teniendo presente ese contexto, no importa *que* los cineastas hayan sido «inocentes» en términos ideológicos (Rushdie, 1992: 92).

Los artistas que creen que toman decisiones independientes, a veces por el bien de la humanidad, y que consideran que su éxito es consecuencia de su talento, deben saber que quizás estén equivocados. Janet Wolff sostiene que «en la producción artística, las instituciones sociales determinan, entre otras cosas, *quién* es artista, *cómo* se convierte en artista, cómo ponen en *práctica* su arte y cómo se asegura de que su trabajo se produzca, se interprete y *llegue* al público». Su conclusión es muy concreta: «Además, las evaluaciones y opiniones sobre las escuelas y las obras artísticas que determinan el lugar que ocuparán estas últimas en la historia del arte y la literatura no son producto de decisiones individuales que se apoyan sólo en valores "estéticos" sino que dependen de factores sociales» (Wolff, 1989: 40). Roger Wallis y Krister Malm ilustran esa cuestión con claridad: los hoteles de países pobres donde «los turistas se permiten hacer cosas que jamás harían en su propio país» brindan oportunidades laborales a los músicos locales. A veces los músicos tunecinos, por ejemplo, tienen que «tocar su *zoukra* (instrumento de viento) con cinco botellas de cerve-

---

* El término «Raj» se refiere a la administración colonial británica del subcontinente indio desde 1858 hasta 1947. [*N. de las T.*]

za y dos de Coca-Cola apoyadas en la cabeza en lugar de demostrar su verdadero talento musical» (1984: 62).

Otro caso que muestra el cambio en las relaciones de poder que afectan al arte es el de los trabajadores de la construcción, que en las viejas épocas eran artesanos que gozaban de prestigio, siendo muchos de ellos artistas genuinos. Ellos eran como esos músicos que tocan una música compuesta por otro, sólo que en lugar de cantar o tocar un instrumento hacían realidad un diseño arquitectónico, y la calidad de la casa o el templo que levantaban dependía, entre otras cosas, de la habilidad que tuvieran para plasmar el diseño con la mayor belleza posible. Hoy en día la situación es distinta: la contribución de los trabajadores de la construcción al diseño arquitectónico –la composición estética del edificio– ya no se valora. Ocurre algo similar con los músicos que se dedican a la grabación de música ambiental, tarea bastante mecánica, por cierto, que quizás en el futuro sea realizada por ordenadores, con lo que los músicos se quedarán sin empleo.

Un triángulo y un archipiélago de tecnología avanzada

En este libro abordamos el tema de los efectos de la globalización en las culturas artísticas de todo el mundo. Hasta ahora hemos comentado algunas características de esas culturas, pero ¿qué podemos decir de la globalización económica? Si «globalización» quiere decir que el mundo es una unidad sin fisuras en el que todos tienen una participación equitativa en la economía, es evidente que eso no se ha producido. Masao Miyoshi señala: «No vivimos en una economía integrada ni ésa será la realidad en el futuro cercano. Además, si por globalización entendemos solamente que las distintas partes del mundo están conectadas entre sí, entonces no es un fenómeno nuevo, ya que eso ha venido ocurriendo desde hace siglos, quizá desde que Colón cruzó el Atlántico, si no antes» (1998: 248). Pensemos en ciudades como Calcuta, Singapur o Río de Janeiro a principios del siglo XX: eran grandes centros poblados, donde culturas de muchas partes del mundo daban vida y color a unos espacios en los que se veía la desigual relación de poder en la vida cotidiana. Lo que hoy llamamos globalización ya era una realidad, desagradable por cierto, para muchas personas que vivieron hace un siglo (Morley y Chen, 1996: 328-329; Savigliano, 1995).

Miyoshi se refiere especialmente a la forma actual de globalización. «La única novedad es el grado de expansión del comercio y la transferencia de capitales, trabajo, producción, consumo, información y tecnología, en una dimensión que implica un cambio cualitativo» (1998: 248). Veamos algunas definiciones. Anthony Giddens considera que la forma actual de globalización consiste en «una mayor intensidad en las relaciones sociales que vinculan localidades distantes de tal manera que los acontecimientos locales y los que se producen a miles de kilómetros de distancia ejercen influencia mutua» (en Burnett, 1996: 4). Colin Hines la ve como «la integración creciente de las economías nacionales en la economía global a través del comercio, la inversión y las privatizaciones, todo asistido por los avances tecnológicos (2000: 4).

Es cierto que los acontecimientos, las decisiones y las actuaciones de una parte del mundo pueden tener consecuencias en individuos y comunidades de lugares distantes (Petrella, 1994a: 46). También en el pasado había una relación más o menos lógica entre el lugar donde se tomaban las decisiones y el lugar afectado por esas decisiones. Esa relación lineal se ha hecho más compleja. En la época de los grandes imperios, los lazos entre la metrópoli y las colonias constituían la mayor parte de las relaciones globales. En la actualidad, en cambio, las líneas de influencia se extienden a casi todos los rincones de la tierra. Los satélites son verdaderos ápices que transmiten información de todo tipo a distintos puntos del planeta, incluidos el entretenimiento y otras formas de arte.

El carácter y la dimensión de la divulgación informativa por todo el globo –si llamamos a esto globalización– no son fáciles de determinar. Hay que reconocer que el flujo de influencia y las líneas de transporte no viajan estrictamente a todos lados. En el área del comercio, por ejemplo, en esencia los mercados no son globales. «La globalización no es verdaderamente global. Las actividades comerciales transnacionales se concentran en el mundo industrializado y en ciertos puntos del mundo subdesarrollado» (Barnet y Cavanagh, 1994: 427). No todas las iniciativas tienen la posibilidad de transitar libremente por todos los mercados mundiales. La cantidad de empresas culturales transnacionales también está restringida. La mayor parte del comercio intrarregional se lleva a cabo entre las tres grandes potencias: Estados Unidos, Europa y Japón. Y sólo el 15% de la población mundial vive en ese *triángulo*. Por otra parte, ningún país por sí solo es capaz de aislarse de las presiones y de la influencia de las multinacionales y los mercados financieros internacionales (Went, 1996: 42-43).

El concepto de globalización debe relativizarse aún más, sugiere Saskia Sassen, quien hace hincapié en que sólo un puñado de megaciudades desempeñan funciones estratégicas en la economía mundial.

Contra todos los sueños de un mundo «virtual», en el que los lugares reales no tendrían importancia, la realidad indica que las actividades económicas están cada vez más concentradas en sitios específicos. Sassen apunta a Nueva York, Tokio y Londres:

> Tras haber transitado un largo camino en la historia del comercio y la banca internacional, hoy en día estas tres ciudades funcionan de cuatro modos distintos: primero, como puntos centrales desde donde se organiza la economía mundial; segundo, como sitios clave para las actividades financieras y otros servicios especializados que han desplazado a la industria manufacturera de su lugar de privilegio; tercero, como sitios de producción, en especial de productos innovadores; y cuarto, como mercados para esos productos e innovaciones (Sassen, 1991: 3-4).

Se han operado cambios significativos, interconectados y paralelos en términos económicos, espaciales y sociales.

En esas megaciudades los artistas desempeñan papeles importantes como escritores o diseñadores, como proveedores de entretenimiento o creadores de productos de lujo. Hoy las grandes ciudades occidentales también albergan una enorme diversidad; sus espacios se inscriben en la cultura corporativa dominante, pero también incorporan una multiplicidad de culturas e identidades. Sassen observa:

> Por ejemplo, gracias a la inmigración, culturas que antes se localizaban en lugares específicos hoy proliferan en las grandes ciudades, cuyas elites se ven a sí mismas como grupos cosmopolitas que trascienden cualquier entorno local. Los miembros de esas culturas «localizadas» llegan, de hecho, desde sitios que tienen gran diversidad cultural y pueden ser tan cosmopolitas como las elites. Un inmenso abanico de culturas de todo el mundo, arraigadas en un país, ciudad o poblado en particular, hoy han cambiado sus territorios de origen por unos pocos lugares como Nueva York, Los Ángeles, París, Londres y, en los últimos tiempos, Tokio. (Sassen, 1998: xxxi).

Riccardo Petrella estima que en el mundo existen unas treinta megaciudades: «En lugar de Estados-nación que tratan de encontrar su lugar en un nuevo equilibrio de poderes en el mundo globalizado, un archipiélago de unidades urbanas de tecnología avanzada se eleva sobre el mar de una humanidad empobrecida».[9] En esas ciudades, advierte Sassen, «las disparidades visibles entre la zona urbana de *glamour* y la de guerra son gigantescas. La amplitud de la brecha es de tal dimensión que seguramente llevará a un endurecimiento del conflicto generado por la indiferencia y la ambición de las nuevas elites en contraste con la desesperanza y el descontento de los pobres» (1998: xxxiii). Hoy esa disparidad, que siempre ha sido lo «normal» en ciudades como Calcuta, Singapur o Río de Janeiro, es un componente esencial de muchas ciudades de Occidente.

Incluso podríamos preguntarnos si es válido hablar de globalización. Nederveen Pieterse está convencido de que «la globalización se inicia en Europa y en Occidente, desde donde se difunde. En efecto, ésa es una teoría de la occidentalización, sólo que con otro nombre. En este contexto debería denominarse occidentalización y no globalización» (1994: 163). No obstante, como la palabra «globalización» está a la orden del día, es imposible no utilizarla.

Por otro lado queda claro que, dentro de la forma actual de la globalización, el aspecto económico es de particular importancia. El historiador económico Richard DuBoff sostiene que «el capitalismo siempre ha sido un sistema internacional, pero la *globalización* implica una internacionalización de los flujos financieros y económicos mucho más integrada que antes que impone nuevas restricciones a las opciones políticas domésticas» (en Schiller, 1999: xiv). Por tanto, tiene sentido hablar de globalización económica en el mundo actual.

Por otra parte, a la globalización se le ha conferido una estructura. En 1994 se fundó la Organización Mundial de Comercio (OMC) para reemplazar el Acuerdo General sobre Aranceles Aduaneros y Comercio (General Agreement on Tariffs and Trade, GATT). Casi todos los países del mundo son miembros de la OMC; China se incorporó en el año 2001. La OMC tiene un doble propósito, que hace difícil definirla con precisión. El primer objetivo consiste en elaborar proyectos de normas multilaterales que rijan el comercio internacional y persuadir a los gobiernos de que se adhieran a esos documentos como acuerdos vinculantes, algo que no ocurría con el GATT. En líneas generales no hay motivo para disentir con ese primer objetivo; ahora bien, cómo se alcanza es otro tema que expondremos más adelante. La transparencia en las condiciones del comercio y la uniformidad de sus normas evitan guerras comerciales.

El segundo propósito, sin embargo, es fuente de una cantidad creciente de conflictos en torno a la OMC y a la globalización económica. Las normas, que han sido concebidas, aceptadas y puestas en vigencia durante la última década, se basan en principios neoliberales, a los que Petrella denomina «los seis mandamientos de las nuevas tablas de la ley». El primer mandamiento es que tenemos que globalizarnos. El respeto por lo que es importante en el plano local y lo que merece protección está fuera de la agenda. El segundo mandamiento es que todos los métodos de producción tradicionales deben ceder el paso a las nuevas tecnologías, guiados por una confianza ciega en la digitalización. El tercero es que la condición humana debe verse como un juego en el que sólo hay ganadores y perdedores: todos compiten contra todos. El cuarto mandamiento ordena a los países la liberalización de sus mercados sin que haya espacio para la protección de lo que se considera valioso. El quinto ordena eliminar las reglamentaciones. El sexto y último establece que todo lo que forma parte del dominio público debe privatizarse. La propiedad privada ofrece un mecanismo más adecuado para lograr la felicidad y la fortuna que cualquier mecanismo de intervención pública.[10]

Esos seis mandamientos de las nuevas Tablas de la Ley forman la base de la filosofía de la OMC, cuya intención es minimizar las barreras que obstaculizan el comercio, evitar aumentos de aranceles aduaneros y promover negociaciones multilaterales para reducirlos. Hines resume los principios esenciales de las normas de la OMC de la siguiente manera. En primer lugar, la liberalización o el «*acceso a los mercados*: esto es, el objetivo de reducir gradualmente la mayoría de las medidas de protección y establecer como fijos esos niveles reducidos». En segundo lugar, la reciprocidad: «el proceso de negociación por medio del cual todos los países realizan reducciones arancelarias hasta que se llegue a un acuerdo». En tercer lugar, la no discriminación: «este concepto promueve la igualdad entre los miembros de la OMC y adopta tres formas, a saber, las normas de la OMC se aplican tanto a las exportaciones como a las importaciones, las concesiones comerciales otorgadas a un país deben extenderse a todos los miembros de la organización –condición de nación más favorecida o NMF–, y ningún arancel, impuesto u otra medida debe diferenciar entre proveedores domésticos y extranjeros –se concede a todos un «trato nacional»–. El cuarto principio, según el resumen de Hines, es la transparencia: «cualquier forma de protección que un signatario adopte dentro del marco de las normas de la OMC debe ser clara y notificarse públicamente, debe ser coherente y, a ser posible, concretarse en forma de aranceles aduaneros». De hecho, la legislación de todos los miembros debe adecuarse a las normas de la OMC (Hines, 2000: 15-16).

La OMC cuenta con un órgano de solución de diferencias que actúa como un tribunal en el ámbito del comercio internacional. Sin embargo se trata de un *sistema de justicia privado* con autoridad para anular leyes nacionales si éstas violan los términos de algún acuerdo de la OMC y para sancionar a los miembros que lo incumplen (Sassen,

1998: 98). El órgano de solución de diferencias de la OMC designa un panel de tres expertos para cada caso. Las reuniones del panel son secretas; en ellas no se admite la presencia de la prensa ni de ciudadanos; no se acepta la presentación de evidencias no solicitadas; y las decisiones del panel son vinculantes, pueden derivar en sanciones comerciales y multas, y son prácticamente inapelables (Starr, 2000: 19). Los miembros del tribunal tienen derecho a seguir con su carrera en el ámbito de las empresas privadas. Ralph Nader considera que la OMC y su sistema judicial privatizado son totalmente antidemocráticos. Es «un sistema de gobierno internacional con gran autoridad legislativa, ejecutiva y judicial sobre los países miembros».[11]

Cuando se estableció la OMC, sostienen Richard Barnet y John Cavanagh, los gobiernos nacionales se impusieron la obligación de sacrificar las leyes federales y estatales de protección a los consumidores, al medio ambiente y a un conjunto de intereses locales. El libre comercio así entendido establece estándares globales en materia de salud, seguridad laboral y protección ambiental basados en el mínimo común denominador» (1994: 351). A causa de la globalización económica neoliberal confirmada en las normas y disposiciones de la OMC, las pequeñas empresas de casi todo el mundo pasaron a competir con corporaciones multinacionales poderosas. Amory Starr afirma que esas corporaciones «invierten cuantiosas sumas en publicidad para homogeneizar preferencias (y hacerlas pasar por "opciones" que el consumidor puede elegir), reducen precios porque cuentan con ventajas costosas a nivel social, eliminan reglamentaciones y políticas proteccionistas desfavorables para ellas y, además, cuentan con una definición legal de la competencia que favorece sus intereses» (2000: 10).

En el Tercer Mundo «la globalización es devastadora porque permite a las empresas hacer negocios y llevar a cabo los procesos productivos en otros sitios, con lo que arrasan con las economías locales. La desregulación, la privatización y la liberalización de las inversiones han entregado la economía a las corporaciones multinacionales» (Starr, 2000: ix). Esos procesos han ido acompañados de los *programas de ajuste estructural* del FMI y el Banco Mundial, que en un principio se implementaron para disciplinar a los gobiernos que derrochaban sus recursos, pero en realidad sirvieron para que los países en vías de desarrollo abrieran sus mercados al ingreso de capitales extranjeros provenientes de los centros financieros del Norte. Así, al tiempo que se aplicaron políticas de ajuste monetario y fiscal se anuló el control del tipo de cambio y se promovió la liberalización del flujo de capitales con el fin de eliminar el control estatal. Walden Bello comenta que, «en consecuencia, el Estado pasó a representar un papel secundario como mediador entre el sector privado nacional y el capital extranjero» (Bello *et al.*, 2000: 8).

Después de las protestas multitudinarias que tuvieron lugar durante la cumbre del G8 celebrada en Génova en julio de 2001, William Pfaff publicó un artículo en el que afirmaba que los beneficios de la desregulación y la expansión del comercio se dan por sentado, siendo su aparente condición de verdad indiscutible similar a la que en las décadas de 1920 y 1930 tenían la supuesta benevolencia y el carácter progresista del colonialismo: «Hay una semejanza entre la globalización y el colonialismo. Los dos sistemas se apoyan en el deseo de exportar a los mercados coloniales/globalizados, de aprovecharse de la fuerza de trabajo de esos mercados (donde los salarios son más bajos que en los países centrales) y de explotar los recursos materiales y humanos de los países colonizados».[12] Los defensores de la globalización ofrecen justificaciones. «Se dice que la globalización implica progreso, educación, prosperidad y modernización económica. No obstante, ésa es una sola cara de la moneda. Sí, es cierto que fomenta la inversión y el ingreso de la tecnología industrial, pero también provoca conflictos sociales y políticos, destruye las infraestructuras culturales y perjudica la agricultura y las industrias locales, que no pueden competir a escala internacional». En el capítulo 4 trataremos el tema de la destrucción de las infraestructuras culturales.

Sabemos que al menos mil millones de ciudadanos del mundo –uno de cada cinco o seis habitantes del planeta– viven en la extrema pobreza y no tienen cubiertas las necesidades básicas de vivienda, alimentación y salud (Sardar, 1998: 18-19). Libres de obstáculos, las exportaciones de alimentos baratos desde Occidente destruyen a los agricultores del Tercer Mundo en lugar de fomentar las actividades agrícolas locales, a pesar de que es necesario apoyar la agricultura del Tercer Mundo para alimentar no sólo a los pobres, sino a toda la población mundial, que crece a pasos agigantados. Se calcula que dentro de unas pocas décadas, el mundo necesitará el triple de la cantidad de alimento del que se dispone en la actualidad.[13]

La tendencia dominante, sin embargo, es que los mercados globales sean lo más abiertos posible, con un mínimo de restricciones. Por esa razón debemos prestar especial atención a lo que afirman dos defensores de la globalización económica: Klaus Schwab, fundador y presidente del Foro Económico Mundial de Davos, y Claude Smadja, director gerente del Foro. Ambos sostienen que la globalización ha entrado en una fase crítica. En un artículo publicado en el *International*

Herald Tribune, señalaban que la reacción violenta contra los efectos de la globalización, en especial en los países democráticos industrializados, ya existía como amenaza a la actividad económica y la estabilidad social de muchos países. Los autores analizan cuatro aspectos.[14]

Primero, «la gran velocidad con que los capitales atraviesan fronteras, la aceleración del cambio tecnológico y la rápida evolución de la gestión y la mercadotecnia incrementan las presiones para que se produzca un reajuste conceptual y estructural. Los costes humanos y sociales del proceso de globalización se multiplican hasta alcanzar un nivel que pone a prueba el tejido social de las democracias».

Segundo, el proceso de globalización consiste, en esencia, en una redistribución del poder económico a escala mundial, algo que se evidencia en la distribución de los ingresos. El político holandés Jan Pronk presenta datos que confirman esa tendencia, advirtiendo que en 1960 el 20% más rico de la población mundial tenía un ingreso 30 veces superior al del 20% más pobre. En 1997 la relación era de 80 a 1 (2000). Los datos publicados en enero de 1999 por Ignacio Ramonet, editor en jefe de *Le Monde Diplomatique*, son tan alarmantes como los de Pronk. Las 225 personas más ricas del mundo tenían una fortuna que, sumada, superaba el billón de dólares, cifra equivalente a los ingreso anuales de los 2.500 millones de personas más pobres del mundo. Según esos datos, había individuos con más fortuna que algunos Estados, y el dinero de las 15 personas más ricas del mundo era superior a la suma del ingreso bruto nacional de todos los países del África subsahariana. El *Informe sobre Desarrollo Humano* de 1999 también hacía mención a que más de 80 países tenían «una renta per cápita inferior a la de hace una década» (1999: 2-3).

El grupo creado tras la fusión entre Viacom y CBS en septiembre de 1999 tenía, según datos aportados por Ramonet, un volumen de negocios de 20.000 millones de dólares anuales, cifra que supera el PBI de Túnez, Ecuador o Sri Lanka. En 1998 Sherif Hetata observó que los países del G7, con sus 800 millones de habitantes, tenían un poder tecnológico, económico, informático y militar mayor que los 4.300 millones de habitantes de Asia, África, Europa del Este y América Latina. «Unas 500 empresas acumulan el 80% del comercio internacional y el 75% de las inversiones. La mitad de las corporaciones multinacionales tienen su sede en Estados Unidos, Alemania, Japón y Suiza. La Organización para la Cooperación Económica y el Desarrollo (OCDE), que agrupa a una treintena de países ricos, suma el 80% de la producción mundial (Hetata, 1998: 274). Según Augustin Papie, ex miembro de la Comisión Norte-Sur, las «transferencias invisibles» del Sur al Norte alcanzaron los 200.000 millones de dólares en 1996 (en Went, 1996: 42-43). A la luz de esas cifras, es lógico que Schwab y Smadja teman que cualquier «cambio de esa magnitud en el equilibrio mundial de poderes tenga un efecto desestabilizador».

En tercer lugar, Schwab y Smadja afirman que:

> [...] es evidente que la megacompetencia frontal que se da en la globalización conduce a situaciones en las que el que gana se alza con todo: los ganadores se llevan mucho y los perdedores pierden más aún. La distancia entre los que pueden montarse en el tren de la globalización –en especial porque sus actividades se orientan a la producción de conocimiento y al desarrollo de las comunicaciones– y los que no alcanzan ese tren es cada vez más larga en los ámbitos nacional, corporativo e individual.

Jeremy Brecher y Tim Costello se refieren a ese proceso como una «carrera en dirección al abismo». En *Global Village or Global Pillage* [Aldea global o saqueo global], los autores sostienen que:

> En todo el mundo hay una competencia entre las personas para ver quién ofrece a las corporaciones globales el menor costo laboral, social y medioambiental. Los empleos se crean en lugares con salarios más bajos, menores impuestos sobre sociedades y mayor libertad para contaminar el entorno. Los empresarios recurren a la excusa de la «competencia extranjera» para bajar salarios, lograr reducciones impositivas y deshacerse de las medidas de protección ambiental para eliminar puestos de trabajo estables y reemplazarlos por empleos temporales, a media jornada e inseguros. Los gobiernos recortan el presupuesto destinado a la educación, la salud y otros servicios estatales para poder reducir el impuesto sobre sociedades y lograr así que las empresas no reduzcan el número de trabajadores o creen empleo [...]. Si uno teme que la libertad que tienen las empresas para trasladar empleos a otros lugares del mundo constituye una amenaza para lo que uno vale, no se equivoca (Brecher y Costello, 1994: 3).

El cuarto y último factor del análisis de Schwab y Smadja es que existe un escepticismo generalizado respecto a que todos ganan con la globalización. «En las democracias del mundo industrializado resulta muy difícil pedir a la gente que se sacrifique en nombre de beneficios futuros.» Falta mencionar la tendencia que lleva a desligar la evolución de las empresas de la de sus empleados, pues, en el mundo globalizado de hoy, «las empresas anuncian aumentos en sus ingresos al tiempo que despiden personal».

Una vez tratado brevemente el tema de la globalización económica y la OMC, en el capítulo 2 nos centraremos en comentar cómo afecta la globalización económica en la vida artística de distintas partes del mundo. Los efectos de la OMC y de las reglas de la globalización neoliberal contribuyen a que se descarte la protección, se inhiba el desarrollo de las industrias locales y se reduzca el control sobre las industrias de servicios clave. Cees Hamelink concluye que, cuando advertimos que entre esos servicios locales clave se cuentan la prensa, las telecomunicaciones, la publicidad, la mercadotecnia y el turismo,

[...] se hace evidente que la aplicación de esas normas restringe la autonomía cultural local. Las corporaciones multinacionales dominan los mercados culturales locales mediante monopolios que dejan poco espacio para la actuación de proveedores culturales locales. La liberalización del comercio mundial, que lleva a que los países con menos recursos abran sus mercados de servicios a las empresas extranjeras, promueve el estilo de vida consumista y erosiona la capacidad competitiva de las industrias culturales locales (Hamelink, 1994a: 100).

Éstos son los temas que, desde una perspectiva global, trataremos a lo largo de este libro.

Notas

1. Bruce Kpeke. 2000. «Researching performing arts in Badakshan». *ISIM Newsletter*, nº 5.
2. *Le Monde*, 28 y 29 de junio de 1998.
3. «Lyric from the Koran is Off-key in Lebanon. Arab World Star Faces Trial for Blasphemy». *International Herald Tribune*, 30 de noviembre de 1999.
4. «Libanese zanger beledigde islam niet». *NRC Handelsblad*, 15 de diciembre de 1999; véase también Smith, 2000: 169-173.
5. «Miss India. Het dubbelhartig zelfbewustzjijn van hindoevrouwen». *NRC Handelsblad*, 25 de enero de 1997.
6. «Wagner Draws an Uproar in Israel». *International Herald Tribune*, 9 de julio de 2001.
7. Jean-Pierrre Stroobants. «La Belgique s'arme d'un "plan Rosetta" pour combattre le chômage des jeunes». *Le Monde*, 11 de enero de 2000.
8. Simon Frith señala: «La música consiste en un arreglo ordenado de sonidos en un entorno auditivo con distintos grados de desorden. La música aparece entonces como una forma distinta de ruido, y como cambia nuestra sensibilidad al ruido, cambia también nuestra sensibilidad a la música (1996: 100).

9. Riccardo Petrella. «De wereld valt uiteen door technologische apartheid». *De Volkskrant*, 7 de septiembre de 1992.

10. Riccardo Petrella. «Litanies de Sainte Compétitivité». *Le Monde Diplomatique*, febrero de 1994.

11. *The Nation*, 10 de octubre de 1994.

12. *International Herald Tribune*, 26 de julio de 2001.

13. Jean-Luc Vidal. «Laissez les paysans du tiers-monde protéger leur marché». *Le Monde*, 27 de julio de 2001.

14. *International Herald Tribune*, 1 de febrero de 1996

2. EL PODER DE DECISIÓN

Los efectos de la dimensión

La globalización económica y la digitalización han producido nuevas condiciones para la mayor parte de la producción artística y su distribución mundial, en particular en el campo de la música, el cine, los libros, la fotografía y el diseño y, cada vez con mayor frecuencia, en el de las artes visuales. Ha habido grandes cambios, que pueden ilustrarse con los ejemplos que se presentan a continuación.

Los números pueden no ser del todo precisos, pero, sin duda, de un 80 a un 90% de las grabaciones musicales que se realizan en el mundo –mercado evaluado en 40.000 millones de dólares– son distribuidas por unos pocos grupos culturales transnacionales o por sus filiales (Throsby, 1998: 195-196). Con excepción de la India y China, en casi todos los demás países la mayor parte de las películas que se estrenan son producciones de Hollywood. Y hay una alta probabilidad de que los libros, periódicos y revistas que se pueden comprar en casi todos lados sean distribuidos por editoriales que forman parte de alguno de los grandes grupos editoriales. Entre esas empresas transnacionales, que intervienen en casi todos los campos artísticos, se cuentan AOL/Time Warner, Vivendi-Universal, Sony, BMG, EMI, Disney, News Corporation o Viacom: todas ellas tienen sus propios puntos de venta o están vinculadas con ellos por medio de *joint ventures*, coproducciones o contratos preventa. De este modo, existe una fuerte integración vertical entre la producción y la distribución de productos culturales.

¿A qué se debe que esas empresas tengan la necesidad de ser tan grandes, incluso cuando se sabe que en muchos casos las sinergias prometidas nunca se materializan?[1] Robert McChesney propone que «cuando se combinan los efectos de la dimensión, la agrupación de empresas y la globalización, aparece una idea de beneficio potencial. Cuando Disney produce una película, por ejemplo, se asegura de que se programe en canales de cable y vía satélite» (McChesney, 1998: 14). Y después vienen los pósters, las camisetas, las gorras y los clips, y toda la gama de productos que acompañan el «estilo de vida deseable» que se pretende construir.

Según Thomas Schatz, las películas ya no son sólo películas sino

«franquicias», grandes éxitos que se pueden reproducir en una gran variedad de soportes. La película ideal de hoy es un éxito de taquilla y, además, una promoción de dos horas de una línea de productos de un grupo multimedia que se crea teniendo en mente la estructura de la empresa matriz y el diversificado mercado mediático. Desde *Tiburón* hasta *Parque jurásico*, el Nuevo Hollywood se mueve gracias al impulso de una maquinaria de entretenimiento multipropósito que promueve las sagas de películas y series televisivas, los vídeos musicales y los discos con bandas sonoras, los videojuegos y los parques temáticos, los libros ilustrados y los cómics, y una infinidad de productos con licencia para incluir imágenes alusivas o marcas (Schatz, 1997: 73-74).

Lo que está produciéndose es la confluencia del sector del entretenimiento, la información y la publicidad (Schatz, 1997: 101). Además, al vender tiempo de publicidad a las agencias, los medios de comunicación también venden un producto: la audiencia. En efecto, el producto de los medios –la audiencia– se convierte en un mercado segmentado. Las distintas clasificaciones del mercado de audiencias «pueden venderse como mercados objetivo a los publicitarios de forma separada o acumulada» (Andersen, 1995: 5).

Hasta no hace mucho tiempo los editores decidían qué libros se publicaban, pero hoy en día la situación es muy distinta, especialmente en empresas grandes en las que el poder ha pasado a los comités editoriales, en los que el personal de los departamentos financiero y de mercadotecnia cumplen una función fundamental. Antes, los márgenes de ganancia que dejaba la publicación de un libro eran de alrededor del 2%; hoy, en cambio, se requiere que esa cifra ascienda al 15%. Asimismo, y en relación con ese aumento, se han incrementado los costos laborales –el director de McGraw-Hill, por ejemplo, recibe una remuneración anual de 1,5 millones de dólares–, los gastos y el lujo de las oficinas. Los eventos de presentación de nuevos productos, que Random House organiza dos veces al año, llegan a tener un coste de un millón de dólares. Estos factores determinan que las ediciones de tirada reducida ya no tengan cabida y que las pérdidas previstas para algunos libros de valor cultural –un riesgo que antes los editores asumían por amor a los libros– ya no sean cubiertas por las ganancias provenientes de otras publicaciones. En la actualidad se hacen estimaciones independientes para cada libro, y cada uno debe aportar una contribución importante para cubrir los gastos estructurales de la empresa –a veces por encima de los 100.000 dólares– para que su inclusión en el catálogo sea justificada (Schiffrin, 1999).

Los ejemplos mencionados no son los únicos; también puede hacerse referencia al aumento en el coste promedio de las películas, en cuyo cálculo se incluye la mercadotecnia: en los últimos años ese coste se ha duplicado hasta alcanzar los 50,4 millones de dólares. El público ya no se sorprende por las cifras: los costes fueron de 225 millones para *Titanic*; 200 millones para *Waterworld*; el mismo monto para *Speed 2, Cruise Control* [*Máxima velocidad 2*], película por la que Sandra Bullock recibió 12,5 millones de dólares por correr por el barco con un chaleco salvavidas, cantidad inferior en 4,5 millones a la que Stephen King recibió como anticipo por un libro que no había empezado a escribir, 6,5 millones mayor que la que recibió Hillary Clinton como adelanto por las memorias que escribió sobre sus días como primera dama, y 2,5 millones más que lo que se pagó a Bill Clinton por sus memorias. La piedra angular de estos convenientes tratos económicos realizados en el negocio del entretenimiento son los contratos, documentos legales de unas 25-100 páginas elaborados por abogados prestigiosos que piensan en una sola cosa: proteger a la empresa por todos los medios posibles. Una única palabra en un contrato de 100 páginas puede representar la diferencia entre la seguridad financiera y la bancarrota (Brabec y Brabec, 1994: 68, 366-367).

En la revista *Billboard* se ha publicado que las fusiones de compañías discográficas constituyen una amenaza para el surgimiento de nuevos artistas y estilos musicales, pero esto no se aplica exclusivamente a ese sector, sino a todos los grupos empresariales del campo de la cultura. Cuando los grandes grupos compran sellos independientes se endeudan y entonces dejan de asumir los riesgos que trae aparejados la incorporación de artistas o de géneros musicales poco conocidos. Los sellos más importantes se ocupan de lanzar discos de estrellas reconocidas con éxito asegurado de antemano en lugar de promover artistas nuevos, aumentando así los beneficios a corto plazo (Banks, 1996: 149).

En el negocio de la música el denominado departamento internacional de las compañías discográficas, que es responsable del repertorio y el mercado internacionales, desempeña funciones decisivas, y la mayor parte del personal encargado de la incorporación de artistas son hombres blancos que conocen de cerca el movimiento de rock alternativo de los años ochenta (Negus, 1992: 57). Con la colaboración de ejecutivos del área de negocios, elaboran listas de prioridades «globales» que contienen unos 15 o 20 artistas que luego se juzgan con criterios económicos usando los conocimientos de los integrantes del departamento internacional acerca del mercado internacional.

Keith Negus da a este proceso el nombre de «reimaginar el mundo para la "mercadotecnia global"». Por lo general, los análisis del mundo de la música se basan en una reserva de conocimientos y un conjunto de supuestos adoptados por los empleados del departamento internacional, conocimientos y supuestos que se dan por sentados:

> Esos conocimientos y supuestos incluyen: juicios estéticos sobre los instrumentos, tempos, ritmos, voces y melodías que pueden «exportarse bien»; valoraciones semióticas sobre el tipo de imágenes más adecuadas para llegar a un «público internacional»; juicios políticos relacionados con regiones del mundo que se consideran «inestables» o en las que se prohíben ciertos tipos de música por motivos morales o religiosos; consideraciones económicas respecto al número de consumidores potenciales; análisis de las regiones del mundo en las que puede ser difícil recuperar la inversión; evaluaciones de mercadotecnia sobre las estrategias de distribución de los discos (estaciones de radio, puntos de venta, canales de televisión) y la «penetración» de las tecnologías de reproducción de música (reproductores de cintas y CD). Por último también hay juicios pragmáticos sobre el uso de otros formatos de soporte de sonido (cinta, minidisc y CD) y la existencia de leyes de propiedad intelectual que aseguren los derechos de las discográficas de recibir ingresos provenientes de las grabaciones difundidas por los medios, las reproducidas en público y los discos vendidos (Negus, 1999: 156).

Una vez que se selecciona al artista, se promociona de un modo sistemático. Los empleados de las oficinas regionales de un grupo discográfico reciben indicaciones claras respecto a los objetivos, algo que muchas veces resulta frustrante para ellos, porque prefieren trabajar con sus propios artistas en lugar de promocionar a las megaestrellas británicas o estadounidenses. Pero como las grandes compañías discográficas establecen estándares mínimos de ventas «exitosas» que se ubican entre 100.000 y más de 1.000.000 de copias (Banks, 1996: 147-148), los gerentes regionales no tienen opción.

Para alcanzar el número deseado de televidentes, oyentes o compradores, deben realizarse inversiones importantes en el área de mercdotecnia. La situación puede compararse con la de una guerra: el departamento de promoción sería la «línea de fuego» que tiene como «objetivos» a individuos específicos y estaciones de radio; en el «campo de batalla» de la promoción, la industria discográfica se dedica a generar personalidades internacionales que sean capaces de transmitir su imagen en diversos medios y que representen las ideas y el sesgo cultural angloamericano (Negus, 1992:1, 101; Wallis *et al.*, 1999: 25-26).

El punto de equilibrio para la venta de discos es alto –250.000 CD en una compañía grande–, lo que refleja el alto riesgo de esta industria y la feroz competencia, que aumenta la tensión. En la década de 1980, un disco de cada cinco vendía las copias necesarias para recuperar los costes de grabación (Burnett, 1996: 91); a finales de la década de 1990, Conrad Mewton explicó que «la industria de la música da por perdidos 5.000 millones de dólares anuales por inversiones no recuperables, porque el 95% de los álbumes con el debut del artista fracasan [...]. Los artistas aparecen y desaparecen con mucha rapidez en el volátil e inestable clima actual. No existen garantías de que, si el primer disco tiene éxito, el segundo vaya a igualar o superar la suerte del primero» (Mewton, 2001: 73).

Además, las grandes compañías discográficas deben ganarse su público en la radio, por ejemplo, un medio que ha aumentado enormemente la cantidad de horas de programación, pero cuyos oyentes no pasan más tiempo escuchándola. Si tomamos el ejemplo de Suecia, vemos que en 1980 había aproximadamente 70.000 horas de programación; en 1990 esa cantidad había aumentado a 400.000, lo que supone un incremento del 400%. Sin embargo, el tiempo que los oyentes pasaban escuchando la radio aumentó de 115 a 134 minutos diarios en esa década, o sea, cerca de un 16% (Malm y Wallis, 1992: 13).

Por cierto, un aumento en la cantidad de horas de programación no necesariamente lleva a una mayor variedad, como se observa en el caso de Francia: a finales de los años noventa se producían cerca de 1.000 discos por año, dentro de los que se podía optar por más de 10.000 temas. Pese a ello, más de la tercera parte de los programas de radio pasaban menos de 100 temas (Pichevin, 1997: 73).

En algunos países de América Latina, el sudeste asiático y Europa Oriental, los mercados tienen perspectivas de importante crecimiento, de modo que no se les condiciona tanto a depender del repertorio internacional; por el contrario, las grandes compañías y sus filiales les permiten producir y promocionar artistas regionales (Mediacult, 2000: 121-22). Sin embargo, la categoría «repertorio nacional» de las estadísticas de la Federación Internacional de la Industria Fonográfica muchas veces se refiere a una imitación de la programación musical del repertorio internacional o a que la producción musical se ha realizado en la región (p. 17).

Un caso particular es el de la «reetnización» o hibridación, en el que estilos musicales como el calipso, la salsa, el reggae, el *rai*, el *jùjú* o el *highlife* se internacionalizan, un proceso en el que la producción mantiene el color local, pero con una base y una estética musicales y una ambientación que reflejan las del repertorio internacional. A este segmento de mercado se le denomina «música del mundo» o, a veces, música étnica, etno-pop, etno-rock o *worldbeat* (Mediacult, 2000: 162).

Uno de los problemas del rap, por ejemplo, es que en él no se aplican fácilmente las pautas que rigen para el repertorio internacional. Otro problema es que el rap no tiene «valor de catálogo». Keith Negus señala:

> Por lo general, los temas de rap se comparan con canciones convencionales, y se sostiene que no se pueden hacer *covers*, es decir, que otros artistas los graben, canten o toquen en vivo. Por esa razón se considera que no permanecen mucho tiempo en el catálogo y así no generan ingresos por derechos de propiedad a largo plazo. Además, se piensa que los ingresos que puede generar el rap durante su permanencia estimada en las listas de éxitos son menores que los de otros géneros musicales (Negus, 1999: 93-94).

En cambio, el *gangsta rap* tiene más posibilidades, porque las letras que hablan de armas y mujeres venden.[2]

En las películas, los actores negros son menos aceptados de lo que deberían, admite Strauss Zelnick, presidente y director ejecutivo de la Twentieth Century-Fox en el momento de la publicación del texto donde aparece la siguiente cita:

> Las películas que tienen actores negros como protagonistas no tienen éxito en otros países [...] nuestro país tiene una población muy particular. En otras partes del mundo la población es más homogénea en términos raciales. Los japoneses no suelen ir a ver una película con actores negros, a menos que se trate de una película de acción. Nuestra subcultura negra, reflejada en gran parte de las películas estadounidenses, no despierta interés en el resto del mundo. Asimismo, nosotros tendemos a producir muchas comedias en las que el humor está relacionado con temas étnicos que no significan nada para los públicos de otros países (Ohmann, 1996: 22).

Quizá Zelnick exagere cuando dice que la subcultura negra aparece en la mayoría de las películas de Hollywood, por no hablar de los cientos de otras subculturas existentes en Estados Unidos. Por otra parte, sería más adecuado referirse a culturas vivas reales que a subculturas.

Según Zelnick, los estudios cinematográficos también tienen que tener en cuenta que a las compañías aéreas no les gusta pasar películas donde aparezcan palabrotas, sexo o violencia. «El caso de los hoteles y moteles con servicio de películas pagadas es distinto, porque básicamente se trata de un negocio de películas eróticas. Cuando uno va a la habitación y lee la programación de Spectradyne, ve que, de diez películas, dos son eróticas y ocho películas comunes. La gente ve películas eróticas, y las comunes son de relleno, más que nada» (Ohmann, 1996: 25).

Sin duda hay grandes intereses en danza en el juego de la conquista de mercados. Después de todo, en el mundo se gastan 300.000 millones de dólares al año en la compra de entradas de cine, CD, vídeos, videojuegos, libros, revistas y otros productos de la industria del entretenimiento (Burnett, 1996: 10). En 1997, el *International Herald Tribune* publicó que «el mercado mundial de producción de películas y programas de televisión está evaluado en un billón de dólares».[3] Los entendidos estiman que el coste del nuevo videojuego *The Matrix* fue de 20 millones de dólares. El juego, que incluye una hora de escenas inéditas de la película *Matrix* y varios megabytes de trucos cinematográficos, es producto de la colaboración más cercana que se haya visto hasta hoy entre las órbitas convergentes de la producción cinematográfica y la de los videojuegos en un negocio del entretenimiento que está a la caza de más beneficios, nuevas sociedades y posibilidades en el campo cada vez más sofisticado de la tecnología digital. Los creadores de videojuegos se aseguran de «obtener licencias de películas, y apuestan millones de dólares en aquéllas cuya ambientación y personajes consideran que pueden transformar un videojuego en un verdadero éxito de ventas».[4]

Con frecuencia los intereses de los grandes grupos culturales transnacionales están estrechamente ligados entre sí, como puede observarse en el ejemplo del triángulo de fuerzas que rodea la radio y la televisión. Las *corporaciones* que son dueñas de canales tienen un propósito fundamental: vender grandes audiencias a los *anunciantes*, y así asegurarse un aumento en los ingresos por publicidad. Para atraer a esas audiencias se necesitan *programas* que agraden a la mayor cantidad de personas posible. Así, el interés de esos canales consiste en incluir programas atractivos con un presupuesto determinado. De dónde provienen esos programas o a qué género pertenecen no es tan importante como la relación entre el precio y el nivel de audiencia. El interés de los anunciantes es colocar su publicidad dentro del espacio de los programas con mayor audiencia, o al menos cerca de ellos. A los anunciantes no les interesan la diversidad ni la consideración de la ética o los estándares de calidad. El interés de los productores, por otra parte, se centra en conseguir la mayor cantidad de mercados posible, independientemente de cuáles sean los productos que comercializan, y superar a sus pocos competidores, los demás grupos empresariales de la industria de la cultura.

La globalización económica ha abierto las puertas a las fusiones corporativas, a nuevas empresas que operan a escala global. La consecuencia de ese proceso comercial motivó un cambio en lo que se produce y distribuye, en las condiciones en que se realiza la producción y distribución, y en las consecuencias económicas y culturales de esas actividades. Es momento de preguntarse quién maneja los hilos de este frenético montaje cultural.

El tema de la propiedad

La mayoría de las personas no sabe quiénes son los dueños de los medios de producción, distribución y promoción de las obras de arte, así como de los vehículos del ocio y de la alimentación del espíritu. No obstante, la cuestión de la propiedad de los medios de producción, distribución y promoción cultural es el tema central en la batalla mundial para conquistar al público más numeroso. Benjamin Barber señala que «una sociedad libre y democrática depende de que haya competencia de ideas y de que las salidas de mercado para los productos sean heterogéneas» (Barber, 1996: 123).

La compañía que sea capaz de producir con continuidad productos culturales en grandes cantidades, de distribuirlos con eficacia en muchas partes del mundo, que tenga una posición que le permita persuadir a un gran número de personas de que lo que ofrece es algo que ellas desean ver, comprar o escuchar, que tenga el *know-how* para transformar los productos individuales en un único plato delicioso que esas personas no pueden dejar de saborear, que sea capaz de actualizar sus operaciones internacionales hasta alcanzar una posición de privilegio mediante la expansión horizontal y la cobertura de mercados emergentes de todo el mundo, que pueda establecer alianzas verticales en todos los niveles y en todas las ramas del mercado de la cultura y de atraer inversiones para llevar a cabo todas esas actividades, *ésa será la agrupación de empresas que tendrá poder*.

No se trata únicamente del poder de decidir al final del proceso, cuando la transacción con quien acepta ser el futuro cliente, espectador u oyente ya está acordada y la negociación está hecha, sino del poder que existe en todas las instancias anteriores a ese punto. Se trata del poder que permite seleccionar un puñado de artistas y desestimar al resto, y brindar distribución masiva y promoción a los artistas elegidos. Esas decisiones clave limitan, y en gran medida crean, el campo de las opciones culturales, las cuales son percibidas por muchos como las únicas existentes. ¿Acaso uno no desea sólo lo que cree que puede obtener? (Burnett, 1996: 82). Para poder desear otra cosa se necesita una imaginación exuberante y la convicción de que la vida cultural puede ofrecer más de lo que, normalmente y en apariencia de modo inevitable, se ofrece a escala masiva. El contenido de los productos producidos y distribuidos en masa, sin embargo, por lo general no estimula la imaginación ni alienta esa convicción.

La cuestión decisiva radica en quién tiene acceso a los canales de comunicación del planeta, tanto digitales como, y todavía durante mucho tiempo, materiales; en quién tiene acceso a los sentimientos de un gran número de personas y a su bolsillo. La evaluación de los contenidos, los estándares éticos y la calidad de lo que ofrecen las industrias culturales ocupa un lugar secundario con respecto a la cuestión principal: el control oligopólico. Las corporaciones ejercen ese control en el encauzamiento de la creatividad, la selección de artistas, el establecimiento de medios de seducción, la preparación de recepciones favorables y la fabricación de una serie de experiencias relacionadas con el cantante, escritor, bailarín, director o diseñador elegido, con lo que ellos producen y con la amplia gama de artículos que rodean su trabajo.

En la actualidad hay un número limitado de agrupaciones de empresas culturales con acceso a prácticas oligopólicas aplicadas a todas las etapas del proceso, desde la concepción de la idea creativa hasta el consumo del objeto cultural. Vivimos en *La era del acceso*, título del libro de Jeremy Rifkin, publicado, oh causalidad, en el año 2000. Ese acceso, prácticamente monopólico, restringe en gran medida el grado de democracia. Benjamin Barber explica que «al haber unos pocos grupos de empresas con control de qué se crea, quién lo distribuye, dónde se muestra y cómo se otorgan las licencias para su uso, se diluye la idea misma de un mercado verdaderamente competitivo de ideas e imágenes» (Barber, 1996: 89).

Y la saludable variedad de mercado no es lo único que desaparece –tema al que me referiré más adelante–, sino que la corporativización del mercado de las ideas, imágenes, textos y sentimientos también ha traído consigo un viraje hacia el conservadurismo. Los dueños de las corporaciones presionan a favor de sus propios intereses y son menos tolerantes con los procesos de toma de decisiones, en especial con todo lo que cuestione el *statu quo* y sus reglas. Los debates críticos y profundos sobre asuntos sociales urgentes no contribuyen a la obtención de beneficios económicos, por eso no hay lugar para ellos ni tampoco para el arte, que se ocupa de temas profundos. Ese tipo de arte no atraería anunciantes, que tienen cada vez más control sobre los programas en que aparecen sus anuncios publicitarios y presionan a los medios de comunicación para que descarten todo lo que interfiera en su mensaje.

Un caso particular de Brasil permite ilustrar con claridad el modo en el que opera ese proceso. Allí, el grupo Globo, liderado por Robert Marinho, controla el panorama mediático. Nilanjana Gupta hace la siguiente descripción de las telenovelas del grupo:

> Son uno de los medios más eficaces para representar problemas sociales. Por ejemplo, un programa sobre una región azotada por la sequía puso sobre el tapete muchos problemas medioambientales de Brasil. Pero esos programas están lejos de bregar por la aplicación de medidas radicales. Se ha acusado a Marinho de haber censurado escenas que mostraban conflictos entre terratenientes y campesinos brasileños. A pesar de que la TV Globo ha logrado unir un país diverso en términos económicos, culturales y sociales por medio de su programación, también ha transmitido e impuesto los valores culturales, políticos y sociales de la clase dirigente, de la cual Marinho es un miembro muy poderoso (Gupta, 1998: 6-7).

Ese conjunto de decisiones conservadoras tomadas por las grandes empresas de la industria cultural resultan negativas para el ejercicio de la democracia política, como observa Robert McChesney. Así, hay una tendencia hacia «una cultura política frágil que hace que los ciudadanos opten de manera consciente por la despolitización, la apatía y el egoísmo, y permite que los intereses comerciales [...] tengan una influencia sin igual sobre el contenido de los medios» (McChesney, 1997: 6-7). Como consecuencia de la unificación de un Brasil que era y sigue siendo económica, cultural y socialmente diverso, muchas formas de expresión del hombre que representan la amplia variedad de culturas de Brasil, como las tradiciones afrobrasileñas, los rituales y leyendas aborígenes, las costumbres del norte, alemanas, italianas y japonesas, la herencia del *gaucho* del sur, entre otras, no abundan en las telenovelas, si es que aparecen. Omar Souki Oliveira concluye que «el género se limita a incluir las necesidades de los que tienen poder de compra, por eso pone de relieve estilos de vida que encajan con el modo industrial de producción y quita espacio a las manifestaciones culturales autónomas [...]. En la mayoría de las telenovelas brasileñas se reproduce el estilo de vida norteamericano de las películas de Hollywood, pero con perfil brasileño» (Oliveira, 1993: 128-129).

Se trata de la copia que hace el Tercer Mundo de los valores, normas y patrones de conducta occidentales con el agregado del color local. Debido a que las empresas de la industria cultural como Globo operan a gran escala, por definición el impacto de sus elecciones se multiplica.

Entonces la verdadera guerra en la que las industrias culturales están ganando batalla tras batalla es una guerra *por el control de los canales de distribución mundial*. Imaginemos cuántas personas deben ver una película que cuesta 200 millones de dólares para que los inversores recuperen diez veces lo que han invertido. Tal situación sólo se da cuando hay una línea lo más recta posible desde la producción hasta la distribución y cuando los canales insisten en que lo que tienen para ofrecer es, una vez más, imperdible.

Todas las semanas se estrenan cuatro producciones de Hollywood en los cines de Estados Unidos, y en verano y la época de Navidad el número aumenta enormemente. David Lieberman señala: «Si una película no es un éxito desde el principio, los cines la sacan de cartel para proyectar otra que atraiga más espectadores. Si una película fracasa en el cine, también está condenada al fracaso en vídeo» (1997: 138). Es decir, que sólo hay dos posibilidades para una película: ser un éxito o un fracaso. *Parque jurásico* obtuvo 100 millones de dólares en sus seis primeros días en los cines. En Estados Unidos, los espectadores gastaron cerca de 7.700 millones de dólares en entradas de cine durante el año 2000.[5]

Mientras que en Estados Unidos ocho empresas distribuidoras se reparten el 90% del mercado cinematográfico, en Europa hay entre 600 y 700 empresas que intentan que sus películas tengan una distribución justa. En comparación con el alto nivel de producción cinematográfica, ese sistema de distribución fragmentada no es el más adecuado. Es necesario contar con una relación de integración vertical con cadenas de cines, algo que sí tienen las oficinas europeas de los grandes estudios norteamericanos, pero de lo que carecen los cientos de distribuidores europeos (Farchy, 1999: 49-50). En el capítulo 8 presento un sistema completamente distinto y más eficiente de distribución de películas en la región en la que se filman.

Existe una creciente necesidad de revisar la situación actual de distribución de películas, sobre todo por el crecimiento monumental del número de multicines en Europa, unos complejos de salas cinematográficas que brindan varias ventajas a las industrias culturales. Por ejemplo, aseguran que la producción y distribución estén mejor integradas verticalmente, pues es raro que los espectadores vayan al cine a ver una película determinada, sino que van a los multicines y, una vez allí, deciden qué película van a ver. Los críticos, que antes ejercían una influencia, seguramente valiosa, en el desarrollo de la capacidad crítica del público, ahora se han vuelto prescindibles: el multicine tiene la función de guía y ofrece más pantallas que nunca para la proyección de la enorme cantidad de éxitos con los que se bombardea al público. Después, las películas se pasan en salas más grandes y se siguen exprimiendo para obtener más ganancias.

Como durante la década pasada se han multiplicado los multicines en Europa, el número de asistentes también aumentó drásticamente hasta alcanzar los 895 millones en 1999, 138 millones más que cinco años antes. La cantidad de salas de cine subió hasta 27.466, cifra que en 1994 era de 23.108. Además, el porcentaje de películas estadounidenses proyectadas en los mercados más importantes, Gran Bretaña y Alemania, ascendió hasta el 80%, mientras que en 1997 era del 70%.[6] Hasta en Francia la proporción de películas norteamericanas está en aumento: de los 155 millones de entradas vendidas en 1999, el 68% correspondió a películas de ese origen, y la razón es el aumento en el número de multicines. Sólo el 27% de las entradas fue para películas francesas, y las películas filmadas en otras partes del mundo lograron atraer al 5% del público.[7]

¿Cuáles son las consecuencias de esta situación? El siguiente ejemplo sirve como respuesta. El crítico holandés Peter van Bueren se queja de que en Holanda se reservaron 32 salas para la proyección de *The Blair Witch Project* [*El proyecto de la bruja de Blair*]; por el contrario, para la película producida en Flandes *Iedereen beroemd!* [*¡Quiero ser famosa!*], sólo había disponible una sala pequeña. La película es una expresión magnífica e hilarante de las expectativas que los padres ponen en que sus hijos sean famosos. No podría haberse filmado en otro sitio que en el que fue realizada: la región belga de habla holandesa, pues la belleza de su lengua, el humor y el contexto social le confieren una textura rica y el marco ideal para la exageración hasta el punto justo. Peter van Bueren señala: «Las grandes compañías cinematográficas delinean su política económica de determinada manera y ésa es su función, pero esa política es desastrosa para la cultura cinematográfica de Holanda. No abren las puertas de sus salas a películas que no sean estadounidenses, ya que no atraen a una gran cantidad de público, precisamente porque el público no sabe de la existencia de esas películas».[8]

Los estudios de Hollywood lamentan que China aún no esté abierta a la entrada de sus producciones. En el *International Herald Tribune* (22 de noviembre de 1995) se publicó que los ejecutivos de Hollywood están ansiosos por poder entrar en el mercado chino: «La industria cinematográfica china es una mina de oro lista para recibir la invasión de productores de Hollywood. Se estima que este año se venderán 5.000 millones de entradas, es decir, cuatro veces más que en Estados Unidos», donde en 1982 se vendieron 21.000 millones, y en 1999 la cifra cayó a 800 millones. De hecho, la producción y distribución de películas chinas estuvo a punto de colapsarse a comienzos del siglo XXI. Como muchas de las cuestiones que se tratan en este libro, la del cine chino no escapa a la dialéctica. Los profesionales del cine de la República Popular China temen que el acuerdo con Estados Unidos sobre la incorporación de China a la Organización Mundial de Comercio abra las compuertas y el país asiático se inunde con la afluencia de industrias culturales de Occidente. Por otra parte, el temor a ese peligro ha provocado la modernización y la fusión de estudios cinematográficos chinos, y Kodak, la empresa estadounidense, y Golden Harvest, de Hong Kong, están construyendo multicines que permitirán, en cierta medida, la proyección de películas chinas.[9]

Midnight Special es una librería atractiva y muy bien provista, ubicada en la calle 3 de Santa Mónica, en California, en la que hay debates y lecturas en las que participan autores. En febrero de 1993, después de leer en *Los Angeles Times* que debido a la fusión de distribuidoras de libros en Estados Unidos había nacido un duopolio, comenté la noticia con uno de los empleados de la librería. Él se mostró muy preocupado porque seguramente las dos distribuidoras –Ingram y Baker & Taylor– iban a ofrecer un mejor servicio a las dos grandes cadenas de librerías norteamericanas: Barnes & Noble y Borders. Así, las librerías independientes, fundamentales para la libertad de comunicación y la diversidad de opinión, están en desventaja. En 1999, las librerías independientes sólo vendieron un 17% del total de libros vendidos en el país.[10]

Las grandes editoriales pagan a esas dos cadenas de librerías para que ubiquen sus *best sellers* en el escaparate; en cambio, las librerías independientes no reciben ese tipo de «subsidio» ni se benefician con la práctica de las devoluciones, práctica que Marc Crispin Miller considera, además, desastrosa en términos ecológicos: «Las grandes librerías piden a las editoriales miles de libros más de los que jamás podrían vender, y luego pagan por los que vendieron con los libros que les sobran: un gran engaño que distorsiona todo el negocio».[11]

Otra arma utilizada en la lucha por una posición oligopólica fueron los precios bajos que, por un lado, hicieron que los clientes de las librerías independientes pasaran a comprar en las grandes cadenas y, por el otro, que se disparara la venta de *best sellers*, ya que se vendían a precios mucho menores que otros títulos. A finales del año 2000, la era de los descuentos en las librerías prácticamente desapareció. «Poco a poco, Barnes & Noble Inc. y Borders Group Inc. fueron aumentando los precios. Las tiendas en línea Amazon.com, Barnesandnoble.com y Borders.com hicieron lo mismo después de la intensificación de la guerra de precios provocada por la aplicación de descuentos de hasta un 50% en los títulos de mayor salida. Como consecuencia, los consumidores deben pagar precios más altos».[12] Las cadenas decidieron aumentar los precios y justificaron su decisión con el incremento de los costes y la desaceleración del crecimiento. El aumento de precios, junto con los costes de envío, hace que comprar libros en línea sea más caro que hacerlo por la vía tradicional. En el *International Herald Tribune* apareció el siguiente comentario: «Pero ahora, las librerías independientes, desangradas tras participar durante quince años en la lucha por competir con los descuentos de las grandes cadenas, ya pueden respirar aliviadas».[13] Al menos, las que no murieron en el intento.

De los ejemplos presentados se puede concluir que, en la actualidad, las empresas de la industria cultural se concentran en una única cuestión: qué mina de oro queda aún por explotar. Y el motivo no es otro que la globalización económica.

Paquete cultural, carga política y peso económico

El capital que alimenta los grupos culturales tiene, cada vez más, un origen internacional y, hoy en día, gran parte del material informativo y de entretenimiento pertenece a empresas que no son estadounidenses. No obstante, es importante recordar, como señala Robert Burnett, que, en su mayoría, esos productos culturales provienen de «Estados Unidos por la sencilla razón de que Los Ángeles sigue siendo la capital de la producción cinematográfica, musical y televisiva» (Burnett, 1996: 10). Brinsley Samaroo, ministro de Trinidad en los años ochenta, dijo: «En

San Vicente o en Granada se pueden sintonizar unos ocho canales de Estados Unidos, lo cual tiene consecuencias desastrosas para esos países. Es muy lamentable que la nación menos indicada para dar lecciones morales al resto del mundo haya asumido esa función sólo porque cuenta con una tecnología avanzada. La situación es comparable a la de un borracho que conduce un coche» (Malm y Wallis, 1992: 77-78).

Aun sin adoptar una postura contraria a Estados Unidos, se puede decir que la situación genera varios problemas. En opinión de Rob Kroes, una objeción que puede hacerse a la cultura estadounidense, tal como se presenta ante el mundo, es que se queda en la superficie en lugar de profundizar en las emociones más fundamentales del alma humana y de trascender la inmediatez del aquí y ahora (1992: 39). Estados Unidos es un imperio con un mínimo de sustancia moral, por usar la expresión de Irving Kristol.[14] El sistema norteamericano suele recoger elementos «exóticos» de otros países y los incorpora sin el debido respeto (Jameson, 1998: 63). Y lo irritante es que Estados Unidos piense que lo hace porque tiene una misión que cumplir.

Disney se considera una guía espiritual para todo el mundo, y simula trabajar en pos de los valores atemporales y del triunfo del espíritu humano (Eudes, 1989: 262). Empresas del tipo de la MTV crean expectativas e ilusiones que no están al alcance de la mayor parte de la población mundial (Malm y Wallis, 1992: 44-45; Tenbruck, 1990: 205). Uno de los aspectos más relevantes del estilo de vida norteamericano es su destructividad, falta de cuidado y consumismo, alentados por un aluvión constante de imágenes y sonidos (Jameson, 1998: 64).

Por supuesto, hay muchos estadounidenses que no están satisfechos con la imagen y la realidad de su sociedad, y hay otros países que también tienen sus pretensiones. Entonces, ¿por qué las de Estados Unidos se han vuelto tan dominantes (aparte del hecho de que el país sea grande, rico y el único superpoder que ha quedado en pie)? Yves Eudes se refiere a la combinación de *paquete cultural* y *carga política* y, en mi opinión, a este par habría que añadirle el factor *peso económico* (Eudes, 1982: 121). El título de su libro acerca de la primera década de la Guerra Fría es *La Conquête des esprits: l'appareil d'exportation culturelle américain* [La conquista de las almas: la maquinaria de exportación cultural norteamericana].

La intersección de cultura, política y economía no es en sí revolucionaria. En todos los países, las obras de arte –y en la actualidad también los productos de la industria del entretenimiento– han sido siempre portadoras de mensajes e intereses sociales y políticos. La diferencia radica en los modos sistemáticos y racionales en que el gobierno y las empresas culturales de Estados Unidos han hecho una síntesis de intereses económicos, política exterior y contenido cultural, algo que no ha cesado, como se muestra en el capítulo 6, en el que hago referencia a la Organización Mundial de Comercio y las negociaciones sobre temas culturales. Jesús Martín-Barbero hace un análisis en el que propone que los medios estadounidenses universalizan un estilo de vida, esto es, una «cultura universal occidentalizada que es, en esencia, una fuerza económica que invade y controla otros mercados del mundo» (Martín-Barbero, 1993a: 142).

A pesar de la retórica oficial, según la cual el mercado se regula a sí mismo y es independiente del Estado, existe una estrecha colaboración entre el Estado y las empresas norteamericanas que intensifica todas las manifestaciones del poder del país. Esta tarea combinada y acumulativa se observa en toda la historia de Estados Unidos (Ellwood, 1994: 9). Por otra pare, John Gray comenta:

> El gobierno de Estados Unidos nunca ha respetado una regla de no interferencia en la vida económica. Las bases de la prosperidad estadounidense se encuentran en los altos aranceles aduaneros. El gobierno federal y los gobiernos estatales tuvieron una activa participación en la construcción de vías férreas y carreteras. El Oeste emergió gracias a un arsenal de subsidios gubernamentales. Fuera de la esfera económica, el gobierno estadounidense fue más invasivo en la libertad personal dentro de la búsqueda de la virtud que cualquier otro país occidental moderno. Por ejemplo, en ningún otro Estado occidental moderno se ha impuesto la prohibición de la venta de bebidas alcohólicas. La representación de Estados Unidos como un país con una historia de baja intervención estatal requiere una gran capacidad imaginativa (Gray, 1998: 104-105).

Un ejemplo del éxito de la tarea combinada y acumulativa del Estado y las empresas estadounidenses en la que el objetivo político y el peso económico tuvieron el apoyo de un paquete cultural es un episodio que ocurrió después de la Segunda Guerra Mundial. El desembarco de tropas estadounidenses en Europa facilitó la llegada de ejecutivos de Hollywood que estaban interesados en (re)conquistar el mercado cinematográfico europeo y contar con un punto de venta más para sus películas. El objetivo político de la inundación del mercado europeo con películas estadounidenses era mostrar a los públicos europeos un contrapeso fílmico de lo que los fascistas y los nazis habían mostrado antes y, además, mantenerlos alejados del comunismo y de otras tendencias de izquierda, seduciéndolos con películas de Hollywood que promovían el estilo de vida norteamericano.

Por esa razón, los estudios de Hollywood obtuvieron el permiso de las autoridades estadounidenses para operar en el exterior como un cartel, la Asociación de Exportadores de Películas, gracias al cual se les permitía ejercer funciones que en su país estaban terminantemente prohibidas: la oferta a ciegas, la venta de paquetes de películas, las garantías cruzadas (agrupación de pérdidas y beneficios para reducir riesgos) y el *dumping*, así como la compra de estudios extranjeros para proteger los beneficios. Una de las condiciones impuestas a los países europeos enmarcados en el Plan Marshall fue que tenían la obligación de comprar determinada cantidad de películas estadounidenses y de permitir a la Asociación de Exportadores de Películas que cambiara monedas europeas por dólares, una transferencia de moneda fuerte que, por supuesto, no era algo que los países europeos hubieran elegido. Además de esas medidas se instauró el Programa Internacional de Garantía de Medios, que garantizaba el envío de productos culturales estadounidenses a Europa.

Ese conjunto diverso de normas sólo pudo ponerse en práctica gracias a la presencia internacional del poder militar estadounidense durante el período de posguerra, poder que necesitaba sistemas de transporte y comunicación muy organizados y extremadamente eficientes. Las innovaciones tecnológicas de Estados Unidos se lograron gracias a las tareas de investigación y desarrollo dirigidas y avaladas por el Pentágono. Aquí es donde deberían buscarse las razones que dieron origen al predominio de las películas estadounidenses en Europa (Twitchell, 1992: 145-146; Swann, 1994: 182; Schiller, 1989a: 34-35 y 1992: 5).

La situación no tuvo cambios con el fin de la Guerra Fría. En 1995, después de la caída del Muro de Berlín, la Comisión de Medios del Parlamento húngaro aprobó una ley a tono con las pautas de la Unión Europea, que requerían que los canales privados dedicaran un 20% del tiempo a emitir programas producidos en Hungría y un 51%, como mínimo, a producciones europeas. Al principio esas normas también se aplicaron a la televisión por cable, pero al poco tiempo se dejaron de lado. Los grupos de presión que representaban a Warner, MTV, CNN y otras empresas de televisión por cable estadounidenses, junto con Jack Valenti, ex presidente de la Asociación de la Industria Cinematográfica de Estados Unidos, lanzaron una agresiva campaña para revocar esos cupos. Según varios legisladores que participaron en las negociaciones, el Departamento de Comercio de Estados Unidos expresó claramente su apoyo a las empresas. Mark Schapiro concluyó: «Para ser admitidos como miembros de la OCDE y entrar en los mercados capitalistas, los países deben garantizar el libre comercio en todos sus productos, y los de la industria del entretenimiento no son una excepción [...]. Cuando la ley entró en vigencia, también se eliminaron las restricciones contra la propiedad cruzada entre productores y sistemas de distribución».[15]

Hacia finales del siglo XX, el comercio de servicios audiovisuales entre la Unión Europea y Estados Unidos presentaba un déficit superior a los seis mil millones de dólares, y las exportaciones británicas a Estados Unidos habían alcanzado los 550 millones, mientras que las de otros Estados miembro de la Unión Europea sólo llegaban a los 156 millones.[16]

En un artículo publicado en el *Washington Post*, Mijail Gorbachov, el último presidente de la ex Unión Soviética, formuló algunos interrogantes de peso sobre las desiguales relaciones de poder que había en el mundo:

> En tanto el papel de Estados Unidos es reconocido en el mundo entero, su reivindicación de la hegemonía, por no decir dominación, no goza de igual reconocimiento. Por esa razón, espero, presidente Bush, que como nuevo mandatario norteamericano, abandone la ilusión de que el siglo XXI pueda o deba ser el «siglo de Estados Unidos». La globalización es un hecho, pero la «globalización estadounidense» sería una equivocación. Es más, no tendría sentido e incluso sería peligrosa.

El titular del artículo carecía de toda ambigüedad: «Presidente Bush, el mundo no quiere ser estadounidense».[17]

En el capítulo 6 presento algunas propuestas para que el mundo logre un equilibrio cultural, y además comento la noción de globalización en el mundo del arte, la cultura y el entretenimiento, porque no hay una única forma de globalización.

Las empresas de segundo nivel

Además del reducido número de grandes grupos culturales transnacionales, en algunos de los países más importantes hay industrias culturales que dominan los mercados nacionales y, a veces, regionales, unas industrias que también exportan sus productos a un número considerable de países, por lo general de su misma región lingüística. Algunas de esas empresas de segundo nivel dentro del mercado de los medios globales han establecido lazos y asociaciones con las grandes compañías transnacionales y con bancos de inversión de Wall Street. En la lista de firmas de medios estadounidenses de segundo nivel figuran Dow Jones, Gannett, Knight-Ridder, Hearst y Advance Publications, y en la de las europeas están Havas, Hachette, Prisa, Canal Plus, Pearson, Reuters y Reed Elsevier.[18] Otras empresas son Mediaset, de Berlusconi, y la holandesa Endemol, creadora de *Gran Hermano*, que fue adquirida por Telefónica de España.

Dos grandes compañías culturales de segundo nivel son latinoamericanas: Globo (de Brasil) y Televisa (de México). Ambas tienen un control prácticamente monopólico sobre sus mercados nacionales y un enorme poder político para elegir y descartar líderes nacionales (Fox, 1994: 4). Televisa controla cerca del 95% de su mercado nacional. Entre las características de su gigantesca producción de telenovelas, películas y programas para televisión se cuenta la vertiginosidad. La rapidez y la cantidad predominan sobre la calidad.[19] Por el contrario, Globo es conocida por la excelente calidad de sus telenovelas (*Padrão de qualidade Globo*), vistas por un público masivo en más de cien países. En 1999, el grupo obtuvo ganancias por 4.900 millones de dólares y se situó en el puesto catorce de Global 50, una lista compilada por *Variety* en la que aparecen las empresas de medios y de entretenimiento más importantes del mundo.[20]

Con una producción cercana a las 800 películas anuales, la India es el país con mayor cantidad de producciones cinematográficas del mundo. En 1997, la venta de entradas de sus películas en el extranjero ascendió a 90 millones de dólares; en 1999, la cifra subió a 350 millones, y se estima que para el 2005 esa cifra se elevaría a 3.400 millones.[21] Entre tanto, el gobierno de la India decidió obtener ganancias con la exportación libre de impuestos de productos de la industria del entretenimiento. En las películas de mayor presupuesto se invierten unos 5 millones de dólares, y el mercado que las consume está integrado por los países árabes y los 25 millones de indios residentes en el exterior, en particular en el sudeste asiático, el este de África, Estados Unidos y Europa. M. Madhava Prasad considera que las películas realizadas en la India se conciben como un ensamblado de partes prefabricadas: la historia, la danza, la canción, la escena de comedia y la iluminación. Las películas de Hollywood, en cambio, tienen una concepción diferente, pues en ellas la historia «es el punto de partida del proceso de producción, y la transformación de la película en una narración es el objetivo final de ese proceso» (Prasad, 2000: 43). Las producciones indias más populares presentan historias de amor en las que siempre hay familias numerosas. Los valores de las familias de la India resultan más cercanos a la gente de ciertas partes del mundo que las familias disfuncionales tan comunes en las películas norteamericanas.[22]

No obstante, en el mundo cinematográfico indio, Bollywood, nombre con que se conoce a la industria cinematográfica de Bombay, no reina precisamente la armonía. Como el mercado indio fue liberalizado en 1991, la mafia empezó a entrar en el siempre inestable mundo de la financiación de películas, con sus excelentes oportunidades para lavar el dinero obtenido en el mercado negro. En la India, la producción y distribución de películas no está tanto en las manos de corporaciones culturales como en las de un grupo reducido de productores y distribuidores particulares, quienes, junto con actores y directores, se han convertido en víctimas de asesinato, extorsión, chantaje, secuestro y otras formas de extrema violencia, si bien a veces no son víctimas sino responsables de esos delitos. Las mafias hacen grandes negocios a cualquier precio. Varios productores cinematográficos se han ido de Bombay con la esperanza de encontrar refugios seguros en ciudades que están en pleno proceso de modernización, como Bangalore y Madrás, al sur de la India.[23]

Los productos japoneses han adquirido gran popularidad en toda Asia oriental, en especial entre los jóvenes, que adoran la música, las películas, la televisión, la animación, la moda y la comida japonesas, una realidad que impactó a un periodista del *International Herald Tribune* de visita en esa parte del mundo. El periodista observó que en Corea del Sur las cafeterías y casas de té de estilo japonés reemplazaban los restaurantes de comida rápida estadounidenses y las cafeterías de estilo europeo; los grupos de rock y jazz japoneses eran más populares que los coreanos; y muchas telenovelas y programas de ficción eran copias de programas japoneses. Los quioscos de Hong Kong no tienen espacio suficiente para almacenar toda la cantidad de cómics y revistas de moda japoneses que reciben. Los programas de ficción japoneses tienen altísimos índices de audiencia. En China, Singapur, Indonesia, Filipinas y Tailandia abundan las copias ilegales de películas y discos japoneses, y las muñecas de «Hello Kitty» son muy populares. El número de asiáticos que aprende japonés se ha incrementado en un 29% en los últimos cinco años.[24] Y entre los regalos que Japón ha dado al mundo, podemos mencionar el karaoke (Lent, 1995: 4).

La producción de historietas (que pueden llegar a ser tan voluminosas como la guía de teléfonos), revistas y otros libros populares es una de las industrias más importantes de Japón. Las grandes compañías culturales son Gakken, Kôdansha, Shôgakkan y Shûeisha (Sakai, 1987: 235). Karel van Wolveren comenta que esos gigantes de la industria se ocupan de que los japoneses tengan su cuota de pan y circo (Wolveren, 1991: 293). Aquí también ha penetrado la mafia. Por ejemplo, los estudios Toei se relacionaron con el grupo mafioso Yamaguchi durante años, y produjeron cientos de películas en las que se glorificaba la «moral» tradicional de la mafia o películas de clara tendencia nacionalista ambientadas en la Segunda Guerra Mundial o en la época de posguerra.

El productor discográfico más exitoso de la historia de Japón es Tetsuya Komura, quien «recorría las discotecas del barrio de Roppongi para ver las preferencias de las jóvenes –su público objetivo– en materia de moda, peinados, maquillaje y música, y obtenía datos de servicios de karaoke en línea para saber qué canciones les gustaba cantar» (Schilling, 1997: 101). Basándose en miles de selecciones rítmicas y melódicas, Komura usaba esa información para luego componer sus éxitos musicales. Tras conquistar el mercado japonés, Komura llegó a un acuerdo con News Corporation, la compañía de Rupert Murdoch, por el que se estableció una *joint venture* llamada tk news dedicada a la búsqueda y promoción de nuevos talentos asiáticos.

La producción y la distribución en masa

Aparte de su enorme poder de decisión, las grandes industrias culturales dejan su huella en el panorama cultural; por ejemplo, la operación a gran escala. Las inversiones colosales que realizan deben recuperarse lo más rápido posible; entonces, la mayor cantidad de gente debe leer, ver, escuchar y utilizar los bienes producidos por esas industrias, independientemente de que estén dirigidos a determinados nichos de mercado. Nichos que, por otra parte, nunca son demasiado reducidos, y cuya rentabilidad se analiza teniendo en cuenta parámetros locales. No obstante, mi principal preocupación es la operación a gran escala en la que se apoya la producción y difusión de bienes culturales.

Ahora bien, esto no significa que los productos culturales creados, distribuidos y promocionados a gran escala sean necesariamente malos, moralmente degradantes o banales. Además, tampoco podemos dejar de considerar el hecho de que el motor que impulsa la conquista de nuevos mercados tiende al mínimo denominador común, tema en el que profundizo en el capítulo 5. Es importante recordar que, por definición, la dominación a gran escala de distintos mercados culturales acota el número de atracciones en oferta, y que al público no le resulta sencillo encontrar verdaderas alternativas.

Por otro lado, podría decirse que esas alternativas no se ajustan al gusto de la mayoría de la población, hecho que puede ilustrarse con el siguiente ejemplo. Hace treinta o cuarenta años había público para películas europeas en toda Europa. Las obras de Bergman, Fellini y tantos otros se distribuía en todo el continente, donde tenía un público amplio. Sin embargo, hoy en día es raro que una película europea recorra Europa, y su distribución no es tarea sencilla ni siquiera en su país de origen. ¿Las películas actuales son más «difíciles» que las de hace treinta o cuarenta años? Seguramente, no. Es más probable que la respuesta radique en el hecho de que las películas de los grupos culturales cuentan con un apoyo de promoción tan enorme y una distribución tan amplia que parece que son las únicas que existen.

En una gran proporción del mercado mundial ya no hay espacio para películas realizadas por productores pequeños y distribuidas por empresas que carecen de la capacidad de dar a conocer que ellos también ofrecen productos atractivos. Desde una perspectiva democrática, el hecho de que no haya más responsables en el área de toma de decisiones en los procesos artísticos es un verdadero desperdicio. Los grupos culturales oligopólicos ocupan un espacio que, si la situación fuese distinta, podrían ser ocupados por muchas clases distintas de obras artísticas que producen, distribuyen y promocionan una gran variedad de empresarios culturales.

El carácter masivo de esos grupos implica que sus bienes se producen y difunden entre consumidores que quedan fuera del proceso creativo. Al referirse al término «masivo» en el sentido con que se usa en la frase «medios masivos», Nilanjana Gupta afirma que se ha usado «para designar a los consumidores a quienes la cultura llega desde un número limitado de centros de producción cultural, y no para designar a los productores, cuyo número es reducido» (1998: 36-37). Así parece contradecir la noción de Camille Paglia de que el público vota por la cultura y ejerce influencia sobre ella mediante las mediciones de audiencia y el dinero (Paglia, 1992: ix). No obstante, es más adecuado decir que las mediciones de audiencia y el dinero son los dos únicos elementos de que disponen las personas para expresar de algún modo sus preferencias.

En esencia, para la mayor parte de la población mundial los productos culturales provenientes de las grandes industrias se realizan lejos de la sociedad en la que viven, y además tienen poco que ver con sus miedos, gustos y alegrías. Los ingredientes necesarios para crear una atmósfera receptiva «adecuada» también se conciben en otro sitio. Es cierto que debemos preguntarnos si es necesario que sólo contemos con producciones locales, y la respuesta es no. Necesitamos muchos elementos culturales distintos que contribuyan, para bien o para mal, a construir cada sociedad, en armonía o provocando fricciones. Esos elementos pueden provenir de sociedades y culturas «distantes» y añadir algo especial a la cultura de llegada o no aportarle nada relevante. ¿Quién sabe?

De todos modos, la «cultura de masas» es un concepto de doble entrada. ¿Significa que se origina en las masas populares o que la cultura se produce, distribuye y promociona a escala masiva? La segunda acepción se refiere al público masivo que una y otra vez compra entradas, discos, pósters o libros. En el capítulo 6 argumento a favor de la idea de que, desde una perspectiva democrática, deberíamos deshacernos del control oligopólico de los medios de producción, distribución y promoción cultural. Pero también sabemos que mucha gente aprecia los productos de esas industrias —que, en efecto, están hechos para que se les aprecie— y no encuentra ningún problema en esas relaciones de propiedad, así que ¿a quién le importa?

Por lo tanto, el término «cultura de masas» no es muy útil porque remite a una cultura que tiene su origen en las masas populares. Es comprensible que la industria promueva el uso del término con esa connotación. Por supuesto, es verdad que en sus productos hay elementos que tienen una larga historia en los cuentos populares o que hacen referencia a deseos o acontecimientos del momento. Lo mismo ocurre, y ha ocurrido, en las creaciones culturales a las que con frecuencia se ha denominado «alta» cultura.

Según algunas teorías, la explicación de que las masas se fascinan con los excesos liminares puede encontrarse en la historia, como dice Mike Featherstone. «La tradición popular de carnavales, ferias y festivales está llena de inversiones y transgresiones simbólicas con respecto a la cultura "civilizada" oficial y favorece la excitación, las emociones descontroladas y los placeres corporales directos, vulgares y grotescos de la comida en exceso, las bebidas alcohólicas y la promiscuidad sexual» (Featherstone, 1991: 22 y ss.). Quizá no sean tan visibles, pero esos fenómenos fueron y siguen siendo frecuentes en los estratos más ricos de la sociedad occidental. La diferencia entre el presente y el pasado sería que, hoy en día, esos excesos se producen como mínimo todos los fines de semana, mientras que, hasta hace poco tiempo, ocurrían quizá una o dos veces al año.

Podríamos estar de acuerdo con la observación de que las distintas culturas ejercen entre sí una influencia recíproca, pero sería demasiado arriesgado concluir que la cultura producida, distribuida y promocionada en masa es la cultura de las masas populares. En *Land of Desire. Merchants, Power, and the Rise of a New American Culture* [La tierra del deseo. Comerciantes, poder y surgimiento de una nueva cultura estadounidense], William Leach describe la construcción del capitalismo consumista en los Estados Unidos del siglo XIX. El autor critica el concepto de los economistas de que los mercados capitalistas no pueden funcionar a menos que respondan bien a las necesidades y deseos «reales» de los consumidores –o que cuenten con su consentimiento– en el campo del entretenimiento y en otras áreas. Según Leach, la verdad, en cambio, es

> [que] probablemente la cultura del capitalismo consumista haya sido una de las culturas públicas menos consensuadas que se hayan creado jamás, y esa falta de consenso se debe a dos razones. En primer lugar, no fue creada por «la gente» sino por grupos comerciales en colaboración con elites comprometidas con la obtención de beneficios y la creciente acumulación de capital. En segundo lugar, en su proceder cotidiano (aunque sin conspiración alguna), puso en el escaparate una sola visión de la buena vida y dejó de lado todas las otras. De este modo redujo la vida pública norteamericana, y con ello negó la posibilidad de acceder a otras formas de organizar y concebir la vida, posibilidad que habría permitido que el público estadounidense diera su consentimiento a la cultura dominante (en el caso en que se lo hubiese dado) en un marco de verdadera democracia (Leach, 1993: xv).

Hasta aquí me he referido principalmente a los productos que nos llegan a través de los canales de los grupos culturales, pero podríamos preguntarnos si los procesos de toma de decisión también son tan evidentes en el amplio campo de las artes visuales.

Los mercados de las artes visuales: tan frenéticos como los mercados de valores

En el ámbito de las películas, los libros y la música, cada vez hay más fusiones corporativas que traen aparejada una concentración de poder en manos de un puñado de empresas. En cambio, en el amplio dominio del mercado de las artes visuales las relaciones son diferentes, al menos a primera vista. Por ejemplo, hay mucho más que cinco empresas que toman cerca del 80% de las decisiones en cuanto a la creación y distribución de pinturas, estatuas, fotografías, objetos de diseño y productos multimedia, entre otros. La primera impresión es que existen muchos más responsables en la toma de decisiones y que el mercado es complejo y está abierto a todos. Según estimaciones de la Comisión Europea y la Unesco, hay varios cientos de miles de artistas visuales viviendo en Europa. La cifra para toda Europa y Estados Unidos ronda el millón.[25] En todo el mundo, el número debe de ser de varios millones.

En los campos del diseño y la fotografía, algunos artistas son empleados, pero la mayoría son trabajadores independientes sin acceso a miles de millones de compradores. La oferta de arte contemporáneo es casi ilimitada, y la idea de cómo evaluar el valor artístico en general está plagada de incertidumbres. Tanto los cuidadores como los intermediarios, coleccionistas, galeristas, autoridades estatales y regionales, asesores y otros responsables de los procesos que forman parte del mercado de las artes visuales tienen poder de decisión. Las obras pueden darse en consignación o venderse en mercadillos, mueblerías, centros turísticos o galerías de prestigio.

Sin embargo, la multiplicidad de obras de arte existente no se refleja en los puntos de venta, pues pocos artistas venden bien en el mercado «abierto» o a través del restringido circuito de galerías de arte contemporáneo del mundo occidental. En este sentido, podría compararse la situación de las artes visuales con la de la música, la literatura, el cine y las formas mixtas de arte, actividades todas ellas en donde, a pesar de que la cantidad de artistas es enorme, sólo unos pocos logran atraer la atención pública.

Raymonde Moulin muestra los terribles dilemas con que se enfrentan los estudiantes de artes visuales que piensan dedicarse al arte como profesión. Se les hace creer que la originalidad es lo que cuenta, que su «sello» personal es importante porque confiere valor de mercado, pero la realidad es que casi ninguno de ellos logrará entrar en el mercado. «El énfasis se ha puesto en la originalidad del acto, de la idea y del carisma. El sello del artista define la cualidad artística de un proceso o un objeto y fortalece su carácter de irreemplazable dentro de un mercado monopólico y estructurado» (Moulin, 1992: 364).

El número de aspirantes a artista se ha visto incrementado en gran medida por la pérdida de especialización de la profesión de las artes visuales, la ausencia de barreras para los que intentan entrar en el mundo del arte, el prestigio que acompaña a la profesión artística y la ideología universal de la creatividad. «Pero los mecanismos dominantes en la vida artística internacional, que surgen de las interacciones entre el campo del arte y el mercado, permiten que sólo un pequeño número de artistas pasen por el filtro y logren desarrollar una carrera lucrativa, de modo que se preservan la escasez y el precio del arte.» Por tanto, según Raymonde Moulin, el mercado de las artes visuales es monopólico y está estructurado por los mecanismos que dominan la vida artística internacional. ¿Cómo se implementan esos procesos de filtrado? Sea como fuere, las investigaciones muestran que sólo una pequeña proporción de artistas de todo el espectro de las artes visuales recibe casi toda la atención, y la división es cada vez más asimétrica. Por otra parte, no hay una división internacional reconocible o un departamento de mercadotecnia de algún gran grupo que realice el extraordinario proceso de filtrado hacia un mercado que muestra un volumen de ventas de cerca de 17.000 millones de dólares en todo el mundo.[26]

En la década de 1930, Walter Benjamin pensaba que las obras de arte perderían su aura a causa de los procesos de reproducción mecánica, en auge en ese momento (Benjamin, 1963). Pero es probable que haya ocurrido lo contrario. Gracias a las técnicas de reproducción, algunos artistas son muy conocidos, incluso famosos, con lo que sus trabajos, anteriores y recientes, tienen un altísimo valor de mercado. El aura no disminuyó; por el contrario, ha aumentado en un mercado en el que los precios son volátiles. Así, según palabras de un galerista: «¿Existe el valor intrínseco? No. Eso es una fantasía. Los precios pueden ser de 40 millones de dólares, por ejemplo, ¿y qué significa eso? ¿Por qué no podrían ser más altos? Se podría justificar cualquier monto» (Bolton, 1998: 27). A pesar de esto, la mayoría de los artistas no ganan nada.

Con la globalización económica, la concentración del dinero en manos de unos pocos artistas se ha acentuado:

> El mercado del arte se ha transformado con el capitalismo estadounidense y transnacional. La época de los bonos especulativos fue además una época de fama y fortuna para artistas vivos y otros que ya habían desaparecido. Wall Street no fue el único lugar para hacer dinero: en las grandes capitales artísticas también hubo una especulación sin precedentes. El tráfico de obras de arte es un reflejo de la ferviente actividad del mercado de valores, los índices de inversión en arte siguen en aumento, se discute sobre obras de arte como si se tratara de inversiones inmobiliarias y los galeristas venden artistas y negocian como si fuesen especuladores corporativos (Bolton, 1998: 24).

En el campo de la fotografía y otros tipos de imágenes hay cambios drásticos, típicos de la globalización económica actual. La empresa Corbis, de Bill Gates, ya controla 76 millones de imágenes en el mundo entero. Aunque se han digitalizado sólo dos millones de fotografías para su acceso en línea, la empresa está digitalizando toda su producción actual, cerca de 500 fotografías por día. Los ingresos de Corbis ascendieron a 150 millones de dólares el año pasado. «La cifra deja atrás a Getty Images Inc., una empresa con sede en Seattle que cotiza en Bolsa y es controlada por Mark Getty, nieto del magnate petrolero J. Paul Getty. Con un archivo de 75 millones de imágenes, la empresa tuvo un ingreso de 480 millones de dólares el año pasado.» Pero la expansión de Corbis está acortando la brecha, según el *International Herald Tribune*, que hace un seguimiento del mercado.[27] Corbis y Getty se dedican a comprar los derechos de todas las imágenes que tienen o pueden llegar a tener valor de mercado.

Uno de los ámbitos más importantes para llevar a cabo transacciones de arte es el de las casas de subastas: entre Christie's y Sotheby's suman el 90% de las ventas del mundo de las subastas, que llega a los 4.000 millones de dólares al año.[28] El siguiente ejemplo sirve para mostrar el cambio sufrido en este sector a causa de la globalización económica. A finales de la década de 1990, todos los departamentos de joyas de Christie's en los distintos países empezaron a trabajar en equipo, y entre todos deciden en qué mercado un determinado objeto puede alcanzar el precio más alto. Para una gema con talla *briolette*, se decidió que el mejor mercado era Hong Kong. ¿Por qué? El valor de la gema se calculaba entre 1,2 y 1,5 millones de dólares, pero llegó a más de 2 millones, abonados por un comprador particular de Hong Kong que ganó en la subasta a un comprador taiwanés, quien, a su vez, había ganado a otro comprador de Hong Kong. Si el remate se hubiese realizado en Ginebra, Christie's no habría podido lograr que sus clientes asiáticos viajaran para asistir a la subasta. Según el *International Herald Tribune*, el método de «equipo único» salió ganando. «En el ámbito de los remates, al menos, la globalización funciona perfectamente.»[29]

Además, para esa época los responsables de Christie's y Sotheby's admitieron haber tenido conversaciones y reuniones secretas en casas particulares, restaurantes y limusinas para establecer las comisiones que pagan miles de clientes, repartirse clientes ricos y adoptar medidas para moderar la competencia y aumentar los beneficios. Una tercera casa de subastas de gran importancia, Phillips, fue controlada hasta 2002 por uno de los hombres más ricos de Francia: Bernard Arnault, quien competía ferozmente con su rival, otro millonario francés dueño de Christie's: François Pinault. Bernard Arnault también es dueño del grupo LVMH, dedicado a la moda, el diseño, los perfumes, el champán y el coñac. François Pinault es dueño, entre otras empresas, de la cadena de grandes almacenes Pinault Printemps Redoute. En 2002, Bernard Arnault se retiró de la lucha competitiva que tanto dinero le había consumido.[30]

En el mundo del comercio asociado a las artes y el diseño, los bancos y las galerías desempeñan papeles protagonistas. Las galerías hacían sus compras gracias al financiamiento de los bancos, que hasta mediados de los años noventa otorgaban créditos sin límites. Las galerías vendían las obras de arte a las casas de subastas, lo cual, según *Le Monde*, constituía un círculo vicioso. Pero la situación ya no es la misma: los bancos se han ido apaciguando y el dinero proviene de otras fuentes. *Le Monde* indica que esas «otras fuentes» son, por ejemplo, el dinero que circula en el mercado negro proveniente del tráfico de drogas, cuyo origen es Colombia.[31] De acuerdo con Michel Guerrin, quien escribe para *Le Monde*, ni la fotografía escapa al riesgo de ser objeto de la especulación, pues en ese ámbito hay muchos coleccionistas jóvenes que han hecho fortuna con la informática y para quienes las imágenes son objetos familiares. Según Guerrin, los precios no reflejan la calidad de las fotos y, por lo general, lo que más se vende son las imágenes más espectaculares y llamativas a primera vista.[32]

Como ya hemos comentado, las casas de subastas son un grupo clave en la toma de decisiones dentro del proceso de filtrado de obras de arte hacia el mercado y del aumento desmesurado de los precios. Otros grupos fundamentales son los coleccionistas, las galerías, las empresas que compran arte y los cuidadores. Los grandes coleccionistas, que son dueños de varios cientos de obras, crean para sí posiciones de importancia en el mercado como descubridores, promotores, comisionistas, compradores y vendedores. En el mundo del arte representan el poder por ser personas que frecuentan estudios de artistas, ser miembros de órganos directivos o administrativos de museos o patrocinadores de exhibiciones importantes. Según Raymonde Moulin, la combinación de sus funciones como actores económicos y culturales les brinda la oportunidad de intervenir en todas las dimensiones del proceso que otorga valor a los artistas y a su obra, incluso por encima de los directores de museos, por ejemplo (Moulin, 1992: 51-53).

Algunos coleccionistas de arte son muy conocidos; tal es el caso de Charles Saatchi (Stallabrass, 1999, *passim*) o del italiano John-Christophe Pigozzi, de quien se comenta que es dueño de la colección más completa del mundo de obras de arte africano contemporáneo (Oguibe y Enwezor, 1999: 115). También existen fabulosas colecciones de pintura –en Japón o México, por nombrar sólo dos países– cuyos dueños son coleccionistas desconocidos que evaden impuestos o han comprado las obras en el mercado negro con dinero proveniente del tráfico de drogas. Así, algunas pinturas famosas han desaparecido sin dejar rastro después de su subasta.

Richard Bolton sostiene que «establecer el valor de una obra de arte contribuye a tener control sobre ella, de modo que influye en la función que tendrá, quién podrá verla y adquirirla». Desde una posición de control como ésa, continúa Bolton, «se puede manipular el mercado deliberadamente. Los coleccionistas importantes pueden cambiar el estatus de la obra de un artista sólo con cambiar las piezas de sus colecciones» (Bolton, 1998: 27-28). Según él, en el especulativo mercado del arte de los años ochenta hubo un cambio en el modo de coleccionar: «Tradicionalmente, los coleccionistas se portaban como, bueno, como coleccionistas, conservando las obras durante una generación como mínimo. Hoy en día colocan la obra en el mercado apenas ven que pueden obtener alguna ganancia. A veces las pinturas ni siquiera salen del almacén». Algunos inversores no recogen las pinturas después de la subasta. «En esa atmósfera, el arte del siglo XX –incluso las obras de artistas nuevos– se ha transformado en objeto de la especulación» (p. 26).

El artista es el primero en conocer su obra, pero el galerista es el primero en saber qué hacer con ese conocimiento y es el que tiene el monopolio sobre esa información. El galerista puede guardar las obras durante un tiempo en espera de un alza de precios o puede crear condiciones favorables para venderlas de inmediato recurriendo al «aura» del artista, aprovechándose de la moda o aconsejando compras especulativas que traerán ganancias a corto plazo (Moulin, 1992: 46). Todo esto no deja de ser parte del juego, pero, en un mundo en proceso de globalización económica, unas pocas galerías importantes inventan estrategias de venta cada vez más ingeniosas.

Por ejemplo, Leo Castelli, galería que fue muy importante durante años, es capaz de generar una red mundial de galerías que operan cada una en su propio mercado. La galería principal encabeza una coalición informal, una especie de unión de comerciantes cuyo propósito es promover un movimiento artístico o promocionar a un determinado artista (Moulin, 1992: 48-51; Klein, 1993: 159, 226). Raymonde Moulin reconoce que hay momentos en una lucha artística en que «es posible elegir entre varias opciones»; sin embargo, debido a su posición en el mercado, las galerías principales ejercen una influencia significativa en el proceso de decidir qué tendencias artísticas son las dominantes. De este modo, las decisiones están mediadas «por los conflictos entre los protagonistas culturales y económicos que controlan el *input*, por usar la jerga de los economistas» (Moulin, 1992: 47). El ejemplo ilustra uno de los puntos abordados en el primer capítulo: las artes son un campo de batalla simbólico y económico.

En ese campo de batalla, también las grandes corporaciones son protagonistas. Las artes han desempeñado un papel importante en las estrategias de mercadotecnia desde comienzos del siglo XX, como asegura Richard Bolton y describe con detalle William Leach (1993). Los avances artísticos se han incorporado al diseño de productos y a las técnicas publicitarias. «Esa contribución al *estilo* fue una parte vital de la racionalización de la producción y el consumo» (Bolton, 1998: 29). En las últimas décadas, los artistas han empezado a formar parte de los equipos de investigación y desarrollo de la cultura del consumo, como especialistas en tiempo libre y como técnicos en estética que dan forma y estimulan las expectativas sensoriales de los consumidores potenciales. Richard Bolton señala que los publicistas usan obras de arte en sus estrategias de mercadotecnia. «El público ve a los artistas como excéntricos poderosos, y el mito de la soledad del artista crea la ilusión de inconformismo que servirá para vender el producto. Los artistas se han transformado así en candidatos favoritos para apoyar a numerosos productos: la publicidad muestra el arte como acompañante natural de los abrigos de visón, el maquillaje y los bienes raíces» (p. 36).

Además, ahora las empresas coleccionan arte en mayor proporción que nunca. Se calcula que más del 60% de las corporaciones incluidas en la lista Fortune 500 lo hacen. La mayoría de las colecciones que están en manos de empresas están formadas por obras de arte contemporáneo, que es menos oneroso y más fácil de comprar que otro tipo de arte, y se considera una inversión cuyo valor se incrementa con el tiempo. Apinan Poshyananda describe el inicio del proceso en Tailandia a comienzos de los años noventa:

> El mecenazgo corporativo empezó a hacerse sentir cuando el Thai Investment and Securities Co. Ltd, el Banco de Bangkok, el Thai Farmers Bank, el Banco de Tailandia y otras empresas se abocaron a patrocinar exhibiciones y concursos artísticos. Los hombres de negocios comenzaron a comprar y encargar obras de arte. El arte de la corriente dominante empezó a relacionarse con el arte de los bancos por la fama inmediata que podían alcanzar los que ganaran los concursos. Para muchos artistas eso significaba dejar de ser famélicos para convertirse en famosos. No les importaba que los críticos dijeran que su obra no mostraba ningún pro-

greso y que era repetitiva, siempre y cuando tuviese su lugar en el mercado (Poshyananda, 1992: 99).

No hay una única razón para que las empresas coleccionen obras de arte. La Comisión Empresaria Estadounidense para las Artes (BCA, American Business Committee for the Arts) explica que el arte «aumenta las ventas, atrae a los empleados, mejora las relaciones laborales, crea mayor conciencia de la existencia de la empresa y, en algunos casos, aumenta el valor de la propiedad» (Bolton, 1998: 20). A las corporaciones también les interesa patrocinar exhibiciones, especialmente aquellas que tienen relación con temas e ideas que se integran con sus actividades. Por eso, Mobil apoyó una exhibición de arte maorí en la época de inauguración de una nueva planta en Nueva Zelanda; también financió las galerías islámicas del Museo Metropolitano de Arte de Nueva York y la exhibición *Unity in Islamic Art* [La unidad en el arte islámico]. La empresa llama a estas estrategias «mercadotecnia por afinidad de propósitos». United Technologies, que se dedica a fabricar armas, entre otras actividades, patrocina las artes en Europa, Australia y otros lugares en los que hay vigorosos movimientos a favor del desarme (p. 31).

En Argentina, Jorge Glusberg es el dueño de una de las más grandes empresas de iluminación, un negocio que le proporciona los recursos para financiar la actividad de los artistas del Grupo de los 13 y la del muy influyente Centro de Arte y de Comunicación (CAYC) de Buenos Aires. Durante la dictadura, Glusberg mantenía excelentes relaciones con el gobierno militar. Sus exposiciones en el exterior contaban con promoción oficial en un tiempo en que muchos artistas eran torturados, asesinados u obligados a abandonar el país. Néstor García Canclini señala que Jorge Glusberg es un maestro en el arte de prever hacia dónde sopla el viento en materia política. En diciembre de 1983, una semana después de instaurada la democracia, organizó las Sesiones para la Democracia en el CAYC y en otras galerías de Buenos Aires (Mosquera, 1995: 43-45).

Una de las ideas en las que se apoyan las corporaciones cuando realizan acciones vinculadas con lo artístico es que arte y libertad están relacionados. William Blount, de la BCA, expuso claramente esa relación en una conferencia llamada «Las artes y los negocios: socios para la libertad», en la que afirmó que tanto el arte como el comercio requieren la mayor libertad posible para sobrevivir. Hubo artistas que creyeron que el comunismo y el socialismo eran la tendencia del futuro. También hubo empresarios que creyeron que el gobierno era un aliado de los negocios y el comercio. «El tiempo y la experiencia han demostrado que era necesario cambiar esos conceptos. ¿Los empresarios somos instrumentos del gobierno federal? No, al menos no voluntariamente. Estamos en bandos contrarios, igual que los artistas.» Concluyó con estas palabras: «Dependemos de que florezca y prospere un entorno de libertad» (Bolton, 1998: 30).

En el capítulo 1 manifesté mis dudas con respecto a si las artes deberían ocuparse únicamente de la libertad, o la libre expresión, y abordaré este tema en todo el texto. De igual modo, es una ilusión pensar que las artes están, o deberían de estar, asociadas principalmente con el confort o con hacer la vida más grata. En este aspecto, Richard Bolton ha mostrado su preocupación por la relación entre las corporaciones y las artes. Uno de sus principales argumentos es que un área que pertenecía al dominio público ha caído bajo el control corporativo. «El conservadurismo ha reestructurado en gran medida la producción cultural. La corporación que se comporta como un buen ciudadano no dona su capital, sino que lo *invierte*, genera una cultura corporativa y expande el alcance de su negocio hacia todos los órdenes de la vida» (Bolton, 1998: 28). Hablaré de este tema en el capítulo 5.

El modo en que la globalización económica está cambiando la cultura que rodea las artes tiene una particular influencia en la profesión del comisario y el carácter de las exposiciones. Hasta no hace mucho tiempo, los comisarios de arte eran árbitros del gusto y la calidad y, en ese sentido, eran educadores. Reesa Greenberg observa que la autoridad de esta función de árbitro «proviene de un conjunto de criterios absolutos –ideológicos, en última instancia– que se apoyan en los parámetros restrictivos del canon del modernismo/posmodernismo occidental (es decir, del Primer Mundo)». Greenberg describe la tarea del comisario de arte, por ejemplo, que consistía en juzgar la calidad de una pintura en comparación con otra, o de un artista con respecto a otro, según las convenciones de ruptura y experimentación formal establecidos por los movimientos de vanguardia europeos y estadounidenses. «Como sabemos, muchas veces los resultados se asemejaban a un campeonato, con sus ganadores y perdedores.» Es de especial interés su argumento sobre el hecho de que ganar o perder depende cada vez en mayor medida de una configuración de sutilezas difíciles de explicar. «Mediante la compra, exposición e interpretación de obras de arte, los comisarios determinan el significado y el estatus del arte contemporáneo en mayor grado que los críticos o los galeristas», (Greenberg, 1996: 22-23; véase también Moulin, 2000: 22-23).

Con la proliferación de exposiciones y colecciones de arte en todo el mundo, la función del comisario en tanto árbitro se ha ido reemplazando por el del mediador cultural, para quien Reesa Greenberg prefiere usar el término «agente». También se puede afirmar que hoy en día el comisario funciona como una olla a presión donde se cuecen intereses en conflicto. Imaginemos los distintos intereses que se presentan en la puerta de los museos de arte contemporáneo: los principales vendedores de obras de arte y galerías esperan que los objetos que representan tengan mucha exposición, ya que así se eleva su estatus y su valor monetario; los coleccionistas y las corporaciones adquieren prestigio gracias a las exposiciones en los grandes museos, que les reportan beneficios económicos. Como es sabido, la noción de un canon único ya no está de moda, por lo tanto deberían exhibirse obras de artistas de todo el mundo, pero ¿a quiénes se elegiría? Cuando los comisarios –en su papel de agentes– eligen, deben tener en cuenta la opinión de distintos especialistas, galerías y coleccionistas, y, en muchos países de Europa, también la de las autoridades públicas, todos ellos con intereses creados. Y hay quienes se preguntan, entre ellos Hans Belting, si cuando se exhibe en instituciones de Occidente, y por lo tanto se transplanta a la cultura occidental, el arte de otras culturas se representa bajo formas que tengan sentido (citado en Scheps *et al.*, 2000: 325).

Reesa Greenberg concluye diciendo: «La función del comisario se ve intrínsecamente restringida, entonces, por grupos poderosos. Asegurar que existe algún tipo de campo de acción alternativo fuera de la red de intereses institucionales o del mercado es un engaño». Sería justo decir que la mayor parte de esos grupos se inscriben en la cultura occidental y se mueven dentro de los principios básicos antes mencionados. Puede haber muchos artistas, pero se eligen pocos.

Otro cambio fundamental mereció la atención de Robert Hewison, quien observó que, en el siglo XIX, los museos se consideraban fuentes de aprendizaje y superación, mientras que en la actualidad se les ve como instituciones financieras que deben aportar su cuota (Webster, 1995: 117). El Museo de Arte Moderno de Nueva York (Moma) fue visitado por 1,9 millones de personas en 1999, su público objetivo alcanzaba los 2,5 millones y su capital financiero era de 420 millones de dólares.[33] En este contexto, sería conveniente recordar el concepto de canon, porque, después de todo, es inevitable que una exposición pública de tal envergadura se asocie con la construcción de estándares. El museo Guggenheim también contribuye a construir el canon mediante la apertura de establecimientos en Las Vegas,

Bilbao y Berlín, entre otras ciudades. La visita obligada al museo de Bilbao otorga a su mediocre colección más fama de la que merece (Hoffmann, 1999).

Frank Webster afirma que hay una zona gris entre hacer que las exposiciones sean accesibles y trivializar las obras artísticas y culturales:

> Sin embargo, hay quienes creen que ya se han cruzado todos los límites y señalan la paradoja de que mientras los museos comerciales prosperan, las instituciones patrocinadas por el Estado entran en crisis [...]. [Más aún,] la paradoja se resuelve cuando los proyectos se entienden como expresiones de la *industria del ocio*, «museos» que recurren a la *nostalgia* digerida y simple a la manera de Disney, con elaborados efectos de sonido, ambientación atractiva, cambio rápido en la sucesión de atracciones, videojuegos, dinosaurios de animación electrónica, recreación de olores y símbolos y, sobre todo, con la «participación» de los clientes, que pagan para que se les haga «disfrutar» y «divertirse» (Webster, 1995: 120).

Para decirlo sin rodeos: hay cientos de miles de artistas que trabajan fuera de los circuitos que hemos comentado aquí. Me referiré al tema en el capítulo 4, en el que trato la cuestión de las culturas artísticas locales, culturas que no son las que producen las creaciones artísticas que han cobrado fama. Eso no significa que la obra de los artistas «elegidos», cuyo precio es cada vez más alto, carezca indefectiblemente de valor estético o de otra clase, claro que no: quizá lo tenga y quizá no. La cuestión es irrelevante cuando se compara con el hecho de que en el mundo de las artes visuales y el diseño hay mecanismos que se esmeran por crear una «rareza» –que en este caso equivale a fama y reputación– a través de la cual es posible obtener un enorme valor económico y estatus.

En el mundo de las artes visuales no se deben buscar esos mecanismos en instituciones aisladas, como es el caso del cine, la literatura y la música, campos en los que los grupos culturales llevan la batuta. En ese mundo en cambio, el dominio lo ejerce el principio del mercado de valores, y hay varios actores poderosos que fijan valores. Esos actores no dejan de observarse, y en el inquieto proceso de pronto algunas acciones aparecen «sobrevaloradas» y otras, «subvaloradas», o todas las acciones empiezan a bajar o a subir. ¿Por qué? Por suposiciones, miedo, optimismo... pero siempre por la información fragmentada. El prestigio cultural y los valores económicos se entremezclan. Los grandes coleccionistas, las corporaciones, las principales galerías, los cuidadores respetados, los bancos, las casas de subastas, los que trafican dinero en el mercado negro y a veces los artistas, todos ellos participan en el juego, que en definitiva tiene que ver con la fama y el dinero. Quienes estén atentos a los debates sobre estética no pueden dejar de notar que las preferencias estéticas surgen, en gran medida, de estructuras de poder y mecanismos de selección.

Tras la era del telégrafo magnético

Internet y la digitalización ya forman parte de todos los campos de la creación, la producción, la distribución, la promoción y la recepción de obras de arte. En el capítulo 4 abordaremos el tema de los artistas que usan esas herramientas y se liberan de la presión de las estructuras oligopólicas que ya hemos comentado. En este apartado me refiero a los mitos que rodean a las nuevas tecnologías de la comunicación. Luego afrontaremos la realidad de que los grupos culturales que operan a escala mundial se han apoderado de una buena porción de esas tecnologías que, hasta 1995, prometían traer consigo una nueva era de democracia y libertad en el área de la comunicación humana.

Con respecto a los nuevos medios de comunicación, es necesario formular unas cuantas preguntas que pueden parecer absurdas. La lectura de *Walden*, de Henry David Thoreau, quizá nos incite a reflexionar sobre las razones para que haya tanto barullo alrededor de la autopista de la información. En palabras del autor, «necesitamos con urgencia construir un telégrafo magnético desde Maine hasta Texas; pero quién sabe, Maine y Texas quizá no tengan nada que decirse» (citado en Postman, 1987: 66). Su escepticismo respecto a la «urgencia» bien podría aplicarse a Internet y la digitalización.

Riccardo Petrella apunta otro problema que también tiene aspectos singulares. Según él, construir «autopistas de la información» evaluadas en miles de millones de dólares mientras 1.400 millones de personas no disponen de agua potable es, como mínimo, obsceno. Petrella opina que el mundo debe tener como prioridad la construcción de redes de agua potable y, después, la creación de una red de información formada por carreteras, caminos rurales y plazas donde la gente pueda reunirse a conversar.[34] Las ideas de Thoreau y Petrella contribuyen a que tomemos conciencia de que el valor de los nuevos medios de comunicación no es tan obvio.

Otro aspecto que debería tenerse en cuenta es si las sociedades en las que vivimos pueden denominarse «sociedades de la información».

James Billington, el bibliotecario de la Biblioteca del Congreso de Estados Unidos, piensa que hay buenas razones para relativizar esa idea, y que es muy significativo que hablemos de la Era de la Información y no de la Era del Conocimiento. Para llegar a una etapa de conocimiento se necesita algo más que andar merodeando por sitios con una cantidad interminable de información. «Los datos sin procesar pueden transformarse en información que luego, con gran esfuerzo y valor agregados, puede alcanzar el nivel de conocimiento, que es la base de la sabiduría.» De acuerdo con Billington, la sabiduría no abunda: «En esencia, nuestra sociedad consiste en un movimiento sin memoria».[35]

Tampoco es demasiado útil la noción de «sociedad red». ¿Qué eran los poderes coloniales sino sociedades en red? ¿De qué otro modo mantenían su dominio sobre territorios distantes? Es evidente que el carácter de los medios, que continuamente diseminan información en el mundo entero, es menos importante que quién domina esos medios y qué tipo de información emiten.

La noción de «virtualidad» se ha usado mucho para caracterizar a los nuevos medios de comunicación, pero podríamos preguntarnos cuán virtuales son esos medios digitales, teniendo en cuenta que recurren a satélites, cables, discos y ordenadores muy materiales, con programación y controles físicos realizados por personas muy bien remuneradas, todos ellos elementos que forman parte de un marco de empresas reales. «Realidad virtual» tampoco es el concepto adecuado para enmarcar los miles de millones de dólares que se han invertido en la autopista de la información, en todos los dispositivos necesarios y, por supuesto, en recursos humanos.

Si hemos de identificar los mitos que rodean a los nuevos medios de comunicación, también debemos reconocer que se están produciendo inmensos cambios por la aplicación de las nuevas tecnologías de comunicación: cambios en el carácter del capitalismo global y en las circunstancias de producción y distribución en lo que concierne a los artistas, que es uno de los temas de este libro. Manuel Castells señala que las distintas formas de comunicación se integran en una red interactiva y así se produce un supertexto y un metalenguaje «que, por primera vez en la historia, incorporan dentro del mismo sistema las modalidades escrita, oral y audiovisual de la comunicación humana». Con ello se modifica esencialmente el carácter de la comunicación, «porque la cultura usa la comunicación como medio y representación; y las culturas en sí, es decir, nuestros sistemas históricos de creencias y códigos, sufren una transformación de raíz, proceso que seguirá avanzando, como resultado del uso del nuevo sistema tecnológico» (Castells, 1996: 328).

Manuel Castells se ocupa del contexto en el que ocurren esos desarrollos tecnológicos. Sostiene que hoy en día se observa un capitalismo renovado y más brutal que promueve la flexibilidad, otorga a los ejecutivos un poder mucho más considerable que a los trabajadores, presiona a todos a través de la competencia y deja de lado a las partes no rentables del mundo. El capitalismo actual es completamente distinto de los anteriores y se apoya en la convergencia de información, innovación productiva y tecnología. «La cultura y la tecnología dependen de la capacidad del conocimiento y la información para actuar sobre el conocimiento y la información, en una red recurrente de intercambios conectados en la esfera global» (Castells, 1998: 338-339).

Según este autor, el poder aún gobierna las sociedades, pero «se disuelve en redes globales de riqueza, información e imágenes que circulan y se transmutan en un sistema de geometría variable y geografía desmaterializada» (Castells, 1997: 359). ¿Pero no ha llegado la hora de preguntarse si esto es así? Castells propone que cuando el poder aparece «se disuelve» en una «geografía desmaterializada», es decir, que ya no es posible localizarlo. Se podría estar de acuerdo con él en que hoy la información y el capital se mueven por el planeta a la velocidad de la luz y que no son fáciles de ubicar, pero siempre ha sido difícil ubicar el lugar donde reside el poder. No obstante, debería ser posible controlar y regular las corrientes de información y entretenimiento con eficacia, más aún cuando, como señala Robert Went, el uso de las nuevas tecnologías facilita la búsqueda y registro de transacciones financieras (Went, 1996: 57). Pero para que esto ocurra debe haber voluntad política.

También existe una controversia respecto de si la digitalización aumenta el espacio para la creatividad, la libertad y la democracia o si constituye, en primer lugar, el campo de juego de las actividades comerciales y militares. Shapiro se pregunta por qué existe tanto escepticismo en círculos progresistas acerca del potencial de los nuevos medios de comunicación. Sostiene que la diversidad del ciberespacio es una alternativa que cobra mayor vigor frente al conformismo de los medios. «Los artistas exponen sus trabajos en galerías virtuales. Los músicos cuelgan sus composiciones en sitios web. Con el aumento del ancho de banda y la evolución de las tecnologías, los *auteurs* que publican en Internet podrían estar cabeza a cabeza con los Disneys del mundo y crear un mercado abierto para distribuir vídeos a bajo precio.»[36] Los nuevos medios de comunicación proveen herramientas perfectas para mejorar la comunicación intra e intercultural. Además, el dominio digital estimula el pensamiento progresista. Las estructuras de pensamiento rígidas pueden volverse más abiertas y flexibles gracias al uso de procesos digitales.

Edward Herman y Robert W. McChesney afirman que en Internet se combinan varias posibilidades novedosas:

> En términos de medios, la analogía relevante que debería aplicarse para el análisis de Internet no es la de la televisión y la radio, con su número limitado de canales y estaciones, sino el de la publicación de libros y revistas. Siempre y cuando no haya censura estatal, cualquiera tiene derecho a publicar, aunque ese derecho no signifique mucho si no se cuenta con canales de distribución, recursos y publicidad. Además, es importante tener en cuenta que Internet permite que quienes lo deseen puedan acceder a todos los sitios web «marginales». Aquí radica la diferencia fundamental entre Internet y la publicación de libros y revistas (Herman y McChesney, 1997: 124-125).

A la vista de este gran abanico de oportunidades, los autores confían en que Internet será una herramienta vital para la organización política. Yo también espero que permita la distribución digital de una amplia gama de creaciones artísticas diversas. Herman y McChesney mantienen la confianza en Internet, «aunque su trayectoria dominante sea impulsada por el motor del comercio del entretenimiento».

Por cierto, ambos analistas no están errados al hacer esa salvedad, pues los cientos de miles de millones de dólares que se han invertido en todas las áreas del dominio digital y la cantidad que se prevé invertir (Schiller, 1999: 60) son tan enormes que cabe esperar que el (ciber)espacio reservado para el impulso de aquellos aspectos de la comunicación democrática que no se asocien con el comercio o la diversión sea reducido. Los últimos años de la década de 1980 y los primeros de la de 1990 fueron testigos de una verdadera revolución tecnológica que Jerry Mander describe con estas palabras:

> Las nuevas compatibilidades entre tecnologías utilizadas a escala global, como los satélites, el láser, la televisión, la computación y los viajes a alta velocidad, y la transferencia instantánea de recursos, entre otras, han provocado el salto de las capacidades de comunicación hacia una dimensión global. Y así fue posible, si no inevitable, que los poderes corporativos cruzaran fronteras a pasos agigantados. De hecho, la forma corporativa y la forma tecnológica transitaron por un proceso de *coevolución* en una relación simbiótica. Las corporaciones dieron impulso a las tecnologías, que, a su vez, permitieron que aquellas se convirtieran en protagonistas y superaran el control de los Estados soberanos que las vieron multiplicarse. La tecnología permitió que la administración central de una empresa pudiese tener contacto inmediato con sus cientos de oficinas dis-

tribuidas por el mundo y al mismo tiempo pudiese controlarlas (Mander, 1993: 14).

Por ello, el desarrollo real de nuevas tecnologías de comunicación ha puesto muchos obstáculos en el camino de la valiosa vida democrática local, con el campo de las artes y la cultura incluidos:

> Hacia 1990, la tecnología hizo posible ubicar todos los recursos marinos y terrestres desde el espacio. La combinación de la informática, el láser y los satélites brindaron a las empresas la posibilidad de establecer una comunicación global instantánea, transferir capital y controlar recursos. Y además, la globalización de las transmisiones televisivas vía satélite y la ubicuidad de las campañas publicitarias permitieron que las industrias de Occidente difundieran bienes culturales y valores materiales occidentales hasta en países no desarrollados, que ni siquiera tenían carreteras. Así se logró una homogeneización de culturas bajo un paradigma económico occidental [...] Las nociones de *economía local* y *control local* pasaron a ser anómalas y cada vez menos plausibles (Mander, 1993: 15).

Lo importante es, entonces, y repito lo que ya he expuesto en este mismo capítulo, quién controla las distintas líneas de comunicación.[37] ¿Quién tiene la capacidad de captar la atención de las personas que navegan por Internet? Los publicistas, por ejemplo, están dispuestos a pagar miles de dólares a los propietarios de portales de la web por una palabra de búsqueda. America Online ha suscrito contratos publicitarios evaluados en cientos de millones de dólares al año (Hamelink, 1999: 150-151). La medianamente breve crisis económica de comienzos del siglo XXI puso cierto freno a los precios, pero no por mucho tiempo.

Alrededor de mediados de los años noventa, Internet pasó de ser un medio participativo que servía los intereses del público a ser un medio a través del cual las empresas propagan información asociada con el consumo. Robert McChesney lo explica del siguiente modo:

> Quizás el cambio más impactante de finales de los años noventa haya sido la velocidad con que fue desapareciendo la euforia de quienes creían que Internet era una fuente de desarrollo de un tipo de periodismo, política, medios y cultura cualitativamente diferente e igualitario. Todo indica que los contenidos sustanciales de los medios comerciales en Internet, o en cualquier sistema futuro de comunicación digital, no serán muy distintos de los que existen en la actualidad. Las empresas de publicidad y de medios aspiran a que Internet se parezca cada vez más a la televisión comercial, que ya ha probado su eficacia (McChesney, 1997: 33-34).

A finales de la década de 1990, la OMC acordó abrir mercados básicos de telecomunicación en unos setenta países, lo cual representa el 94% de los mercados mundiales de telecomunicación, con unos ingresos anuales cercanos a los 600.000 millones de dólares y un público potencial que ronda la mitad de la población mundial (Schiller, 1999: 47).

La Ley de Telecomunicación de Estados Unidos, promulgada en 1996, contribuyó a consolidar esa tendencia comercial, pues permite que una sola empresa sea dueña de varias estaciones de radio y canales de televisión y que tenga actividad en todos los medios imaginables, e incluso los no imaginables hoy en día. Tal concentración de la propiedad se opone a la necesidad democrática de diversidad, en particular en la toma de decisiones en los campos del conocimiento, la información y la creatividad. Cuando se debatió la Ley de Telecomunicación, este tema se trató muy poco en los medios, en tanto el chip V –diseñado para excluir la violencia de la sala de estar de los hogares– se mencionó 1.391 veces en los primeros seis meses de 1996. Todd Gitlin comenta: «No es de sorprender que el *trust* cultural dedique tan poca energía a analizarse a sí mismo» (1997: 10). Robert McChesney cita a un representante de un grupo de presión: «Nunca he visto algo como el Proyecto de Ley de Telecomunicación. El silencio del debate público es ensordecedor. Éste es un proyecto que nos afecta a todos, y ni siquiera se discute» (en McChesney, 1997: 43).

De acuerdo con Patricia Aufderheide, «a medio plazo las comunicaciones estarán controladas por un número bastante reducido de corporaciones colosales y complejas con influencia internacional que establecerán alianzas entre ellas según su conveniencia. Algo así como la teoría del caos en conjunción con un oligopolio: buena razón para no dejar de lado las reglamentaciones que sustentan la competencia» (Aufderheide, 1997: 160-161). No obstante, por cuestiones de competencia tal vez otros países sigan el ejemplo de Estados Unidos y otorguen poder ilimitado a sus empresas monopólicas de comunicación.

Un buen ejemplo de cómo Internet ha pasado de ser un espacio de dominio público a uno que representa intereses privados se observa en el reclamo que hizo Edwin Artzt, director de Procter & Gamble, a la Asociación Estadounidense de Agencias de Publicidad en 1994: «[Tenemos] que volver a apoderarnos de la tecnología y hacer que trabaje para nosotros». ¿Cómo?: «Podemos aprovechar la tecnología interactiva para atraer a los consumidores. Podemos incluir respuestas directas a los consumidores. Si una consumidora quiere saber qué color de esmalte de uñas Cover Girl hace juego con el lápiz labial que vio en nuestra publicidad, podemos decírselo al momento» (Schiller, 1999: 116-117). Se considera que la construcción de una marca es más eficaz cuando el consumo y el entretenimiento se perciben simultáneamente (Baran, 1998: 132; Herman y McChesney, 1997: 124-125; Klein, 2000; McChesney, 1997: 33-34).

Los artistas, con su creatividad y talento, hacen una contribución sustancial a esos procesos cuya finalidad es comercial. Después de todo, ellos son los expertos que producen los ambientes, los códigos y las imágenes culturales que dificultan la comprensión de los procesos que ocurren en el mundo. Producen el «infoentretenimiento», es decir, los programas de noticias con formato de espectáculo. Crean las condiciones en las que el público tiene sensaciones de bienestar y placer continuo. Como actores, muestran miles de asesinatos que los niños ven desde pequeños, como si fuesen una diversión. Preparan, por ejemplo, la memoria anual de Nike, en la que no se menciona el hecho de que «toda la actividad de la empresa en Indonesia, con sus 30.000 empleadas, le cuesta a Nike menos de lo que le paga a Michael Jordan por promocionar la marca, unos 20 millones de dólares (Miyoshi, 1998: 257). Además, los artistas crean las interfaces, los contenidos y los entornos del dominio digital para los negocios y el entretenimiento.

Las estrategias de focalización en la marca consisten en relegar el entorno cultural y hacer que la marca sea la protagonista. Como explica Naomi Klein:

> Muchos artistas, personalidades mediáticas, directores cinematográficos y estrellas deportivas se han acercado a las corporaciones en este juego de la construcción de marcas. Michael Jordan, Puff Daddy, Martha Stewart, Austin Powers, Brandy y *Star Wars* reflejan la estructura de corporaciones como Nike o Gap, y les cautiva tanto la idea de desarrollar y potenciar su capacidad para contribuir con el desarrollo de una marca como a los fabricantes de los productos. De esta manera, lo que alguna vez fue un proceso de venta de cultura a un patrocinador a un determinado precio se ha suplantado por la lógica del «*cobranding*»: una sociedad fluida entre personalidades y empresas famosas (Klein, 2000: 30).

Cuando se ponen en juego grandes intereses se usa la terminología típica de la guerra para expresar que la competencia es feroz, y el dominio digital no es la excepción. Por ejemplo, la periodista Elisabeth Bumiller relata así la batalla entre Amazon.com y Barnesandnoble.com:

Ésta es una gran historia bélica. De un lado está Amazon.com Inc., la colosal librería de venta en línea (con un valor de mercado de 5.500 millones de dólares), fundada y presidida por Jeffrey Bezos, un empresario de 35 años, con base en Seattle. Del otro lado está Barnesandnoble.com Inc., la pequeña pero pujante librería número dos, con marca reconocida y un socio muy rico (Bertelsmann AG). El director de Barnesandnoble.com es Jonathan Bulkeley, de 38 años, el mismo que puso en marcha America Online en Gran Bretaña y que fue contratado el mes pasado para ponerle todas las piedras posibles en el camino a Bezos.

El informe de Bumiller desde el «frente de batalla» continúa así: «Thomas Middelhoff, el director ejecutivo de Bertelsmann que contrató a Bulkeley –y que invirtió 300 millones de dólares en la compra del 50% de las acciones de Barnesandnoble.com–, comentó el lunes que Bulkeley "era la reacción contra Jeff Bezos". Las palabras de Bulkeley fueron: "Estamos motivados. Tenemos un equipo imbatible"».[38]

En manos neoliberales, Internet y los dominios digitales se han convertido en campos de juego donde reina la agitación. Si nos remontamos al año 1994, veremos que los dirigentes de las grandes empresas de comunicación europeas presentaron un informe a sus respectivos gobiernos y a la Comisión Europea que consignaba que en el campo digital había una única opción: ser un ganador en la sociedad de la información o ser un gran fracasado. Quien no lidere el curso de los acontecimientos deberá enfrentarse con una disminución estrepitosa en las inversiones y una reducción sustancial en los puestos de trabajo.[39]

Imaginemos a los líderes de la industria de la rica Europa refiriéndose a la fatalidad y el desastre que significaría perder la batalla por Internet, y pensemos cuál sería la situación de países mucho más pobres que los miembros de la Unión Europea cuando tengan que enfrentarse a esa agresiva competencia por el dominio de la autopista de la información. Manuel Castells califica esa desigualdad de «alarmante» (Castells, 1996: 34). Pareciera que la participación efectiva en el campo de las nuevas tecnologías de la comunicación estuviese reservada a una pequeña minoría de la población mundial, con lo que los artistas de países no occidentales o bien no tienen acceso amplio a esos medios o no tienen ningún tipo de acceso.

A comienzos de este siglo, Nasdaq, el mercado de valores donde opera el mundo digital, sufrió bajas considerables después de los beneficios exagerados que había obtenido un par de años antes. Pero no fue el único en salir perjudicado: todo el edificio digital se derrumbó. Pop.com, un sitio que pertenecía a Dream Works –la empresa de Steven Spielberg–, Image Entertainment y Paul Allen, cofundador de Microsoft, cerró sus puertas en septiembre de 2000, después de un año entero sin producir películas. Walt Disney decidió terminar su negocio digital Go.com, en el que había invertido entre 500 y 750 millones de dólares.[40] Según el diario francés *Le Monde*, la alianza entre Silicon Valley y Hollywood terminó siendo un gran malentendido.[41]

Por medio de alianzas a gran escala se han establecido grupos culturales que parecen estar apoderándose de Internet cuando, en realidad, lo que tratan de hacer es mantenerse a flote en aguas turbulentas, que no tienen nada de virtuales. En tiempos de tanta incertidumbre, cuando las acciones tienen cotizaciones elevadas, los grupos culturales piensan que tienen un arma poderosa que les ayuda a seguir adelante: los derechos de propiedad intelectual. Por ejemplo, y como asegura Conrad Mewton respecto de la música: «Tener derechos de propiedad intelectual ha sido siempre la forma más segura de hacer dinero en la industria de la música, y el contenido aún es más valioso en el mercado en línea» (Mewton, 2001: 75). Pero ¿cuánto durará esta situación? ¿Y por qué los artistas imaginan que comparten intereses con una industria cultural que defiende el concepto y la práctica de esos derechos? Son interrogantes que intentaremos responder en el capítulo 3. La conclusión de este análisis podría ser que ya es momento de que desaparezcan los derechos de propiedad intelectual en la teoría y en la práctica, y quizás así los artistas se beneficien, como también los países del Tercer Mundo y el dominio público. De esto nos ocuparemos en el capítulo 9.

Notas

1. «Big Media Firms, Puny Results. For Investors and Consumers the Benefits are Still Hard to See.» *International Herald Tribune*, 16-17 de diciembre de 2000.

2. Marc Crispin Miller. «Who Controls the Music?» *The Nation*, 25 de agosto-1 de septiembre de 1997.

3. «Tailoring Film and TV for the World.» *International Herald Tribune*, 2 de octubre de 1997.

4. «The Matrix, Where Films and Games Meet.» *International Herald Tribune*, 21 de febrero de 2003.

5. «Record Year at the Box Office, but No Sensations.» *International Herald Tribune*, 6-7 de enero de 2001.

6. «Movie Screens Multiply Across Western Europe.» *International Herald Tribune*, 28 de enero de 2000.

7. «L'exceptionelle part de marché des films américains.» *Le Monde*, 27 de diciembre de 2000.

8. «Paté wil enkel geloven in films uit Amerika.» *De Volkskrant*, 2 de noviembre de 2000.

9. «Le cinéma chinois étouffée entre Hollywood et la bureaucratie. En Chine, la production cinématographique est en chute libre et le public se tourne massivement vers les films américains.» *Le Monde*, 5 de septiembre de 2001.

10. «André Schiffin contre la censure du marché.» *Le Monde*, 7 de mayo de 1999. Véase también Crispin Miller (1997, p. 119); Marc Crispin Miller, «The Crushing Power of Big Publishing», en *The Nation*, 17 de marzo de 1997; David Sarasohn, «Powell's Bookstore Has a Mission in Social Responsibility and Fighting Censorship», en *The Nation*, 17 de marzo de 1997. La librería Powell's está ubicada en Portland, Estado de Oregón, en Estados Unidos.

11. Crispin Miller. «The Crushing Power of Big Publishing.»

12. «Book Price War Ends as Big Discounts Fade. Net Retailers Capitulate and Pursue Profit.» *International Herald Tribune*, 10 de octubre de 2000.

13. Ibídem.

14. Irving Kristol. «The Emerging American Imperium.» *Wall Street Journal*, 18 de agosto de 1997.

15. Mark Schapiro. «When Communism Crashed, HBO Wrote the Rules.» *The Nation*, 29 de noviembre de 1999.

16. «Les Etats-Unis renforcent leur domination sur l'audiovisuel européen.» *Le Monde*, 7 de septiembre de 2000.

17. Mijail Gorbachov. «Mr Bush, the World Doesn't Want to be American». *International Herald Tribune*, 30-31 de diciembre-1 de enero de 2001.

18. Robert McChesney. «The New Global Media. It's a Small World of Big Conglomerates.» *The Nation*, 29 de noviembre de 1999.

19. «L'empire mexicain de Televisa.» *Le Monde*, 21-22 de julio de 1996.

20. Bill Hinchberger. «Brazil's Media Powerhouse Seeks New Life in Latin America.» *The Nation*, 29 de noviembre de 1999.

21. «Hollywood in Bombay.» *De Volkskrant*, 13 de diciembre de 2000.

22. «Indian Movies Speak to a Global Audience» y «Financing Films on a Personal Basis.» *International Herald Tribune*, 20 de octubre de 2000.

23. «Blaffers in Bollywood.» *NRC Handelsblad*, 27 de junio de 1998.

24. «Japanese Culture Sweeps East Asia. Music and Fashion Captivate Youth.» *International Herald Tribune*, 7 de diciembre de 1999.

25. Artprice.com, julio de 2000.

26. Ibídem.

27. «When Art, Business and Digital Rights Collide. Corbis and Photographers Try to Hash Out a Contract.» *International Herald Tribune*, 29 de enero de 2001.

28. «Breakthrough in Art-Auction Probe.» *International Herald Tribune*, 9 de octubre de 2000.

29. «Christie's Global Policy Pays. One-Team Approach Brings Gems to Buyers.» *International Herald Tribune*, 21-22 de agosto de 1999.

30. «Is LVMH Rethinking Its Strategy?» *International Herald Tribune*, 21 de febrero de 2002.

31. «Voyage à New York chez le deux colosses du marché de l'art.» *Le Monde*, 23 de noviembre de 1999.

32. «La photographie au risque de la spéculation.» *Le Monde*, 20 de noviembre de 1999.

33. «Achter de schermen van het Moma.» *NRC Handelsblad*, 22 de diciembre de 2000.

34. Entrevista realizada por Joost Smiers, mayo de 1995.

35. «Is the Information Age Making Us Any Wiser?» *International Herald Tribune*, 16 de marzo de 1999.

36. Andrew L. Shapiro. «New Voices in Cyberspace.» *The Nation*, 8 de junio de 1998.

37. Véase, entre otros, Bagdikian, «Lords of the Global Village.» *The Nation*, 12 de junio de 1989; Barber, (1996); Dali *et al.*, (1994); Hamelink (1994b); Jameson y Miyoshi (1998); McChesney (1997); McChesney *et al.*, (1998); McPhail (1981); Petrella (1994); Ramonet (1997); Schiller (1976, 1989a). Véase también «Who Controls TV?» *The Nation*, 8 de junio de 1998.

38. Elisabeth Bumiller. «Buying Books On-Line Just Got Interesting.» *International Herald Tribune*, 9 de diciembre de 1998.

39. «L'Europe et la société de l'information planetaire. Recommandation au Conseil Européen.» Bruselas, 26 de mayo de 1994.

40. «Small World of Disney Gets Smaller.» *International Herald Tribune*, 31 de enero de 2001.

41. «Le cinéma et Internet, ou l'échec de "Sillywood".» *Le Monde*, 24-25 de diciembre de 2000.

3. ORIGINALIDAD DUDOSA

El bien más valioso del siglo XXI

Sería bueno que los artistas, tanto los de los países ricos como los de los pobres, obtuviesen una remuneración justa por su trabajo. Todavía hay muchas personas que creen que el copyright es la fuente de ingresos más importante con que cuentan los artistas. Pero en realidad esos derechos, que en Europa normalmente se denominan «derechos de autor», están transformandose en uno de los productos comerciales más valiosos del siglo XXI. Por ese motivo, es bastante improbable que el sistema proteja eficazmente los intereses de la mayoría de los músicos, compositores, actores, bailarines, escritores, diseñadores, videoartistas y cineastas. En cualquier caso, el dominio público está estrechándose con la privatización de los bienes artísticos e intelectuales de uso colectivo. De esos temas nos ocuparemos en este capítulo.

Hay suficientes razones para intentar encontrar otros caminos que aseguren a los artistas poder ganarse la vida con su trabajo y que sus creaciones e interpretaciones obtengan el respeto que merecen. También debemos comprender que, si seguimos negando que el conocimiento y la creatividad son parte del dominio público, obstruimos el desarrollo social y cultural de nuestras sociedades.

Los grupos empresariales dedicados a la cultura y la información envuelven el mundo entero con cables y ondas. Además de enviar información de negocios, noticias y contratos, las autopistas de la información operan como transportadores de contenidos de entretenimiento que en parte son un producto comercial en sí mismo, aunque la mayoría de las veces también actúan como estímulo para comprar y consumir otros productos. El entretenimiento, o lo que nos gusta llamar arte, se ha trasladado de los márgenes al centro de la denominada nueva economía, y ésa es una de las razones por las que una vez más observamos una vorágine de fusiones en el campo cultural, como la de AOL y Time Warner.

No tiene mucho sentido aplicar controles antioligopólicos en casi todos los conductos por donde viaja la información si no se tiene también la propiedad del «contenido» que se envía por medio de las nuevas tecnologías. Por eso, como sostiene Janine Jacquet, el contenido es lo fundamental. El contenido tiene valor porque se precisan muchos miles de horas de música y una enorme cantidad de imágenes y textos para llenar esos conductos de transmisión. La mejor forma de obtener derechos sobre cantidades gigantescas de material de entretenimiento y otras formas artísticas es por medio de fusiones. La «sinergia» es la lógica a la que recurren los grandes grupos mediáticos para echar mano de la mayor cantidad posible de material con copyright: «Las fusiones actuales no tienen como único objetivo incrementar su cuota de mercado por comprar un sello discográfico, un estudio cinematográfico o una editorial, sino que además pretenden adquirir los derechos de temas musicales, películas y libros. Se trata de una inversión en capital intelectual, es decir, en expresión creativa, el bien más valioso del siglo XXI».[1]

Como consecuencia de las fusiones, en poco tiempo sólo unos pocos grupos culturales serán «propietarios» de la mayor parte de las creaciones artísticas del pasado y de la actualidad. Y quien tenga los derechos de propiedad intelectual de material artístico querrá que ese material se use, exhiba, interprete, grabe y distribuya en la mayor medida posible, por medio de todos los canales disponibles y en artículos asociados con el entretenimiento, por ejemplo videojuegos, consolas y otros medios interactivos:

> Las corporaciones del negocio del entretenimiento se empeñan en obtener la máxima ganancia de la explotación de los derechos de propiedad intelectual utilizando los medios de comunicación para colocar grabaciones en distintos sitios, gestionando la licencia de espacios públicos donde se emite música (tiendas, discotecas, restaurantes, *pubs* y salones de belleza) y apoyando la acción de inspectores que controlan la aplicación de esas políticas y sancionan a los locales que emiten música sin la debida licencia (Negus, 1999: 13).

Así, nos vemos acorralados en mayor o menor medida. Gran parte de las creaciones artísticas del pasado y el presente son propiedad de un número reducido de grupos culturales que, de un modo u otro, nos ponen en contacto en todo momento con esas creaciones, de cuyo contenido son dueños. El Tratado sobre Aspectos de Comercialización de los Derechos de Propiedad Intelectual de la OMC habilita la adquisición de derechos sin restricciones ni fronteras. En *Nuestra diversidad creativa*, el informe de la Unesco y la Comisión Mundial de Cultura y Desarrollo de Naciones Unidas, se asegura que el tratado «ha provocado una reorientación sutil del copyright en la que el comercio ha ocupado el lugar de los autores» (Pérez de Cuéllar, 1996: 244).

La noción de esos derechos, que alguna vez estuvo del lado de los autores, se convierte en un medio de control de los bienes de uso colectivo en manos de un pequeño grupo de industrias culturales. Y no se trata de un uso incorrecto que pueda repararse fácilmente. El control monopólico del copyright es una práctica corriente. Rosemary Coombe, antropóloga canadiense y especialista en el tema, advierte que, «en las culturas consumistas, muchas fotos, textos, motivos, etiquetas, logotipos, marcas, diseños y melodías, y hasta algunos colores y perfumes, están regidos, y a veces controlados, por regímenes de propiedad intelectual» (Coombe, 1998: 6). El copyright ya es un artículo comercial, y como afirma Jessica Litman: «Hoy en día, el copyright se asocia más con el control que con los incentivos o las compensaciones» (Litman, 2001: 80).

Las consecuencias de ese control monopólico son espeluznantes. Las pocas industrias culturales que han quedado en pie hacen circular por sus canales únicamente los productos artísticos o de entretenimiento de los que tienen los derechos a una escala que les resulta beneficiosa en el aspecto comercial. Así, toman melodías e imágenes de todas partes del mundo y las adaptan al oído y la visión occidentales. Tener el copyright les da la oportunidad de promocionar a unas pocas «estrellas», invertir grandes sumas y ganar fortunas a partir de la parafernalia con que las rodean. Ocurre que las inversiones y los riesgos son altos, por lo que las industrias culturales se aseguran de poder recuperar lo invertido por distintas vías. Por medio de estrategias de mercadotecnia agresivas se apunta a todos los ciudadanos del mundo, y entonces otras opciones culturales quedan excluidas del mapa mental de mucha gente. Las industrias culturales tienen los medios de producción y los canales de distribución: una integración vertical que presenta un motivo más de alarma. Con la aparición de la Ley de Derechos de Autor para el Milenio Digital, la situación se ha vuelto más crítica pues, según explica Jessica Litman, «los trabajos realizados en ordenador –en casa, en redes, en el trabajo, en bibliotecas– deben ajustarse a las normas del copyright. Eso es nuevo, porque hasta ahora el copyright regía la copia y distribución de trabajos, pero no el consumo» (Litman, 2001: 28).

Concentrarse en unas pocas «estrellas» lleva a que el mundo preste menos atención a una diversidad de expresiones artísticas de las que, desde una perspectiva democrática, tenemos una imperiosa necesidad, como hemos visto en el capítulo 2. El *star system* es una práctica monolítica que no da lugar a la diversidad cultural, un tesoro que debería valorarse. Para el artista que no tiene fama, que en este sistema son la mayoría, no es fácil encontrar público. Al que tiene un tipo de curiosidad que le hace buscar proyectos artísticos nuevos o poco comunes no le resulta sencillo resistirse a la ideología dominante, según la cual la felicidad se obtiene por comprar los últimos artefactos asociados con «su» estrella preferida.

Nos guste o no, el sistema de copyright, uno de cuyos propósitos es lograr que los artistas reciban una retribución justa, ha ido pasando rápidamente de manos de los artistas al poder de las grandes empresas. También se ha establecido un sistema de control legal absoluto sobre toda la creación artística. Los grupos culturales compran derechos, los cubren de reglamentaciones muy precisas y detalladas y contratan abogados especializados para que defiendan sus intereses. De ese modo, todos los artistas deben cuidar de que su trabajo no sea arrebatado por alguna empresa cultural, para lo cual deben asegurarse de que, cuando realizan una creación, la obra obtenga la condición demostrable de obra artística bajo el régimen de copyright.

Hoy en día hay más probabilidades que nunca de que surjan conflictos legales asociados con el título de propiedad, de manera tal que un artista «común» que no es famoso se ve obligado a contratar abogados para defenderlo aunque, por supuesto, no tiene los mismos recursos económicos que las grandes empresas para abonar los honorarios. La tendencia a recurrir a los tribunales muestra que los bienes de uso colectivo intelectuales y creativos no gozan de la protección deseable, porque el mundo cultural se ha transformado en un lugar donde reinan la propiedad privada y los leguleyos.

Un ejemplo contundente es el de la demanda del artista Daniel Buren por los derechos sobre las fuentes que diseñó para la Plaza des Terreaux de Lyon.[2] Desde su punto de vista, todos los que toman fotografías de la plaza deberían pagarle el copyright, pero ¿acaso no ha cobrado ya por el diseño de las fuentes? Sí, y probablemente la suma haya sido generosa. Él ha hecho una contribución a la plaza y ha dejado un legado cultural para la historia, ni más ni menos. Evidentemente, algo anda mal en nuestra sociedad para que artistas como Daniel Buren tengan la osadía de reclamar derechos sobre la plaza entera. En abril de 2001, un tribunal francés dictaminó en contra de Buren porque en las fotos no se muestran sólo las fuentes sino también la plaza donde están justamente esas fuentes. Con la sentencia de esta causa, este concepto de copyright no se ha extendido en Francia.[3]

¿A la caza de los piratas?

Existen varios motivos para suponer que el sistema de copyright está llegando a su fin. Recordemos, por ejemplo, la piratería a escala industrial y la piratería que «democratiza» el uso de la música y otros materiales artísticos por medio de las copias caseras, que se han facilitado y abaratado desde la llegada del MP3, Napster, Freenet, Gnutella y otros sistemas con los que en todos los hogares con ordenador se puede acceder a música de todas partes del mundo.

Nos referiremos en primer lugar a la piratería a escala industrial. Las industrias culturales ganan dinero por el copyright que poseen, pero vivimos en un mundo en el que la libre empresa se considera como algo deseable y el control del tráfico comercial y del flujo de capital es mínimo. Así se entiende que la piratería de los productos rentables y protegidos por copyright sea algo tentador. Quienes estén atentos a los debates sobre los derechos de propiedad intelectual deben tener la impresión de que hay una única cuestión que perjudica a un negocio pujante y útil en el terreno social y cultural: la piratería. Con ella se obtienen ingresos que exceden los 200.000 millones de dólares anuales.[4]

Por esa razón se ha iniciado una guerra contra la piratería en distintas esferas, tanto en el mundo material como en el digital. Primero, Estados Unidos intentó poner de su lado a los países europeos, en particular a los de la Unión Europea, tarea que no fue complicada porque la industria televisiva y cinematográfica europea comparte intereses con las corporaciones estadounidenses. «Además, la fusión de capitales financieros europeos y norteamericanos del sector de los medios genera una alianza entre empresas dedicadas a la filmación de productos de entretenimiento en los dos continentes, lo que proporciona a los magnates de los medios de Europa occidental una participación clara en un régimen internacional de control eficaz de la propiedad intelectual y en los mercados «legítimos» del vídeo casero.» Ronald Bettig señala que se ha puesto en marcha una cruzada que «persigue la protección del copyright, la promulgación de leyes y penas estrictas para combatir la piratería y un cumplimiento más efectivo de esas leyes» (1996: 216). La guerra contra la piratería se basa en tres tipos de medidas: información, control y sanciones.

Bonnie Richardson, portavoz de la Asociación de Cinematografía de Estados Unidos (MPAA, por su sigla en inglés), está encantada con la iniciativa de la Agencia de Información de Estados Unidos (USIA, por su sigla en inglés): «La USIA tiene una serie de programas que son útiles para difundir la necesidad de proteger la propiedad intelectual.

La agencia patrocina diálogos con países que desean revisar sus leyes de propiedad intelectual, y así le da a la MPAA la oportunidad de participar en el diálogo y hacer conocer nuestro punto de vista». En una entrevista realizada en 1994, Richardson cita el caso de Rusia, donde el incumplimiento de las leyes de copyright es una epidemia: «Estados Unidos quiere ayudar a Rusia. En ese sentido, hemos participado en un seminario para enseñar a abogados querellantes y funcionarios de la justicia a reconocer productos pirateados». En marzo de 2001, el alcalde de Moscú decidió cerrar el mercado Gorbouchka, cercano al centro de la ciudad, cuyos 1.200 puestos ofrecían los fines de semana todos los artículos musicales, audiovisuales e informáticos que puedan imaginarse. Se calcula que se vendían cinco millones de vídeos y tres millones de CD al mes.[5] Pero una cosa es la decisión y otra la realidad rusa. Además, la gente no tiene dinero para pagar el precio de los artículos legítimos.

En la lucha contra la piratería, el siguiente paso es saber quiénes son los responsables de fabricar productos ilegales y dónde lo hacen. «Las embajadas de Estados Unidos normalmente controlan el uso ilegítimo de marcas de su país, sea Marlboro en Argelia o el ratón Mickey en China» (Boyle, 1996: 122). Dentro de Estados Unidos, el que se ocupa de ese control es el FBI, como muestra Bruce Sterling en su novela *The Hacker Crackdown* [La caza de los hackers], donde alguien copia una pequeña parte de un programa en código propiedad de Apple. «Apple recurrió al FBI, que se dedica a casos de robo de bienes con propiedad intelectual, espionaje industrial y secretos comerciales. El FBI era el lugar perfecto al que recurrir» (Sterling, 1992: 233). El renovado interés del FBI y la CIA por la piratería y el robo de secretos industriales puede ser una de las razones por las que no se han ocupado de espiar terroristas.

Fuera del territorio estadounidense hay otras clases de espías. «Richard O'Neill, un ex Boina Verde que recibió una Estrella de Plata y seis Estrellas de Bronce en la guerra de Vietnam, ahora trabaja para la Asociación de Exportadores Cinematográficos de Estados Unidos, luchando contra la piratería de vídeos en Corea.» El gobierno coreano, ávido de incrementar sus exportaciones a Estados Unidos, permite en su territorio las acciones policiales de este agente privado norteamericano (que aparentan ser parte de un estudio de mercado). O'Neill también ha ampliado su base de operaciones a Tailandia (Barnet y Cavanagh, 1994: 142-143).

Por supuesto, el objetivo es acabar con la piratería y para lograrlo hay un amplio espectro de medios diferentes. El más moderado es el que usan muchas empresas multinacionales, como Disney, Paramount y Time Warner, para las que se han creado programas informáticos especiales de búsqueda en Internet. Si descubren una infracción, solicitan que se elimine el material copiado de la red. En muchos casos el método es eficaz y, si no lo es, se presenta una demanda contra el infractor. El interés principal es combatir las infracciones a gran escala, pues las empresas creen que los casos menores siempre seguirán existiendo (Westenbrink, 1996: 88).

También hay métodos más drásticos para combatir la piratería; por ejemplo, la aplicación de sanciones comerciales contra los países en los que se realiza. James Boyle explica que «La "Sección Especial 301" de la Ley de Comercio de Estados Unidos de 1988 establece una "lista de vigilancia" y una "lista prioritaria de vigilancia" de países cuya falta de protección adecuada de los derechos de propiedad intelectual constituye una barrera importante para el comercio con Estados Unidos» (Boyle, 1996: 122). Para evitar esas sanciones, los países deben organizar la represión por sí mismos. Richard Barnet y John Cavanagh dan el ejemplo de Singapur, una pequeña república de centros comerciales y plantas de montaje que depende por completo de las exportaciones: «Su gobierno autoritario va más allá de lo razonable en su cooperación con los gigantes de la música y puso en vigencia una ley draconiana de copyright que impone sentencias de cinco años de prisión y multas de 50.000 dólares por posesión de cintas pirateadas para la venta. Los adolescentes llegan a ganar hasta 150 dólares por actuar como informantes de la policía» (Barnet y Cavanagh, 1994: 142). En abril de 1998 las autoridades de Estados Unidos anunciaron que aplicarían sanciones contra Honduras por piratería «abierta e inadmisible» de vídeos y señales de televisión estadounidenses, debido a quejas presentadas por grupos comerciales de la industria de la música y el cine (Schiller, 1999: 77-78). Para la mayoría de los países del Tercer Mundo, la obligación de cazar piratas tiene un costo mayor del que pueden afrontar.

Krister Malm y Roger Wallis se refieren a una medida similar de sanciones severas que se aplicó a Trinidad:

> A lo largo de los años ochenta, la piratería musical era común en Trinidad. El mercado de las cintas de audio, incluso para la música calipso, estaba dominado por piratas callejeros. Esas cintas se venden en taxis y en los llamados maxitaxis (microbuses), que constituyen el grueso del sistema de transporte público de la isla y funcionaban como una forma de promoción de la música y los artistas pirateados. En 1986, la

Organización de Copyright de Trinidad y Tobago (COTT, por su sigla en inglés), creada en 1985, presionó al gobierno para que implementara sanciones legales bastante severas contra la piratería de cintas. Entre esas sanciones había sentencias de hasta seis meses de prisión para la primera vez que se violaba la ley y hasta dos años para infracciones posteriores. Así, si bien no se acabó con la piratería de cintas de música extranjera, las formas más conspicuas de piratería callejera de música calipso se eliminaron, salvo en la época del carnaval, cuando los grandes éxitos del calipso y la soca locales suelen aparecer en cintas con selecciones de «grandes éxitos» que incluyen a «varios artistas» (Malm y Wallis, 1992: 67-78).

Es interesante notar que las sanciones parecen funcionar mejor para la música local que para la extranjera.

Además de la información, el control y las sanciones, hay otras formas para intentar frenar la piratería. Según Ronald Bettig:

> La industria cinematográfica también recurre a estrategias de mercado para que los distribuidores «legítimos» capten mercados de vídeo casero en Oriente Medio. Por ejemplo, se ofrecen vídeos con imágenes visuales de calidad superior a la de los productos pirateados, con doblaje o subtitulado en árabe, y se lanzan vídeos al mercado en fechas más cercanas a las de su lanzamiento en Estados Unidos. Una combinación similar de presiones del gobierno y estrategias de mercado para combatir la piratería se implementa en todo el continente asiático (Bettig, 1996: 213).

En una entrevista realizada en 1998, Atsen Ahua, director de Synergies African Ventures, describía una estrategia de mercado para evitar la piratería aplicada por productores musicales de Ghana y Nigeria:

> Han organizado una red de intermediarios y minoristas que distribuye cintas con rapidez y eficiencia en todo el país. De ese modo, a los piratas les resulta difícil entrar en esa estructura de mercado, aunque en ciertos casos lo han logrado y operan desde dentro de esa red. El mercado es tan grande que ellos también les concede un lugar bajo el sol. Si se niegan a colaborar, quizá se necesite usar algo de violencia para llamarles al orden, porque las tendencias mafiosas deben erradicarse de inmediato. Nosotros decimos: «Si copian *Rambo* está bien, pero en lugar de copiar nuestros productos, hagan negocios con nosotros, porque si no, nos arruinan».

Según Atsen Ahua, en un país como Kenia, en cambio, es más difícil aplicar un sistema de ese tipo porque no abunda el impulso empresarial: «La población es más propensa a trabajar en relación de dependencia, pero ahora esto está empezando a cambiar». En Ghana el sistema aplica otra forma de protección contra la piratería: se adhiere un timbre fiscal numerado en las cintas, como las de los cigarrillos, que parece ser eficaz (Bender, 1994: 486).

A pesar de todas esas medidas, la piratería seguirá existiendo si copiar material es fácil, y en realidad cada vez resulta más sencillo, especialmente por la tecnología digital, cuyo uso permite que la milésima copia sea tan buena como la primera. Por eso la estrategia de la industria de lanzar cintas de alta calidad al mercado está perdiendo eficacia, tendencia que seguirá en el futuro debido a la evolución de los discos láser y otras tecnologías de la comunicación. Richard Barnet y John Cavanagh comentan en un tono algo humorístico: «Ahora las estrellas saben que se las ve y oye varias veces al día en muchos lugares del mundo, pero cuanto más éxito tienen, mayor es la probabilidad de tener que compartir sus ganancias con los piratas. Mientras intelectuales y políticos de los países pobres hablaban en contra del «imperialismo cultural», los comerciantes de circuitos no oficiales hacían algo al respecto» (Barnes y Cavanagh, 1994: 141). Dave Laing hace un comentario interesante: «La consecuencia más importante de la piratería no es cómo afecta negativamente a los ingresos de las empresas transnacionales y de sus artistas sino que, en muchos países, alienta la divulgación de música internacional y frena el crecimiento de las grabaciones de música local» (Burnett, 1996: 88-89).

En otro orden de cosas, no puede negarse que existe una marcada contradicción entre los fabricantes de software y de hardware. El interés de los segundos es vender máquinas con gran capacidad de copiado; y eso es precisamente lo que detestan los productores de películas, música y libros. El riesgo de que mañana existan múltiples copias de calidad del software que se lanza hoy al mercado hace que los productores duden antes de ofrecer sus productos al público por el método de acceso mediante previo pago, por ejemplo. Vemos, entonces, que hay contradicciones internas en las grandes corporaciones que se dedican al software y al hardware, y los departamentos correspondientes compiten entre sí. Ése es uno de los puntos débiles de la sinergia teórica y práctica de las grandes fusiones en el campo de las comunicaciones del pasado reciente. «Todo lo nuevo que surge en el desarrollo del hardware podría llevar a que el acuerdo entre fabricantes de equipos de sonido y productores musicales se volviera obsoleto.

Las empresas de hardware y electrónica han adquirido tres de las seis grandes productoras de discos y varios sellos discográficos importantes; por lo tanto, en el futuro los conflictos en el ámbito de la tecnología ligada al entretenimiento se van a producir dentro de las megacorporaciones y no entre ellas (Barnet y Cavanagh, 1994: 145).

Consideremos ahora qué resultados han tenido los intentos de cazar a los piratas. La venta de CD pirateados en el Reino Unido creció un tercio en el año 2000, cuando el mercado negro estaba valuado en 20 millones de libras. En el mundo, el crecimiento fue de un cuarto en ese mismo año, y uno de cada tres CD vendidos era pirata. Se calcula que hoy en día el negocio está valuado en 3.000 millones de libras. Un informe publicado por la Federación Internacional de la Industria Fonográfica muestra que el crimen organizado en Italia, Europa Oriental, Rusia y Asia poco a poco debilita el negocio de la música. La venta mundial de grabaciones legales cayó por primera vez en el año 2000, y los adelantos tecnológicos permiten conseguir CD pirateados por menos de un euro o un dólar, lo que perjudica enormemente a la industria. El *Guardian* informa que «la policía cree que hay pruebas que permiten asegurar que las grandes organizaciones delictivas están dejando el comercio de drogas y adoptando la piratería musical como alternativa más lucrativa y menos arriesgada».[6]

En China, la «maquinaria» de la piratería está tan bien engrasada que funciona a la perfección, a pesar de que el gobierno ha prometido que tomaría medidas en su contra. Los discos compactos son como un recordatorio burlón de las dificultades que tuvo China para negociar acuerdos comerciales a pesar de encontrarse gestionando el ingreso en la Organización Mundial de Comercio. De acuerdo con el *International Herald Tribune*, «hay quienes creen que el gobierno no ha puesto empeño en terminar con la piratería porque el volumen constante de copia de películas estadounidenses a bajo precio ha contribuido a mantener vivas las fábricas estatales, que vendían millones de reproductores de CD». En ese momento había 300.000 copias legítimas de *Titanic*:

> Pero los piratas vendieron entre 20 y 25 millones de copias de la película. Aun en el caso de películas menos famosas, los piratas venden más que los distribuidores legales, en una proporción de 35 a uno. Los piratas colocan películas en las calles de China unos dos días después de su estreno en los cines de Estados Unidos; en cambio, los distribuidores legales tienen que esperar nueve meses o más para que se lance el vídeo al mercado. E incluso si descubren un centro de copiado ilegal de películas

y lo cierran, el equipo puede transportarse con tanta facilidad que se instala en otro sitio y sigue funcionando.[7]

De modo que no hay motivo para pensar que se pueda triunfar en la «lucha» contra la piratería, menos aún cuando muchas autoridades chinas tienen intereses en el negocio. En Hong Kong la policía confiscó discos compactos ilegales evaluados en 90 millones de dólares (Schiller, 1999: 77-78). ¿Sirvió de algo? Las estadísticas mencionadas muestran que no.

La creación de medidas de seguridad más complejas para evitar el copiado tampoco parece ser la solución. La Asociación Estadounidense de la Industria de la Grabación (AEIG) ideó la Iniciativa para la Música Digital Segura (IMDS), con el propósito de buscar modos de frenar el copiado. Uno de ellos es la «marca de agua digital», que oculta una secuencia de datos en la música, sin afectar a la calidad del sonido. ¿Cómo se supera esta traba? Identificando y quitando toda huella de la marca de agua digital sin afectar a la calidad de la música. Si esto se logra, el sistema de la IMDS no sirve de nada. A finales del año 2000 la IMDS envió muestras con cuatro marcas de agua distintas y propuso a expertos y *hackers* que las descodificaran. Un equipo de la Universidad de Princeton dirigido por Edward Felten eliminó las cuatro marcas de agua. Y, por cierto, sólo le dedicaron a la tarea parte de su tiempo libre.[8]

El éxito del equipo científico puso nerviosos a los magnates de la industria. Tan nerviosos que la AEIG amenazó a Felten con iniciar acciones legales si su equipo presentaba un trabajo con la descripción de cómo burlar un sistema de protección de grabaciones en un congreso que se realizaría en abril de 2001. El campo de investigación en el que trabaja el equipo científico se denomina esteganografía, o ciencia que se ocupa de ocultar información a la vista del público general. Matthew Oppenheim, responsable de la oficina de asuntos legales de la AEIG, quien también es secretario de la IMDS, justifica las acciones legales por parte de la industria con estas palabras: «Hay una línea que puede cruzarse, pero si se cruza más allá de lo que la investigación científica debería, ello afecta a toda la comunidad, no sólo a los artistas y a los dueños de los contenidos sino también a los que aman el arte, y también es malo para la comunidad científica».[9]

Edward Felten se enfrenta con un problema porque la Ley de Derechos de Autor para el Milenio Digital de Estados Unidos establece que fabricar u «ofrecer al público» un modo de acceder a trabajos con copyright protegidos con codificación de datos constituye un delito.[10]

Pero ésta no es la única ley que protege a los grupos culturales que operan en el dominio digital. En diciembre de 1997, el presidente Clinton puso en vigencia la Ley contra el Robo Electrónico, según la cual es delito poseer o distribuir múltiples copias de material con copyright en línea, sea con fines comerciales o con *cualquier fin*. Con fuerte apoyo de la industria editorial, cinematográfica y musical, así como del gobierno de Clinton, a mediados de la década de 1980 el Congreso de Estados Unidos se dedicó a elaborar leyes que extendieran no sólo la protección de copyright a los contenidos en línea, sino también el término de protección de copyright de las empresas a noventa y cinco años desde el momento de la primera publicación. Dan Schiller afirma: «Los defensores del acceso democrático a la información se preocupan porque los proyectos de ley daban poder casi absoluto sobre la información digital a los poseedores del copyright. Incluso el "uso justo" habitual de material con copyright por parte de bibliotecarios, estudiantes y profesores podría considerarse ilegal» (Schiller, 1999: 78). Visto de esta forma, obtener las herramientas necesarias para la educación y el desarrollo de procesos artísticos podría pasar a ser un «robo».

MP3, Napster, Kazaa...

La lucha contra el copiado casero parece haberse llegado a un callejón sin salida desde que apareció Napster. No es que antes no hubiese MP3 para descargar música sin permiso, pero llevaba mucho tiempo y la calidad no siempre era óptima. En 1999, un estudiante secundario de 19 años inventó un programa al que llamó Napster, que sin costo alguno permite compartir archivos de música en formato MP3 con otros usuarios de Internet. En la actualidad todos los ordenadores que tienen instalado Napster en su disco duro forman una especie de consola musical virtual que abarca el mundo entero. En un par de segundos puede encontrarse el tema que uno quiere escuchar. Napster funciona como un conducto que permite que los usuarios del mundo entero accedan a las colecciones privadas de los demás.

Como era de esperar, la industria de la música y la AEIG intentaron, mediante acciones legales, que se prohibieran Napster y otros sistemas similares, algo que también quieren lograr los grupos culturales que operan con imágenes, películas, textos y otro tipo de datos. Tal como afirmó Yves Eudes, «sin duda surgirá un sistema poderoso de referencias y productos digitales compartidos que se desarrollará en la red entre bambalinas y sin control alguno. Aunque el sitio original de Napster deba cerrarse, el espíritu del genio ya ha salido de la lámpara».[11] Poco después, efectivamente, a Napster se le obligó a cerrar.

Y el vaticinio de Eudes se cumplió. Desde la aparición de Napster los programas se han ido perfeccionando y descentralizando, y surgieron otros como Gnutella, Freenet, Kazaa y Morpheus, que no sólo permiten compartir una gran cantidad de archivos musicales, sino también archivos de vídeo, películas, software, juegos y bases de datos enteras, cuya transferencia requería, hasta no hace mucho tiempo, ordenadores muy poderosos. El principio básico es la comunicación P2P, que permite que los usuarios descarguen software libre y tengan acceso a archivos almacenados en los ordenadores de los demás usuarios. En la actualidad, cada uno de los ordenadores conectados dentro de esos sistemas tiene control sobre su propio catálogo musical. Esos catálogos individuales se vinculan entre sí mediante el contacto entre al menos otros dos ordenadores de la red, que a su vez se conectan con otros dos. Cuando alguien busca un tema musical, su ordenador busca en el catálogo de otro, y así sucesivamente, hasta encontrar el tema deseado. Por si esto fuera poco, la industria cinematográfica se ve amenazada por el desarrollo de DIVX, que permite comprimir un DVD y subirlo a Internet con una calidad visual y sonora comparable a la de un vídeo casero.[12]

Un juez estadounidense declaró que Napster no respeta el derecho de propiedad intelectual de las compañías grabadoras. Inmediatamente después, Napster Inc., que atrajo la nada desdeñable cantidad de 38 millones de usuarios en sus primeros 18 meses de existencia gracias a la distribución no autorizada de música perteneciente a los sellos discográficos más importantes, anunció que se uniría al gigante de los medios Bertelsmann AG para crear un servicio de pago. Paradójicamente, la división musical de Bertelsmann tiene abierta una causa contra Napster, enmarcada en el contexto de la AEIG. El *International Herald Tribune* publicó que

> el acuerdo permitirá a Bertelsmann acceder al grupo más entusiasta de internautas amantes de la música. A Napster, por su parte, le dará la oportunidad de ganar dinero por un servicio que hasta ahora ha sido muy poco rentable pero muy popular. Bertelsmann otorgará a Napster una suma que no se ha dado a conocer para desarrollar tecnologías de búsqueda que reportarán beneficios a los sellos discográficos y a los artistas.

El titular del artículo es: «¿El acuerdo de Napster alejará a los usuarios fieles?». La pregunta era pertinente en un momento en el que

Napster se preparaba para pasar a ser uno más entre los tantos servicios de pago que compiten ferozmente entre sí. La respuesta a ese interrogante es sí. Según datos publicados en julio de 2001, hubo un crecimiento explosivo de servicios menos centralizados que acogieron a millones de refugiados de Napster.[13]

Y todavía queda por considerar otro aspecto del proceso de digitalización que hace que el actual sistema de copyright sea más difícil de sostener. Internet y los ordenadores ofrecen a los artistas una oportunidad única de experimentar con el uso de material proveniente de todos los rincones del panorama del arte, tanto actual como del pasado. Se podría decir que se necesitan críticos que sean capaces de juzgar qué material es valioso y cuál no merece ninguna atención dentro de estos nuevos campos de creatividad artística.

Otra forma de abordar esta cuestión es considerar que los artistas no hacen nada distinto de lo que hacían Bach, Shakespeare y miles de artistas en todas las culturas y en todas las épocas. Siempre ha sido frecuente la incorporación de ideas y «citas» de obras de autores precedentes. Con el sistema de copyright se frenó el progreso de esa clase de creación. Se congela el proceso creativo y se finge que se ha llegado a un punto final cultural, es decir, si una obra determinada se ha creado en un momento dado de la historia, no debería sufrir modificaciones posteriores. La trasgresión de esa situación estática se denomina «plagio». Los artistas que «toman prestados» elementos de otras obras no sienten que estén haciendo nada malo, pues la noción de plagio está desapareciendo de la conciencia de muchos artistas, más rápido de lo que apareció hace algunos siglos en la cultura occidental.

La noción de originalidad

Hasta aquí me he ocupado de la *práctica* de la digitalización del arte, cuyos conflictos con el sistema actual de copyright están en constante aumento. Respecto al plagio, el filósofo francés Jacques Soulillou hace una interesante observación:

> La razón por la que es difícil aportar pruebas de plagio en el campo del arte y la literatura es que no es suficiente mostrar que B se inspiró en A sin citar la fuente, sino que también es necesario probar que A no se inspiró en otro [...] [Si] pudiese probarse que A se inspiró, y por así decirlo, plagió a un X que le precedió en el tiempo, la demanda de A se desestima (Soulillou, 1999: 17).

El análisis nos recuerda que no sólo cada vez resulta más difícil defender el sistema de copyright, sino que éste se basa en un concepto que es menos evidente de lo que parece. ¿Se podría pensar en un poema sin todos los que se escribieron con anterioridad? Nuestra cultura moderna nos lleva a olvidar que el autor o el intérprete recurren a muchas fuentes distintas –lenguaje, imágenes, sonidos, ritmos, colores, movimientos– que son parte de nuestra herencia común. Es imposible atribuirse una originalidad absoluta, y quizá sea por eso que el Tratado sobre Aspectos de Comercialización de los Derechos de Propiedad Intelectual y las leyes nacionales no definen qué es un invento (Correa, 2000: 51). Y aunque no exista esa definición, las patentes, que en realidad confieren poder monopólico y derechos de explotación sobre los supuestos inventos, siguen otorgándose a montones (Shulman, 1999). Según Jessica Litman, es bastante llamativo que «la protección de los derechos de propiedad intelectual nunca hayan requerido la intervención del gobierno para evaluar originalidad, creatividad o mérito» (2001: 79).

En «La muerte del autor», Roland Barthes explica que, en lo que él denomina «sociedades etnográficas»,

> la responsabilidad por el relato nunca la asume una persona, sino un mediador, chamán o recitador del que se puede admirar la «representación» –el dominio del código narrativo–, pero nunca el «genio». El autor es un personaje moderno, un producto de nuestra sociedad que, tras la Edad Media y por influencia del empirismo inglés, el racionalismo francés y la fe particular de la Reforma descubrió el prestigio de lo individual, o como suele decirse más dignamente, la «persona humana» (en Newton, 1988: 155).[14]

La historia demuestra que nada es menos cierto que la idea de que es obvio que deben otorgarse derechos exclusivos de explotación a alguien que ha creado una obra de arte. Sería útil revisar nuestra perspectiva cultural prestando atención a la comunicación del académico Roland Bettig, quien señala que, tradicionalmente, «para los autores y los artistas asiáticos es un honor que copien sus obras» (Bettig, 1996: 213-219).

Copiar –o imitar– era asimismo una necesidad. Jean-Pierre Babylon lo considera uno de los instrumentos fundamentales de nuestra civilización, pues ha permitido que muchos valores, que de otro modo se habrían perdido, hayan llegado a nosotros. El legado cultural de generaciones precedentes podría servir como fuente de inspiración para los trabajadores culturales de generaciones posteriores que aparentemente crean desde cero.[15]

En este sentido, vale la pena prestar atención a lo que comenta el pintor holandés Rob Scholte, para quien todas las creaciones artísticas provienen de todos y, por lo tanto, nos pertenecen a todos: «Esto no significa que todo se haya vuelto superfluo; pensar así sería erróneo. Las personas siguen experimentando cosas por primera vez, la autenticidad sigue existiendo y muchas imágenes conservan su poder expresivo. Pero, como artista posmoderno, me opongo a la idea de originalidad, de propiedad intelectual, de copyright».[16] Scholte pone sobre el tapete el fenómeno de *propiedad* en relación con la presunción de originalidad. Hay razones para creer que el sistema de copyright se basa en una concepción romántica del autor como alguien que crea algo absolutamente original de la nada.

En relación con este tema, Rosemary Coombe se pregunta en qué medida la imagen de una estrella y su valor se deben a las inversiones y al trabajo propios: «La imagen de las estrellas debe crearse y, como en otros productos culturales, esa creación se realiza en un contexto social, recurriendo a otras fuentes, instituciones y tecnologías. La imagen de las estrellas es producto de los estudios de cine, los medios de comunicación, las agencias de relaciones públicas, los clubes de admiradores, los periodistas de espectáculos, los fotógrafos, los estilistas, los preparadores físicos, los expertos en belleza, los maestros, los guionistas, los escritores que no figuran en los créditos, los directores, los abogados y los médicos» (Coombe, 1998: 94-97).

Los hermanos Marx, por ejemplo, abrevaron en el género burlesco y el vodevil; Madonna evoca y reconfigura irónicamente a muchas diosas eróticas del siglo XX (Marilyn Monroe, por supuesto, pero también Jean Harlow, Greta Garbo, Marlene Dietrich, Gina Lollobrigida y quizá un toque de Grace Kelly). Tampoco debemos olvidar el papel del público en el proceso creativo, como expresó Marilyn Monroe: «Si soy una estrella es porque el público me convirtió en estrella, y no un estudio de cine, ni una persona en particular».

En muchas culturas el público hace aportaciones a la creación artística. Tal es el caso de Ghana, donde la participación del público en recitales y obras de teatro popular contribuye a la creación de la obra «aportando sugerencias, pronunciando palabras que faltan en un proverbio, haciendo comentarios o advertencias» y, de acuerdo con Karen Barber, es «difícil pasar por alto esas aportaciones». Según esta autora: «Esas intervenciones proveen el oxígeno de la aprobación pública a la improvisación; la respuesta de la gente alienta a los actores a ampliar y elaborar determinados pasajes y a acortar o eliminar otros». Como conclusión, Barber asegura que «el público participa activamente en el modelado de la obra» (Barber, 1997: xv).

Con esta observación se debilitan los principios de nuestros sistemas de copyright y derechos de autor actuales. Es difícil encontrar una justificación para que alguien reclame la propiedad absoluta de una obra –y todos los derechos asociados– recurriendo a una legislación que mercantiliza todo lo que se crea, inventa o representa, cuando en realidad esa obra ha recibido la influencia de muchísimas fuentes distintas. Más inexplicable aún es la comercialización de creaciones artísticas, inventos e interpretaciones y que, como resultado, a una empresa comercial se le otorgue la propiedad exclusiva del trabajo artístico que han realizado otros, con derechos que se gozan durante décadas. Y doblemente extraño es que la idea de que el derecho de copiar obras de arte lo tenga con carácter monopólico alguien que no es el creador ni el intérprete. El nuevo propietario –normalmente un grupo cultural– no tiene nada de creativo; y, además, en la obra pueden estar representadas incontables contribuciones del pasado y el presente. No hay justificación para que olvidemos que siempre existe una gran deuda con el dominio público.

Los artistas siguen creando

¿Se necesita un sistema de derechos de propiedad intelectual para promover la creación de obras de arte? Ése es uno de los argumentos que se esgrimen en defensa del copyright en el mundo occidental. No obstante, es evidente que a lo largo de la historia y en distintas culturas se han creado obras maravillosas sin necesidad de ningún sistema de derechos de autor. Además, la mayoría de los artistas no ganan mucho dinero gracias al copyright, no mucho más de lo que cuesta pagar una cena a unos pocos amigos una vez al año. Y a pesar de ello, siguen creando.

Economistas de varias universidades, entre ellos Ruth Towse y Wilfred Dolfsma (de la Universidad Erasmo, en Rotterdam), Roger Wallis (de la City University, en Londres) y Martin Kretschmer (de la Universidad de Bournemouth), hacen hincapié en que las investigaciones indican que, por lo general, la expansión del copyright favorece más a los inversores que a los creadores e intérpretes. En tanto los artistas obtienen, en promedio, unos 200 euros por año en concepto de copyright –y con frecuencia, mucho menos que eso–, en el mundo es uno de los ítem que más aporta al producto nacional bruto. Por otra parte, dentro de la comunidad artística la distribución de ingresos en concepto de copyright es muy desigual. No es raro que sólo un 10% de los miembros de una sociedad recaudadora reciba el 90% de lo percibido.

Martin Kretschmer indica que la retórica de los derechos de autor «es, en gran medida, utilizada por terceros: editoriales y discográficas, es decir, por quienes invierten en creatividad (en lugar de por los creadores), que además son los principales beneficiarios de la extensión de la protección del copyright» (Kretschmer, 1999: 2). Por eso los artistas se equivocan si piensan que para ellos es conveniente pertenecer a la misma coalición que los grupos que son dueños del copyright cuyo interés es la defensa del mismo. Al referirse a la industria de la música, Aymeric Pichevin sostiene que

> el sistema capitalista obtiene beneficios del copyright mediante la reducción de la inversión (pues no compran las obras) y el traspaso a las espaldas del artista de parte del riesgo ligado a la imposibilidad de predecir si un tema musical tendrá éxito o no. De hecho, el sistema favorece a una minoría de «estrellas» [...], pero deja a la enorme mayoría de los artistas en una situación precaria (Pichevin, 1997: 41).

Hay buenas razones para pensar que la mayor parte de los artistas pertenece a la coalición equivocada: la de las industrias culturales y las superestrellas.

Un concepto occidental

Los países del Tercer Mundo tampoco se benefician con el copyright; más aún, la apropiación individual de creaciones e inventos es una idea que a muchas culturas les resulta extraña. Los artistas e inventores reciben dinero por su trabajo, según su fama y otras circunstancias, y es probable que sean muy respetados por sus creaciones. Pero en muchas culturas no es común que un individuo explote una creación o un invento de manera monopólica durante décadas. Después de todo, los artistas y los inventores continúan el trabajo de quienes los precedieron. Un buen ejemplo de cómo la creatividad artística se nutre del pasado y el presente se observa en el *rai*, estilo musical de Argelia, y también se aplica a la mayoría de las culturas musicales tradicionales y populares, como el calipso, la samba y el rap, entre otros. Con respecto al *rai*, Bouziane Daoudi y Hadj Miliani señalan que «un mismo tema admite tantas variaciones como intérpretes haya [...]. La base común es el conocimiento compartido, que no se refiere tanto a un repertorio de «textos» existentes como a un conjunto de signos sociales (el *mérioula*, el *mehna*, el *minoun*, el *z'har*, etcétera)». No es sencillo reconocer al verdadero autor en el sentido occidental del copyright. De hecho, el *rai* no tiene autor. Hasta hace algunos años, cuando entró en el sistema de mercado occidental, los cantantes «tomaban prestadas» canciones o estribillos y el público espontáneamente agregaba palabras a las letras. En el mundo de esos cantantes, los *chebs* y el *chabete*, el robo, el pillaje y el plagio de textos no se conocen. El *rai* es un estilo musical que depende de las circunstancias y varía según la época, el lugar o el público. Daoudi y Miliani definen el *rai* como «un continuo de un imaginario social muy agitado» (Daoudi y Miliani, 1996: 126-129 y *passim*).

Tampoco en Japón está arraigada la idea de obtener recompensa por el copyright. Debido a presiones de Estados Unidos, Japón debió cambiar su ley de propiedad intelectual en 1996. El 10 y 11 de febrero de ese año, el *International Herald Tribune* publicó lo siguiente: «La ley japonesa de propiedad intelectual en vigencia no protege las grabaciones realizadas en el extranjero antes de 1971, por lo que las empresas de grabación occidentales estiman que pierden millones de dólares al año al no recibir pago por regalías de las copias de melodías que aún son populares». El artículo se titulaba «Estados Unidos lleva hasta la OMC su reclamo a Japón por la piratería de música». En otras palabras, una diferencia de opinión sobre hasta dónde deben remontarse en el tiempo los derechos –discrepancia que deriva de una diferencia cultural– se tomaba como «piratería».

Tôru Mitsui explica que la noción básica del copyright se ha popularizado en Japón gracias a la cobertura que hizo la prensa de cuestiones relacionadas con esos derechos sobre grabaciones, cintas y programas informáticos. «Pero el pueblo japonés todavía no acepta la noción de copyright, o mejor dicho, la idea de que esos derechos sean individuales. Por lo general, reclamar un derecho para sí es visto como deshonroso o indigno, especialmente cuando hay dinero de por medio» (Mitsui, 1993: 141-142).

En muchas culturas no occidentales se aplica el copyright, pero se hace evidente que la ideología que funciona como base del sistema no sirve para dar cuenta de la complejidad de los procesos creativos. En el mundo occidental existe una división marcada –en el ámbito de la música, por ejemplo– entre los conceptos de compositor e intérprete.

En cambio, en África la música se asocia normalmente con bailes específicos; por eso, según John Collins, «si el sistema de regalías fuese equitativo en lo que a creatividad se refiere, habría que dividir entre los cuatro elementos que la componen: la letra, la melodía, la base rítmica y los pasos de baile, y dentro de la melodía habría que hacer una subdivisión para incluir los contrapuntos o melodías cruzadas, y lo mismo para el ritmo, que no es único dentro de un mismo tema». Más aún, «en las artes interpretativas africanas el público también suele tener un papel en la creación, pues canta, hace palmas o baila con los artistas». En este contexto la concepción del copyright individual no tiene sentido. Después de todo, «¿cómo puede medirse el grado de "originalidad" (y el valor que ésta tiene) en una pieza musical que se recrea continuamente?» (Collins, 1993: 149-150).

Rosemary Coombe considera que en los pueblos aborígenes de Canadá ocurre algo similar: «La ley hace una separación donde los pueblos originarios ven una integración, y considera como categorías estáticas lo que para los aborígenes es un conjunto de relaciones dinámicas, según las cuales los textos no se separan de la creatividad continua, que a su vez está ligada a las relaciones sociales y éstas a la relación de los pueblos con un entorno natural que actúa como lazo entre generaciones pasadas y futuras, cargado de significados espirituales» (Coombe, 1998: 229). La autora se pregunta si a los artistas y los autores de esos pueblos ancestrales no les interesa que su trabajo tenga valor de mercado, o si rechazan las regalías correspondientes a las obras que, en tanto bienes culturales, tienen valor de cambio en el mercado. La respuesta es que sí les interesa, asegura Coombe, aunque señala que «en el debate sobre la apropiación cultural los pueblos aborígenes afirman que hay otros sistemas de valores, distintos de los del mercado, en los que las imágenes, temas, prácticas y cuentos son apreciados y valorados según historias y relaciones específicas que merecen respeto» (p. 381).

Esa observación nos lleva a la discusión bizantina sobre los derechos colectivos. *Nuestra diversidad creativa*, el informe de la Comisión Mundial de Cultura y Desarrollo, publicado en 1996, resaltaba el hecho de que los grupos culturales tradicionales tienen derechos de propiedad intelectual en tanto *grupos* –y no era la primera vez que se mencionaba este tema durante esos años–, algo que «nos lleva a considerar la idea radical de que puede haber una esfera intermedia de derechos de propiedad intelectual entre los derechos individuales y el dominio público (nacional o internacional)». Así llegamos al punto en que nos toca tratar un asunto difícil: qué debe protegerse. «La noción simplista de que hay una fuente cultural primigenia no es adecuada. Las alfombras confeccionadas por los navajos, por ejemplo, tienen influencias que vienen de México, España y el norte de África.»

La Comisión propuso que la palabra «folclore» se utilizara para «las tradiciones vivas con fuertes lazos con el pasado» y que la «propiedad intelectual» probablemente no era el concepto jurídico más adecuado en este caso. «Habría que proponer una nueva concepción que se basara en ideas inherentes a las normas sociales tradicionales. Eso sería más constructivo que tratar de que las formas de protección se ajustaran a un contexto que les es ajeno, y en el que los que se valen de las nociones del copyright y los que las desarrollan se resisten con tenacidad al cambio (Pérez de Cuéllar, 1996: 196).

Krister Malm comenta que en 1996, año de publicación de *Nuestra diversidad creativa*, la cuestión de la protección del copyright para el folclore en la esfera internacional pasó a formar parte una vez más de la agenda de numerosos gobiernos de países del Tercer Mundo, pero esta vez en el contexto de los preparativos para el encuentro de la Organización Mundial de Comercio que tuvo lugar en Ginebra en enero de 1997. «El intento por incluir el tema en la agenda del encuentro de la OMC fracasó», dice Malm. «Una vez más, el fracaso se debió a la resistencia que opusieron los países industrializados y las industrias culturales a toda mención de derechos «colectivos» o de «propiedad cultural» en el sistema actual de derechos de propiedad intelectual e industrial» (Malm, 1998: 27). Con el apoyo de muchos países se tomó la decisión de realizar una reunión organizada en conjunto por la Unesco y la Ompi (Organización Mundial de la Propiedad Intelectual, dependiente de Naciones Unidas) en Phuket, Tailandia, en abril de 1997.

En esa reunión muchos países del Tercer Mundo manifestaron que era necesario contar con un instrumento legal internacional. Como era de esperar, esa idea no era del agrado de los delegados estadounidenses y británicos, pues las más grandes industrias del entretenimiento son originarias de esos países. Krister Malm cuenta que la tensión fue en aumento

> cuando el delegado de Estados Unidos aseguró que, como la mayor parte de la producción folclórica que se explotaba comercialmente era la de su país, las naciones del Tercer Mundo tendrían que pagar mucho dinero a Estados Unidos si se acordaba un pacto internacional. Purim, abogado de la India, respondió que eso ya ocurría con los pactos que estaban en vigencia, y que el folclore norteamericano, con excepción del de

los pueblos aborígenes, era importado desde Europa y África, por ejemplo. De modo que el dinero debería enviarse a los propietarios originales.

En abril de 1998, Malm comentó que de la reunión de Phuket no había surgido nada nuevo y que, según él, era improbable que los países occidentales tomaran en serio la cuestión de los derechos colectivos en un futuro cercano (Malm, 1998: 26-29 y *passim*; véase también Unesco-Ompi, 1998; Ompi, 2001). No obstante, en la Declaración Ministerial de la reunión de la OMC en Doha, el 20 de noviembre de 2001, se solicitó al consejo del Tratado sobre Aspectos de Comercialización de los Derechos de Propiedad Intelectual que analizara el tema de la protección del folclore y los saberes tradicionales.

Para los países del Tercer Mundo aún podría ser más importante el hecho de que los países occidentales obtienen enormes ingresos por derechos de propiedad intelectual que los países del Tercer Mundo están obligados a transferirles. James Boyle expone algunos buenos ejemplos de los perjuicios que esto implica para los países más pobres y menos poderosos:

> El concepto de autor se erige como una puerta que se debe atravesar para adquirir derechos de propiedad intelectual. En la actualidad, esa puerta tiende a favorecer en mayor grado la contribución de los países desarrollados al mundo de la ciencia y la cultura. El curare, el *batik*, muchos mitos y la lambada salen de países en vías de desarrollo, y no están protegidos por derechos de propiedad intelectual; en cambio, el Prozac, los Levi's, Grisham y la película *Lambada* se exportan a esos países bajo la protección de una caterva de leyes de propiedad intelectual, respaldadas a su vez por la amenaza de sanciones comerciales (Boyle, 1996: 124).

La transformación de ideas y materias primas y la explotación de mercados se recompensan con derechos intelectuales, pero las materias primas en sí, incluso la música y las imágenes vistas como tales, tienen un valor nulo en el ámbito de la propiedad intelectual. Jutta Ströter-Bender toma un ejemplo del campo del diseño: «Para los diseñadores occidentales, el universo de los motivos e imágenes de artistas del Tercer Mundo constituye un almacén inagotable del que aquellos se nutren con descaro y, por supuesto, sin nombrar la fuente de su "inspiración"» (Ströter-Bender, 1995: 45). Evidentemente, es preciso seguir investigando para tener un panorama más claro del daño que se hace a las culturas de los países del Tercer Mundo.

Es probable que Noam Chomsky no estuviese tan equivocado cuando dijo, en 1993: «Las empresas estadounidenses ganarán 61.000 millones de dólares al año provenientes del Tercer Mundo si el Acuerdo General sobre Aranceles Aduaneros y Comercio (GATT, por su sigla en inglés) satisface las reclamaciones proteccionistas de Estados Unidos, como lo hace el NAFTA; en ese caso, el coste del acuerdo para el Sur hará que el gigantesco flujo actual del Sur al Norte por pago de la deuda parezca insignificante» (Chomsky, 1993: 3). Mientras tanto, el GATT pasó a formar parte de la OMC, pero eso no ha cambiado las cosas. Una buena proporción del monto al que se refiere Chomsky proviene del copyright sobre «productos» culturales. ¿A cuánto asciende ese monto? El cálculo no es fácil de hacer porque hay grandes diferencias entre las estadísticas comerciales de los distintos países. Pero podemos suponer que la cantidad de dinero que los países pobres deben pagar por copyright es cada vez mayor, en parte porque los países del Sur y del Este sufren la presión de Occidente para implementar la lucha contra la piratería, lo cual, además, consume los escasos recursos policiales disponibles (véase Cohen Jehoram *et al.*, 1996: 44). Al mismo tiempo, los grupos culturales transnacionales tienen una penetración creciente en esos países gracias a sus productos culturales y de entretenimiento, con lo que la escasa moneda fuerte pasa a las industrias culturales de Occidente y Japón.

Parece sorprendente que el Tercer Mundo no haya previsto que los bienes de uso colectivo de sus sociedades caerían bajo la regulación de la OMC y de su nuevo Tratado sobre Aspectos de Comercialización de los Derechos de Propiedad Intelectual, que limitaría la aplicación de políticas propias en este campo tan delicado. Friedl Weiss resume la pelea entre Norte y Sur durante los años anteriores a 1993:

> Aunque hay antecedentes de consideración y tratados multilaterales relacionados con los derechos de propiedad intelectual e industrial (DPII), el tema, como se sabe, se convirtió en materia de negociaciones multilaterales en la Ronda de Uruguay sólo por la insistencia de los países industrializados (PI), especialmente Estados Unidos. En un primer momento, los países en vías de desarrollo (PD) rehusaron a formar parte de esas negociaciones, pues no había casi nada en común entre ellos y los PI en lo que respecta a filosofía económica, objetivos y tradición legislativa. Los PD más importantes consideraban que no era apropiado establecer, dentro del marco del GATT, ninguna reglamentación ni disciplina nueva en cuanto a estándares y principios que afectaran a la disponibilidad, alcance y uso de derechos de propiedad intelectual.

¿Qué ocurrió? Weiss lo explica así:

> En consecuencia, los PD rechazaron terminantemente toda idea de incluir el Tratado sobre Derechos de Propiedad Intelectual Relacionados con el Comercio (TRIPS, Trade Related Intellectual Property Rights) dentro del GATT pues, según ellos, tenía un papel periférico precisamente porque los aspectos fundamentales de los DPII no son relevantes para el comercio internacional. Por otro lado, los PD se contentaban con la integración de los estándares esenciales de los tratados más importantes de los DPII en el acuerdo TACDPI. Finalmente, la traba en las negociaciones por los DPII se resolvió mediante la concesión de más tiempo de transición para que los PD y los PI acordasen estándares para una mayor protección de los DPII y mediante concesiones en otras áreas, particularmente en la de los textiles y el comercio paralelo (Cohen Jehoram *et al.*, 1996: 8-9; véase también Correa, 2000).

Es necesario seguir investigando para saber cuáles eran, y siguen siendo, las consideraciones exactas de los países del Tercer Mundo con relación a los derechos intelectuales en el campo de la cultura. En *The Challenge to the South* [El reto al Sur], un informe escrito bajo el mandato del ex presidente de Tanzania Julius Nyerere aparecían duras palabras contra el TRIPS:

> El objetivo es claro: instaurar un sistema que obligaría a los países en vías de desarrollo a reestructurar su legislación nacional para ajustarse a las necesidades e intereses del Norte. La iniciativa lleva a ampliar el alcance del sistema que rige los derechos de propiedad intelectual, extender los plazos de los privilegios otorgados, ampliar la región geográfica donde se ejercen esos privilegios y facilitar las restricciones de uso de los derechos (Nyerere, 1990: 254-255).

Podría decirse que el sistema actual de copyright no da opción a los artistas y los países del Tercer Mundo, y que el dominio público está encogiéndose. El copyright es una especie de creencia sagrada, pero, como mostré en este capítulo, la idea de que vela por el bienestar de todos es muy cuestionable. Sin embargo, los artistas y los países del Tercer Mundo no pueden actuar como si no existiesen ni el sistema, ni las demandas, ni las sanciones, y no les queda más remedio que formar parte del engranaje. Así, se enfrentan a un dilema estratégico de grandes proporciones. Mientras tanto asistimos a un proceso en el que los grandes grupos se devoran el saber y la creatividad que forman parte de nuestro dominio público común.

Pero esta situación no es privativa del arte. Jeremy Rifkin muestra, por medio de algunos ejemplos, qué podría ocurrir en los próximos veinticinco años, en lo que él denomina el Siglo de la Biotecnología:

> Unos pocos gobiernos, corporaciones globales e institutos de investigación podrían ser los dueños de las patentes de casi todos los genes, unos 100.000, que hacen al género humano, así como de las células, órganos y tejidos que forman parte de nuestro cuerpo. También podrían tener en su poder patentes de decenas de miles de microorganismos, plantas y animales, lo que les otorgaría un poder sin precedentes para dictar las condiciones en que debemos vivir nosotros y las generaciones futuras (Rifkin, 1998: 2).

Me pregunto si nos podremos liberar del dominio que ejercen los grupos por medio del monopolio del copyright, las patentes y otros derechos de propiedad intelectual. En el capítulo 9 presento otras formas en que podrían abordarse las cuestiones culturales. Sostengo que los artistas, los países del Tercer Mundo y el dominio público se beneficiarían más si se descartaran los derechos de propiedad intelectual y se reemplazaran por los que propongo. También haré hincapié en que el campo cultural y los movimientos ecologistas deberían aunar esfuerzos. El caso de las patentes, que presenta Jeremy Rifkin, deja en claro que la filosofía de los derechos de propiedad intelectual es tan dañina para los ecosistemas y los sistemas sociales que dan marco a la vida como para los aspectos culturales de nuestra existencia: en los dos casos está perdiéndose el control democrático. Pero antes, en el capítulo 4, veremos cuán importante es para los pueblos tener control sobre su vida artística local, que evolucionaría perfectamente sin el control oligopólico de los grupos culturales y las industrias que son dueñas de la misma.

Notas

1. Janine Jacquet. «Concerning Creativity.» *The Nation*, 17 de marzo de 1997.
2. Michel Guerrin y Emmanuel de Roux. «Pour les photographes, la rue n'est plus libre de droits. La défense du droit d'auteur, comme celle du droit à l'image des propriétaires de bâtiments, entraîne de procès coûteux et rend difficiles les métiers de l'image et de l'″édition.» *Le Monde*, 27 de marzo de 1999.
3. «Daniel Buren perd son procès contre les éditeurs de cartes postales. Deux juges donnent raison aux photographes.» *Le Monde*, 8-9 de abril de 2001.

4. Christian de Brie. «États, mafias et transnationales comme larons en foire.» *Le Monde Diplomatique*, abril de 2000.

5. «Adieu Gorbouchka, le grand bazar de vidéos pirates de Moscou.» *Le Monde*, 22 de marzo de 2001.

6. «Success of CD Piracy Hits Music Industry.» *Guardian*, 13 de junio de 2001.

7. «Turnabout: China's Copyright Pirates Steal the Grinch.» *International Herald Tribune*, 13 de diciembre de 2000.

8. «Hackers Make Quick Work of New Music Security Code.» *International Herald Tribune*, 30 de octubre de 2000.

9. «Music Protection Faces Fresh Battle. Copying Secrets at Center of Storm.» *International Herald Tribune*, 25 de abril de 2001.

10. Ibídem. Véase también el sitio web dedicado a las libertades civiles: http://cryptome.org.

11. Yves Eudes. «Un nouveau système de distribution sauvage de produits numériques.» *Le Monde*, 18 de abril de 2000.

12. «L'industrie cinématographique menacée par le DIVX. Ce format permet de comprimer un film DVD, qui peut ensuite mis en réseau sur Internet.» *Le Monde*, 24 de enero de 2001.

13. «Music Industry's After-Napster Blues. Alternative Sites are Harder to Police.» *International Herald Tribune*, 21-22 de julio de 2001.

14. Originariamente, en Roland Barthes, «La Mort de l'auteur», Manteia, 5 (4), 1968; también en Barthes, Oeuvres complètes, vol. II: 1966-1973 (París: Seuil, 1994), pp. 491-495.

15. Jean-Pierre Babylon. «La culture par la copie.» *Le Monde*, 27 de octubre de 1999.

16. Entrevista a Rob Scholte. *De Groene Amsterdammer*, 18 de diciembre de 1996.

4. VIDA ARTÍSTICA LOCAL

Deslocalización

El arte es una forma de comunicación pero, como ya he dicho, es también una forma específica de comunicación, y una de sus características es que tiene connotaciones estéticas. En segundo lugar, en el arte la comunicación es más densa y más concentrada que la que encontramos en otras formas de comunicación de la vida cotidiana; y en tercer lugar, la ubicación o contexto en el que se lleva a cabo la comunicación artística señala con frecuencia que algo particular está ocurriendo.

Además, las creaciones artísticas suelen ser parte de otra cosa; por ejemplo, de una celebración religiosa, un desfile de modas o un programa de televisión; a veces interactúan con un entorno más amplio, como el de la arquitectura de un edificio, un anuncio publicitario o el diseño de un libro. Algunas veces, sin embargo, son independientes de otros propósitos. Una obra de arte no es por definición un elemento de un contexto más amplio; no obstante, sería exagerado decir que las obras de arte son autónomas, pues no es fácil imaginar nada que sea *completamente* independiente de otros objetos y de otras personas.

Esta definición neutral del arte como forma específica de comunicación posibilita abordar y estudiar en todas nuestras sociedades la totalidad del área de expresión o experiencia en la que la gente expresa sus sentimientos más profundos: alegría, tristeza, deseos ocultos, falsedades, ganas de divertirse o de experimentar lo bello. Por eso podemos afirmar que el arte es un *repositorio* de significados culturales (Wolff, 1989: 4). Buena parte de esos sentimientos viven más que nosotros mismos y están insertos en el patrimonio cultural del que formamos parte. Al mismo tiempo, se puede definir el arte como un «taller» en el que se crean y construyen significados culturales. Por medio del trabajo del artista y de la forma en que se presenta se generan, componen, reproducen y reconstruyen sentimientos y creencias sociales y culturales. En sus creaciones, representaciones y obras, los artistas se refieren a esos significados culturales y juegan con ellos. Algunos desconstruyen imágenes, sonidos, palabras y sentimientos dominantes ordenados en apariencia; otros los confirman; y algunos eligen mostrar la fealdad y lo sucio, tensiones sutiles o verdades crueles.

La definición del arte como forma específica de comunicación puede ser neutral, pero eso no significa que el arte sea un fenómeno neutral. El arte deja huellas en nuestra mente y siempre genera opinión. Una pieza musical o un diseño, por ejemplo, pueden gustar o provocar rechazo, y una obra puede ser controvertida o considerada como parte de las cosas normalmente aceptadas de la vida. Por más inocente que parezca, después de todo es un repositorio de significado cultural, y los artistas son semilleros de significados culturales, ya sean creadores de canciones *rap* o de ópera, o que se muestren introvertidos o sean unos desenfrenados exhibicionistas.

Cuando hay tantos intereses en juego, es fácil darse cuenta de que todas las creaciones artísticas tienen cierto impacto. En el capítulo 5 trataré el tema de la influencia, pero en éste me dedicaré a considerar el papel que tiene el arte en la vida social, tanto en el plano local como en el mundial. Aunque se haya dicho que todos somos ciudadanos globales, sin convenciones sociales ni contextos que actúen como obstáculos, sabemos que eso no es del todo cierto, y para la mayor parte de la gente es absolutamente falso. También sabemos que no es conveniente estar distanciados por completo de nuestro entorno social. Después de la experiencia de deslocalización propuesta por el neoliberalismo, hemos podido confirmar que el mundo es demasiado grande y complejo como para orientarnos en él y tratar de encontrar algo que se parezca a un refugio seguro. El tema no es sencillo, porque sabemos con certeza que hay muchos lugares del mundo que no son seguros. No hay razón para idealizar el barrio, el pueblo o la patria. También es cierto que los refugiados no huyen hacia «el mundo» sino que tratan de encontrar refugio en una sociedad en particular con una organización más humanitaria.

En esta misma línea de razonamiento, Anthony Smith asegura que

> no hay «memorias del mundo» que puedan usarse para *unir* a la humanidad. Las experiencias con características más globales hasta el momento –el colonialismo y las guerras mundiales– sólo pueden servirnos para recordar nuestras brechas históricas [...]. La principal dificultad de un proyecto para construir una identidad global y, por lo tanto, una cultura global, es que la identidad colectiva, como la imaginería y la cultura, está siempre vinculada con un contexto histórico en particular por-

que se apoya en recuerdos compartidos y en un sentido de continuidad generacional (Smith, 1990: 179-180).

Al centrarse en la cuestión de qué ofrecen hoy las tendencias culturales globales, Smith da ejemplos del avance de la cultura de masas en Estados Unidos y de la tecnología de la información computarizada. Su idea es que esas tendencias «muy probablemente han venido para quedarse, al menos durante algunas décadas». Luego pregunta: «Pero ¿qué aportan? ¿Además de *convivir* con esas tendencias, se puede vivir la vida *de acuerdo con ellas*? ¿Dan cuenta de una nueva cultura, un nuevo estilo de vida que pueda estimular al ser humano y darle el apoyo que necesita para afrontar la pérdida, el dolor y la muerte? ¿Qué clase de recuerdos, mitos y símbolos, valores e identidades es capaz de ofrecer esa cultura global?» (Smith, 1995: 21-25). También se podría formular esa pregunta con mayor especificidad: ¿qué recuerdos, mitos y símbolos, valores e identidades es capaz de ofrecer una cultura global que ante todo está impulsada por el comercio y, en el caso del arte, ha sido organizada por un puñado de grupos culturales que operan en el mundo entero?

La cultura corporativa difundida por esos grupos en todo el mundo es el tema central del próximo capítulo. Ahora nos ocuparemos de la posición problemática del arte en el contexto local. Podemos coincidir con Anthony Smith en que el mundo en su conjunto no nos puede ofrecer los recuerdos, mitos y símbolos que necesitamos en tanto seres humanos; sin embargo, la realidad también nos muestra que la fuerza del contexto local que impulsa al arte está debilitándose. Cabe preguntarse hasta qué punto y si se puede afirmar que ese debilitamiento opera del mismo modo en todas partes del mundo y para todas las manifestaciones del arte. En este capítulo intentaremos recoger tanto los contextos locales donde el arte florece a pesar de las tendencias globalizadoras como aquellos en los que operan fuerzas externas que controlan la vida artística local.

¿Por qué es importante la cuestión de si todavía existe una vida artística local que pueda llamarse así? Por la *democracia*. Los miembros de cualquier sociedad deberían tener derecho a comunicarse según sus propias elecciones en cuanto a qué les emociona, qué los estimula, que les resulta placentero o qué les ocupa. Es una forma de construir su identidad, tanto individual como colectiva. El teatro, el cine, la música, las artes visuales, el diseño, la literatura, las obras creadas con técnicas mixtas y las demás formas artísticas son vehículos de comunicación fundamentales. Desde esta perspectiva democrática se espera que la mayor parte del panorama artístico local de cualquier sociedad se relacione con lo que acontece en cada sociedad en particular.

«A medida que el mundo se vuelve cada vez más complejo», afirma Michael Shuman, «las personas vuelcan sus ojos hacia la comunidad local para resolver los problemas». Según este autor, la potenciación de las comunidades no siempre es positiva, ya que puede usarse para cubrir actitudes provincianas, tribales o racistas:

> Pero la comunidad es el lugar al que llamamos hogar. Ahí es donde trabajamos, nos lo pasamos bien, tenemos amigos y criamos a nuestros hijos; es donde las instituciones políticas son más accesibles y donde encontramos los recursos, la legitimación y la maquinaria para ejercer la acción colectiva. Una comunidad es un trampolín desde el cual los ciudadanos se lanzan y proyectan hacia los asuntos internacionales con mucha más fuerza de la que podrían lograr por su cuenta (Shuman, 1994: 55-56).

El objetivo de Michael Shuman no es idealizar las comunidades locales ni la vida artística que se desarrolla en ellas. La comunidad local también es el lugar donde las personas se pelean, pero eso forma parte de la vida y del proceso democrático de todas las sociedades. Las batallas simbólicas sobre la expresión artística, tal como hemos descrito en el capítulo 1, también se libran ahí.

Un grupo de trabajo del Foro Internacional sobre Globalización informó en 1999 que

> un alto porcentaje de los habitantes del mundo aún sobrevive gracias a actividades comunitarias locales, la agricultura en pequeña escala, los mercados locales y la producción para el consumo local. De ese modo han conservado el control directo de su seguridad económica y alimentaria, y a la vez han contribuido a mantener la viabilidad de la comunidad y la cultura local. Hasta en los países desarrollados, la mayor parte de los puestos de trabajo han estado asociados tradicionalmente con la producción económica local.[1]

En dicho informe se advierte que la globalización económica está desmantelando rápidamente la producción local en favor de las economías de exportación controladas por corporaciones globales: «Así se destruyen los sistemas locales de subsistencia económica e independencia comunitaria». El grupo de trabajo que elaboró el informe sostiene que «es necesario, por tanto, invertir el sentido y crear nuevas reglas y estructuras que favorezcan deliberadamente a los sistemas locales, y adoptar planes de subsidios para que se realicen en la comunidad todas las actividades que sea posible». De este tema nos ocuparemos en el capítulo 6.

Poner el acento en la importancia de las comunidades no significa que deban cerrarse las fronteras o que deba celebrarse la nostalgia; tampoco significa que las obras de arte sólo tengan que centrarse en intereses locales. En Estados Unidos, una mayor apertura cultural hacia el resto del mundo no sería un lujo. Es probable que los artistas más interesantes sean los que ven más allá de la vida diaria y expresan sentimientos vinculados a otros niveles de experiencia. En nombre de la democracia, es fundamental que los artistas expresen cosas distintas. En efecto, el hecho de que lleguen obras de arte de otras partes del mundo y que se presenten de modo tal que ninguna cultura sea la dominante es enriquecedor para las sociedades (la estadounidense no es la excepción). Así como no hay reglas que establezcan cuántos artistas de una sociedad en particular deben existir en una escena cultural completamente democrática, no debería haber un límite para el número aceptado de artistas y obras de arte de otros países.

Jan Nederveen Pieterse acierta en ampliar el alcance del tema preguntando: «¿Qué es lo autóctono y quién lo determina? ¿Cuáles son sus fronteras, su perímetro? ¿Quién pertenece y quién no? ¿Qué es esencial y qué no?» (Nederveen Pieterse, 1997: 134). Asimismo, en *Music and Globalization*, Irmgard Bontinck y Alfred Smudits formulan el siguiente interrogante: «¿Cuál es la proporción deseable de música doméstica/local, según el doble punto de vista de que una cultura no debería ser colonizada y desde el punto de vista de que no debería quedar aislada por completo?» (Bontinck y Smudits, 1997: 49-50). No existen respuestas definitivas. Aun así, desde una perspectiva democrática hay un problema cuando la vida artística de las sociedades es controlada de manera significativa por fuerzas externas, en especial cuando esas fuerzas son principalmente comerciales y oligopólicas.

John Gray resume el problema de la siguiente manera:

> Las marcas de muchos bienes de consumo ya no son exclusivas de un país sino globales. Las empresas fabrican productos idénticos para distribuir en todo el mundo. Las culturas populares de casi todas las sociedades se ven inundadas por un acervo común de imágenes. Los países de la Unión Europea comparten más las imágenes que absorben de las películas de Hollywood que aspectos de sus propias culturas. Lo mismo

se aplica para el Lejano Oriente. Detrás de todos estos «significados» de la globalización hay una única idea, que puede denominarse *deslocalización*: el desarraigo de actividades y relaciones de orígenes y culturas locales. El proceso conduce al desplazamiento a redes de gran alcance o de alcance mundial de actividades que hasta no hace mucho eran locales [...]. [La globalización] implica el transporte de actividades sociales desde el ámbito local hasta redes en las que son condicionadas por sucesos mundiales, que a la vez son condicionados por aquéllas (Gray, 1998: 57).

John Gray no tiene la intención de igualar la deslocalización con la homogeneización. «La globalización *no* es eso. Los mercados globales en los que el capital y la producción se mueven libremente a través de las fronteras funcionan justamente porque existen *diferencias* entre localidades, naciones y regiones.» Ocurre que los mercados culturales locales no desaparecen, pero su importancia se vuelve secundaria (McChesney, 1998: 13). Las nociones de la economía local respecto a cuestiones culturales y el control local se tornan anómalos y son cada vez menos plausibles (Mander, 1993: 15). El producto del trabajo artístico se aleja de su creador y desaparece la imagen comunitaria o de conjunto (Said, 1993: 270). Si hacemos un breve *tour d'horizon* por distintas partes del mundo, veremos unos cuantos ejemplos que ilustran este proceso.

Suman Naresh comenta la apertura del mercado indio hace poco más de una década, una apertura que ha permitido el acceso a la programación audiovisual extranjera por primera vez:

> Las objeciones culturales que se oyen en la India no son sólo objeciones a la violencia y al sexo explícito (en especial, en los programas estadounidenses), ofensivos para el público indio, acostumbrado a representaciones más circunspectas. Si se tratara sólo de eso, podría esperarse que las objeciones desaparecieran con el tiempo, después de un período de adaptación, porque podrían verse como una expresión de la voz paternalista de las elites, objeciones que no merecen atención en una sociedad cada vez más abierta y democrática. Menos evidente –y por tanto menos manejable– es la objeción de que un aluvión de programas extranjeros, creados para llegar a un público lo más numeroso posible, amenaza a comunidades de todos los rincones del mundo con perder la identidad y la peculiaridad cultural, y que es probable que esa pérdida se sienta con especial intensidad en sociedades, como la de la India, que en otras épocas han podido protegerse de las influencias homogeneizadoras del libre comercio mundial (Naresh, 1996).

En tanto John Gray rechaza absolutamente la noción de homogeneización en el campo económico y social, Suman Naresh no duda en utilizar esa noción para temas culturales. En el resto de este capítulo se verá que, si bien el uso del término homogeneización puede ser adecuado, más lo es el de deslocalización, tanto para temas culturales como económicos, pues se aplica mejor a las distintas realidades.

Después de todo, es frecuente que esas realidades presenten aspectos heterogéneos y contradictorios. Colin Mackerras observa, por ejemplo, que en tres teatros de Pekín se hacía hincapié en montar óperas tradicionales, y cuanto más tradicionales mejor. En los tres teatros, el renacimiento de la tradición estaba dirigido principalmente a los turistas, en especial a los provenientes de Hong Kong, Taiwán y la gran diáspora china. «Era un medio para que los chinos que no vivían en China pudiesen encontrar en su tierra natal la cultura y las raíces tradicionales. Y la Ópera de Pekín era un ejemplo perfecto de esa cultura tradicional.» Haciendo una interpretación de este fenómeno a la luz de la tensión entre globalización e identidad, Colin Mackerras nota que el turismo tiene dos consecuencias opuestas simultáneas: «Ha permitido que muchos más visitantes, incluso chinos, viajaran a Pekín, y a la vez les ha estimulado a la búsqueda de sus raíces y de un sentido más profundo de identidad. La tradición es falsa y auténtica al mismo tiempo. Es falsa porque se recrea deliberadamente, y es auténtica porque refleja la tradición con mucha exactitud, y hasta utiliza los mismos sitios, como es el caso del Templo Zhengyi» (Mackerras, 2000: 19-20).

Una situación similar se observa en Birmania, donde el teatro de marionetas estaba en franca desaparición: no obstante, con el desarrollo del turismo varias compañías han logrado sobrevivir, entre ellas el teatro de Mandalay, establecido hace diez años cerca del palacio real. Poco a poco, el público birmano comenzó a interesarse en el género y se reiniciaron las giras por las aldeas. Sin embargo, sólo una compañía teatral presenta el teatro de marionetas auténtico, con una orquesta completa, cantantes que interpretan a los personajes principales y de seis a ocho actores que manejan las marionetas. Los actores que se dedican a representar obras con marionetas en hoteles y restaurantes se acompañan de música grabada en cintas. En este sentido, el turismo ha empobrecido el arte de las marionetas.[2]

Al hablar de la vida artística local no me refiero necesariamente a la vida cultural tal como se desarrolla en el ámbito nacional dentro de los Estados. Ante todo, nunca existe una única cultura nacional; todas las sociedades están formadas por miembros de varias culturas, con distintas tradiciones artísticas. El grado de tolerancia e inclusión varía de una sociedad a otra, y a veces se da el caso de que una cultura artística en particular sea *dominante*. Además, hay muchos artistas que se dedican a actividades menos visibles, menos aceptadas, sin mucho apoyo económico o directamente eliminadas.

La noción de «cultura nacional» está relacionada con el deseo de los grupos dominantes en un territorio nacional de que sus expresiones culturales se vean como las únicas relevantes, y también se relaciona con el poder de esos grupos para que así sea, lo que no significa que esto refleje la realidad. En la mayoría de los casos hay mucha más actividad artística que la que percibe un observador superficial. De hecho, el arte es un área simbólica de luchas de poder entre varios grupos de la población, y algunas culturas artísticas dominan a otras, al menos durante un tiempo. No obstante, la configuración particular de las culturas artísticas –algunas dominantes, otras casi invisibles en el dominio público– puede presentar variaciones enormes entre sociedades y países. El ambiente artístico de Dinamarca, por ejemplo, será muy distinto del de Austria, y tendrá incluso más diferencias con el de Tanzania.

En segundo lugar, muchas veces la definición de nación no es clara. En 1992, el Instituto Nacional de Investigaciones Históricas y Culturales de Pakistán publicó un libro titulado *Pakistani Culture: A Profile* [Perfil de la cultura pakistaní], en cuya introducción el autor, M. Yusuf Abbasi, escribe: «La cultura pakistaní es un concepto nuevo, como el país mismo» (1992: i). También es cierto que, en el territorio donde ahora está Pakistán, los artistas han creado obras durante siglos, las personas se han comunicado con esas creaciones artísticas y han reaccionado ante ellas.

En el año 2000, en Rusia se abrió un debate sobre el himno nacional. Después de la desaparición de la Unión Soviética, el himno de la época comunista se había reemplazado por una pieza de música patriótica del siglo XIX, un cambio que no tuvo buena aceptación. Se trataba de una música sin letra, y la gente estaba acostumbrada a cantar el himno soviético, de modo que se decidió recuperar la canción, pero con otra letra. El debate consistió, en esencia, en tratar de comprender qué era la nueva Rusia, un interrogante para el que muchos rusos, todavía hoy, no tienen una respuesta satisfactoria. Las leyes nacionalistas promulgadas en Estados Unidos después del 11 de septiembre de 2001 muestran que también en este país tan grande la cuestión de qué significa «pertenecer» a un Estado-nación es problemática. Desde una perspectiva histórica, el Estado-nación es una creación reciente que ha traído más problemas que beneficios a las antiguas colonias.

En tercer lugar, con vida artística «local» se indica, por supuesto, lo que ocurre en el ámbito de lo artístico en las regiones, ciudades y aldeas. Como muchos Estados-naciones son muy fuertes, las fuerzas centrífugas son una realidad temible tanto en lo general como en lo cultural, y a veces en particular en lo cultural. Los sentimientos culturales regionales pueden utilizarse para esconder fuerzas económicas o sociales opresivas que provienen del Estado central. Tal fue el caso de Indonesia durante la época de Suharto. El régimen hizo uso del arte regional y las culturas tradicionales, otorgándoles cierta libertad de creación para obtener apoyo a sus acciones opresivas.

De acuerdo con Barbara Hatley, esas tradiciones regionales, que antes se habían identificado con fuertes aspiraciones políticas nacionalistas, tal como ocurrió durante la época de Sukarno, se desarrollaron en parte como una fuente de orgullo y sentido de identidad:

> Con las ideas separatistas censuradas por firmes estructuras centralizadas y por una ideología de la «uniformidad», el arte regional se ha promovido para contrarrestar la fuerte influencia externa: las imágenes mediáticas y los valores consumistas occidentales que entraron en Indonesa a raudales a partir de su apertura a los capitales internacionales después de 1965. Los bailes y los rituales locales, de los que se eliminan los elementos considerados contrarios a lo moderno y a una actitud proclive al desarrollo, se muestran en festivales, concursos y programas de televisión que incluyen artes escénicas regionales. Los edificios del gobierno están construidos en estilos arquitectónicos autóctonos, y en las ceremonias estatales hay pomposas celebraciones de características regionales (Hooker, 1993: 49).

La promoción del arte regional durante la época de Suharto fue limitada, porque la tolerancia a las tradiciones locales también provocaba sentimientos opositores, no en un sentido político directo sino en el plano conceptual: promovía la ampliación del conocimiento de otras formas de organizar las percepciones y las experiencias, distintas de las que interesaban al régimen (Hellman, 2000).

Asimismo, en muchos Estados-nación europeos las relaciones entre lo central y lo regional no han sido sencillas. En el siglo XIX, o en ciertos casos, después de la Primera Guerra Mundial, cuando los Estados-nación unificaron regiones que antes no tenían lazos estrechos, los pueblos de esas regiones empezaron a reivindicar identidades culturales y lingüísticas que las separaban del Estado-nación. Así se iniciaron períodos de opresión seguidos de períodos, en especial durante las últimas dos décadas, de aceptación de las diferencias culturales regionales, con mayor o menor entusiasmo, por parte de las autoridades nacionales. En el caso de España, el componente cultural de las luchas separatistas se ha centrado en las lenguas. Pero en esas regiones es difícil encontrar movimientos artísticos que muestren una pertenencia genuina a la identidad cultural que reivindican.

Sin embargo, en Francia, por ejemplo, donde no hay movimientos separatistas ostensibles, todos los años se estrenan películas muy interesantes ambientadas en regiones concretas donde se expresan sentimientos, situaciones sociales y atmósferas que, al menos en parte, son típicas de la región. Eso deriva de dos procesos que van de la mano. Por un lado, muchos cineastas jóvenes no sienten atracción por temas relacionados con el ambiente burgués de la metrópoli y, por otro lado, debido a la descentralización administrativa, que también ha operado en el ámbito cultural, las regiones francesas han contado con mucho dinero para invertir en producciones y eventos culturales. Éste es un tema que ampliaré en el capítulo 8.

Un vasto dominio de producción cultural

Antes de hacer un análisis de diversos aspectos de la deslocalización de la actividad artística, me centraré en algunos ejemplos de varias partes del mundo donde aún existe una rica vida cultural local, a veces con influencias internacionales, pero sin llegar a estar eclipsada por ellas. Evidentemente, es imposible presentar un panorama amplio en el contexto de este libro y asimismo es difícil evaluar aquí cuán importantes son o cuán extendidos están los fenómenos artísticos a los que hago referencia. No es mi intención emitir juicios morales o estéticos. Dentro del amplio abanico de producciones y acontecimientos artísticos a escala local, habrá algunos que serán considerados valiosos y otros que no. La democracia hace que las obras de arte, buenas, malas u horribles, sean o *puedan* ser discutidas.

Karen Barber ofrece un excelente resumen de la vasta producción artística africana,

> que no puede clasificarse como «tradicional» ni «occidental», porque sobrepasa y desdibuja esas distinciones. En los últimos años, las orquestas de Ghana han hecho giras por miles de ciudades; el teatro popular

yoruba se ha ganado un lugar en el cine, la televisión y el vídeo; los jóvenes de Nairobi han leído *For Mbatha and Rabeka*; los escritores de Tanzania han publicado cientos de novelas policíacas en suajili; los caricaturistas de Camerún han retratado a los rufianes de la escena política; los trabajadores emigrantes del pueblo basotho han creado canciones referidas a sus experiencias en las minas de Sudáfrica; y hombres y mujeres han compuesto música chimurenga con la que se daban aliento para movilizarse contra el Frente de Rodesia. Todos esos géneros no son repositorios de alguna «autenticidad» arcaica; por el contrario, se valen de todo el material contemporáneo para hablar de luchas contemporáneas. Pero tampoco son meros productos del «contacto cultural» del que hablan en Occidente, un Occidente que los ha «corrompido». Son obra de creadores de productos culturales locales que se dirigen a públicos locales y les hablan de preocupaciones, experiencias y luchas compartidas (Barber, 1997: 2).

Orriana Baddeley y Valerie Fraser expresan un entusiasmo similar cuando se refieren a América Latina, donde «abunda el arte creado fuera de la red de galerías burguesas: telares, tapices, bordados y tejidos; cestas, cerámica, trabajos en metal, carpintería; figuras o pequeñas escenas moldeadas en cera, masa o azúcar; artículos de cuero, plumas, paja o madera; objetos esmaltados, calabazas pintadas o talladas, máscaras de papel maché; pintura sobre hojalata, tela, piel, madera o corteza». La artesanía de la América Latina moderna, aseguran las autoras, «constituye una porción significativa de muchas economías latinoamericanas y una importante atracción turística» (Baddeley y Fraser, 1989: 119).

En Asia y las islas del Pacífico occidental hay unos 25.000 grupos teatrales que montan obras del repertorio tradicional y moderno. Hay demasiados intérpretes, muchas regiones remotas y mucha actividad diaria para saber con certeza cuántos grupos existen. «En cambio, se sabe que el teatro de las culturas de Asia y de las islas del Pacífico es antiguo, con una larga tradición, rico y diverso, y está vivo para amplios segmentos de la población» (Brandon, 1997: 1).

En Singapur, para preservar los valores asiáticos se han ideado políticas de apoyo al arte. El Festival de Arte Escénico de Asia muestra obras con contenido asiático y creadas por asiáticos. Se esperaba que organizar un festival de estas características despertaría la crítica de artistas locales sobre cómo se determina que una obra es asiática (Tamney, 1995: 167-168). ¿Cómo se negocian las influencias modernas en el arte con la tradición?, se pregunta Rustom Bharucha. En una conferencia dada en Utrecht (Países Bajos) el 31 de octubre de 1997,

Bharucha se refirió a la India, donde cada región es un mundo aparte, donde hay una rica diversidad artística y cultural, y donde las personas viven en un verdadero abanico de épocas distintas, desde la premodernidad hasta la ultraposmodernidad.

En el campo de la música hay muchos lugares donde la creación musical aún se vincula con el desarrollo de culturas locales. En tanto la armonía es de suma importancia para la música occidental, ése no es el caso para los percusionistas igbo de Nigeria, que subvierten la armonía alejándose de la base rítmica (Oguibe, 1995: 75). Para nuestro propósito, conocer la técnica no es tan importante como notar que las estructuras musicales de muchas partes del mundo siguen naciendo del patrimonio cultural de esos sitios. Evidentemente, el fenómeno no es estático; sin embargo, cuando la armonía reemplaza al ritmo como base de una obra musical, el proceso de deslocalización está en marcha.

En Nicaragua, cada región desarrolló su forma musical particular. Según Randy Martin, esto aún sigue ocurriendo:

> La región de Masaya es muy conocida por la música marimba, y la de Segovias por su música instrumental, donde la guitarra tiene un sonido parecido al flamenco. Bluefields tiene un baile, palo de mayo, que tiene su origen en las cortes inglesas. La influencia de la inmigración alemana en Matagalpa, una zona de plantaciones de café, se observa en la polca que allí se baila. Las ciudades celebran festivales todos los años coincidiendo con la cosecha, y además se interpreta música procesional y se representan obras de teatro que combinan el catolicismo con elementos precolombinos (Yúdice *et al.*, 1992: 129).

En el altiplano de la región andina central la música, la danza, las canciones y los rituales tienen una relación estrecha. La música siempre forma parte de un contexto particular del ciclo anual que se enmarca dentro de un ritual con connotaciones religiosas (Baumann, 1996: 19).

En la costa del Pacífico, la costa caribeña, las llanuras occidentales y la región montañosa de Colombia, las formas musicales y de danza adoptan características particulares propias (Davies y Fini, 1994: 18). Peter Manuel observa que el vallenato colombiano es la música tradicional de los bailes folclóricos, y que, además de los temas de amor, con frecuencia las letras narran acontecimientos reales en los que se imprime una crítica a la corrupción o la pobreza. Sin embargo, el vallenato también expresa los cambios profundos que han ocurrido en la sociedad y la economía colombiana en las últimas décadas. Muchas canciones hablan a favor de magnates locales que operan en el negocio de la marihuana y la cocaína, famosos por entregar fabulosos presentes a los cantantes que les alaban (Manuel, 1988: 51-53).

Marta Savigliano hace una semblanza del tango, tal como se baila en las milongas de Buenos Aires: es «una forma cultural local que convive con un bombardeo de influencias foráneas, ofreciendo una fuente de entretenimiento sin ánimo de lucro y un elusivo pero real momento de pasión» (Savigliano, 1997: 32). La *gafieira* carioca es el equivalente de la milonga porteña: un espacio con suelo de madera, algunas mesas y luces de neón, donde se tocan más de ciento cincuenta ritmos de samba, polca, lambada y mambo. De acuerdo con Ineke Holtwijk, los brasileños son devoradores de música; en el país hay consumo, reproducción y fusión de sonidos de distintas culturas. Pero algo ha cambiado, no tanto en el nutrido repertorio musical sino en el aspecto social: en el pasado se solía invitar a las mujeres mayores a ir al baile, pero eso ya no ocurre, a menos que se vistan de manera muy atractiva. Desde que la clase media ha empezado a ir a la *gafieira*, se ha dejado fuera a esas mujeres, y sólo se admite a las jóvenes que bailan bien (Holtwijk, 1996: 40, 51).

En Tanzania también ha habido cambios. En la época del socialismo comunal, el partido vigilaba la moralidad y no aceptaba las tendencias comerciales, tanto en la música como en otros ámbitos. La comercialización de bandas y compañías culturales fue un fenómeno en auge durante las décadas de 1970 y 1980, época en que creció la competencia por el público: los cazatalentos estaban a la pesca de nuevos intérpretes y los elementos sexuales ocuparon un lugar prominente en el resurgimiento de los bailes tradicionales. Todo eso, combinado con el hecho de que los intérpretes comerciales se presentaban en bares, donde el alcohol y la prostitución estaban a la orden del día, ha llevado a la crítica de las elites, que tenían sus propios sitios, más caros, donde ir, y en los cuales tampoco faltaban el alcohol y la actividad sexual (Plastow, 1996: 199-200). No obstante, la música seguía siendo la típica de Tanzania.

Rien à signaler [«Nada para informar»] es un grupo de rap argelino cuyos miembros cantan en árabe argelino, con consonantes que suenan como chasquidos cortantes y con notas temblorosas, y tocan el laúd, el violín e instrumentos de percusión. Cantan sobre las hermanas violadas, las penurias y la fatiga, pero no tienen letras que hablen del Islam, pues temen acabar con un cuchillo en la garganta. No les agrada el hip-hop de los inmigrantes argelinos en Francia, como el que interpreta el grupo Nique ta mére [«A joder a tu madre»], una sugerencia que va en contra de la cultura árabe. ¿Y qué hay del ensalzamiento de la pobreza de los suburbios de las ciudades francesas? La pobreza está en Argelia, donde hay matanzas, y no es algo digno de encomio.[3] Esa música responde a una transformación local, y tanto el contenido de las canciones como las contradicciones a las que se hace referencia tienen un indudable origen local.

La música y el baile clásico tailandés virtualmente han desaparecido después de la revolución de 1932, cuando se disolvieron las Cortes, o al menos así lo percibió el público. Hoy en día casi no se oyen grabaciones de música clásica tailandesa. A pesar de eso, como observa Deborah Wong, la música popular tailandesa está muy arraigada en el panteón de los valores nacionales contemporáneos (Wong, 1995: 55). La incapacidad de tener en cuenta ese fenómeno ha sido un fallo en el análisis realizado por los canales de música occidentales, como MTV y STAR-TV, que emiten su programación en Asia. Esos canales tuvieron grandes pérdidas económicas por no haber considerado los distintos valores culturales, los trasfondos socioculturales y las tradiciones musicales de las regiones asiáticas (Bontinck y Smudits, 1997: 27).

A un extranjero no le resulta sencillo percibir hasta qué punto está asociada la música con la cultura y el desarrollo locales, y en qué medida un estudio realizado una década atrás todavía es válido. Peter Manuel piensa que, sin embargo,

> en el ámbito de la música popular, Vietnam goza de una vitalidad y una individualidad que no se compara con la música contemporánea que se escucha en Laos y Camboya, países más pequeños y azotados por la guerra, o en Tailandia y Malasia, donde, con excepción del *dangdut* indonesio-malayo y el *luk-tung* tailandés, predomina el pop al estilo occidental. A pesar del largo período de más de un siglo de dominio colonialista y ocupación neocolonial, Vietnam logró promover una música popular autóctona verdaderamente nacional y dinámica que poco le debe a los estilos occidentales (Manuel, 1988: 198).

Las innovaciones tecnológicas surgidas en los años ochenta ocasionaron una considerable recentralización de la producción y la distribución de música, en comparación con la producción y la distribución relativamente económica y descentralizada de las cintas de audio y la radio. Los discos compactos y otros soportes similares son inalcanzables para la mayor parte de la población de los países pobres. Como consecuencia, la cantidad de música local disponible en el mercado, que se copia una y otra vez en cintas económicas, es relativamente alta en esos países en comparación con el repertorio de música internacional (Mediacult, 2000: 133-134). Según Peter Manuel:

> Las industrias caseras de grabación de cintas dan una respuesta a los variados gustos regionales, étnicos y de clase que se diferencia de la que dan las compañías grabadoras o cinematográficas; éstas son, en su gran mayoría, corporaciones o empresas controladas por el Estado y, por lo tanto, tienden a dirigirse o a crear un mercado lo más amplio posible. La tecnología de la grabación de cintas, por el contrario, permite un control diversificado y democrático de los medios de producción musical, y ha dado origen a muchas formas musicales nuevas que se caracterizan por ser formas estilizadas de música folclórica regional con elementos del pop. El *jaipongan* de la parte occidental de Java es un ejemplo llamativo de un género vital surgido de las raíces de la expresión regional, independiente de la manipulación y la promoción corporativa y centralizada de la industria de la música (Manuel, 1988: 6).

Irmgard Bontinck y Alfred Smudits (1997) señalan que en casi todos los países desarrollados o en vías de desarrollo el repertorio musical doméstico representa una gran proporción del total de las ventas. Teniendo en cuenta sólo las ventas legales, en el mercado japonés la música local representa un 72%; en Hong Kong, un 54%; y en Taiwán, un 65%. Entre los países árabes, Egipto tiene un alto porcentaje de ventas de música local (74%). El panorama es similar en Turquía (76%), América Latina en general (65%), México (70%), Brasil (60%) y Chile (60%). Deberíamos considerar, sin embargo, que la mayor parte del repertorio nacional ha sido publicado por alguno de los grupos culturales con participación de empresas extranjeras.

En el ámbito teatral de la India, en casi todas las ciudades hay grupos de jóvenes que se dedican a montar obras de teatro callejero que tratan sobre temas concretos:

> En un día cualquiera, hay casi 7.000 grupos activos en el país. Todo tipo de gente se compromete con el teatro, desde obreros hasta estudiantes universitarios, desde profesores hasta profesionales del arte dramático y activistas políticos. Normalmente las obras se representan cerca de las oficinas durante la hora del almuerzo o después del horario de trabajo. Por la noche y en los días festivos, en ferias y festivales, los paseos, las esquinas y los espacios abiertos son los lugares elegidos para montar las obras. En los espacios abiertos y en las calles llenas de transeúntes los actores tienen acceso a un público de casi 400 o 500 personas y no necesitan sistemas de sonido (Srampickal, 1994: 99-100).

Jacob Srampickal menciona el hecho de que en todos los Estados y regiones de la India hay una variada oferta de teatro popular y observa que existe una gran diferencia con el teatro tal como se conoce en Occidente:

> Mientras que Occidente tiende a utilizar un discurso retórico, persuasivo y denotativo, en la India suele usarse un discurso más connotativo, simbólico, mítico y narrativo. Además, en Occidente el arte escénico se ha fragmentado en ópera, ballet y teatro dialogado; en la India, en cambio, se combinan el canto, el baile, la poesía, el diálogo en prosa y el habla retórica con elementos críticos (Srampickal, 1994: x-xi).

En todo el continente asiático está extendida la tradición del teatro de títeres, en el que, advierte Kees Epskamp, «se atribuye un valor ritual a los títeres, un fenómeno que se da en gran escala desde Japón hasta Turquía. Gracias al Islam, el teatro de títeres –teatro de sombras, títeres de varas y marionetas– se difundió hasta Grecia y el norte de África» (Epskamp, 1989: 123). El hecho de que los títeres no tengan un «ego» o un «yo» podría ser la razón de la relativa falta de pudor cuando llega el momento de tratar temas «delicados».

Es evidente que hoy los eventos teatrales de ese tipo compiten con películas como *Titanic*, comenta Catherine Diamond cuando describe el *pwe*, un festival de Birmania celebrado en las pagodas. El *pwe*, dice la autora, aún conserva el espíritu extravagante de antaño, pero ahora también ofrece, además de rituales religiosos, canciones pop, bailes tradicionales, obras de teatro modernas, sátiras breves y obras de teatro clásicas en las que los intérpretes están en el escenario desde las diez de la noche hasta las siete de la mañana. Además de verlas por la televisión vía satélite, el público quiere ver a las estrellas actuando en vivo, disfrutar de los cuentos improvisados por los comediantes y compartir con otros la experiencia de permanecer toda la noche en vela. «En los festivales, que duran una semana, los responsables de la pagoda local contratan compañías teatrales cuyas representaciones son supervisadas por la Asociación de Teatro, cuyos miembros son actores experimentados que desean conservar los contenidos tradicionales y frenar la intromisión de la música pop y la comedia ligera.»

Pero las secciones de teatro del *pwe* se debilitan por el crecimiento de las de música pop. «La Asociación de Teatro intenta frenar ese avance para garantizar la supervivencia de los estilos tradicionales, preservar el aspecto religioso del evento –de modo que no sea dominado por los intereses comerciales– y conservar el trabajo de los actores de más edad, con experiencia en las artes tradicionales, que, de otro modo, serían desplazados de la escena.» Si bien los jóvenes concurren masivamente a las celebraciones, van principalmente atraídos por las secciones de música pop y parecen más interesados en emprender un viaje sentimental en cualquier sitio menos a través de las tribulaciones de antiguos príncipes y princesas. «En 1999, el interés de los jóvenes se centró en *Titanic*, la quintaesencia de la fantasía, la riqueza y el lujo. La película incluso despertó el interés de aquellos que no tenían dinero para pagar la entrada, gentes que se quedaban afuera mirando las carteleras. La película presentaba a los *mintha* y *minthamee* contemporáneos: ya no un príncipe, sino un muchacho pobre que enamora a una princesa capitalista y muere por salvarla» (Diamond, 2000: 234-236 y *passim*).

También sucede lo contrario. Según propone Barbara Hatley, a finales de los años ochenta y comienzos de los noventa, en Indonesia se crearon grupos de teatro firmemente comprometidos con el Islam que convocaban públicos numerosos. En las obras que representan, esos grupos muestran el abandono de los valores islámicos por parte del Estado y la sociedad del país (Hooker, 1993: 61).

Con orgullo, Temple Hauptfleisch informa sobre la variedad de formas teatrales que existen en la «nueva» Sudáfrica: un festival de la cosecha en Venda, una ceremonia matrimonial en KwaZulu, un evento narrativo *ntsomi* en la zona rural de Transkei, un «baile con botas de goma» en las minas de oro de Johannesburgo, una velada *marabi* en Soweto, un «carnaval Coont» en Ciudad del Cabo, un «festival municipal de música» en Mamelodi, un musical satírico de Pieter-Dirk Uys, y representaciones de *Woza Albert* en el Teatro Market, *The Pirates of Penzance* en el Teatro Natal y *Hamlet* en el Teatro Estatal de Pretoria. Hauptfleisch distingue ocho categorías dentro de la oferta teatral de Sudáfrica: autóctono, tradicional, comunal; autóctono, contemporáneo, comunal; foráneo, occidental, comunal; autóctono, occidental, comunal; foráneo, occidental, elitista; autóctono, occidental, elitista; autóctono, «alternativo», occidental; y autóctono, híbrido.[4]

El teatro africano siempre ha contado con una intensa tradición que reúne baile, percusión orquestada, canto coral, mimo y poesía, así como narración pública de cuentos y máscaras de rica elaboración (Srampickal, 1994: 29). El experto en teatro Ossie Enekwe señala que en el teatro igbo de Nigeria, que normalmente se representa al aire libre, se observa un «dinamismo contextual»; casi todos los elementos se estructuran en un marco de tensión y flujo constante. El escenario cambia junto con los «actores». «El público aporta un contrapunto y, en ocasiones, el escenario se agranda para incorporar a la audiencia, que pasa a ser la figura central. La atención se desvía de un espacio a otro, de una sección a la opuesta: no existen los absolutos» (Oguibe, 1995: 75-76).

En Nigeria, como en otros países africanos, el teatro con características más literarias está estrechamente relacionado con las universidades. En África hay una larga lista de autores teatrales, entre los que se cuentan Wole Soyinka, de Nigeria, ganador del premio Nobel; Léopold Senghor, de Senegal; Kabwe Kasoma, de Zambia; Amadu Maddy, de Sierra Leona; Ngugi wa Thiongo, de Kenia; y Efua Sutherland, de Ghana (Srampickal, 1994: 29). Adama Ulrich observa que, a pesar de todo, los autores jóvenes consideran que el teatro universitario es elitista, no tiene gran relevancia para las realidades sociales del país y usa un lenguaje incomprensible para la mayoría. «Tanto el contenido como el lenguaje son demasiado intelectuales y ni los estudiantes los entienden del todo. Además, los elementos del "teatro total", típicos del teatro tradicional africano, se han eliminado. La búsqueda del "teatro total" se centra principalmente en desviar la orientación desde la palabra escrita hacia la multitud de formas que ofrece la expresión teatral» (Ulrich, 1994: 113).

En América Latina, la mayor parte de las comunidades rurales y los barrios urbanos siguen una larga tradición de festivales en honor de sus patronos, con procesiones, ferias con elementos del carnaval y formas de teatro popular en combinación con celebraciones cívicas locales. Pero, a diferencia del teatro asiático y africano, el latinoamericano está menos asociado con el culto religioso y la historia mítica. La tradición teatral local se vincula, en cambio, con la alegría de la vida familiar y las fiestas de la comunidad, el carnaval y el entretenimiento comunitario protagonizado por aficionados, y no con los rituales religiosos. Las opresivas dictaduras militares han llevado a muchos artistas a contribuir con su creatividad al desarrollo de movimientos sociales y políticos populares (Srampickal, 1994: 31).

En el teatro popular de varias partes del mundo hay un denominador común: la protesta contra la modernización, un intento por conservar la libertad de expresión contra la movilización total de la vida humana hacia el progreso racionalizado y la productividad económica. De acuerdo con Srampickal, el teatro popular «es un intento por restaurar los valores de la comunidad y la dignidad personal en sociedades donde el progreso técnico y la productividad amenazan con desplazar al resto de los valores». Trata de recapturar la esencia de las formas folclóricas autóctonas (Srampickal, 1994: 37-38). Este tipo de teatro se ha usado en muchas partes del mundo en proyectos de alfabetización que recurren a la sabiduría y a la cultura local, al tiempo que refuerzan la identidad cultural y la conciencia étnica y de clase (Epskamp, 1989: 94).

En cuanto al cine, en la India, por ejemplo, la producción cinematográfica es enorme. Llama la atención que, durante los últimos años, la «industria de los sueños» haya dejado de ocuparse casi exclusivamente de filmar guiones de cuentos de hadas, y que la vida cotidiana vaya encontrando su lugar en las películas indias, las cuales, no obstante, aún conservan las típicas escenas de bailes y canciones. Asimismo, debe destacarse la creciente influencia de cineastas mujeres. Las películas dirigidas a un público masivo y las películas artísticas están acercándose, como se aprecia en el Festival Internacional de Cine celebrado todos los años en Nueva Delhi. Hay actores famosos, como Shabana Azmi y Om Puri, que ahora actúan en películas «populistas» con rasgos artísticos.

Sin embargo, debemos decir que la distinción entre películas «artísticas» y «no artísticas» no es clara. Después de todo, todas las películas son creaciones artísticas, si bien algunas llegan al gran público y otras no. El hecho de que el contenido y la estética de una película despierten interés y la razón por la que lo hacen dependen de las opiniones individuales y colectivas, no de la cantidad de espectadores, la producción y la distribución. Pero en muchos casos las películas con un contenido y una estética que se apartan de la tendencia dominante no encuentran canales de distribución adecuados. Entonces, en la India, las películas que tratan sobre temas que quedan fuera de los límites de la «vida cotidiana» no se proyectan en los cines importantes. Sin embargo, de acuerdo con Rada Sesic, la televisión nacional india, Doordarshan, ha empezado a comprar derechos de películas «artísticas» y las subtitula en 20 lenguas distintas. Ése no es un cambio menor, pues permite que millones de personas tengan acceso a ese tipo de realizaciones.[5]

La regionalización, el mayor número de canales televisivos y la expansión del horario de programación han incrementado la demanda de programas, razón por la cual hay cada vez más productores privados que aumentan la cantidad de realizaciones. Si bien la calidad de la programación no es pareja, Nilanjana Gupta afirma que una de las virtudes de los medios de comunicación indios es que esa demanda podría ser satisfecha por productos nacionales y no por programas viejos importados de Occidente, estadounidenses por lo general. Doordarshan vende derechos de programas populares a empresas privadas de televisión. «Esa iniciativa ha tenido gran impacto porque ahora las agencias de mercadotecnia han alcanzado una posición que les permite tener injerencia sobre el contenido de los programas de Doordarshan.» Gupta da cuenta de otro cambio: «El hecho de que Doordarshan haya pasado de ser una emisora cultural a una de entretenimiento hace que sea difícil justificar su existencia como empresa estatal» (1998: 54, 58).

En África, la creación cinematográfica nunca ha sido fácil, ni antes ni ahora. En Nigeria muchas compañías teatrales han comenzado a grabar en vídeo las actuaciones realizadas durante sus giras (Kasfir, 1999: 33-34). De este modo, esas compañías han adquirido características de empresa. Es decir, que el actor-representante también es dueño y gerente. Oga S. Abah piensa que la confluencia del teatro y la sociedad está mediada por el comercio (1994: 81). También la estética ha cambiado: el vídeo y la televisión alientan el uso de diálogos directos y naturalistas en lugar del habla estilizada y poética, rasgos característicos del teatro popular en vivo del pasado (Adeleye-Fayemi, 1997: 126).

En Nigeria se han producido 1.080 vídeos de representaciones teatrales desde 1997. Se estima que las ventas de cada uno ascienden a 30.000 copias, y de los verdaderamente populares, a 300.000. En la mayor parte de las filmaciones se habla en pidgin, ibo, yoruba o hausa, las lenguas más habladas entre las 250 existentes en Nigeria. Las películas son un modo de narrar historias, sean buenas o banales, y también de hacer dinero tan rápido como sea posible. Muchas se filman en una semana con cámaras alquiladas y actores que reciben su paga cuando ingresa el dinero. La Asociación de Productores Independientes de Televisión de Nigeria organiza cursos de formación para la nueva generación de directores y actores.[6]

En Ghana existe un fenómeno similar. Allí, la producción asciende a unas 50 películas al año. Como los productores, que son autodidactas, dependen del éxito de sus productos en el mercado local para volver a filmar, suelen abordar temas atractivos para el público en lugar de dedicarse a producir creaciones artísticas personales, como es el caso de muchos cineastas profesionales que recurren con reparos al formato vídeo. Birgit Meyer indica que, «en consecuencia, se filman películas centradas en la lucha de los habitantes de las ciudades contra las fuerzas visibles e invisibles que se perciben como la causa de que la vida sea harto difícil. En muchos filmes populares, los problemas con que se enfrentan los protagonistas se atribuyen a fuerzas del mal provenientes de la localidad, y la salvación parece encontrarse en el Dios cristiano y apartarse de los caminos tradicionales» (Meyer, 1999: 93-95). Una gran cantidad de películas repite el mensaje de los pentecostales, tan popular en Ghana durante los últimos quince años. «Muchos de esos directores de cine saben de primera mano que a sus películas no les va bien en los festivales importantes de cine africano, por ejemplo el Fespaco, celebrado en Burkina Faso, porque no utilizan la sofisticación técnica, la estética, la estructura narrativa y los mensajes esperados» (p. 95).

Lo que es fascinante, según Birgit Meyer, es ver películas junto a espectadores ghaneses, tanto en su casa como en el cine, por el grado de atención que prestan y el compromiso moral que asumen: «El público grita y alienta a los héroes y heroínas, condena a los villanos, exclama "¡Dios mío!" en los momentos de tensión y aplaude y ríe en las escenas más relajadas» (Meyer, 1999: 101). La gente busca mensajes éticos en las películas: «Ver una película despierta el compromiso moral, y una de las satisfacciones que el público obtiene es una sensación temporal de superioridad moral, de estar del lado correcto, al tiempo que espía, como un voyerista, los poderes de la oscuridad. Se espera que un buen filme, además, genere debate entre los espectadores, que se extiende después de haber terminado el espectáculo» (Meyer, futura publicación).

Los vehículos de transporte público asiáticos, sean las camionetas de Filipinas, los camiones y autobuses de Pakistán, los carros de la India o las calesas de Bangladesh, son un reflejo y una manifestación de culturas populares nacionales y extranjeras, explica John Lent. Con su despliegue de leyendas y ornamentos toscos, son el medio por el que sus dueños expresan el gusto popular. «Las pinturas son muy caras; cuestan entre 150 y 250 dólares las de los camiones, y un poco menos las de los autobuses. Además, pintar un camión (en ciertos casos la pintura se realiza una vez al año) exige unos 20 días, por lo que el conductor pierde cerca de 4.500 dólares. Los dueños de los talleres de pintura contratan aprendices de alrededor de 12 años de edad para pintar el fondo de la imagen, y pintores más experimentados se encargan de los diseños florales y de la parte trasera del camión» (Lent, 1995: 175-177).

En Francia han resurgido las librerías de barrio, algo bastante inesperado dada la abrumadora presencia de Fnac, la poderosa cadena de librerías. El súbito resurgimiento se debe a tres factores. En primer lugar, Francia, como muchos otros países europeos, tiene un sistema de precios «fijos» de venta al público, motivo por el cual las cadenas no pueden ofrecer libros más baratos. En segundo lugar, hay una nueva generación de libreros muy motivados, ávidos de ofrecer libros que no necesariamente se enmarcan dentro de las tendencias comerciales. Estos libreros organizan encuentros con los autores, asesoran a sus clientes, a los que conocen personalmente, y transforman sus tiendas en acogedores puntos de encuentro. Por último, varias editoriales, como Minuit, La Découverte, Seuil o Gallimard, han establecido un fondo para dar distintos tipos de apoyo financiero a las librerías pequeñas.[7]

Para finalizar nuestro viaje por el vasto dominio de la producción cultural en el mundo, daremos algunos ejemplos de países árabes. Siria ha ocupado el lugar que alguna vez tuviera Egipto en el campo de las telenovelas. Los egipcios siguieron produciendo películas en estudio, pero el vídeo permite salir y filmar en otros sitios, algo que hacen los directores sirios, es decir, filmar sus historias en la ciudad y en las zonas rurales, y así satisfacen los requerimientos de muchos canales vía satélite de los países del Golfo. Como se espera que los programas de televisión sean políticamente correctos, los directores sirios eligen temas relacionados con la época de los otomanos o del dominio francés. En Egipto se han levantado estudios nuevos cerca de El Cairo, en una zona conocida como La Ciudad de los Medios que ocupa una superficie de dos millones de metros cuadrados. Según el periódico francés *Libération* (29 de mayo de 2002), se trata de un «delirio de grandeza». Para *Le Monde* (29 de julio de 1998), no hay certeza de que la aventura vuelva a colocar a la producción egipcia de series de televisión en primer plano.

Todas las poblaciones de Omán participan en concursos de poesía organizados año tras año. Los habitantes suelen recitar poemas propios que tocan temas que van desde el amor hasta el trabajo en la oficina. En muchos otros países árabes se realizan concursos similares que gozan de gran popularidad. En una entrevista realizada en Rotterdam en el año 2000, Corien Hoek explicó que esos concursos son un espejo de la vitalidad de los países árabes: «El Islam tiene una respuesta para explicar la brecha entre ricos y pobres, y apoya a las personas en su lucha diaria por la supervivencia. Evidentemente, allí encuentra inspiración el pueblo árabe». Por lo general, la idea de la belleza es aún importante en el mundo árabe: tanto la de la naturaleza como la de la experiencia religiosa, que forma parte de cada momento de la vida diaria. En muchos países del Golfo, el dinero excedente del negocio petrolero se invierte en artistas cuyo trabajo se destina a mezquitas y bancos.

Fouad Ajami explica que la poesía era para los árabes lo que la filosofía para los griegos, el derecho para los romanos y el arte para los persas: «El repositorio y la más pura expresión de su espíritu. Fácil de transportar y compuesto para recitarse en público, el modelo clásico de la cultura árabe se ha mantenido durante siglos. Había reglas claras que debían aplicarse a la rima y a los patrones rítmicos y había asimismo restricciones en cuanto a los temas que podían tratarse. Formal y estilizada, la poesía no era tanto la expresión personal del espíritu y el temperamento del artista como la manifestación de ideas antiguas con formas nuevas, un medio exclusivamente social, una criatura de la vida cortesana y una propiedad pública» (Ajami, 1999: 80-81).

Nico Duivesteijn propone una clasificación para los que se dedican a las artes visuales en Egipto que también puede aplicarse a muchos otros países árabes. Según él, hay tres grandes capas o categorías. Primero están quienes desean apartarse de la influencia occidental. ¿Cómo definen qué es occidental? Es lo que les irrita, lo que no despierta ningún sentimiento ni emoción. Para ellos, la belleza nace del alma. Durante una entrevista realizada en Ámsterdan, Duivesteijn comentó:

> Muchos artistas árabes sienten que forman parte de una colectividad, a diferencia de los artistas occidentales, que tratan de reivindicar su individualidad por todos los medios. Las artes visuales árabes representan el mundo circundante, y pueden compararse con la poesía y la narración, algo que explica en parte el uso corriente de la caligrafía. Los artistas occidentales hablan del mundo interno de los individuos. La segunda categoría de artistas está abierta a las técnicas occidentales, pero las escenas y las figuras humanas son claramente árabes, al igual que los colores. La tercera categoría está compuesta por artistas que se identifican por completo con la visión occidental del arte.

La rica diversidad que brindan los nuevos medios digitales o electrónicos ya pertenece a otro orden de cosas.[8] Primero, como explica Conrad Mewton, «Internet es una gran oportunidad para que los músicos se apoderen nuevamente de parte del inmenso poder que las compañías discográficas han ejercido sobre ellos durante los últimos cincuenta años [...]. En la actualidad, no es raro que los artistas financien por sí mismos el costo de sus grabaciones. La tecnología de los estudios de grabación caseros ha avanzado mucho» (Mewton, 2001: 63-64).

En segundo lugar, para muchos artistas ahora es posible, por ejemplo, filmar productos de calidad con relativamente poco dinero, lo que otorga libertad a los directores para experimentar y usar tanto material como consideren necesario. El vídeo digital abre posibilidades para lograr un contacto más íntimo con los actores o, en el caso de los documentales, con los entrevistados, que tienden a olvidarse de que los están filmando. La filmación en vídeo digital reduce la necesidad de contar con numerosos equipos de rodaje, con lo que además se agiliza el trabajo y bajan los costos, y así hay más libertad para todos los que están interesados en filmar, siempre y cuando dispongan de una cantidad de dinero relativamente pequeña, algo que no siempre ocurre. En las viejas cámaras analógicas había que cambiar el rollo de película cada diez minutos. Las cintas digitales duran una hora, por lo que el trabajo con los actores no sufre tantas interrupciones. Además, es más sencillo filmar en situaciones complicadas, en las que la presencia de un equipo numeroso dificultaría la tarea. Pero el vídeo digital tiene su parte indeseable: facilita la observación de los demás, la intromisión en la vida privada y el control de la conducta de las personas.[9]

Tercero, con frecuencia el negocio de la música tiene poco que ver con la música. En relación con este tema, Robert Burnett sostiene:

> En esencia, la actividad consiste en moverse rápido, desempeñar funciones de mercadotecnia y distribución, y ocuparse de cuestiones vinculadas con las licencias. Por ejemplo, decidir qué productos pueden venderse en cada mercado, calcular en qué plazo pueden despacharse, cuán rápido se logra el reabastecimiento y cuestiones por el estilo. Con Internet como canal potencial de distribución de alta velocidad, las compañías discográficas ya no serán capaces de controlar las cadenas de distribución. En consecuencia, quizá no puedan influir en la demanda de los productos. Cuando la música se distribuye por Internet, se requiere sólo una copia maestra. Los nuevos artistas que puedan crear sus propios productos, luego podrán producir, vender y distribuir su trabajo sin necesidad de recurrir a los servicios de las grandes compañías discográficas (Burnett, 1996).

Pero Burnett es lo suficientemente realista como para reconocer que los principales protagonistas del negocio multimillonario de la música no van a quedarse de brazos cruzados y se dedicarán a reubicarse en el mercado y lograr una posición competitiva en el contexto de las condiciones cambiantes de la nueva economía impuesta por Internet. Además, «darse a conocer y obtener beneficios requiere publicidad y, en ese sentido, las compañías ya establecidas y con un nombre conocido están en una posición privilegiada en comparación con las recién llegadas, que necesitan mucho capital para invertir en promoción» (Mediacult, 2000: 87). Probablemente eso sea verdad, a menos que el músico sea capaz de establecer su propia red mundial. Si casi todos los músicos o artistas de otras disciplinas lograran hacerlo, podría originarse un cambio de grandes proporciones. En ese caso ya no sería necesario tratar con los grandes grupos, y el público quizá se interesaría por la diversidad. Pero, claro está, quizá todo esto sólo sea un sueño.

«La noción de superestrella –un signo de la mercadotecnia masiva aplicado a todo– ya no está tan de moda. En efecto, el poder que tiene una red para vincular a los admiradores con su sello o su grupo musical preferido es una oportunidad fantástica para que los sellos más pequeños y los grupos menos populares lleguen a su público» (Mewton, 2001: 44-45). Mewton destaca que hasta «las fusiones de empresas –en particular las de Polygram/Universal y AOL/Time Warner– dejan más espacio libre para la acción de firmas más pequeñas», lo cual puede parecer sorprendente. «Ahora hay más bandas de músicos que no encuentran su lugar en las grandes corporaciones y más personal que pierde su empleo como consecuencia de la reestructuración corporativa. Entonces hay más personal cualificado disponible para que las empresas independientes los contraten» (p. 128).

En cuarto lugar, los artistas se adueñan del control de la estética de su trabajo. Hasta no hace mucho tiempo, los laboratorios de cine y los estudios de grabación tendían a imponer sus normas morales y estéticas, algo que también puede hacer un ordenador al introducir variaciones o generar estructuras musicales similares. Utilizar un ordenador se parece a pedir consejos a un oráculo. Claro está que las tareas del ordenador pueden controlarse; por ejemplo, puede modificarse un diptongo y transformarse en todas las variantes posibles. Pero eso no significa que el proceso sea sencillo y que un artista visual no tenga grandes dificultades técnicas para lograr que su instalación funcione bien, con la cantidad de sensores, videocámaras, mezcladoras, grabadores, focos, espejos y ordenadores que hay que conectar y todos con variables completamente diferentes.

En quinto lugar, la práctica del arte sufrirá cambios considerables. «En cuanto el ordenador sea más y más aceptado en todas las formas y disciplinas artísticas, éstas tenderán a fusionarse unas con otras.» Se dice que las distinciones tradicionales entre música, danza, animación, cine, vídeo, arquitectura y robótica han desaparecido (Mulder y Post, 2000: 5). Quizá sea cierto, pero también podríamos preguntarnos si las imágenes y el sonido pueden ser tan parecidos como muchos creen. Las diferencias son obvias: el cuerpo humano no puede apagar el sonido, pero puede decidir no mirar una imagen. Además, los estímulos visuales y auditivos generan reacciones emocionales distintas.

Muchos artistas visuales producen obras interactivas que, en algunos casos, requieren una participación superficial, pero en otros, más interesantes, el artista hace una llamada a una participación más comprometida del público. En un museo convencional, los asistentes ven las obras desde la distancia; no ocurre lo mismo en las muestras interactivas, que transforman la experiencia en un proceso democrático. La estética está oculta en el software, y éste controla la estética. El artista propone un contexto, no un fin estático, y el público se relaciona con la obra. De este modo, el carácter del producto artístico es cambiante. La obra puede convertirse en parte de la arquitectura; por ejemplo, cuando en el suelo hay un dispositivo que proyecta textos, datos o personas que deambulan por el recinto. Ése es también el caso de los artefactos de iluminación que se encienden cuando la gente pasa frente a la entrada de un edificio de oficinas. La obra puede ser una pantalla en la sala de una casa, en la que pueden verse creaciones artísticas con sólo usar una clave por la que se ha abonado una tarifa de suscripción.

Hasta hace poco tiempo la creación de música electrónica era bastante estática. El compositor se entusiasmaba durante la creación en el estudio, pero una vez terminada la grabación el público tenía que contentarse con escuchar el producto que salía por las cajas de sonido. Las técnicas digitales permiten combinar la composición en el estudio con la actuación en vivo. El sonido grabado cobra una nueva vida por medio de su relación con el público con sólo cambiar algunos parámetros. Hasta la tonalidad puede modificarse. El compositor se convierte en intérprete. Más importante aún es el hecho de que se restablece el contacto físico entre la concepción y la actuación. «La inteligencia está oculta en nuestras manos», dice el compositor Michael Waisvisz, y lo demuestra en la práctica. El ordenador ya no es un instrumento asociado únicamente con el lenguaje.

En sexto lugar, las creaciones artísticas ya no se conciben con la eternidad en mente. Los productos creados con medios digitales luego se publican en Internet y a partir de allí pasan a formar parte del dominio público y pueden sufrir modificaciones. Las obras son creaciones continuas, realizadas en su mayor parte por equipos multidisciplinarios, con lo que el concepto de copyright se funde como la nieve al sol. Después de todo, ¿el copyright no lleva al congelamiento de las obras de arte? Los derechos de propiedad intelectual sobre las obras de arte son un concepto que también ha quedado atrás.

Los anteriores sólo son unos pocos ejemplos tomados de distintos lugares del mundo y de diversas formas artísticas que muestran que la vida cultural está viva en todos lados, que no ha podido ser controlada por los grandes grupos culturales, y que el arte que se vale de medios digitales y electrónicos está en pleno auge.

Como hemos visto, todo ese dominio está lleno de contradicciones, pero hay buenas razones para tener esperanzas. La cultura como modo de vida surge y resurge antes de que las empresas transnacionales se apoderen de ella, según piensa Masao Miyoshi. Es cierto que los grupos culturales actúan con rapidez y las producciones culturales independientes tienen una vida corta. A pesar de ello, Masao Miyoshi es optimista, porque «la gente sigue viviendo y tratando de sobrevivir y, al hacerlo, produce textos y objetos con los que intentan interpretar el significado de las relaciones sociales, dar esperanza y aliento, sin rendirse ante el consumismo hueco. En estos momentos de duda y resistencia, las personas crean un espacio más allá de las corporaciones transnacionales, un sitio para la reflexión y la crítica» (Miyoshi, 1998: 260-261).

Destrucción de la diversidad en menos de una década

La otra cara de la moneda es la deslocalización. En este aspecto, también hay muchos ejemplos de los rápidos cambios económicos y culturales que ocurren en el mundo.

En 1992, un crítico de cine del *Times* de Londres escribió un artículo sobre el proceso negativo experimentado por un género cinematográfico muy popular de Turquía del que se producían entre 200 y 300 películas menos por año que en la década anterior. Esa situación desfavorable se había originado en 1988 tras la firma de un tratado de libre comercio que permitía a los grandes distribuidores estadounidenses inundar el mercado con sus productos. David Ellwood y Rob Kroes confirman que hacia 1992 era casi imposible ver una película turca –o de otros países europeos– en las pantallas de Turquía. Según los autores, esa situación ilustra el proceso de conquista de mercados y de destrucción deliberada de la cultura cinematográfica de un país extranjero (Ellwood y Kroes, 1994: 16-17). En 2000 y 2001 se produjeron doce filmes turcos, cinco de los cuales tuvieron gran éxito en su país, con más de un millón de espectadores. Las películas eran una crítica social a asuntos contemporáneos que, según Nicola Monceau, no se había visto hasta ese momento.[10]

En Egipto no queda mucho en pie de la industria fílmica, que en las décadas de 1950 y 1960 exportaba cientos de películas al año y ahora no más de diez. ¿A qué se debe esa caída? La mayoría de los Estados árabes tienen su censura particular; existe competencia con los productos estadounidenses; en el Líbano la guerra civil diezmó un mercado importante, tanto en términos de inversiones financieras como de exportaciones; y durante muchos años los Estados árabes boicotearon a Egipto tras la paz alcanzada por este país con Israel. Anteriormente, en las películas egipcias aparecían temas sociales, en gran parte relacionados con los cambios de la sociedad egipcia y la tensión entre los puntos de vista tradicionales y modernos con respecto a la vida política, económica y moral. De acuerdo con Raymond van den Boogaard, para el pueblo egipcio siempre fue mucho lo que ha estado en juego; todo era cuestión de vida o muerte, de bonanza o desastre. De alguna manera, las películas filmadas hacía una década proponían que la sociedad egipcia tenía oportunidades y que se podía tener esperanzas en el futuro a pesar de la pobreza generalizada. Aparentemente, esa sensación ha desaparecido y con ella el entusiasmo por el cine.[11]

A finales de los años ochenta, el cine brasileño había desaparecido casi por completo. De cien películas anuales filmadas a comienzos de esa década, la producción se redujo a menos de diez. Aimar Labaki (1999) sostiene que la cultura brasileña sufre las consecuencias de la hegemonía del proyecto neoliberal, «que ha transformado a nuestros ciudadanos en consumidores, en una época en la que la vida pública apoya únicamente al mercado». México solía filmar más de 100 películas al año, pero a pesar del aumento de público en las salas cinematográficas de los años noventa la producción local descendió a menos de 40 películas en 1995, y a menos de 10 hacia 1998, según datos publicados en el *Human Development Report* de 1999. «Hollywood ha captado a ese público a partir de la mitad de la década de 1990, mientras las industrias locales seguían luchando por conservar su lugar en el mercado» (*Human Development Report*, 1999: 33-34).

Hacia 1995, la cuota de mercado de las películas japonesas se había reducido hasta un 37%, y sólo tres de las diez películas más vistas eran japonesas, cifras que son menores a las de la época de posguerra. No obstante, comparada con la industria cinematográfica europea, que ha sido diezmada por Hollywood, la japonesa aún está en pie (Shilling, 1997: 11). De hecho, Hollywood posee entre el 80 y el 90% de la cuota de mercado en Europa, mientras que, de acuerdo con Carl Bromley, el cine nacional de los países europeos –con excepción de Francia– está prácticamente muerto.[12]

Vijay Menon propone observar el caso del cine de Indonesia. En su momento de esplendor, el cine indonesio estrenaba 100 películas al año, pero hoy en día la industria está falleciendo. La producción local de películas ha pasado de 119 en 1990 a 60 en 1991 y a 12 en septiembre de 1992. «Una de las razones es que los indonesios, jóvenes y viejos, se fascinan con las películas estadounidenses. A pesar del dominio que ejerce sobre las pantallas del país asiático, la industria cinematográfica norteamericana quiere expandirse aún más.» Menon cita la información publicada en *Asiaweek* (21 de agosto de 1991): «La Asociación de Exportadores Cinematográficos de Estados Unidos ha amenazado con presentarse ante la combativa representante comercial de Estados Unidos, Carla Hills, cuyo departamento tiene el poder de incluir a Indonesia en una "lista de vigilancia" de mercados desleales. Yakarta cedió y en mayo garantizó mayor acceso a la industria cinematográfica estadounidense a cambio de un incremento de un 35% en la cuota de importación de productos textiles indonesios» (Nostbakken y Morrow, 1993: 82-83).

Respecto a la situación en Canadá, el *Washington Post* del 2 de diciembre de 1994 publicó lo siguiente:

> las estadísticas reflejan la realidad cultural de Canadá, cuya población equivale al 10% de la de Estados Unidos. Más del 95% del tiempo dedicado al cine se utiliza para ver películas extranjeras, en su mayoría estadounidenses. Sólo el 17% de los libros y revistas vendidos en Canadá son nacionales. Casi todos los programas de televisión en inglés provienen de Estados Unidos. Para los defensores del libre comercio, esas cifras reflejan las fuerzas naturales del mercado global; para los nacionalistas, en materia de cultura representan una amenaza a la ya diluida identidad canadiense y «una deformación estructural» que requiere una solución inmediata.

En Argelia había 400 cines en 1986, pero a finales del año 2000 sólo quedaban 10; la cantidad de público descendió de 40 millones a 50.000 en esos cinco años, y la producción local de películas era insignificante. Jacques Mandelbaum asegura que esta estrepitosa caída podría atribuirse al terrorismo islámico si el proceso no se hubiese iniciado en 1986. La súbita transición de un cine nacionalizado a una industria cinematográfica que debía atenerse a las reglas del mercado fue catastrófica.[13]

En México, de 1989 en adelante han ido a la quiebra unas 400 editoriales. Entre las pocas que han sobrevivido, menos de 10, todas nacionales, lanzan unas 50 publicaciones al año. Néstor García Canclini hace la siguiente observación:

> El aumento del precio del papel en el mundo, sumado a la devaluación del peso mexicano, es una de las razones de la evolución negativa. Hay quienes aseguran que también debe considerarse la caída general del

consumo, consecuencia del empobrecimiento de la clase media y la clase trabajadora, y la transformación del libro en un bien de consumo más, habiéndose eliminado los incentivos aduaneros y fiscales que tenían antes.

Muchas librerías han cerrado, y muchos periódicos y revistas se han declarado en bancarrota o han sufrido reestructuraciones, como sucedió en todos los países de América Latina (*World Culture Report*, 1998: 162-163).

En el Reino Unido se ha desatado una guerra entre pequeñas editoriales independientes y Waterstone's, que tiene 200 librerías. Waterstone's pertenece a HMV Media, uno de los grupos de la compañía discográfica EMI.[14] ¿Qué ha pasado? Normalmente, en el Reino Unido las librerías pagan a las editoriales a los 60 días de recibir los libros, y se les hace un descuento del 35 o 40%. Pero Waterstone's envió una carta a las editoriales independientes diciendo que a partir de ese momento el pago se haría a los 90 días, además de solicitar un descuento del 50%. Si las editoriales no aceptaban esas condiciones, Waterstone's no les compraría más libros, lo que sería desastroso para las editoriales pequeñas. De modo que ahora deben esperar más tiempo para recibir los pagos y, además, sus beneficios son menores, pero no tienen ninguna manera de defenderse.[15]

«El astronómico presupuesto de un éxito de taquilla producido en el Primer Mundo equivale, a veces, al monto invertido durante décadas en un país del Tercer Mundo», señalan Ellen Shohat y Robert Stam (1994: 186). Esta afirmación resume muy bien la débil posición en que se encuentran los países y las regiones pobres a la hora de proteger su vida cultural:

> Las desfavorables condiciones de trabajo en que deben operar los cineastas del Tercer Mundo son desconocidas para sus colegas del Primer Mundo. Además de los bajos presupuestos, los aranceles aduaneros sobre los materiales y los costos mínimos de producción, que con frecuencia son mayores que los de Estados Unidos o Europa, los cineastas de los países del Tercer Mundo trabajan en mercados más pobres que los del Primer Mundo y deben competir con atractivas películas extranjeras de presupuestos millonarios que «invaden» bruscamente esos mercados (Shohat y Stam, 1994: 256).

Pero en realidad muchas de esas películas costosas se filman en países pobres, donde el coste laboral es mucho menor. Hollywood suele recurrir a México, por ejemplo. En Marruecos se otorgan entre 500 y 600 permisos de filmación por año a productores extranjeros de largometrajes o de anuncios publicitarios, a cuyos directores les conviene no sólo el bajo coste laboral sino también los escenarios y el clima. Esos países, en cambio, casi nunca pueden producir sus propias películas, pues no cuentan con apoyo estatal, algo de lo que sí disponen los países ricos de Europa occidental. El director de cine africano Idrissa Ouedraogo se pregunta si se justifican las aportaciones estatales al cine cuando esos montos podrían dirigirse a obras más básicas como pozos de agua, escuelas y centros sanitarios (Barlet, 1996: 84). Y cuando surge la oportunidad de filmar, los directores africanos deben tener en cuenta que no será fácil conseguir ciertos materiales o reponer las lámparas rotas, que el suministro de energía puede interrumpirse durante varios días a causa de una tormenta, que los actores probablemente no tengan teléfono, que quizá los coches sufran averías inesperadas, o que algún actor pueda querer ir a la boda de un pariente que vive lejos, con lo que la filmación deberá postergarse algunos días (pp. 240-243).

A finales de 1998 se celebró un tercer festival de teatro en Bamako, con la participación de grupos de Mali y de países vecinos. La calidad de las actuaciones y la creatividad de los participantes recibieron muy buenas críticas de parte de un periodista de *Le Monde*, quien se refirió, además, a las dificultades técnicas, financieras, de transporte y de comunicaciones.[16] En Tanzania, como en otros países, las bandas de jazz tienen problemas para conseguir instrumentos musicales, pues la mayoría son importados y deben abonarse en moneda fuerte, por lo cual los músicos que no tienen instrumentos dependen de organismos o entidades para conseguirlos (Malm y Wallis, 1992: 116). En Nigeria hay músicos que para poder comprar una guitarra eléctrica o una batería se han unido a las innumerables iglesias estadounidenses, que tienen mucho dinero y usan la música para atraer fieles.

Los países europeos publican cientos de miles de libros al año, mientras que el promedio anual para los países africanos no llega a los mil libros. En Europa, cada país tiene, en promedio, 1.400 bibliotecas públicas, en las que todos tienen libre acceso a la información. En África hay solamente 18 bibliotecas por país (Hamelink, 1994a: 41). Charles Larson se refiere a los países de África como «sociedades sin libros, sociedades sin lectores, sociedades sin autores». Larson se pregunta qué pasará en el futuro «si las transformaciones de la denominada era de la información pasan de largo por gran parte del continente africano» y considera que la emigración de escritores es uno de los aspectos más preocupantes de la situación actual (2001: 147-148).

Otra pregunta pertinente sería en qué lengua deberían escribir los autores de los países pobres. ¿En una lengua europea, para que una editorial acepte el libro y la distribución sea mayor? ¿O en su propia lengua, como propone, por ejemplo, el escritor keniata Ngugi Wa Thiongo? En su opinión, la literatura africana debe escribirse en la lengua de la cultura en la que se desarrolla (Chabal, 1996: 9-10). Decidirse por una u otra opción tiene consecuencias económicas y culturales. La probabilidad de encontrar una editorial que asuma una distribución global del libro es baja, pero el mercado de libros en lenguas africanas quizá sea demasiado pequeño para que las editoriales logren sobrevivir. Además, en la mayoría de los casos no hay dinero disponible para traducir las obras.

La distribución de obras de autores provenientes de países no occidentales está empeorando. Hace algunas décadas los libros de autores latinoamericanos todavía circulaban por la región; por ejemplo, una obra publicada en Buenos Aires, al poco tiempo llegaba a Santiago de Chile. Hoy en día, los países se han aislado en el plano cultural. Editoriales españolas, alemanas y estadounidenses han adquirido unas cuantas casas latinoamericanas, con lo cual en México, por ejemplo, se ha destruido la infraestructura editorial. Como contrapartida, los grupos culturales occidentales lanzan al mercado mundial no sólo la obra de muchos escritores sudamericanos sobresalientes, sino también la de otros escritores menores que de otro modo nunca hubiesen tenido la oportunidad de ser publicados. La situación es favorable para el mercado mundial, pero no tanto para el intercambio cultural dentro de América Latina en sí. Y cuando acabe el llamado *boom* de la literatura latinoamericana, habrá poco y nada de la infraestructura de producción, distribución y promoción para las obras de escritores de la región.

La distribución de películas africanas dentro de África es prácticamente inexistente. La posición dominante de las empresas extranjeras lleva a la distribución autónoma regional a una situación anómala (Diawara, 1992: viii). El sueño de llevar alguno de los pocos filmes africanos a los cines europeos casi nunca se hace realidad (Barlet, 1996: 276-277). Ningún producto sale de África al precio que han establecido los africanos. Koffi Setordji, el escultor ghanés, asegura que el mercado occidental también decide sobre las artes visuales.[17] Harare, capital de Zimbabue, acoge todos los años una Feria Internacional del Libro en la que tienen gran prominencia las editoriales británicas. Heinemann presenta sus atractivos libros educativos y, por supuesto, su famosa Serie de Escritores Africanos, todos incluidos en bellos catálogos promocionales. El contraste con las humildes presentaciones de las editoriales africanas, cuyos libros están impresos en papel amarillento, con páginas abarrotadas de texto y una cubierta poco llamativa, es enorme.[18]

La relación desigual entre países ricos y pobres se manifiesta también en el hecho de que muchos artistas del Tercer Mundo pasan mucho tiempo en países occidentales y, en consecuencia, no contribuyen demasiado al desarrollo de la vida artística en su país o región de origen. La obra de esos artistas se tiñe más de sus experiencias en Occidente que de la atmósfera social y cultural de su propia tierra. En consecuencia, se produce un retroceso en la creatividad artística en ciertas partes del mundo. No es ninguna novedad que siempre ha habido y aún hay influencias culturales que viajan en todas direcciones, pero en este caso, los artistas están obligados, en mayor o menor medida, a dejar su país debido a las circunstancias desfavorables (Hannerz, 1990: 243); en cambio, los artistas de los países occidentales que buscan inspiración en otros sitios viajan si quieren, pueden darse el lujo de desplazarse adonde y como quieran, y tienen la libertad de regresar en cualquier momento a su país, donde las posibilidades para desarrollarse artísticamente son inimaginables para los artistas de países pobres.

Algunos deben emigrar huyendo de la tortura y muchos artistas del Tercer Mundo se van por razones económicas. Muchos artistas visuales africanos se ven atrapados en las redes del sistema de galerías de arte occidentales que por lo general no los favorece. De acuerdo con Sidney Littlefield Kasfir: «Las galerías de arte comerciales extranjeras retienen obras de artistas africanos que no han vendido durante años sin compensarlos económicamente» (1999: 31-33).

Muchos músicos africanos, entre ellos grandes estrellas del *rai* argelino, dependen principalmente de París para grabar, o a veces de Londres o Los Ángeles (Daoudi y Milani, 1996: 14; Bender, 1992: 94-95). Las oportunidades de ganar dinero están en Occidente, pero para los artistas es muy agotador estar fuera de su país durante períodos prolongados. Un gran número de compositores de la ex Unión Soviética vive en el exterior: Kondorf, por ejemplo, vive en Canadá; Gubaidulina, en las afueras de Hamburgo; Smirnov y Firsovan, en Londres, y hay muchos otros que se ausentan de su tierra durante un año, regresan y vuelven a partir después de un tiempo (Peters, 1995: 122-123). Marta Savigliano, bailarina y politóloga argentina, sostiene que habría que ampliar el significado de la palabra «exilio» para abarcar a los que se ven obligados a dejar su tierra y su cultura debido a los caprichos de la economía global (1995: 243).

El cielo de Asia seguramente va a poblarse, predijo John Lent en 1995, y agregó que muchas de las señales de televisión en ese cielo serían estadounidenses (Lent, 1995: 3). Y así fue (Gupta, 1998: 64-75). En este momento se está librando una batalla de enormes proporciones por la oferta de contenido local en las lenguas de decenas de mercados. Con la última tecnología digital y nueve transpondedores del satélite AsiaSat2, STAR-TV, de Rupert Murdoch, se tiene capacidad para distribuir entre 40 y 100 canales nuevos desde su base en Hong Kong en un área que se extiende desde Japón hasta Oriente Medio. Se emiten programas hablados en mandarín, hindi e inglés, aunque especializarse en mercados individuales requeriría correr riesgos más altos e invertir mucho más dinero.[19] Si bien a la gente le gusta ver programas en su propia lengua, producirlos implicaría un riesgo para los grupos culturales occidentales, pues conquistar públicos diversificados con programas en distintas lenguas implicaría hacer inversiones de riesgo y, además, sería complejo en el plano corporativo. William Shawcross observa que «la importancia de la adquisición de STAR por parte de Murdoch es enorme. El alcance de sus satélites cubre todo el continente asiático y Oriente Medio. En total, llega a tres mil millones de personas, cerca de dos tercios de la población mundial» (Shawcross, 1993: 10-11).

Por cierto, los líderes asiáticos, de Pekín a Yakarta, saben muy bien que, en ese contexto, NewsCorp, el grupo liderado por Rupert Murdoch, tiene gran poder e influencia, y han empezado a tocar el tema de la defensa de las tradiciones y los valores asiáticos. El primer ministro malayo, Datuk Seri Mahathir Mohamad, se ha preguntado si Murdoch pagaba un precio tan alto por STAR debido a que su plan consistía en controlar qué noticias llegarían a Asia, y nosotros podríamos añadir qué tipo de arte y qué otras formas de entretenimiento estarían disponibles en el continente. La respuesta de NewsCorps no se hizo esperar: su intención era transformar STAR-TV en «un servicio del que las familias asiáticas podrán disfrutar desde sus hogares y que los gobiernos del continente encontrarán amistosa y útil». La respuesta nos lleva a formular otras preguntas. ¿Por qué los grupos culturales de Occidente tienen derecho a ofrecer ese tipo de servicio a todo el continente asiático en condiciones oligopólicas? ¿Acaso los asiáticos no saben proporcionarse entretenimiento por sí solos? ¿Por qué es conveniente que sólo unos pocos grupos multinacionales controlen la producción, la distribución y la promoción de bienes y servicios artísticos en todo el mundo? ¿Este dominio no contradice los principios democráticos de diversidad para la realización, venta y recepción del arte?

«La utopía se nos ha venido encima, y nosotros no tenemos más opción que aceptarla como un componente inevitable de la liberalización de la economía propuesta por el Banco Mundial, el FMI y las estrategias expansionistas de Rupert Murdoch.» Rustom Bharucha sostiene que la forma más engañosa de la utopía en la televisión aparece

> en el amplio espectro de artículos de consumo que se muestran en los anuncios publicitarios, junto con estilos de vida foráneos que son completamente extraños para millones de televidentes. Probablemente ese mundo de bienes, inalcanzable pero visualmente accesible, sea la utopía más cruel que se pueda imponer a poblaciones cuyos niveles de pobreza han aumentado en relación casi directa con la seducción del capital ideado por los medios y sus aliados corporativos (1998: 168).

Pero ésa no es la única consecuencia, afirman Sheena Malhotra y Everett Rogers, quienes mencionan la influencia de la televisión occidental en la noción de la mujer india «ideal». Antes se la retrataba como una mujer con mucho busto, piernas gruesas y abdomen prominente. En la década de 1990, el ideal de belleza de la mujer india cambió, y ahora se asemeja al concepto occidental de «la delgadez es bella». Malhotra y Rogers consideran que ese cambio

> no es saludable, porque la mujer india promedio tiene caderas anchas. Por esa razón, el tipo de Twiggy o la muñeca Barbie, idealizado en la televisión occidental, en especial en las modelos publicitarias, es inalcanzable para la mayor parte de las indias. Por primera vez se registraron casos de anorexia y bulimia, desórdenes alimentarios que eran prácticamente desconocidos en la India hasta que se introdujeron programas occidentales. Las cirugías estéticas aumentaron considerablemente, en particular el implante y la reducción de busto, la liposucción y la rinoplastia (2000: 411-412).

El mercado chino, con sus 1.200 millones de consumidores, aún no está «explotado» del todo. Según Rupert Murdoch, ese mercado necesita, sobre todo, un poco de diversión (Shawcross, 1993: 240). Su estrategia para China puede resumirse en esta frase: «dar mucho y tomar poco». No es fácil obtener permisos para emitir programas, cobrar abonos de suscripción o vender publicidad. En marzo de 1999, por primera vez en años, en Hollywood detectaron señales de que China podría estar dispuesta a permitir la entrada de películas extranjeras. Jack Valenti, ex presidente de la Asociación Cinematográfica de Estados Unidos (MPAA, por sus siglas en inglés), instó a China a que abriera sus puertas a las inversiones estadounidenses destinadas a construir estudios, participar en coproducciones e inaugurar salas cinematográficas. Después de haber mantenido conversaciones con Ding Guangen, jefe de propaganda del Partido Comunista, y con Sun Jiazhen, ministro de Cultura chino, Valenti declaró que a la MPAA le interesaría entrar en el país para construir complejos de cines y así atraer a un público que consumiría películas chinas y estadounidenses (*International Herald Tribune*, 31 de marzo de 1999).

La industria cultural japonesa está en proceso de gran expansión en distintos mercados del sudeste asiático. Sin embargo, la mercancía cultural que otros países importan desde Japón tiene cada vez menos de la imagen tradicional de la cultura y el carácter étnico japoneses. Los productos culturales de ese origen son muy similares a los norteamericanos o los británicos. Japón simplemente reelabora y embala bienes culturales de otros sitios y los vende a terceros países. Leo Ching pone el punk como ejemplo. Cuando llegó a Japón, el punk «perdió casi todo su carácter destructivo y su fuerza, si bien el estilo siguió siendo el mismo. El punk japonés es muy uniforme y su rebeldía está bien regulada. La ropa tiene las mismas trazas, los accesorios se ubican en las mismas partes del cuerpo, los pasos de baile son muy controlados e invariables» (Ching, 1996: 183). La observación de Ching nos lleva a pensar que existe un doble proceso de deslocalización: la influencia cultural de Occidente en Japón y, después de una pequeña transformación, «la adopción del punk japonés, despolitizado, domesticado, uniformizado y moderno por parte de Taiwán, por ejemplo» (p. 83).

Ding-Tzann Lii hace una sugestiva comparación entre el dominio que ejerce Hollywood en el mundo y el «imperialismo marginal» que practica la industria fílmica de Hong Kong:

> La producción de películas de Hollywood siempre tiene un alcance mundial. Nunca se pone como objetivo una zona específica sino el mundo en su totalidad. Así, se crean modelos universales que funcionan bien en todas partes y el capitalismo se extiende por el mundo. Por el contrario, al estar situado en la periferia, Hong Kong tiene menos probabilidades de ver al mundo entero como público potencial; entonces se limita a la sociedad china o, en el mejor de los casos, asiática (Chen, 1998: 128).

Esa «regionalización» permite a Hong Kong tener en cuenta características locales.

En América está surgiendo otro fenómeno, otro caso de deslocalización (McChesney, 1999: 106). Miami está transformándose en la capital cultural de América Latina. El canal MTV Latino tiene allí su sede, EMI Latino trasladó sus oficinas centrales desde Los Ángeles hasta esa ciudad en 1997 y Universal inauguró allí una oficina dedicada a la música latina en ese mismo año. Así, se unieron a los otros sellos de música latina que ya estaban establecidos en Miami. Todos los años, en junio, la ciudad acoge el evento Midem Americas, dedicado al mercado internacional de derechos de publicación, grabaciones y vídeos musicales. También tienen su sede en Miami el canal bilingüe CMT Latin America; HTV, el canal de música latina más importante de Estados Unidos; y Cisneros Television, que transmite su programación desde Canadá hasta Argentina.[20] Asimismo, el Festival de Cine Hispano se celebra en la ciudad.

Keith Negus propone algunas razones para explicar esas iniciativas de las industrias culturales que consideran que América Latina es un mercado unificado al que pueden brindarse servicios con mayor facilidad desde un único punto en Estados Unidos:

> Hay una serie de razones que hacen que se vea a Miami como una base estratégica. Por un lado están los motivos económicos: en Miami, la propiedad es más barata que en Nueva York o en Los Ángeles. Por otro lado, en Miami convergen rutas de transporte que conectan con el resto de Estados Unidos, el Caribe y América Latina, característica fundamental para la conexión entre el mercado latino de Estados Unidos y los músicos y consumidores latinoamericanos. Además, las compañías discográficas interactúan con otros medios y Miami es ideal para ello, porque allí se concentran medios de comunicación de habla hispana (radio, televisión y prensa). Miami también cuenta con estudios de grabación de buena calidad (Negus, 1999: 143).

Muchas estrellas latinoamericanas compran casas en Miami, que de este modo está convirtiéndose cada vez con más fuerza en la capital cultural de América del Sur.

En un país grande como Brasil, también se observa una versión interna del fenómeno de la deslocalización. En la década de 1960, actuando como base de operaciones encubierta de la CIA, Time-Life asistió a Robert Marinho en la creación de la red Globo, que apoyaba al régimen militar de Brasil. Los militares recompensaban al canal con cuantiosos subsidios: financiamiento fiscal para las redes de telecomunicaciones y el sistema vía satélite, grandes volúmenes de publicidad estatal, discriminación contra los canales de la competencia (que ha contribuido a llevar a muchos a la bancarrota) y, por último, la falta de rigor en hacer cumplir la disposición constitucional que obliga «a los medios de comunicación social a evitar las prácticas monopólicas u oligopólicas (artículo 220)» (Herman y McChesney, 1997: 163-165). Las torres de microondas se erigieron a intervalos de 60 kilómetros, de modo que las principales ciudades brasileñas tuviesen acceso a la televisión. Globo siempre lograba tener alquilada la mitad de las conexiones disponibles.

En Brasil también hay una doble forma de deslocalización. Los formatos de los programas, incluyendo las telenovelas brasileñas, son copia de los programas estadounidenses. Jesús Martín-Barbero opina que aquí, como en otros países latinoamericanos, la mayor influencia ha provenido de «la importación del *modelo* de televisión norteamericano; en otras palabras, la privatización de las redes». Martín-Barbero explica que «el modelo se basa en la tendencia a constituir, por medio de la televisión, un público único, y a reabsorber las diferencias socioculturales de un país hasta el punto de que llegamos a confundir un mayor nivel de comunicabilidad con un mayor nivel de rentabilidad económica» (Martín-Barbero, 1993a: 180-181).

Este autor advierte que la televisión tiende a construir un discurso que, para llegar a la mayor cantidad posible de personas, debe minimizar las diferencias entre ellas. La televisión «absorbe las diferencias lo máximo posible». Martín-Barbero subraya que él usa «la palabra "absorber" porque es la que mejor describe la forma en que la televisión trata de negar que existen diferencias: muestra esas diferencias sin ninguno de los conflictos implícitos». Por medio de la construcción de un espacio nacional, las experiencias, las contradicciones y los rasgos distintivos locales y regionales de todo Brasil van perdiendo importancia frente a la historia nacional unificadora contada por Globo, en la que los mensajes comerciales dentro de los programas se emiten prácticamente una vez por minuto.

Si bien hay muchos casos en los que existe una diversidad artística floreciente, debemos admitir que, en muchas partes del mundo, las condiciones para la creación, distribución y promoción artística han sido destruidas. ¿Cómo deben evaluarse las dos caras de la moneda? Podemos hacer tres observaciones. Primero, aunque haya innumerables iniciativas artísticas en muchos sitios, cada vez hay menos infraestructura que dé sustento a la diversidad como factor dominante de la vida cultural. La realidad es que los grupos oligopólicos tienen una posición privilegiada en el mercado, desde la cual ejercen una influencia decisiva en las personas cuando tienen que decidir qué visitar, leer o comprar.

Segundo, la deslocalizacion de la vida cultural es cada vez mayor. El mercado global de productos culturales se vuelve más concentrado y desplaza a las industrias locales pequeñas. En este sentido, el *Human Development Report* de 1999 destaca:

> En el centro de la industria del entretenimiento –cine, música y televisión–, hay una dominación creciente de los productos estadounidenses, y muchos países ven que su industria local flaquea. Aunque la India produce la mayor cantidad de películas por año, Hollywood llega a todos los mercados, y hoy en día más del 50% de sus ingresos provienen del exterior, mientras que en 1980 la cifra ascendía sólo a un 30%. En 1996 controlaba el 70% del mercado cinematográfico europeo (en 1987 dominaba el 56%), el 83% del latinoamericano y el 50% del mercado japonés. Por el contrario, las películas extranjeras casi nunca tienen éxito en Estados Unidos, y abarcan un 3% del mercado norteamericano (1999: 33-34).

Tercero, los países pobres han sufrido embates económicos muchas veces en su historia. Es más difícil para ellos apoyar la actividad cultural por medio de subsidios estatales, y los empresarios culturales locales no pueden mantener su posición en el mercado cuando se enfrentan con los grandes grupos. Asimismo, debemos tener en cuenta que muchos se van de su país a vivir en otros sitios. También está el legado del colonialismo. Los africanos y asiáticos de países colonizados iban al cine, propiedad de empresas de origen europeo, a ver películas hechas en Europa o en Hollywood. Así se «alentaba una especie de esquizofrenia o ambivalencia en el sujeto colonizado que, por un lado, podía sentir que Europa era el yo ideal y, por el otro, le irritaban las representaciones europeas ofensivas, que muchas veces objetaba» (Shohat y Stam, 1994: 347). En *Towns and Development*, un informe sobre las relaciones Norte-Sur, Seydou Sall afirma que «el peor delito del colonialismo fue lograr que unos pueblos fuertes y dignos perdieran la confianza en sí mismos y hacerles creer que la cultura, la religión, los valores, los modelos de pensamiento y la tecnología de Occidente son superiores a los suyos» (Shuman, 1994: 52).

Por supuesto el tema es muy controvertido, como hemos visto en el caso de Turquía, donde, a pesar de que la producción cinematográfica ha disminuido notablemente, los pocos filmes de directores turcos han tenido gran éxito. Lamentablemente no abundan casos como éste.

Tradicional, autóctono, popular, del mundo

Existe la impresión de que en el mundo las llamadas formas artísticas tradicionales –las culturas autóctonas, las culturas populares y el arte creado en países no occidentales, todo lo cual se engloba en un término común, «música del mundo», por ejemplo– se respetan cada vez más. Sin embargo, también existe la tendencia contraria, con consecuencias problemáticas.

El auge del capitalismo consumista, en particular el crecimiento de los grupos de la industria cultural, ha ensanchado la brecha entre la vida cotidiana común y los procesos de creación artística. Las sociedades «tradicionales» prácticamente han desaparecido del planeta, lo que ha hecho sentir su efecto en las formas tradicionales de música, danza, relato y representación visual. Las sociedades tradicionales que han logrado sobrevivir han recibido una u otra influencia de las tendencias modernas. Rustom Bharucha sugiere que no debemos olvidar que

> si la tradición sigue viva, se debe a que siempre se ha ido modificando a lo largo de la historia. No es lo más corriente que los cambios puntuales dentro de cada contexto cultural se documenten; incluso son olvidados, pues los cambios son graduales y orgánicos, y responden a las necesidades que van surgiendo en cada comunidad. No ha sido sino en los últimos años que, debido al turismo, las filmaciones documentales y el interculturalismo, los cambios en las representaciones «tradicionales» se han vuelto más visibles y rápidos (Bharucha, 1993: 196).

Haremos aquí un breve recorrido por el curso de la historia. El campo de las artes tradicionales está formado por las creaciones de la comunidad como un todo, pero en muchas sociedades ha habido y aún hay formas de arte muy profesionalizadas. Las tradiciones cortesanas eran muy elaboradas: se contrataban músicos, titiriteros, bailarines y actores, y muchas obras de arte formaban parte de las ceremonias religiosas (Barber, 1997: 3; Epskamp, 1989: 77). El término «arte folclórico» o «folclore» se ha usado con frecuencia para referirse a formas tradicionales de arte, pero luego su significado se ha ampliado y pasó a designar formas de arte más populares que abarcaban todo el espectro de la creación artística de la comunidad local –con excepción de la que surgía de los estratos sociales más altos–, antes de que la industria cultural se apoderara de importantes segmentos de la vida cultural.

La noción de arte popular comprende más específicamente el arte que surgió de las clases trabajadoras urbanas del siglo XIX. Las obras pertenecían a artistas profesionales, pero su éxito dependía de la capacidad de expresar valores y sentimientos colectivos, que el artista reafirmaba ante un público popular (Barber, 1997: 3). Su estilo se asemejaba al arte más tradicional de la cultura local, pero su producción y consumo no se vinculaba con rituales o actos tradicionales de la vida social (Manuel, 1988: 2-3). En el arte popular, así definido, la relación entre los procesos de la creación artística y la comunidad como un todo aún está vigente. Esas relaciones tienen distintas características en cada cultura y cambian con el tiempo.

El gran cambio surge cuando desaparece la relación entre comunidades concretas, independientemente de cómo se las defina, y los procesos artísticos. Jesús Martín-Barbero, recurriendo al ejemplo de la artesanía india, comenta que el progresivo empobrecimiento de los campesinos y los pequeños agricultores, el rápido crecimiento poblacional y la caída en el precio de los productos agrícolas empujan a la población rural hacia las ciudades y favorecen la concentración en centros urbanos. En esas condiciones, la producción de artesanías es tan importante que en algunas comunidades se ha convertido en la principal fuente de ingresos. Por otro lado, hay presiones externas provenientes del consumo capitalista. Martín-Barbero observa una paradoja en este proceso: «La tendencia a la estandarización de los productos y la homogenización de gustos requiere que la producción se adapte a las exigencias del mercado, renovando el diseño periódicamente, innovando las texturas y ofreciendo elementos nuevos todo el tiempo» (Martín-Barbero, 1993a: 190). Los productos artesanales contribuyen a la demanda de variación continua en el diseño por su originalidad, sus elementos idiosincrásicos y también sus imperfecciones.

Todo esto se traslada a una nostalgia por lo natural y lo rústico, una fascinación por lo exótico, circunstancia que abre las puertas al turismo y a presiones externas aún más poderosas. El turismo transforma las culturas autóctonas en un espectáculo de entretenimiento, convierte las ceremonias y las costumbres en estereotipos y mezcla lo primitivo y lo moderno en un proceso que siempre mantiene la diferencia entre esos dos elementos y la subordinación del primero al segundo. Por último, según Jesús Martín-Barbero

> está la presión externa del Estado, que considera que las artesanías o los bailes son patrimonio cultural de la nación. Así se eleva a las culturas autóctonas a la categoría de capital cultural común, y se las carga de ideo-

logía para subsanar la tendencia a la fragmentación social y política del país [...]. Los productos de la comunidad se separan de la cultura local, y los fragmentos dispersos se reintegran en una tipología nacional que abarca a todas las culturas locales, una tipología que se convierte en exigencia para las costumbres y los productos industriales que las distintas culturas necesitan para sobrevivir. Entonces los modos de producción de artesanías en las comunidades autóctonas se transforman en vehículos que median en la desagregación y la individuación. Hay una dislocación en las relaciones entre los objetos y sus usos, el ritmo y las costumbres (1993a: 190-191).

En los procesos asociados con esos fenómenos pueden distinguirse distintos elementos. Por ejemplo en Tengenenge, localidad de Zimbabue, una comunidad de escultores comenzó a crear una línea de productos a partir de la serpentina, un tipo de roca que abunda en los alrededores. Los escultores adaptaron los temas de sus obras a los gustos del mercado. La calidad de su trabajo fue tal que los artistas adquirieron una fama considerable, en particular entre diplomáticos, empresarios y promotores inmobiliarios. Por consiguiente, de su lugar de producción las mejores obras salen del país y van a parar directamente a manos de extranjeros. Las esculturas también son reconocidas en Zimbabue, pero casi nadie –ni siquiera el propio Museo Nacional de Harare– tiene los medios para adquirirlas. Por otro lado, algunos de los escultores ya no son vistos como miembros de una colectividad, sino que han adquirido renombre como artistas individuales (Rozenberg, 1994).

Un fenómeno similar, en el que la comunidad cultural se vuelve invisible, ocurrió en la localidad japonesa de Sarayama, bajo la influencia de los ideales estéticos de Yanagi Muneyoshi (1889-1961), el fundador del movimiento *mingei* (artesanía popular japonesa). Este artista solía decir que para que la artesanía popular fuese bella debía realizarse con materiales naturales de la zona y con un espíritu de cooperación y sacrificio. El artesano debe trabajar en armonía con la naturaleza y su interés no debe centrarse en las ganancias económicas. Yanagi trató de materializar sus ideas en Sarayama, una localidad cuyos habitantes eran muy pobres. Hacia finales de la década de 1950, esas ideas ya eran muy conocidas. Como se consideraba que la cerámica producida en Sarayama era muy bonita y su carácter auténtico *mingei*, mucha gente quería comprar las piezas creadas en esa comunidad. Muchísimos visitantes iban allí para ver trabajar a los ceramistas; la mayoría iba en calidad de turista, pero para unos cuantos el viaje a Sarayama se transformó en una especie de peregrinación, porque la comunidad y la cerámica que allí se realizaba representaban los ideales de Yanagi respecto de lo que debía ser la «verdadera» artesanía popular (Moeran, 1989: 76-93).

Brian Moeran afirma que

> ese aumento en la demanda ha conducido a cambios en la organización social de los ceramistas durante los últimos veinte años. Los artesanos han descubierto que pueden vender todo lo que fabrican. Cuanto menos tiempo invierten en preparar sus materiales, más piezas producen y más dinero ganan. La agricultura deja de ser económicamente viable y la cooperación se pierde; aparecen diferencias de estatus basadas en la riqueza y el talento y eso socava la solidaridad comunitaria. Pero justamente porque los artesanos adoptan alguna que otra innovación técnica y dejan de trabajar en conjunto, y porque empiezan a ganar mucho dinero y se reconoce su talento individual, los impulsores del movimiento *mingei* se indignan ante el rápido «deterioro» que, según ellos, afectaba a la calidad de la cerámica de Sarayama. Los ideales sociales y estéticos terminan por destruirse mutuamente:

Sidney Kasfir, en cambio, no está seguro de que pueda decirse lo mismo de las situaciones en las que artistas de países no occidentales logran encontrar un mercado para ubicar sus productos. Al reflexionar sobre el concepto de «arte para el turismo», en relación con Kenia, Kasfir comenta que en este caso

> parece abarcar todo el arte que se hace con intenciones de venta posterior y que no cuadra dentro de otras clasificaciones. Es más fácil decir qué queda excluido: el arte «internacional» creado por artistas africanos con formación profesional que se comercializa en el circuito de las galerías, el arte «tradicional» que queda dentro de las comunidades aborígenes y el arte «popular» que no es tradicional pero cuyas ventas, representaciones y exhibiciones son para «el pueblo» (Oguibe y Enwezor, 1999: 100-1).

Si en el «arte para el turismo» el componente turístico no es la distinción fundamental utilizada por los expertos occidentales para no incluir esas formas artísticas dentro del canon, ¿cuál es la razón para dejarlas de lado? «En verdad, se trata de la creencia de que es una forma de arte barato, rústico y producido en masa. Pero todo el arte africano es barato para los parámetros del mercado del arte, antes de llegar a Occidente.» ¿Y qué puede decirse de la producción en masa?, se pregunta Sidney Kasfir:

Hasta la baratija más insignificante está hecha a mano. La producción en masa hace uso de técnicas estandarizadas y líneas de montaje, elementos poco usuales en una cooperativa de talladores. Incluso en cooperativas muy grandes, como la de Changamwe, ubicada en las afueras de Mombasa, los cientos de talladores trabajan en grupos separados de unos diez hombres que mantienen lazos estrechos durante años, formando aprendices, y que, a veces, son familiares que vienen de la misma región de Ukambani (Oguibe y Enwezor, 1999).

Según apunta Ticio Escobar, no corresponde a los occidentales decidir qué técnicas deben utilizarse ni qué sentimientos deben expresarse. «Por supuesto, el apoyo al uso de técnicas tradicionales es importante, pero sólo cuando las comunidades lo necesitan. [...] Lo que no puede aceptarse es que se obligue a un grupo a recurrir a emociones falsas que ya no siente» (Mosquera, 1995: 100).

Existen varias asociaciones e iniciativas nacionales e internacionales que apoyan a artesanos de países pobres mediante la búsqueda de mercados para sus creaciones. Por ejemplo, la pintora senegalesa Aîssa Djionne ha creado una empresa que incorpora a unos cien tejedores locales. Djionne analiza las técnicas, los motivos y los materiales de la región y produce telas de gran belleza y otros productos que exporta a Europa.

Thomas Aageson, presidente de Aid to Artisans [Ayuda a artesanos], asegura que cuando se recurre a las técnicas de mercadotecnia adecuadas aumenta el interés hacia los productos artesanales en el ámbito local e internacional. «En los países donde el turismo es importante, los artesanos ocupan una posición clave en el *marketing mix*, porque sus productos marcan la diferencia entre su país y los demás.» Aageson menciona los microcréditos como primer paso para expandir el capitalismo popular:

> El Grameen Bank ha establecido un programa de exportación cooperativa que emplea a tejedores de todo Bangladesh. Muy lejos de allí, en Chulucanas, Perú, los alfareros que tienen talleres en sus casas envían sus vasijas tradicionales a las tiendas Neiman Marcus, en Estados Unidos. Después de invertir durante cuatro años en Perú a través del programa para artesanos en el que participa Aid to Artisans, la Agencia de Estados Unidos para el Desarrollo Internacional (USAID, por sus siglas en inglés) ha alcanzado unas ventas anuales al exterior que ascienden a 9,9 millones de dólares y ha creado miles de puestos de trabajo en pequeñas empresas y microempresas (1999: 3-4).

Aageson tiene la esperanza de que si los artesanos tienen la oportunidad de ganarse la vida sin salir de su hogar, habrá menos que se vayan a vivir a las grandes ciudades.

No obstante, hay que tener en cuenta que esos artesanos sólo pueden ganarse la vida si trabajan para el mercado exterior o para los turistas. La globalización económica hace que sus productos salgan del mercado local y sean reemplazados por productos importados de poco valor. Las artesanías se alejan de la cultura de origen y ya no tiene vínculos con el flujo de emociones que discurre por la sociedad en la que se fabrican. Con respecto a esas rupturas culturales y económicas, Fredric Jameson afirma: «Es muy fácil quebrar esos sistemas culturales tradicionales, que comprenden la forma en que las personas usan el cuerpo y el lenguaje, y el tipo de relación que tienen entre sí y con la naturaleza. Una vez destruido ese tejido social, ya no es posible recuperarlo» (Jameson, 1998: 62-63).

Tras la industrialización de la producción y distribución cultural, es interesante oír la llamada a la «autenticidad», como si en la historia alguna vez hubiese existido creatividad sin influencias externas. En el ámbito del arte africano, Christopher Steiner describe las curiosas situaciones a las que lleva la búsqueda occidental de la autenticidad. Tanto los expertos como los comerciantes dan importancia a la condición y la historia de uso de un objeto, el público al que apunta, el valor estético, la originalidad y la antigüedad. Suele decirse que el artista no debería tener la intención de ganar dinero y que debería crear usando métodos «tradicionales».

> Para los occidentales, el arte africano auténtico sólo ha existido en el pasado, *antes* de entrar en contacto con los europeos. Para los comerciantes, en cambio, sólo existe en el presente, *después* del contacto con los europeos, cuando los occidentales empezaron a llevarse los objetos de África y los catalogaron como auténticos [...]. A diferencia de los coleccionistas o los especialistas occidentales, que se centran en el objeto en sí como fuente de autenticidad, el comerciante ve la autenticidad como algo que emana directamente de las páginas de un libro (Steiner, 1994: 102-103).

En 1987, representantes de once sellos discográficos independientes se reunieron con el fin de acordar una clasificación en términos occidentales para las distintas formas musicales de países no occidentales. Decidieron utilizar la frase «música del mundo» por considerar que abarcaba casi toda la música que aún no estaba incluida en ninguna otra categoría, por ejemplo, reggae, jazz, blues y folk (Frith, 1996: 85). No obstante, muchos de los sellos independientes que editan esa música pertenecen a las grandes corporaciones culturales (Burnett, 1996: 17). Roger Wallis y Krister Malm observan que «los países pequeños desempeñan una función dual en la industria de la música: son mercados marginales para los productos internacionales y, además, en virtud de la singularidad de su cultura, proveen el tipo de talento que ofrece una invalorable materia prima para la explotación internacional» (Wallis y Malm, 1984: XIII). Por esta razón, sería ilusorio creer que la música del mundo es auténtica y no está mediada.

Según Steven Feld,

> para muchas personas, «música del mundo» es una forma simple e inocente de referirse a la diversidad musical [...]. Pero hoy en día, «música del mundo» es principalmente un rótulo de mercadotecnia. En ese contexto, la frase apunta a toda la música proveniente de países no occidentales y de minorías étnicas que habitan en el mundo occidental (Feld, 1995: 104).

Lucy Davies y Mo Fini son muy claros al respecto: «La música popular de los Andes, tal como la conocemos en Occidente, tiene poco que ver con la música andina tradicional. A pesar de que se utilizan los mismos instrumentos, las melodías se ajustan a la interpretación occidental» (Davies y Fini, 1994: 19).

Wolfgang Bender coincide, pero agrega que la influencia de la música del mundo en la vida cultural y artística «local» no es significativa. El autor da el ejemplo de la cantante etíope Aster Aweke, famosa en su país desde hace varias décadas, que ha sido «descubierta» por Iain Scott, propietario del sello Triple Earth. Después del éxito de la cantante, mediado por Triple Earth, Columbia (es decir, Sony) hizo el lanzamiento internacional de la artista. A pesar de su circulación en el mercado global, su música sigue escuchándose en Etiopía en grabaciones, sin las alteraciones usuales que se introducen en las versiones internacionales. Bender concluye que en la música del mundo a veces hay dos economías y sistemas culturales que operan de forma independiente: el crisol de razas global y la originalidad local (1994: 485).

Jeremy Rifkin no comparte esa visión optimista de que la vida cultural local no está influida por lo que sucede con la cultura en los mercados mundiales. El autor observa que hablamos de un mundo en el que unas pocas empresas controlan más del 80% de los 40.000 millones de dólares que mueve la industria discográfica. El segmento de la música del mundo –con frecuencia música «tradicional» mezclada con otra, más contemporánea, para dar origen a una música de «fusión» o «música híbrida»– ha crecido de manera incesante durante los últimos diez años:

> En su forma nativa, gran parte de esta música representa un tipo de capital cultural, un medio por el que se comunican los valores y el legado histórico que comparten los pueblos. Normalmente la música autóctona expresa las dificultades por las que atraviesa un determinado grupo o refleja sus anhelos y aspiraciones políticas. En su propia cultura, la música es portadora de significado social. Moviliza sentimientos profundos. Cuando otro se apropia de ella, la empaqueta, la transforma en una mercancía y la vende como música del mundo, el mensaje suele diluirse o desaparecer por completo (Rifkin, 2000: 248-250).

Por supuesto, Rifkin sabe que «los defensores de la música del mundo proponen –con cierta razón– que acercar un público internacional a la música autóctona contribuye a una mayor comprensión y tolerancia entre los pueblos y promueve la idea de un mundo multicultural». Sin embargo, ese argumento no le convence del todo, pues subraya que «el verdadero impacto de la música del mundo está en que debilita las culturas locales mediante la transformación de un canal primordial para la expresión de significados compartidos en una especie de entretenimiento masivo empaquetado que, si bien conserva la forma, elimina la sustancia y el contexto que hacen que esa música sea una expresión poderosa del sentir del hombre».

Peter Manuel asegura que en la mayor parte de los países en vías de desarrollo la música folclórica sigue ocupando un lugar, sea como género comercial de menor importancia, como pieza de museo conservada artificialmente, como tradición mantenida por grupos aislados o como una alternativa persistente, si bien marginal, a la música mediada:

> Pero el mundo en el que han vivido las tradiciones folclóricas está cambiando o desapareciendo. La televisión, el cine y la radio han destrozado irremediablemente la insularidad de la vida rural tradicional. Las antenas que se alzan sobre los conjuntos de chozas de barro cocido al sol alteran la imagen de las aldeas argelinas, y no sólo en lo que percibimos visualmente, puesto que para los campesinos expuestos a la televisión estadounidense o a las películas musicales indias su aldea ya no será la misma y su música sonará de distinta forma. En pocas palabras, no hay vuelta atrás (Manuel, 1988: 22).

En efecto, el tema es muy complejo. En este mismo capítulo me referiré a las distintas interpretaciones y prácticas implícitas en el concepto de hibridación. Después de todo, la discusión empieza cuando las formas artísticas son extraídas de su contexto original, o cuando el contexto original se modifica y empiezan a desarrollarse formas de arte híbridas o cuando éstas son impulsadas en circunstancias determinadas.

Sería idealista, arrogante y fantasioso decir que las sociedades y sus culturas deberían quedarse donde están. Este libro tampoco es el lugar para juzgar la calidad de las obras de arte, aunque de los ejemplos que he dado se desprende que muchas son obras de gran calidad. Si algo deberíamos temer es que el vínculo entre las creaciones y representaciones artísticas y las sociedades de las que provienen se pierda irreversiblemente.

Para muchos occidentales o personas occidentalizadas, eso quizá no sea un problema. Pero muchas otras creen que es motivo de alarma, pues consideran que las sociedades, las economías locales y su vida cultural son las unidades con las que se construyen las actividades de la civilización (Shuman, 1998: 180).

Identidades: demarcación de diferencias

¿Por qué es importante recuperar espacios para el desarrollo de identidades culturales fuertes compartidas por personas que habitan en un lugar determinado, o que están vinculadas entre sí de alguna otra manera? ¿Por qué habría que restaurar ese espacio en el que conviven personas con gustos diferentes que no se toleran del todo? En un mundo en el que la tendencia es que todo se parezca, en que los textos se copian y la música es menos diferenciada que antes, esos interrogantes no son fáciles de responder. ¿Tenemos que ser nostálgicos? No. Entonces, ¿qué?

Hasta el magnate Rupert Murdoch cree que la idea de un mundo homogéneo sin espacio para las culturas locales no es la mejor. ¿Por qué piensa así? Porque, según él, «habrá menos diferencias» (Shawcross, 1993: 426). Y las diferencias dan lugar a productos que Murdoch puede distribuir. Los pocos Murdoch de este mundo tienen más para ofrecer que únicamente más de lo mismo, porque el mercado también pide diferencias. En términos generales, la mayor parte de la gente está de acuerdo con Murdoch en que la diversidad no tendría que perderse. Y también en términos generales, la mayoría de los expertos está de acuerdo en que el mundo todavía no ha alcanzado una homogeneidad cultural, situación a la que probablemente no se llegue nunca.

Abram de Swaan considera que, desde una perspectiva local, hay una tendencia al aumento de la variedad cultural pero que, al comparar distintos contextos locales, la diversidad está volviéndose cada vez más parecida. «La globalización lleva a la heterogeneidad y a la homogeneidad general» (Mediacult, 2000: 205). Aun así, habría que contextualizar ese interesante concepto. En muchos países pobres, la población carece de los medios económicos para aprovechar las diversas ofertas de las industrias culturales globales. Entonces, por ejemplo, la «única» música disponible es la del mercado local. Podríamos preguntarnos por qué es un problema que ésa sea la «única» opción. Hay una tendencia creciente a considerar que la diversidad cultural es un bien valioso, pero cuando la diversidad se equipara con enormes cantidades de distintas formas de arte y entretenimiento surgen los malentendidos, porque la conceptualización proviene del lado de los proveedores. ¿Las opciones culturales en oferta tienen la variedad necesaria para satisfacer distintos gustos? Y, desde el punto de vista comercial, ¿alcanza a despertar tal entusiasmo como para que estimule a comprar, a leer, a mirar o a escuchar?

Hay otra conceptualización posible de la diversidad en la que se hace hincapié en la diferencia cultural. Lo que está en juego no es solamente si los bienes y valores artísticos son variados en lo estético, sino si eso ayuda a individuos, grupos y colectivos a construir identidades culturales estables que pueden presentar diferencias sustanciales con las identidades que otros piensan que les pertenecen (Bhabha, 1994: 34).

Veamos el caso de los funerales. El sonido «apropiado» para un funeral varía enormemente (Frith, 1996: 102). El tema es quién debería elegir la música para el momento, si el responsable de la funeraria o la familia del muerto, que es la que sabe cuál es la música más adecuada para él según su cultura. ¿El ritual es el de la familia o el que la funeraria tiene en oferta?

En este sentido, una identidad cultural desarrollada comprende el sentimiento profundo de que ciertas expresiones artísticas contribuyen a nuestra forma de ser y, al mismo tiempo, que otras expresiones nos molestan, no nos pertenecen o nos hacen sentir incómodos. En esos procesos, las elecciones siempre están influidas hasta cierto punto por fuerzas externas. Así volvemos al tema que hemos comentado en el capítulo 2: ¿quién decide el tipo de música, las imágenes teatrales, las fantasías literarias y las estructuras fílmicas o visuales que forman parte de nuestra identidad cultural? Está claro que no hay nada ideal en el proceso de toma de decisiones, pues siempre ha habido toda una gama de influencias que contribuyen a construir los gustos de las personas. Si no era el rey, era la Iglesia, o un trovador, y ellos también estaban influidos por otras personas y otras fuerzas, y así sucesivamente. El advenimiento de la democracia fue un reflejo del deseo de construir identidades culturales –y políticas–, de tener una menor dependencia de las autoridades y otras fuentes externas. Las expresiones artísticas deberían tener mayor correspondencia con lo que la gente considera bello, placentero o valioso.

La opción democrática trae consigo diferencias reales en la apreciación que en parte son personales, pero en gran medida están vinculadas con el clima social y cultural reinante. Si la vida social y cultural es floreciente, la opción será provechosa. ¿Pero qué ocurre si las fuerzas comerciales tienen mucha influencia en los complejos procesos en los que las personas construyen su identidad cultural y toman decisiones artísticas? La manipulación completa es imposible: siempre hay modos de expresar las preferencias.

No obstante, hay algo que está desapareciendo: el proceso activo de comprometerse con la cultura, es decir, la construcción de una identidad cultural por parte de los miembros de la comunidad; es la curiosidad por lo que hacen los artistas; el rechazo de lo que es inhumano, banal o muy simple; la aceptación de la duda sobre qué es de verdad valioso; el reconocimiento de que esos procesos, por definición, no conducirán a que los individuos o los grupos saquen conclusiones idénticas; asumir el desafío de convivir con esas diferencias porque, como hemos dicho en el capítulo 1, el arte no es, de ninguna manera, un campo apacible.

Peter Manuel subraya que las canciones que se interpretan en las películas indias tienden a promover un sentido de identidad amorfo, homogéneo y desarraigado en lugar de una afirmación de los valores de la comunidad local y de las culturas regionales: «Es impactante el contraste entre el rango limitado de temas a los que aluden las canciones de esas películas y la riqueza de los motivos que presentan las canciones folclóricas. Además de usar dialectos regionales, las letras de las canciones folclóricas hablan de usos y costumbres, nombres y acontecimientos sociopolíticos locales» (1993: 54).

En cuanto a la reducción del alcance cultural cubierto por la industria cinematográfica, la ecóloga india Vandana Shiva comenta que «la intolerancia a la diversidad es la mayor amenaza a la paz en nuestros días. Cultivar la diversidad es, en mi opinión, la contribución más significativa a la paz: la paz con la naturaleza y entre los pueblos». Shiva habla de «cultivar» «porque tiene que ser un acto consciente y creativo, tanto en el plano intelectual como en la práctica» (1995: 181). Los que tienen objetivos comerciales llegan, casi por definición, a un punto ciego cuando se trata de temas complejos como el cultivo de la diversidad. Su especialidad es conocer el poder adquisitivo de los distintos públicos y son expertos en todo lo referente a la provisión de bienes y valores culturales. Esta especialidad no constituye una gran contribución al desarrollo continuo de la vida cultural fundamentalmente democrática. No se trata de que el público sea el artista. Sin embargo, en este contexto «democrático» se refiere a un clima cultural en el que se desarrollan distintas formas artísticas, se elige lo que se corresponde con las necesidades y los deseos profundos de obtener placer y se habla sobre los impulsos que despiertan los artistas al exponer su obra.

Marta Savigliano ofrece una definición de la verdadera cultura popular usando el caso del tango:

> [La identidad es] la demarcación de diferencias mediante luchas para establecer para qué «pueblo» y en nombre de qué «cultura» se realizan las prácticas culturales. El tango, en tanto cultura popular, es el campo de batalla/pista de baile y el arma/paso de baile en el que y por el cual la identidad argentina se redefine de continuo. Quiénes son los bailarines de tango, dónde bailan, qué estilo de tango representan y frente a qué tipo de público lo hacen son temas que tienen que ver con el género, la raza, la etnia y el imperialismo, con frecuencia en términos de sexualidad, y siempre en términos de poder (Savigliano, 1995: 5).

La identidad argentina es, entonces, plural, y las identidades son las demarcaciones de las diferencias.

Rustom Bharucha no está muy de acuerdo con la desordenada mezcla cultural que se observa en la India. Según él, dentro de las fronteras de cada Estado, hay culturas con diferencias muy marcadas que se ponen de manifiesto en las distintas lenguas, gestos, tipos de representaciones y tradiciones épicas, y que no están «deformadas» ni son arcaicas sino que están vivas en su contexto particular (1993: 240). Entonces, asegura Bharucha, «lo que necesitamos en la India es tener más conciencia de nuestras afinidades intraculturales. Sólo mediante el respeto a las especificidades de nuestras culturas "regionales" podremos comprender cuánto tenemos en común» (p. 40).

En opinión de Peter Manuel, ha ocurrido lo contrario. Manuel afirma que muchas veces se ha dicho que la industria del cine de Bombay ha servido para promover en el vasto y diverso público indio el hindi-urdu como lengua franca, gustos cinematográficos y musicales comunes y quizá hasta una visión del mundo compartida. «En efecto, podría decirse que el gusto por el cine hindi y la música que se interpreta en esas películas es quizás el único valor que cuenta con un consenso amplio entre los habitantes del norte de la India, dados la debilidad del sentimiento nacionalista, la diversidad de las culturas regionales y religiosas tradicionales y la violencia creciente de los antagonismos.» Y agrega: «un consenso que legitima un orden social desigual, sin embargo, no es un bien verdadero. El cine comercial indio (y la industria del entretenimiento capitalista en general) ha sido acusado de promover el consenso principalmente desviando la atención del público con productos cuyo denominador común es el escapismo y embotando las facultades críticas y creativas» (Manuel, 1993: 12-13).

Cuando hablamos de climas culturales como los de los ejemplos mencionados por Marta Savigliano, Rustom Bharucha y Peter Manuel, ¿nos referimos a situaciones locales o nacionales que se desarrollan en territorios delimitados por fronteras? No necesariamente. En primer lugar, debemos reconocer que una de las características de la democracia es que existen climas y ámbitos culturales completamente distintos. Además, la gente que vive en distintas partes del mundo puede sentirse cercana a determinados artistas o movimientos artísticos y, por esa razón, compartir intereses con otras personas a las que les gustan los mismos artistas o tendencias. Muchas personas son miembros de varias comunidades, algunas de las cuales no tienen delimitaciones geográficas (Daly *et al.*, 1994: 180).

Uno de los aspectos a que debe hacer frente la sociedad moderna es que nuestra identidad cultural se ha nutrido de más expresiones artísticas que nunca, algo que puede traducirse en enriquecimiento o sobrecarga. ¿Es posible otorgar el reconocimiento que merece a una obra de arte que expresa esa complejidad? La gran cantidad de estímulos culturales que, al menos en los países ricos, invaden nuestros sentidos a diario no facilita la apreciación o comprensión de una obra de arte de ese tipo. Después de todo, el lector, el espectador o el oyente es el que permite dar a luz a las obras por segunda vez, y eso requiere que se les preste atención y no que se las devore como si se tratase de comida rápida. El público debe dedicarles tiempo y esfuerzo.

Hablar de la necesidad de diversidad cultural es hablar de un tema atravesado por contradicciones y dificultades, aunque la idea de convivencia de culturas pueda parecer tan democrática y atractiva. En el capítulo 1 he comentado que muchas veces el arte es un campo de batalla donde disputan valores conflictivos y a veces irreconciliables. Ellen Shohat y Robert Stam advierten que un multiculturalismo policéntrico, que podría ser un sueño agradable, «no puede ser simplemente "agradable", como una comida al aire libre a la que se invita a algunas personas de color. Un multiculturalismo verdadero debe reconocer las realidades existenciales del dolor, la ira y el resentimiento, pues las culturas múltiples aludidas en la palabra "multiculturalismo" no han convivido históricamente en relaciones de igualdad y respeto mutuo». Los autores concluyen diciendo que «el multiculturalismo debe reconocer las diferencias, incluso las diferencias amargas e irreconciliables» (Shohat y Stam, 1994: 359).

Claro está que ese tema apremiante no figura en la agenda de las industrias culturales, que dejan de lado todo lo que incomoda: olvidémoslo y dediquémonos a entretener. Sin embargo, nuestro tema de debate es que la globalización provoca grandes discrepancias entre ricos y pobres, que a su vez llevan a guerras y olas migratorias. Muchas personas sienten que los aspectos más sagrados de su vida están bajo amenaza y reaccionan en consecuencia. La olla a presión del neoliberalismo promueve el egoísmo en quienes no quieren contarse entre los fracasados. En un mundo conectado más que nunca por las exigencias de la comunicación electrónica, el comercio, los viajes, los conflictos ambientales y regionales que se extienden a velocidades inusuales, la reafirmación de la *identidad* no es una simple cuestión de ceremonias (Said, 1993: 37).

Hibridación ubicua: ¿por qué?

Algunos especialistas sostienen que la diversidad es una característica típica del arte, y le dan el nombre de hibridación. Según ellos, ninguna cultura es una entidad herméticamente cerrada ni está restringida a una única localización; por lo tanto, el arte de todos los lugares del mundo se une, se fusiona y se mezcla. Entonces, ¿qué hay de novedoso en el fenómeno? El imperialismo ha consolidado la mezcla de culturas e identidades a escala mundial (Said, 1993: 336). Si nos remontamos al pasado encontraremos muchos entrecruzamientos y fusiones artísticas. La diferencia sería que la multiplicidad de influencias que se observan en la actualidad es fuente de un cambio cualitativo.

En este sentido, se nos dice que nuestra existencia puede explicarse por el mestizaje, una red de tiempos y espacios, memorias e imaginaciones (Martín-Barbero, 1993a: 188). Todas las culturas fluyen constantemente. Nos llegan imágenes, sonidos y textos de todas partes del mundo. Hasta la historia se fragmenta en un conjunto de formaciones discontinuas. Nuestra percepción de la realidad se ha desenfocado. Hoy en día no es lo más normal que escuchemos una pieza musical de principio a fin. Vivimos en círculos policéntricos de identidad que se superponen. La pureza de la forma y el contenido es un no concepto; todas las formas culturales son híbridas en esencia. En 1991, en el Centro Pompidou de París se montó una exposición llamada *Capitales européennes du nouveau design*. En la entrada había un texto que decía que una de las características del nuevo diseño era «ser la expresión de una cultura híbrida con "equilibrios contradictorios", donde todo puede ser lo opuesto de todo».[21]

El proceso en el que los géneros se desdibujan, sostiene Mike Featherstone, implica una postura pluralista frente a la variabilidad del gusto. «Hay menos interés en construir un estilo coherente que en jugar con los estilos conocidos y expandirlos» (Featherstone, 1991: 25-26). Dicho autor observa que se desdibujan los límites entre el arte y la vida cotidiana y que aparece una promiscuidad estilística que favorece el eclecticismo y la mezcla de códigos. La parodia, el pastiche, la ironía, la picardía y la celebración de la superficialidad de la cultura están a la orden del día. La noción de originalidad de la producción artística está en decadencia; en cambio, se extiende la idea de que el arte no es más que una repetición (pp. 7-8), fenómenos que podrían definirse como posmodernos.

Pero si nos remontamos unos años atrás, también veremos numerosos entrecruzamientos culturales. La música que llegaba a través de radios extranjeras, combinada con tradiciones locales, parece haber sido el catalizador para el desarrollo del *blue beat*, el *ska* y el *reggae* (Malm, 1992: 42). La música popular de Indonesia comprende un conjunto de formas modernas dinámicas, desde híbridos de rock aculturados y occidentalizados hasta géneros autóctonos puros por su origen y estilo (Manuel, 1988: 205). En Tailandia, los siameses tienen una capacidad asombrosa para asimilar y sintetizar elementos foráneos, sean indios, chinos u occidentales, mediante formas de expresión propias (Apinan, 1992: 5).

La música *rebetika* griega ha sido desarrollada por una clase empobrecida, sin derechos políticos y socialmente marginada cuya creatividad no provenía de las convenciones acotadas de la clase media. La música tradicional del campo le era extraña, no así las nuevas formas de expresión cultural (Manuel, 1988: 18-19). El músico senegalés Youssou N'Dour fue «descubierto» por el músico occidental Peter Gabriel.

Algunos critican a N'Dour por la superficialidad y el carácter comercial de su música. Él se defiende diciendo que «en Dakar escuchamos distintas clases de música. Estamos abiertos a muchos sonidos. Cuando la gente dice que mi música es demasiado occidental, debería recordar que nosotros también escuchamos esa música. Escuchamos música africana y moderna» (Taylor, 1997: 134-135).

Jan Nederveen Pieterse se pregunta cómo podemos entender fenómenos tales como el de las mujeres marroquíes que practican boxeo tailandés en Ámsterdam (1994: 169), y Leo Ching presenta la cuestión de cómo se puede definir el origen de un vestido creado por un diseñador japonés que vive en Francia y confeccionado en Hong Kong (1996: 184-185).

En Tanzania los artistas *makonde* han descubierto que los occidentales apreciaban las referencias espirituales de su arte. Algunos han exagerado ese costado místico y han inventado historias extravagantes para complacer a sus clientes. El estilo expresivo del arte *makonde* se asemeja a los clásicos modernos como Picasso, Braque, Moore y Giacometti, y eso le ha abierto el mercado de los compradores occidentales (Ströter-Bender, 1995: 126).

En un principio, Néstor García Canclini condenaba la influencia que tenían los gustos de los turistas y los consumidores urbanos en la artesanía. Sin embargo, durante un viaje al pueblo de tejedores de Teolitán del Valle, entró en una tienda en la que un hombre de unos cincuenta años y su padre estaban viendo la televisión y hablando en zapoteca.

> Cuando les pregunté acerca de las imágenes de Picasso, Klee y Miró colgadas en las paredes, el artesano me dijo que había comenzado a hacer telares con esos diseños en 1968 por sugerencia de un grupo de turistas que trabajaban en el Museo de Arte Moderno de Nueva York. Luego tomó un álbum con recortes de periódicos que contenían reseñas y análisis en inglés de sus exposiciones en California. Durante la media hora en que conversé con él, yo noté que pasaba del zapoteca al español y al inglés con facilidad y hablaba tanto sobre arte y artesanía, como sobre su cultura étnica y la cultura de masas, sobre su propia artesanía y la crítica cosmopolita. Tuve que admitir que mi preocupación por la pérdida de la tradición no coincidía con la visión de ese hombre que se movía con comodidad a través de tres sistemas culturales distintos (Yúdice, 1992: 38).

Quizás ese tipo de cosas ocurra a menudo. Y a veces, los resultados estéticos de todas esas combinaciones pueden ser interesantes. No obstante, la concepción y la práctica de la hibridación no dejan de ser problemáticas. Tendríamos que poder distinguir las *fuentes* de esas hibridaciones tal como se presentan. La más simple es que los artistas viajan, se inspiran en lo que ven y oyen en otros lugares y, en alguna medida, lo incorporan a su trabajo. En este caso, deberíamos reconocer que los artistas de los países occidentales tienen más dinero y, como consecuencia, más oportunidades de viajar. Cuando los artistas de países más pobres van a otros lugares, normalmente visitan países más ricos cuyas instituciones financian el viaje y seleccionan a quién van a invitar.

No es común que artistas de Vietnam, por ejemplo, tengan la oportunidad de ir a Chile o a Zimbabue, mientras que la mayoría de los artistas occidentales pueden elegir dónde ir a buscar inspiración. Para otros Occidente es la referencia clave, como es el caso de Youssou N'Dour. También hemos visto que los artistas de países no occidentales que son vistos como prioritarios por los mercados internacionales deben cumplir con estándares impuestos por las industrias culturales, como hemos dicho en el capítulo 2. Esos estándares se originan en decisiones tomadas por los ejecutivos de los grupos culturales respecto a qué agradará al público consumidor de Occidente.

La hibridación, sin embargo, puede recurrir a fuentes más dolorosas, como el desplazamiento y la dispersión. Muchos artistas de África, Asia, América Latina, el mundo árabe y la ex Unión Soviética no cuentan con mercados reales en su propio país. Muchos de ellos sólo pueden trabajar cuando van a Europa o Estados Unidos, pero así sus países sufren una pérdida. Su aportación a la vida cultural de los países ricos puede ser muy valiosa y enriquecer la calidad de la producción artística local, pero para sus sociedades de origen su ausencia representa una mutilación. Debemos pensar en los trabajadores inmigrantes de todos esos países, que al irse se llevan toda una paleta de culturas, que no siempre gozan de reconocimiento en los sitios donde se establecen. También debemos considerar la gran cantidad de artistas refugiados que dejan atrás escritorios, estudios, teatros y trabajos inconclusos; la comunicación con su público y sus lectores se corta por obra de las amenazas, el espionaje, la prisión, la tortura y el asesinato. «Por lo tanto, la hibridación nos remite al análisis de los *términos* en que ocurre la mezcla como una recodificación de las relaciones de poder» (Neverdeen Pieterse, 1997: 135). ¿Cuál es la fuente de la combinación de culturas diferentes y quiénes toman las decisiones? ¿Cuál es el precio que pagan los artistas y su cultura? ¿Qué tipo de dolor y angustia trae aparejados y quiénes son los que sufren? Fouad Ajami se lamenta de que cuando el poeta iraquí Buland Haidari fue sepultado en Londres, en el verano de 1996, los hombres y mujeres de letras árabes que le dieron el último adiós reflexionaron sobre cuán conmovedor había sido su destino. Haidari, nacido en Bagdad en 1926, se había exiliado dos veces: se había ido a Beirut, huyendo de la autocracia iraquí, y luego había abandonado Beirut por causa de la anarquía y sus interminables problemas y se dirigió a Londres. Cuando murió, un gran número de periodistas políticos y de hombres de letras árabes se había exiliado (Ajami, 1999: 3).

Los autores de *The Empire Writes Back. Theory and Practice in Post-Colonial Literatures* [El imperio responde. Teoría y práctica de las literaturas poscoloniales] proponen que, en el contexto del racismo, el neocolonialismo y los ciudadanos que se van de su lugar por circunstancias económicas, culturales o políticas, «la percepción válida y activa de uno mismo puede haberse erosionado por la *dislocación* que es inherente a la emigración, la experiencia de la esclavitud, el traslado o el trabajo "voluntario" para otra persona. O quizá haya sido destruida por la *denigración cultural*, la opresión consciente e inconsciente de la personalidad y la cultura indígenas por parte de un modelo racial o cultural supuestamente superior» (Ashcroft *et al.*, 1989: 9).

Cuando se habla de hibridación, existe el peligro de no tomar en cuenta su contexto histórico. Elizabeth Fox-Genovese afirma que «las elites blancas masculinas de Occidente proclamaron la muerte del sujeto en el momento preciso en que probablemente tuvieran que compartir su estatus con mujeres y pueblos de otras razas y clases que comenzaban a enfrentarse a su supremacía» (Shohat y Stam, 1994: 345). Cuando nada es seguro, cuando todo puede desaparecer, cuando las creencias más profundas no son más que un accidente de la historia, cuando no se respeta ni se protege ningún valor, y cuando toda obra de arte sólo es un suceso efímero que puede reemplazarse por otro, entonces el individuo en tanto sujeto es el que pierde. ¿Qué le queda a una persona para aferrarse a la vida, para desarrollar su autoestima y para proclamar sus propios valores como ser humano? Ya no hay un yo presente para sentir eso (Jameson, 1992: 15-16).

En el Festival de Aviñón de 1996, un grupo de teatro llamado Champ d'expériences cavó un laberinto de pasajes subterráneos por los cuales el público caminaba y veía una serie de representaciones, imágenes y textos diversos. Uno de los textos decía: «Reflexionemos sobre la razón por la que la palabra *alienación* ha desaparecido del vocabulario cotidiano y ha dado lugar al término *virtual*. En esa trampa desaparecemos todos, y nuestra existencia es la que se vuelve virtual».[22]

¿Cuál es la relevancia de esos comentarios en el campo de la creación, la producción, la distribución y la promoción artística? Las obras de arte, sean cuales sean, son una guía para la vida. Y esa afirmación no es exagerada. La música, las imágenes y los textos que nos agradan contribuyen al desarrollo de la identidad personal y colectiva. Crean un campo emocional en el que las personas se sienten a gusto, al tiempo que abren la posibilidad de comunicación con el resto del mundo, como si uno dijera: esto es lo que me caracteriza y esto otro, en cambio, no es santo de mi devoción. El arte crea oportunidades para compartir, pero también traza líneas divisorias entre las distintas áreas de la vida. Cuando la importancia de cualquier forma de arte se invalida y se vuelve efímera, los seres humanos pierden algo esencial: un pilar sobre el que construir su vida emocional.

En todo este capítulo hemos tratado, básicamente, del concepto de deslocalización en contraposición con la noción democrática de que la gente tiene derecho a comunicarse. El arte entraña importantes modos de interacción y expresión humana que no deberían ser organizados únicamente desde lugares remotos con propósitos puramente comerciales. El hecho de que el trabajo de muchos artistas aún forme parte de su entorno local o regional es un signo de salud. Aun así, en muchos lugares la infraestructura en la que se realizan la creación, la producción, la distribución, la promoción y la recepción del arte (incluidas todas las formas de entretenimiento y diseño) ha ido a parar a manos de los grupos culturales. Esa situación trae consecuencias de peso para el entorno cultural en el que las personas viven, crían a sus hijos, se enfrentan a sus problemas, se divierten y mueren.

Además, las variadas formas del arte tradicional cambian considerablemente bajo un conjunto de presiones e influencias: el impacto económico y social de las medidas de ajuste estructural implementadas en muchos países, el aumento de la pobreza, el turismo y otras formas de modernización. Las culturas locales se debilitan con el hecho de que un canal primario de comunicación de significados comunes está convirtiéndose en una especie de entretenimiento masivo empaquetado, que si bien puede conservar la forma del medio artístico tradicional, pierde la esencia y el contexto que hacen que, por ejemplo, la música sea una forma poderosa de expresar emociones, como explica Jeremy Rifkin. También nos hemos referido al concepto de hibridación como algo que puede ser contraproducente para el desarrollo de una vida artística local variada y estimulante.

Vandana Shiva acierta cuando habla de cultivar la diversidad. Pero sólo con eso no basta. Es necesario desarrollar la comprensión intercultural entre personas de diversos orígenes culturales. Si ellas no pueden comunicarse, la paz no será más que una posibilidad remota.

En varios pasajes de este capítulo me he referido a la cultura corporativa, que penetra en todos los aspectos de la vida, incluso a escala local. Ha llegado el momento de montar la producción de la tierra del deseo sobre el escenario. El espectáculo debe continuar. Pero la pregunta es: ¿qué espectáculo?

Notas

1. *Beyond the WTO. Alternatives to Economic Globalization.* Informe preliminar de un grupo de trabajo del Foro Internacional de Globalización, 26 de noviembre de 1999.

2. «La défense de la culture va bien au-delà de la politique.» *Le Monde*, 22 de septiembre de 2000.

3. *De Volkskrant*, 28 de mayo de 1999.

4. Temple Hauptfleisch. «Post-colonial criticism, performance theory and the evolving forms of South African theatre.» *SATJ*, vol. 6, 2 de septiembre de 1992, pp. 64-83.

5. *Skrien* 222, abril de 1998; véase también Yves Thorval, «En Inde, un cinéma ancré dans la réalité. Terrorisme, répression, nationalisme...». *Le Monde Diplomatique*, junio de 1998.

6. Jean-Christophe Servant. «Boom de la vidéo domestique au Nigeria.» *Le Monde Diplomatique*, febrero de 2001.

7. Maurice T. Maschino. «Cette passion tenace des libraires de quartier.» *Le Monde Diplomatique*, junio de 2001.

8. La sección sobre los medios electrónicos abreva, entre otras fuentes, en entrevistas con la artista Anne Nigten, (Rotterdam [2001]) y con Michel Waisvisz, (Ámsterdam [2001]).

9. «La caméra numérique force les cinéastes à ouvrir l'oeil.» *Le Monde*, 15 de agosto de 2001.

10. Nicola Monceau. «Pamphlets et comédies à la turque à Istanbul.» *Le Monde*, 11 de abril de 2001.

11. Raymond van den Boogaard. «Meer dan twintig films uit Egypte te zien in zes steden.» *NRC Handelsblad*, 11 de febrero de 1998.

12. Carl Bromley. «The house that Jack built. How Valenti brought Hollywood to the world.» *The Nation*, 3 de abril de 2000.

13. Jacques Mandelbaum. «Quand Alger rêve de cinéma. Trois films tournés en cinq ans, une dizaine de salles, moribondes, au lieu de quatre cents en 1986: le cinéma en Algérie n'est plus que l'ombre de lui-même. Depuis peu,

pourtant, l'espoir renâit, encore fragile.» *Le Monde*, 17 de diciembre de 2000.

14. «Gigantenstrijd om Britse boekenmarkt.» *NRC Handelsblad*, 15 de mayo de 1999.

15. «Guerre contre Waterstone's. La châine de librairies anglaise impose des conditions draconiennes aux maisons indépendantes, qui dénoncent des "pratiques abusives".» *Le Monde*, 19 de enero de 2001.

16. Thérèse-Marie Deffontaines. «A Bamako, neuf jours de théâtre et d'échange entre Mali et ses voisins.» *Le Monde*, 2 de enero de 1999.

17. «Des artistes sous la menace constante de la précarité.» *Le Monde*, 29 de septiembre de 2000.

18. «Bezoek aan de Zimbabwe International Book Fair.» *NRC Handelsblad*, 11 de agosto de 2000.

19. «Asian network sends mixed signals.» *International Herald Tribune*, 11 de diciembre de 1995.

20. «L'expansion phénoménale du musique mondial du disque hispanique.» *Le Monde*, 23 de junio de 1999.

21. *Une des caractéristiques est «d'être l'expression d'une culture hybride avec des "equilibres contradictoires" ou tout peut être le contrarie de tout.»*

22. *«Demandons nous pourquoi le mot* aliénation *a disparu du hit parade du vocabulaire courant pour faire place à* virtuel? *Dans ce tour de passe-passe, c'es nous qui disparaissons, c'est notre existence qui devient virtuel.»*

5. UNA CULTURA CORPORATIVA

La estética y la tierra del deseo

En *Land of Desire* [Tierra del deseo], William Leach ofrece una descripción de cómo, después de 1880, el comercio estadounidense empezó a crear un conjunto nuevo de incentivos comerciales –una estética comercial– para mover y vender grandes volúmenes de mercancías. Ése fue el núcleo estético de la cultura capitalista estadounidense, que ofrecía su propia visión de la buena vida y el paraíso. Esa estética se ponía de manifiesto en los escaparates de las tiendas, en los desfiles de modas, en los anuncios publicitarios y en las carteleras; en servicios gratuitos y suntuosos entornos de consumo; en objetos o bienes de consumo propiamente dichos. «En el centro de la evolución de esa estética comercial se encontraban los materiales artísticos del deseo: color, vidrio y luz» (Leach, 1993: 9). Asimismo, era necesario dotar a las mercancías de un valor teatral, para lo cual los responsables de exhibirlas iban con frecuencia al teatro y observaban qué estaba de moda en el campo del diseño escénico. También se tenía en cuenta la música: «No se sabe con exactitud cuándo se implementó la costumbre de poner música en restaurantes, grandes almacenes y otros escenarios de consumo similares, pero no sería muy errado pensar que los inmigrantes alemanes hayan traído la tradición de la *Gemütlichkeit*, término que podría traducirse como «puro confort», caracterizada por una combinación de música, comida y bebida» (Leach, 1993: 139).

También había algo de orientalismo, que evocaba lujo, impulso, deseo, primitivismo y gratificación personal inmediata. En los grandes almacenes, el «no tocar» cedió el lugar al «acérquese». Desde Baltimore, en Maryland, hasta Waco, en Texas, casi todas las grandes ciudades tenían sus desfiles de modas dos veces al año. Según un experto en moda, «la salida del exceso de producción debe apoyarse en descubrir qué querrán las mujeres cuando vayan a la tienda, *producirlo* y *después* dejarlo de lado y pasar a algo distinto hacia donde dirijan su atención los caprichos de la moda» (Leach, 1993: *passim*).

Esas intervenciones estéticas enseñaron a los estadounidenses a relajarse un poco más y a encontrar placer en objetos sensuales y bellos. Se trató de un proceso de aprendizaje que empezó a finales del siglo XIX y al que Benjamin Barber se refiere en estos términos: «A escoger se aprende; no se nace sabiendo» (Barber, 1996: 116). Barber afirma que lo que Estados Unidos ofrece al mundo es incoherente, está lleno de contradicciones, aunque es muy seductor al mismo tiempo (p. 61). Una de las contradicciones es que los comerciantes «tenían un doble discurso. Cuando se trataba del trabajo y la producción, los empresarios (y la sociedad en general) ponían el acento en la moderación, la racionalidad, el sacrificio y la disciplina, pero en temas de venta y consumo abrían la puerta al despilfarro, la indulgencia, el instinto, la irresponsabilidad, los sueños y otras cualidades consideradas no occidentales» (Leach, 1993: 107). Además, esos paraísos de libertad y consumo están llenos de contradicciones: nos vigilan y nos estimulan, evitan que hagamos lo que realmente deseamos y que tengamos lo que de verdad quisiéramos tener, y nos alientan a que compremos más de lo que teníamos la intención de comprar.

Así se produce un incesante descontrol controlado de emociones, lo que a su vez impide la expresión de muchas emociones reales. En la gran cantidad de libros sobre cómo ser exitoso que se publican desde finales del siglo XIX, uno de los mensajes recurrentes es que tenemos que aprender a sonreír ante cualquier circunstancia. Y en la publicidad se muestra el placer y el consumo como la viva imagen de la felicidad (Stivers, 1994, pp. 19, 59).

En su análisis, William Leach revela el importante vuelco ideológico que tuvo lugar en el lapso de unas pocas décadas acompañando a este proceso:

> Para muchos obreros y artesanos, el tema del «interés popular» era una cuestión de principios, no de imágenes, algo que estaba ligado a la independencia, a liberarse de la explotación; en cambio, para los comerciantes era una cuestión de imagen. Los empresarios se esforzaban por dar la impresión de que eran ellos, y no los obreros o los empleados, los verdaderos populistas y que el consumo, y no la producción, era el nuevo ámbito de la democracia (Leach, 1993: 117).

En el pasado, todos veían cómo se producían los bienes y compraban lo que precisaban, pero la cultura consumista revierte esos procesos: la producción se vuelve invisible y las personas se convierten en consumidores.

No hay restricciones en cuanto a *qué* puede consumirse: en principio, todas las relaciones sociales, actividades y objetos se consideran bienes y, como tales, son objeto de intercambio. Ése es uno de los procesos de secularización más profundos del mundo moderno. Según Don Slater: «Todo puede transformarse en un bien, al menos en algún momento. La cultura consumista parece universal porque se presenta como una tierra de libertad en la que todos *pueden* ser consumidores, pero también se percibe como universal porque todos *deben* ser consumidores: esta singular libertad es obligatoria» (Slater, 1997: 27). Quizá la afirmación suene categórica, pero imaginemos una situación en la que las personas consumieran mucho menos, sólo lo que necesitaran. La economía mundial se desmoronaría, pues se basa en el consumo, no en la durabilidad, no en compartir recursos escasos, no en prestar atención al futuro. Así, parece acertado lo que asegura Don Slater: «En gran medida, la vida cotidiana y las identidades y relaciones sociales que la constituyen se sostienen y reproducen por medio de los bienes de consumo».

Con el fin de sostener el consumo a gran escala, se necesita mucha publicidad. A Rush Limbaugh, presentador estadounidense de programas de entrevistas radiofónicas, se le conoce como «el rey de la radio conservadora».[1] A Limbaugh le extrañó recibir cartas de oyentes que preguntaban por qué había empezado a hablar tan de prisa, y luego descubrió que se estaba implementando una nueva tecnología digital que eliminaba las pausas entre palabras y así su habla se aceleraba. Después se dio cuenta de que los gerentes de unas cincuenta radios de Estados Unidos estaban usando esa misma tecnología para acortar los segmentos de los programas de entrevistas y así poder pasar más anuncios. De hecho, las estaciones de radio han agregado cuatro minutos de anuncios por hora, es decir, ocho anuncios de 30 segundos cada uno.[2]

Omar Souki Oliveira (1993) advierte que, si se mira con atención una telenovela brasileña, se tendrá la impresión de estar en un mercado persa. Todo lo que se ve está a la venta: el sofá en el que se sientan los personajes, los trajes que usan, las copas que beben, los cuadros colgados de las paredes, los artefactos de iluminación y las alfombras, entre otros, todo se promociona. Además, las marcas de las ollas, las estufas y los demás artefactos de cocina utilizados por los personajes están a la vista. Cuando el protagonista sale a la calle, llega el momento de promocionar gafas de sol, coches, tiendas y hasta bancos.

Los grandes anunciantes, como Chrysler y Colgate-Palmolive, solicitan a las revistas que les envíen con anticipación los artículos que publicarán, para decidir si el material contiene elementos que puedan considerarse provocativos, ofensivos o dañinos, y, en caso de que así sea, retiran su publicidad (McChesney, 1998: 19).[3] Por otra parte, las principales cadenas televisivas ofrecen a sus estrellas contratos para que participen en anuncios publicitarios; también firman con anunciantes la realización de campañas de promoción conjunta, en las que las dos partes se apoyan mutuamente; pasan «infomerciales», producidos directamente por las empresas o por terceros, que dan a conocer su oferta comercial; y también producen programas en conjunto con los anunciantes y conducen hacia las demandas y necesidades de éstos (Herman y McChesney, 1997: 140).

Según Edward Herman y Robert McChesney,

> la dominación del propietario y el anunciante confiere a los medios comerciales una parcialidad dual que amenaza a la esfera pública: tienden al conservadurismo en lo político y a la hostilidad ante las críticas al *statu quo*, pues ellos son los grandes beneficiarios del sistema; y por otro lado, su interés radica en generar un entorno mediático adecuado para la promoción de bienes. Por eso prefieren el entretenimiento a la controversia, al debate político serio y a las discusiones y documentales que profundizan en los temas; informan y presentan retos a la opinión convencional. En pocas palabras, el complejo medios/anunciantes prefiere el entretenimiento en lugar del cultivo de la esfera pública (1997: 6-7).

De manera similar, en el área del turismo todo está a la venta: las personas, las costumbres, las ceremonias. La comunidad entera se convierte en un gran mercado (Schiller, 1976: 15-16). Lo mismo se aplica a cierto tipo de realización cinematográfica. En su edición del 22 de junio de 1992, *Le Monde* informaba que los habitantes de la Isla de Pascua estaban muy indignados porque en su tierra se estaba filmando *Rapa Nui*, una película que, según ellos, era «muy hoolywoodiense» y su contenido era sacrílego.

Los vídeos de MTV, cuyo verdadero propósito es vender discos compactos, cintas, películas, ropa, refrescos y demás productos, son realizados por músicos, actores, diseñadores e ingenieros de luz y sonido, es decir, por una gran variedad de artistas. Fredric Jameson advierte que «la producción estética se ha integrado en la producción de bienes: la frenética urgencia económica por producir constantemente oleadas de productos que siempre parezcan novedosos (desde vestimenta hasta aviones) a un ritmo cada vez más veloz asigna una función estructural y una posición fundamental a la innovación y experimentación estéticas» (Jameson, 1992: 4-5). Y aquí también los responsables de esas innovaciones y experimentaciones son artistas que crean, interpretan o diseñan los innumerables anuncios publicitarios, una actividad que les proporciona la mayor parte de sus ingresos por un trabajo que normalmente –y de manera intencionada– se descarta al poco tiempo para ser reemplazado por imágenes, música y sensaciones nuevas. Los artistas se nutren constantemente de la cultura del presente y el pasado, local y extranjera, pero esas fuentes de inspiración son muy frágiles para ser explotadas bajo cualquier condición y para cualquier propósito.

Durante la guerra del Golfo, el entonces presidente George Bush padre hablaba del «nuevo orden mundial» que había traído consigo la guerra de Irak. Según Jerry Mander, esa noción de un nuevo orden mundial es una descripción precisa del mundo en que vivimos: «Un orden que permite a banqueros y emprendedores delinear la trayectoria y el flujo de los recursos mundiales de acuerdo con una visión global de una economía mundial que funciona en todos lados de la misma manera, que uniformiza el estilo de vida, la cultura, los valores y la tierra propiamente dicha» (Mander, 1993: 19). La cultura se vuelve objeto de intercambio comercial, y los empresarios promueven una actitud positiva que no arroje ninguna duda sobre sus intervenciones en el mundo. Las películas más taquilleras están pensadas para que funcionen bien tanto en Bombay como en Brooklyn. Disney hace que sus personajes adopten identidades locales y hablen lenguas locales (McChesney, 1998: 16), pero el formato del espectáculo es el mismo, o al menos muy semejante en todos lados.

Roger Wallis y Krister Malm afirman que, hacia comienzos de la década de 1980, había ocurrido un cambio cultural de peso en Trinidad. Antes, los cantantes de calipso creaban canciones nuevas todos los días, tomando como fuente lo que había ocurrido en las últimas veinticuatro horas. Era una cultura espontánea, basada en la improvisación. Los intérpretes de música calipso se habían transformado en una especie de diccionario viviente de rimas y usos gramaticales extraños:

> Hoy las cosas han cambiado. El calipso se ha adaptado a los términos de la industria de la música. Con la aparición de sistemas de sonido más potentes, el calipso ha tenido que ajustarse a ellos. Se escriben arreglos con anticipación para los diez o quince miembros del grupo de músicos que acompañan al cantante, y el repertorio se reduce. En lugar de crear constantemente canciones nuevas (si bien muchas veces con melodías similares), los músicos interpretan únicamente dos o tres durante

toda la temporada del carnaval/calipso. Debido a los tiempos en que se lleva a cabo el proceso de grabación y producción (que normalmente se realiza en el exterior), las letras de las canciones ya no tocan temas del momento o hechos ocurridos la noche o la semana anterior. Al inicio de la temporada de carnaval, que dura tres meses, los músicos lanzan una grabación y comercializan el producto. Como parte de los ingresos del artista provienen de la venta de discos y cintas, se intenta que las actuaciones en vivo en la carpa del calipso suenen lo más parecido posible a la versión grabada (con lo que disminuye el valor propio del arte de la improvisación y aumenta la exigencia a los músicos que acompañan al cantante) (Wallis y Malm, 1984: 279).

Evidentemente, las cosas han cambiado aún más hoy en día, a comienzos del siglo XXI. ¿Son peores o menos valiosas? Está claro que aquí entran en juego juicios de valor. John Tomlinson afirma que

en ciertos casos, la sincronización cultural contribuiría a ampliar la variedad de la experiencia cultural. Pero no podemos dejar de decir que existen argumentos para asegurar que la *naturaleza* de esa experiencia en la modernidad capitalista es, en cierto sentido, deficiente: superficial, «unidimensional», «mercantilizada». Pero todo eso no es una crítica a la homogeneización o la sincronización en sí; es una crítica al tipo de cultura que trae consigo la sincronización (Tomlinson, 1991: 113).

Fredric Jameson cree que es evidente que estamos ante «una nueva clase de limitación y falta de profundidad, una nueva clase de superficialidad» (Jameson, 1992: 9).

El politólogo Saul Landau manifestó en una entrevista de 1998 que la cultura corporativa es, antes que nada, una cultura vicaria. En segundo lugar, está regida por las reglas del entretenimiento: «la cultura corporativa tiene una estructura básica, que es la que debería analizarse». En esta cultura visual con tan abrumador impulso corporativo es necesario analizar el poder de las palabras, porque «las palabras hacen referencia a ideas, y las imágenes a sensaciones. Las palabras están estructuradas por la gramática del lenguaje, que requiere un ordenamiento racional de ideas para que las palabras tengan sentido. El ojo, en cambio, es libre de deambular, aceptar el diseño visual, o la falta del mismo, sin necesidad de usar la razón» (Hewison, 1990: 63).

Algo para contar, algo para vender

En el mundo contemporáneo, donde los grupos culturales pueden difundir sus ideas acerca de qué debería ser la cultura, es imprescindible preguntarse: ¿quiénes escriben las historias que se narran? ¿Quién las relata? ¿Cómo se crean, difunden y reciben? ¿Quién controla su producción, distribución y exhibición? (Shohat y Stam, 1994: 184). George Gerbner advierte que ha habido un cambio radical. Según él, «casi todo lo que sabemos, o pensamos que sabemos, no viene de los genes ni de la experiencia personal sino de las historias que contamos. Las gigantescas estructuras del relato, a las que llamamos arte, ciencia, religión, derecho, política, gobierno, periodismo..., determinan y guían el mundo en que vivimos» (Gerbner, 1997: 13). El gran interrogante de nuestro tiempo es saber quiénes controlan el relato de esas historias que compiten con nuestras fantasías, deseos, sueños, imaginación y memoria.

La respuesta de George Gerbner a ese interrogante es casi poética: «Los niños de hoy nacen en un hogar en el que el televisor está encendido más de siete horas al día, como promedio. Por primera vez en la historia de la humanidad, la mayor parte de las historias sobre la gente, la vida y los valores no son transmitidas por los padres, la escuela, la iglesia u otras instituciones comunitarias que tienen algo para decir, sino por un conjunto de grupos de empresas distantes que tienen algo para vender» (Gerbner, 1997: 14). La diferencia entre tener algo para *contar*, que quizá sea algo que no queremos escuchar, y tener algo para *vender*, que restringe el proceso fundamental de la comunicación y el intercambio de ideas entre los seres humanos, es el nudo de la cuestión. La cultura corporativa tiene un único propósito: vender, y que nosotros compremos. Crea un ambiente en el que el consumo es más importante que otros valores y necesidades humanas. Más adelante, en este mismo capítulo, haré una descripción de algunas características de la cultura corporativa, pero antes veamos qué intereses están perdiéndose en un mundo en el que los grupos empresariales son el motor que impulsa la cultura.

En el mundo ya no hay empresas de comunicación masiva que representen o compartan intereses fundamentales con la clase trabajadora, los agricultores, los hombres de color, los pueblos de países no occidentales, los pobres, ni siquiera la clase media. Los medios de comunicación masivos patrocinados por quienes no comparten ni representan los intereses empresariales prácticamente han desaparecido por el embate de las fuerzas del mercado. Se ha dicho que todos tenemos la libertad de iniciar proyectos de carácter cultural, pero hasta aquellos que cuentan con apoyo sustancial tienen dificultades para ingresar en los canales decisivos de distribución de la cultura (Herman, 1989: 206).

Gerald Sussman y John Lent aseguran que

> las corporaciones transnacionales y los poderosísimos Estados que las avalan tienen a su disposición aparatos de comunicación que cruzan fronteras: satélites, cables submarinos, programas de televisión, anuncios publicitarios multimedia, canales de relaciones públicas, películas, música, publicación de libros, distribución de vídeos, servicio de teletipo, distribución de revistas y cómics, acceso a información empresaria, técnica y financiera, equipos de telefonía digital y de fibra óptica, ordenadores, equipos de fax y teletipo, además de cadenas del sector turístico y otras vías de comunicación que transmiten información e impresiones sobre las «cosas buenas de la vida» (Sussman y Lent, 1991: x-xi).

En la década de 1970 se terminó con todos los movimientos progresistas radicalizados en países occidentales y no occidentales, un hecho que respondió al interés de invertir los procesos de democratización de los medios de comunicación, entre otros objetivos. Una de las primeras medidas tomadas por el régimen de Pinochet después del golpe militar del 11 de septiembre de 1973 en Chile fue eliminar los murales pintados durante el gobierno de la Unidad Popular; también asesinar a ciudadanos progresistas, entre los que se contaban muchos artistas (Baddeley, 1989: 88). Las paredes ya no podían ser sitios para la libre expresión y el intercambio de ideas. Esas mismas paredes hoy están cubiertas de carteles publicitarios creados por artistas.

Jack Banks señala que no es muy frecuente que los vídeos aborden temas políticos o sociales; más bien muestran temas más cercanos a lo privado, como el sexo y el amor, por lo que son un medio apolítico. El autor cita a un crítico televisivo del *Washington Post* que asegura que la MTV no incluye en su programación vídeos con elementos políticos porque ha construido un mundo insular donde la música es la única fuerza social relevante. «Las estrellas de rock adoptan posturas de rebeldía amenazante, pero su rebelión arremete contra las normas de buena educación en la mesa o la obligación de ir a la escuela, nunca contra los poderes corporativos o políticos existentes (Banks, 1996: 202).

La cultura folclórica también pierde cuando se la lleva a la arena corporativa. Nilanjana Gupta asevera que la cultura folclórica auténtica siempre se asocia con la vida y la sociedad del pueblo que la ha creado:

Arrancar los bailes o las canciones del tiempo, el lugar y las circunstancias originarias y transplantarlos a los estudios de televisión genera, casi sin excepciones, una sensación de falsedad. Y las prácticas culturales tradicionales no suelen tener la clase de elegancia de producción que el público televisivo exige. Después de todo, en la interpretación de la música y la danza folclórica participa mucha gente sin formación ni práctica. Puestas en el estudio de televisión descontextualizado, las danzas y canciones folclóricas pierden la vitalidad y el propósito de la experiencia cultural original (Gupta, 1998: 31-32).

En un mundo en el que el consumo de todo lo que se considera estimulante no tiene límites, no queda claro qué pertenece a la esfera privada. Hace tiempo, en la India, las mujeres cantaban canciones *masala* en privado. (*Masala* significa «picante», en el sentido de erótico.) Peter Manuel cuenta que, en la actualidad, esas canciones son difundidas como bienes públicos a jóvenes lascivos. «En el proceso, las canciones con las que las mujeres expresan libremente cuestiones como el deseo sexual o un resentimiento ambivalente contra vecinos seductores o *devars* se convierten en vehículos de vergüenza y cosificación cuando se venden como bienes públicos» (Manuel, 1993: 175).

El escritor alemán Heiner Müller señala que, debido al turismo y la fotografía, hemos perdido hasta la capacidad de observación. La mirada rápida que echamos a las cosas con las que nos cruzamos a lo largo del camino no da tiempo a reflexionar, recordar e incorporar lo que pasa delante de nuestros ojos, y delegamos nuestra experiencia a los instrumentos. Cuando apreciamos este fenómeno, propone Müller, entendemos mejor por qué el Antiguo Testamento prohíbe las imágenes: «La tarea del arte es evitar la confusión que producen los instrumentos y la tecnología» (Müller, 1991: 21).

El entorno del mensaje comercial

El uso de obras de arte como fondo de mensajes comerciales se ha incrementado, y el objetivo es crear un ambiente en el que se despierte el deseo. Por eso, ese ambiente debe ser atractivo, estimulante, gratificante, placentero y novedoso (Eagleton, 1990: 40-41). La realización personal tiene que ser prioritaria porque el bienestar comunitario está desapareciendo del mapa. (Leach, 1993: 6). Así, el entorno cultural puede ser cualquier cosa, siempre y cuando seduzca; por ejemplo, viajar en el tiempo y simular que «la historia es divertida», o un café-concert donde se escucha a Mozart y se sirven pasteles.

No obstante, hay algunos ingredientes que parecen funcionar con bastante eficacia en la estimulación del deseo, base de la cultura del consumo. Uno de esos ingredientes es, sin lugar a dudas, la estructura dramática de la telenovela, en la que se muestra un amplio espectro de relaciones interpersonales, sueños, tragedias y deseos sexuales, para asegurarse la atención continua de los espectadores. El género tiene características distintas en diferentes partes del mundo. En Egipto, por ejemplo, no es sencillo mostrar hechos de actualidad política; sin embargo, Usama Anwar Ukasha, el guionista de *Layali Abu-Hilmiyya*, una telenovela de 150 capítulos, logró incluir cuestiones morales como la lealtad y la traición en un contexto histórico en el que también había deseos incumplidos, ambiciones y amores trágicos. Las vidas individuales se entrelazaban con hechos políticos, como revoluciones, guerras, presidentes y medidas de gobierno. En la serie se criticaba duramente a Egipto por el camino que había adoptado en los quince años anteriores, pero tratar la cuestión del terrorismo de raíces musulmanas ya era demasiado.[4]

Las telenovelas brasileñas despliegan todo un conjunto de situaciones cotidianas. La mayoría de los guionistas tienen tendencias de izquierda y usan la telenovela para reflejar la realidad nacional. Los personajes defienden indirectamente la importancia de la reforma agraria y critican el sistema de seguro de salud, el mal funcionamiento de los teléfonos o el abuso de poder por parte del presidente; temen que se los tome como rehenes y tienen conflictos con empresarios o policías corruptos; o su empresa está al borde de la bancarrota porque se han eliminado los aranceles aduaneros. A pesar de todo, hay una diferencia marcada con la realidad, como muestra Ineke Holtwijk:

> En las telenovelas se toma a los empresarios como rehenes, las empresas van a la quiebra, los traficantes de drogas están en guerra y las casuchas se desploman por las laderas de los cerros cuando llueve fuerte. Pero el empresario vuelve con su familia, el traficante de drogas se enamora de la muchacha que le ayuda a cambiar de vida, el hombre de negocios tiene un hermano millonario que vive en el extranjero y le ayuda a rescatar la empresa, y los habitantes de las viviendas precarias reciben un lote de manos de un millonario para construir otras casas (Holtwijk, 1996: 181).

En la telenovela siempre hay una vuelta de tuerca. Omar Souki Oliveira piensa que el propósito histórico de la telenovela es adaptar e interpretar las ideas capitalistas para adaptarlas al gusto latinoamericano. «Por medio de esas historias con final feliz, las telenovelas sugieren que la armonía social y la movilidad social de los pobres no son un imposible» (Oliveira, 1993: 128; véase también Mazziotti, 1996). Las telenovelas brasileñas ya no tienen la calidad que solían tener porque el grupo cultural Globo, que antes constituía un monopolio, ahora tiene competidores: empresas culturales menos importantes a las que no les interesa tanto la ficción de buena calidad. Algunas de esas empresas defienden valores cristianos. Además, la relación temática con la vida diaria y la sociedad de Brasil ya no es tan fuerte porque actualmente Globo emite sus telenovelas en más de 120 países, por lo que el contenido se ha vuelto más general y menos profundo al mismo tiempo.

Mary Ellen Brown señala que los grupos oprimidos presionan desde la periferia, siempre viendo qué pueden hacer. «Ésa es una de las áreas en las que las telenovelas y sus redes discursivas funcionan como proveedoras de fuerza para las mujeres. Las ayudan a tantear el terreno y ver hasta dónde pueden llegar en su rebeldía contra las normas sociales» (Brown, 1994: 12). Brown también dice que es «evidente que las telenovelas se insertan en el tipo de cultura femenina que se construye para sostener nociones de feminidad dominantes o hegemónicas» (p. 59). También aquí la realidad es estática y se muestra como placentera a través del consumo.

Henk van Gelder considera que en las telenovelas no aparecen individuos interesantes, con cualidades contradictorias. Los personajes muestran sentimientos sin ambigüedades durante todo el desarrollo de la historia, hasta que el director de la cadena televisiva se da cuenta de que el público se ha cansado y los anunciantes han perdido el interés. Todos los capítulos tienen alguna situación donde hay emociones en juego: bodas, secuestros, divorcios, parálisis súbitas, recuperaciones inesperadas, paternidades inesperadas, amores nuevos, engaños, choques de coches, abortos o la muerte de un amante. Marijn van der Jagt compara los personajes del género con personas en una montaña rusa que pasan de la cima a las profundidades a una velocidad vertiginosa:

> La duda existencial que aqueja alguna que otra vez a los personajes dura poco tiempo. El comentario filosófico acerca de sucesos extraños termina rápido, porque los personajes no van más allá de la observación de que las cosas ocurren y son incomprensibles. Los productores de telenovelas no tienen interés en profundizar, pues su tarea principal es hacer que la historia siga (*De Volkskrant*, 1 de octubre de 1997).

Un fenómeno televisivo nuevo es el del *reality show* con visos de telenovela (*reality soap*). El primero fue *Gran Hermano* (en Francia se titula *Loft Story*), en el que no hay actores profesionales, sino diez y doce hombres y mujeres jóvenes encerrados en una casa durante unos cien días. La cámara lo registra todo y el espectador es un voyerista que espera que pase algo «espectacular»: peleas, amor, sexo y cosas por el estilo. La intimidad ha sido un valor cultural preciado en nuestras sociedades occidentales durante muchos siglos, por eso la intimidad de otros despierta curiosidad.[5] *Gran Hermano/Loft Story* satisface con creces esa curiosidad y atrae a un público masivo, algo que también sucede con los sitios de Internet en los que la gente instala cámaras en su casa y se expone a la vista del mundo. Sin embargo –y quizá debido a la hipocresía de esta «apertura»–, el puritanismo, la preservación frenética de la intimidad y la angustia existencial siguen existiendo.

La idea es que algunos habitantes de la casa de *Gran Hermano/Loft Story* se tornen atractivos para los espectadores y que otros despierten antipatía, algo que se fomenta por medio de constantes estudios de popularidad. François Jost considera que el peligro de este tipo de programas no es el voyerismo ni el exhibicionismo que promueven, sino el hecho de que estimula el instinto sádico que todos tenemos dentro, aunque son los habitantes de la casa de *Gran Hermano* o *Loft Story* los que pagan el precio: «El público no sólo encuentra placer en la desgracia de los participantes, una situación que se adecua a la definición de sadismo, sino que agrega el placer de excluir a algunas personas». Nos apropiamos de un derecho extraordinario sobre la vida de los habitantes/participantes, a quienes se expone permanentemente al juicio de los demás.[6]

Además de esa celebración pública del sadismo, los participantes del «juego» firman un contrato según el cual ceden al productor del programa todos los derechos sobre su imagen y que les obliga a respetar reglas de conducta impuestas por él. En Francia hay abogados que creen que un contrato de ese tipo viola derechos fundamentales de la dignidad humana, y que su defensa en un juicio no podría prosperar.[7]

Otro tema de discusión es que hay personas que hoy son estrellas de la televisión y que no triunfan porque tengan algún talento o historias interesantes que contar, sino porque no aportan nada. Respecto a este nuevo fenómeno, Stephan Pröpper se pregunta hasta qué punto tiene consecuencias terribles. No tanto, si todo terminara ahí. El problema es que esos jóvenes empiezan actuando como estrellas y se presentan como tales en otros programas de televisión y en revistas: «Relativizar la propia importancia ya no está a la orden del día y sí, en cambio, exagerar la autoestima. La modestia ya no vale nada, mientras que en otros tiempos ser modesto inspiraba respeto. Hoy en día el respeto se exige» (*De Volkskrant,* 9 de noviembre de 1999). Algo similar puede aplicarse a un contexto social más amplio. Exigir respeto sobre la base de nada es común en quienes sienten que han fracasado en nuestro rutilante mundo, donde el éxito es la única norma aceptable que genera respeto inmediato. Si en este terrible juego social los demás no responden como esos fracasados pretenden, ellos exigen respeto, y con violencia si es preciso.

Además de las distintas clases de telenovelas, hay muchos otros ingredientes estéticos que realzan la cultura corporativa. Uno de ellos es la rapidez y otro es la abundancia de imágenes. Ese fenómeno comercial ha penetrado en todas las áreas de la existencia social, incluso en el mundo del teatro, como revela Rustom Bharucha:

> En el mundo de hoy hay mucho teatro muerto, en especial en las sociedades capitalistas como la estadounidense, cuyos teatros regionales son como fábricas en las que las obras se producen en menos de seis semanas y los actores son un grupo de extraños, alejados entre sí y del público. Esos actores están alienados de su medio de producción y, lo que es más penoso e irrevocable, están alienados de sí mismos (Bharucha, 1993: 52).

Parece probable que una situación tan pluralista en apariencia brinde excelentes oportunidades a todo tipo de expresiones artísticas. No obstante, la excesiva oferta de opciones lleva a creer que todas las formas de expresión artística tienen el mismo estatus, pero eso no es verdad (Gablik, 1985: 75-77). Las imágenes, los sonidos y los fragmentos de ideas van y vienen. En lugar de enriquecernos, la enorme disponibilidad de opciones nos provoca serias dudas: ¿tenemos más o menos oportunidad de elección democrática? Benjamin Barber hace el siguiente comentario: «La democracia, como un buen libro, requiere que le dediquemos tiempo. La paciencia es su virtud menos reconocida, pero quizá la más indispensable. La televisión y los ordenadores son cada vez más rápidos y, por consiguiente, hostiles al ritmo lento de la deliberación esmerada que requieren el debate público y la toma de decisiones en nombre del bien común» (Barber, 1996: 118).

En 1994, Heiner Müller, que vivió la integración de la República Democrática de Alemania con la República Federal de Alemania, escribió que en la República Democrática había mucho tiempo, que era un Estado lento. Más adelante, hacía una comparación inesperada:

La concepción del tiempo en el socialismo es lo que marca su diferencia básica con el fascismo. Para Hitler no había un tiempo del mundo, sino sólo el tiempo de duración de la vida [el tiempo presente]. Ese tiempo presente incondicional, que significa que todo debe ocurrir en el transcurso de la propia vida, explicaría la fascinación de Hitler por la juventud: no por el futuro sino por el ahora. La vida de Hitler fue un suicidio prolongado, y ésa fue su verdadera energía. La concepción del tiempo en el socialismo era básicamente distinta: siempre se pensaba más allá de los límites de la propia vida (Müller, 1994: 202).

De hecho, una de las características de la cultura corporativa es la tendencia permanente a aniquilar el pasado, la memoria, a no prestar atención ni dar oportunidad a la experiencia del presente, a destruir de inmediato lo que va surgiendo, a desintegrar los patrones generales de significado, a que cada elección sea un fenómeno aleatorio. No es mi intención elogiar el socialismo tal como existió hasta 1989, porque el sistema tuvo deficiencias graves; sin embargo, la cultura del consumo tal como la vivimos hoy en día tiene muchos aspectos destructivos.

¡Ruido! Cuando viajo por Bélgica, me viene a la mente la idea de que los contratos de transporte público establecen que debemos escuchar música de fondo no deseada en estaciones de ferrocarril y en muchos otros sitios. Los datos aportados por el Estudio de Salud Nacional indican que el número de estadounidenses con problemas auditivos ha crecido significativamente. Desde 1971 hasta 1990, éstos crecieron un 26% en la población de entre 45 y 64 años, y un 17% en los habitantes de entre 18 y 44. En los diez años posteriores, el aumento seguramente ha sido aún mayor. En los Países Bajos, 25.000 jóvenes entre 15 y 25 años tienen daño auditivo permanente y tendrán zumbidos en los oídos durante el resto de su vida. ¿Cuáles son las causas? Los auriculares, los equipos de música de sonido envolvente cuya potencia es similar al de un pequeño estudio de grabación, las películas del tipo de *Armageddon* y *Godzilla*, discos con música de 85 decibelios como mínimo, y también las ráfagas de aire de los sopladores de hojas, segadoras y aspiradoras.[8] En realidad, parecería que hoy en día el placer está, por definición, asociado al ruido, la música fuerte, hablar en voz alta o gritar. El volumen de los anuncios publicitarios de la radio y la televisión suele ser más alto que el del resto de la programación.

Es cierto que el silencio siempre, en cualquier época, se ha visto amenazado por las personas que hacen más ruido del que otros quieren oír (Thompson, 1991: 469). Pero lo novedoso es que la tecnología facilita la producción de altos decibelios que, en el pasado, ni siquiera una gran orquesta podía lograr. Otro elemento nuevo son los embotellamientos de tráfico, la ubicuidad de la música ambiental y el estímulo que ofrece la sociedad de consumo para que la gente salga todos los fines de semana en busca de placer exuberante. Lo último que se espera es que las personas se contengan, pues el mundo les pertenece y hay que disfrutarlo. «Si la imagen visual es el amo de la sociedad del espectáculo, el ruido es su sirviente. La proliferación de imágenes visuales va acompañada de un aumento de los tipos y niveles de ruido», concluye Richard Stivers (1994).

El barullo continuo es una forma de contaminación que no afecta únicamente a los oídos sino a todo el organismo. La contaminación acústica anula la posibilidad de encontrar un equilibrio físico y mental. En el espacio público, hay montones de imágenes que uno no tiene deseos de ver, aunque, si bien no es sencillo, se puede tratar de no mirarlas. En cambio, con el sonido no hay escapatoria. Jacques Attali piensa que el ruido es violencia. Mata. Hacer ruido es comparable a matar (Attali, 2001: 50).

Consideremos el caso de las personas que ponen la música a todo volumen. ¿Qué hay detrás de ese hábito? En una entrevista, Saul Landau explica que, para algunos,

> es una forma de resistencia, como decir que no te voy a permitir entrar: voy a poner la música tan fuerte que no vas a poder saber qué hay en mi mente ni voy a oír lo que me digas. Haciendo ruido, voy a alejar las fuerzas que tratan de atraparme. Los muchachos negros andan con sus equipos de música a todo volumen: no te me acerques. O las personas que van en sus coches con la radio a tope: aléjate. Es una forma de resistencia. El rap, las letras de la música rap son agresión, agresión, agresión. Apártate de mi camino; no me toques. No quiero más porquerías. De alguna manera, es un ataque a la música comercial. Pero, como ocurre con otros elementos creativos, la cultura corporativa transforma esa música en una mercancía y, de ese modo, pasa de ser un medio de resistencia a formar parte de la extensa cultura corporativa. El ruido en sí pasa a ser una mercancía.

El sexo es otro ingrediente que, en cierto sentido, está convirtiéndose en mercancía; al mismo tiempo, el intercambio de bienes se rodea, cada vez en mayor grado, de una atmósfera fuertemente sexualizada (Frith y Goodwin, 1990: 388-389). La situación no es la que imaginaban los idealistas de las décadas de 1960 y 1970 que luchaban por la liberación sexual. El ideal consistía en liberar el erotismo, el placer sexual y la belleza de la opresión puritana. Que las personas pudiesen tomar su propia decisión en lo que se refería a su sexualidad y al tipo de imágenes e imaginaciones que les provocaran placer. Que las mujeres dejaran de ser consideradas y tratadas como objetos por parte de los hombres. En cualquier caso, el ideal *no* era que la liberación sexual se transformara en una explotación comercial del sexo. No obstante, eso fue exactamente lo que ocurrió. En el canal de televisión ruso M1 pasan un programa llamado *La verdad desnuda* los sábados por la mañana cuya conductora es Svetlana Pecotska, una joven de 26 años que, cuando comienza el programa, está totalmente vestida y lee las noticias que suelen transmitir otros noticiarios. Cuando termina el programa, la joven se ha quitado casi toda la ropa y queda con el torso desnudo.[9]

Además, está la producción a gran escala de pornografía que, a primera vista, no parece ser un gran problema. A los que les gustan las telenovelas no se les muestra algo mucho más sutil. Más interesantes son las imágenes eróticas refinadas, que no son tan comunes en el mercado. No se trata únicamente de estética o de gustos, también está en juego qué elecciones se hacen en la vida y qué tipo de imágenes y representaciones teatrales estimulan el erotismo. ¿El sexo puede tener lugar de modo tan directo y sin demasiada comunicación entre las personas involucradas? ¿O acaso el sexo y el erotismo son una especie de juego en el que los individuos se comunican de modo diferente del que utilizan en otras experiencias?

En efecto, no es cuestión de hacernos los románticos: el sexo es una práctica diaria o semanal, más allá de la fantasía. Sin embargo, optar por imágenes abiertamente pornográficas o por la imaginación erótica de mayor refinamiento estético dice algo sobre cómo concibe la sexualidad una sociedad determinada, tanto en lo individual como en lo colectivo. En apariencia, el mercado comercial de las imágenes y los espectáculos de sexo es muy importante, o quizá los productores de esas imágenes no logran imaginar formas de sexualidad más sutiles.

La clase de imágenes que un individuo elige como estímulo sexual es un asunto que pertenece al ámbito privado, pero cuando las imágenes eróticas forman parte de la publicidad comercial, el tema se vuelve público. Según Margreth Hoek, eso nos lleva a mirar cosas que no deseamos:

> Muchos productos no evocan el deseo por sí mismos. Son los deseos inconscientes los que se añaden al producto, y ello responde a que los anunciantes libran una batalla por ganarse la atención del consumidor y

no encuentran motivos para contenerse en medio de la competencia. Como consecuencia, cuando voy por la calle todo el tiempo aparecen ante mí expresiones no deseadas de esa contienda. Me agota tener que observar imágenes enormes que presentan la amistad, el amor, el erotismo y el sexo por medio de estereotipos.[10]

Siguiendo esa línea, muchas mujeres parisinas se ofendieron cuando Les Galeries Lafayette pusieron maniquíes prácticamente desnudos en seis de los escaparates de la tienda sobre el bulevar Haussman, para presentar su nueva colección de lencería. Muchas mujeres y miembros de asociaciones feministas hicieron manifestaciones frente a la tienda y en las escaleras de la Ópera Garnier contra la mercantilización del cuerpo humano, y condenaron «los estereotipos sexistas reaccionarios en exhibición». Y hasta hubo dos miembros del gobierno francés, Ségolène Royal y Nicole Péry, que expresaron su descontento a la gerencia de la empresa.[11]

La pornografía dura, cada vez más frecuente, muestra escenas sadomasoquistas, violaciones, tortura y asesinato de mujeres y niños. Como era de esperar, ese tipo de escenas no se limitan al ámbito privado. A finales del siglo XX, la cultura corporativa necesitaba imágenes de mayor impacto para llamar la atención, y para eso nada mejor que una combinación de sexo y violencia, que es lo que vemos en grandes carteleras publicitarias en la vía pública. Por supuesto, las grandes corporaciones no nos muestran todos los detalles que sí aparecen en la pornografía dura, pero las imágenes muestran la brutal dominación erótica de hombres sobre mujeres y niños de manera lo suficientemente explícita como para hacer referencia a los aspectos más oscuros de la comunicación humana. La violencia es uno de los temas preferidos por la cultura corporativa.

La violencia se propaga con facilidad

«Los que determinan el rumbo de nuestro negocio de vídeos son, por lo general, los adolescentes y los adultos jóvenes», comentaba Strauss Zelnick cuando era presidente de Twentieth Century-Fox. «Ellos no alquilan películas intimistas; prefieren las películas de acción y aventura» (Ohmann, 1996: 26). En el negocio de las películas y la televisión, evaluado en un billón de dólares, las empresas se dedican a crear productos de alcance mundial, sin ninguna nacionalidad identificable. El auge de la coproducción internacional de las últimas décadas se debió tanto al aumento de la cantidad de canales y cadenas de televisión en el exterior como a los costos de producción.

Como la realización de películas y programas de televisión estadounidenses se financia en gran parte con ingresos provenientes de todo el mundo, los canales se ven obligados a lidiar con conflictos sutiles y no tan sutiles con sus socios internacionales. George Shamieh, de PM Entertainment, la empresa que distribuye *L.A. Heat* y otras series de acción, soporta las presiones de programadores japoneses para que haya más elementos de ciencia ficción en los programas y las de los canales italianos, que se quejan de que haya tanta acción y tan pocas historias de amor. De acuerdo con Shamieh, «una cosa en la qué todos están de acuerdo es que se utilicen los más modernos artefactos bélicos. Los públicos de los distintos países no se cansan de los detectores infrarrojos, los detectores remotos con pulsador y los robots».[12]

George Gerbner subraya que la mayoría de los productores cinematográficos no logran recuperar la inversión en el mercado doméstico, sino que «se ven obligados a producir vídeos y a vender al exterior para obtener beneficios. En consecuencia, necesitan un ingrediente dramático que no requiera traducción, "hechos elocuentes por sí solos" que se adecuen a cualquier lengua y cultura. Ese ingrediente es la violencia». En su análisis, Gerbner muestra que la violencia es dominante en los productos exportados por Estados Unidos. Por medio del NAFTA y la OMC, la destrucción es esparcida por el mundo en nombre del «libre comercio». «Lejos de reflejar la libertad creativa, esa estrategia desperdicia el talento, limita la libertad y congela la originalidad. Y ese perjuicio contra la originalidad y la integridad dramáticas no es una consecuencia menor. La violencia concebida con arbitrariedad se inserta en programas que siguen una fórmula adecuada a las condiciones del mercado, no a las necesidades dramáticas.» El autor concluye que «la violencia "se propaga con facilidad"» (1997: 14-15).

Aunque haya diferencia entre las distintas estadísticas, todas son impactantes. Un estudio realizado a petición de Clinton revela que «al llegar a los 18 años, los niños estadounidenses habrán visto 4.000 escenas de asesinatos y 200.000 de violencia en películas o series» (*International Herald Tribune*, 3 de junio de 1999). A comienzos de la década de 1990, la Asociación Estadounidense de Psicología estimó que el niño norteamericano promedio ve tres horas de televisión al día, por lo que, al llegar a séptimo curso, habrá visto 8.000 asesinatos y 100.000 actos de violencia. En los videojuegos, los asesinatos implican una participación más activa. Los adolescentes norteamericanos, al llegar a los 18 años, ya han asesinado a 400.000 enemigos apretando un botón electrónico (Hetata, 1998: 279-280).

Desde 1967, George Gerbner y su equipo realizan un informe anual sobre la televisión llamado «Perfil e índice de violencia». De acuerdo con ese informe, en promedio siete de cada diez programas emitidos en horario central pasan entre cinco y seis escenas de violencia por hora. La mitad de los personajes de esos programas participa en escenas violentas, y un 10% comete un asesinato. Desde hace años la programación infantil de los fines de semana también está «saturada de violencia», con 25 actos violentos por hora (Herman y McChesney, 1997: 146). Los datos corresponden a Estados Unidos pero, en esencia, son similares a los de otros países del mundo porque la mayoría de los canales pasan programas producidos y distribuidos por los grandes grupos culturales. Hasta en Zimbabue, por ejemplo, los ayuntamientos proyectan *Kung Fu* o *Rambo* en eventos de beneficencia (Plastow, 1996: 181).

Además, en lo que a violencia se refiere, gran parte de la oferta televisiva local de distintas partes del mundo es similar a la de las industrias culturales transnacionales. En *Nuestra diversidad creativa*, el informe de la Comisión Mundial de Cultura y Desarrollo de Naciones Unidas, aparece lo siguiente:

> en un estudio reciente realizado en la India, los entrevistados consideran que más del 70% de los programas son violentos. En otro estudio llevado a cabo en nueve países de Asia, todos con una proporción bastante alta de programación local, los encuestados perciben que al menos un 60% de los programas son violentos. Esa percepción está teñida por el contraste entre el contexto local y las imágenes de otras culturas. Tal es el caso de los tailandeses y los coreanos, a quienes llaman la atención los programas de «erotismo y crueles samuráis» y la agresividad ajena a sus propios valores (Pérez de Cuéllar, 1996: 123).

En China, «las películas de terror filmadas en Hong Kong y las de artes marciales de clase B alimentaban la fantasía del público con policías y ladrones moviéndose por la pantalla y dejando a su paso una estela de matanza y destrucción: edificios derruidos, cadáveres apilados, públicos estupefactos y productores de cine locales desorientados». Jianying Zha comenta que, en respuesta a una sed aparentemente insaciable de ver esos géneros cinematográficos, los cines locales han ampliado la oferta de estrenos de Hong Kong (Zha, 1995: 93).

Un ejemplo que permite ver con claridad lo que la industria tiene para ofrecer en materia de violencia es el de las canciones del disco de

Beavis y Butt-Head *Experience*: «Me odio a mí mismo y me quiero morir» (Nirvana), «Looking Down the Barrel of a Gun» [A través del tambor de un revólver] (Anthrax), «99 maneras de morir» (Megadeth), «Busca y destruye» (Red Hot Chili Peppers) y «I am Hell» [Soy el infierno] (White Zombie) (Barber, 1996, p. 334). El crítico de cine Hans Beerenkamp define la película *Starship Troopers* [Las brigadas del espacio], de Paul Verhoeven, como darwinista-capitalista, en el sentido de que triunfan los derechos del más apto, y la asocia con el fascismo. Muchas películas estadounidenses son una especie de preparación para los soldados que van a la guerra: en el proceso, pierden individualidad, y eso los convierte en buenos asesinos (*NRC Handelsblad*, 7 de enero de 1998).

A principios de los años noventa, en Los Ángeles, hubo grandes disturbios cuando la policía golpeó brutalmente a un hombre llamado Rodney King. Por casualidad, la escena quedó registrada en un vídeo. Lionel Tiger comenta al respecto:

> Los canales de televisión mostraron la violenta escena innumerables veces cuando no había necesidad de hacerlo, hasta el punto de que sólo un ciego se la habría perdido. Pero la filmación era tan impactante, y provocaba tanta furia en los espectadores y los presentadores que la ofrecían, que lo siniestro de la escena era insoportable y fascinante a la vez, y se pasaba una y otra vez. A la gente *le gustaba* (Tiger, 1992: 128).

Muchos programas de televisión del mundo entero son similares al de Jerry Springer, en el que los participantes se acusan unos a otros, en la mayoría de los casos por haber mantenido relaciones extramatrimoniales. El programa alcanza su punto máximo –y así debe ser, pues si no perdería audiencia– cuando las personas empiezan a propinarse golpes, tirarse del pelo, agredirse con las palabras más viles e hirientes y desearse una muerte lenta y dolorosa. En esa situación el público grita con entusiasmo y el conductor parece inocente, simulando estar confundido ante tamaña agresión.

Según Kevin Merida y Richard Leiby: «En lo que era el costado oscuro de la cultura estadounidense, hoy hay dibujos animados con personajes neonazis que se pasan en horario central, cómics que despliegan brutalidad, películas que dejan vacíos a los adolescentes, y diseñadores de moda que venden máscaras de cuero negro y visiones apocalípticas. Hay lugar para cualquier cosa, y todo se produce en masa y se consigue con facilidad».[13] De las 11 películas más importantes lanzadas en vídeo en Estados Unidos entre el 6 y el 23 de abril de 1999, siete trataban de temas violentos.

Al mejorar la capacidad de los ordenadores, ahora los videojuegos muestran un realismo más terrible y sanguinario. Hay todo un género de juegos conocido como *shooter*, en primera persona, en el que el jugador tiene la misión de desmembrar monstruos y asesinar personas. El objetivo es matar, y las distintas partes del cuerpo salen volando por todos lados. Eric Harris, uno de los responsables de la matanza perpetrada en una escuela de Littleton, en Colorado, era un experto en *Doom*, un juego *shooter* que Id Software de Texas lanzó al mercado en 1994. No es fácil resistirse a la estrategia de mercadotecnia para el *Doom*, sostienen Merida y Leiby. El juego estaba disponible en Internet, y los jugadores podían personalizar las salas de muerte y seleccionar armas entre todo un arsenal a su disposición. También podían agregar más niveles pagando una suma por software adicional. Se vendieron al menos medio millón de copias del juego.[14]

En las películas violentas casi no hay diálogos; nadie pierde el tiempo explicando las razones de los disparos y las muertes: todo se da por sentado. Nomi Victor ha propuesto la interesante teoría de que las películas de acción son violentas no tanto por el componente «físico» de la violencia, sino por la ubicua prescindencia del lenguaje.[15] Jo Groebel afirma que la violencia como producto de entretenimiento carece por lo general de un contexto que vaya más allá de una imagen estereotipada del bien y el mal (1998).

En los viejos filmes de Hollywood, al final perdían los malos. En las películas actuales todavía hay malos, pero ya no son perdedores; los que fracasan son los buenos. El bien y el mal parecen conceptos anticuados y la moralidad es palabra prohibida.[16] Entre tanto ha surgido un género conocido como *Nouvelle Violence* que despliega acometidas violentas en películas consideradas artísticas. Jon Stratton hace notar que la posibilidad de resolución del conflicto desaparece con la desaparición del motivo del perpetrador. La sed de *pur sang*, la violencia sin ninguna causa ni consecuencia (y, por tanto, sin catarsis), se presenta como inesperada e inevitable, y ha sustituido a las formas racionales y narrativas de violencia.[17] Samantha Holland sostiene que, en películas como *Robocop 3, Cyborg, Universal Soldier* [*Soldado universal*], *Terminator* y *Eve of Destruction* [*Doble identidad*], el sufrimiento es un ingrediente importante. «Ya sea que el *cyborg* tenga capacidad para sentir el dolor o no, *siempre* tiene la capacidad de producir dolor por medio de la violencia física. Las películas de *cyborgs* ponen siempre la violencia física en primer plano, en especial la violencia física que se ejerce en el *cuerpo*» (Featherstone y Burrows, 1995).

Esa clase de violencia se agudiza cuando está asociada con el sexo, característica que es cada vez más frecuente. Los filmes sobre el crimen organizado producidos en Hong Kong son una forma de películas de parejas de amigos que muestran que la sensibilidad homosexual lleva a una muerte violenta. Según ciertos críticos de cine japoneses, en las películas pornográficas y de «eroducción», la tortura es una especie de «ceremonia de purificación», explica Brian Moeran:

> Por lo general, en esas películas las víctimas son mujeres y, de acuerdo con las creencias sintoístas y budistas, las mujeres son impuras, pues la sangre menstrual se asocia con la contaminación. La sexualidad femenina, sin embargo, puede purificarse por medio de la violación, y en las películas de «eroducción» se ve que las víctimas son símbolos de la inocencia, como niñas con uniforme escolar, enfermeras o jóvenes recién casadas que, casi sin excepciones, se sienten atraídas por los violadores (Ryan, 1989: 162-176).

Algunos cantantes de *rap* que condenan el racismo en las letras de sus canciones denigran sistemáticamente a las mujeres y los homosexuales.[18] El *gangsta rap* celebra el mundo de lo material, altamente competitivo, en el que el sexismo del hombre negro está a la orden del día. Si el objetivo del género es desatar la polémica, lo logra (Hooks, 1994: 118).

Susan Faludi afirma: «En tiempos de reacciones violentas, las imágenes de mujeres recatadas atiborran las paredes de la galería de la cultura popular. Las mujeres aparecen silenciadas, infantilizadas, inmovilizadas o, en los casos más extremos, asesinadas» (Faludi, 1991: 70). Marilyn French está de acuerdo con los tabúes que existen en la expresión del antisemitismo o el racismo. «Sin embargo, hay muchas obras famosas que se detienen demasiado en la violación, la mutilación y el asesinato de mujeres. Las personas pueden no estar de acuerdo en cuestiones morales, pero ciertas escenas son tan crueles y monstruosas que pocos seres humanos podrían dudar de su repugnancia. ¿El odio y la violencia contra las mujeres no es repugnante acaso? ¿Por qué se permite su representación?» (French, 1993: 178-179). No es la erotización de la imagen femenina lo que molesta, dice Marilyn French, sino el hecho de que se erotiza para apropiarse de ella. En el último capítulo volveré al tema de la libertad de expresión, la censura y el autocontrol.

No hay nada nuevo bajo el sol. Hace unos dos mil años, los romanos se regodeaban mirando a prisioneros o esclavos devorados por animales en el Coliseo. Algunos disfrutan viendo sangre y víctimas que sufren. Si no, no se entiende por qué se permite que haya público observando ejecuciones en las cárceles de Estados Unidos (Tiger, 1992: 129-131).

Imaginemos por un momento una corrida de toros en España. La exaltación domina el ambiente apenas uno llega. La contienda entre el torero y los toros está por comenzar. Se despliegan todos los rituales de rigor. El torero se estimula con la música apasionada y su coraje aumenta con los aplausos y vítores del público. Provoca al toro y elude su ataque con elegancia. El peligro del juego va en aumento, y la pregunta sobre cuál de los dos protagonistas caerá muerto está cada vez más cerca. El espectáculo llega a su momento culminante. Yo me pregunto: ¿esto causa placer?

Me hago la misma pregunta tras ver en la televisión, durante una semana, a cientos de personas asesinadas, mujeres violadas o agredidas, así como el derroche o uso irracional de los recursos naturales, un carnaval de caos y rapiña: ¿esto causa placer? La destrucción de la vida y la naturaleza me afecta, y no debería presentarse como forma de entretenimiento. Si bien es necesario informar al público de las crueldades de la vida humana –en los noticiarios, el teatro, el cine, la danza, la literatura y las artes visuales–, no creo que haya que presentarlas como entretenimiento, diversión o espectáculo. La compasión y la solidaridad deberían ser los únicos motivos para mostrar escenas horrorosas o crueles. En muchas culturas del pasado y del presente, los espectáculos brutales y crueles son parte fundamental del entretenimiento público. Quizás en algunas culturas esas representaciones formaban parte de un conjunto de rituales o actos litúrgicos formales que hacían que el dolor fuese aceptable para la forma de pensamiento dominante. Probablemente esas convenciones hayan demarcado límites alrededor de las erupciones de brutalidad.

La corrida de toros, por ejemplo, podría ser un momento solemne en el ciclo de las estaciones del año, pero quizá la diferencia con nuestra cultura occidental de hoy es que la representación de crueldades es un espectáculo y no un ritual, y no tiene la estructura de un marco cultural coherente que le otorgue significado y resonancia. A pesar de esas diferencias, existe una similitud fundamental: los espectáculos violentos consagran la crueldad y la muerte, y las personas se divierten con el daño y el horror.

Siempre ha habido quienes se cuestionan seriamente la representación de la crueldad, el caos y la destrucción como una forma de hacer que la vida sea más excitante y llevadera. La naturaleza del placer depende de un trasfondo de premisas culturales y del resultado (temporal) de la lucha social y cultural en esa dimensión fundamental de la vida humana. En este contexto, en el que se ve a las artes como fábricas y depósitos de significados culturales, nos corresponde analizar el tema del placer en tanto producto a gran escala de las industrias culturales. El placer es su recurso comercial, su razón de ser, el punto de partida para la creación y la principal fuente de ingresos. En gran medida, las industrias culturales son responsables de establecer los estándares contemporáneos de qué se considera placer aceptable y deseable. El hecho de que lo hagan a una escala masiva sin precedentes indica que debemos tomar seriamente su influencia formativa sobre ese aspecto de la vida.

No sería adecuado pensar que este tipo de violencia extrema sea algo que sólo se encuentra en los productos culturales comerciales: nada más alejado de la realidad. Los primeros expresionistas anhelaban la guerra, igual que los futuristas. Incluso después de la Primera Guerra Mundial, en lugar de frenarse, la celebración de la violencia aumentó. Hans Magnus Enzensberger recuerda que los escritos del Marqués de Sade se han vuelto objeto de culto, lo son aún hoy, para un público que adora la violencia. Ernst Jünger popularizó la concepción de la violencia purificadora de las tempestades de acero. Céline coqueteaba con los grupos antisemitas y André Breton declaró que «el más simple acto surrealista consiste en abalanzarse hacia la calle, pistola en mano, disparando a la multitud tanto como lo permita el gatillo» (en Enzensberger, 1993: 67). En su análisis de la literatura latinoamericana, Ariel Dorfman observa que los personajes creados por Asturias, Carpentier, Fuentes, Vargas Llosa, García Márquez o Sábato buscan, por medio de la violencia, signos de su propia esencia o del orden del universo:

> La situación violenta tiene una característica primordial, que está presente en toda la narrativa hispanoamericana contemporánea: el hecho de que la violencia no se elige sino que se da por sentada y se acepta para que los personajes descubran su propia identidad. Los personajes de Borges, por ejemplo, no rechazan ni intelectualizan la agresión: la viven. Quizás elijan su forma de violencia, pero no el hecho de la violencia en sí (Dorfman, 1991: 37-38).

De acuerdo con Rustom Bharucha, el director de teatro italodanés Eugenio Barba

utiliza un vocabulario «violento» para expresar las «leyes» de la actuación. Tomando como fuente a los maestros de la representación tradicional de Asia, suele referirse a la «muerte» de los ritmos corporales «naturales», sin los que el «cuerpo de ficción» del actor no puede tomar forma. También habla de la «segunda colonización» del cuerpo, que nace por medio de resistencias que permiten a los actores descubrir energías más «inmediatas» y «espontáneas».

Rustom Bharucha se pregunta si es necesario «matar» una cosa para crear otra nueva. «¿No se puede trabajar con los recursos («naturales») existentes y hacer que surja algo a partir de ellos?» (1993: 56). El creador teatral belga Jan Fabre asegura que la agresión se encuentra en todas sus puestas en escena. «El arte debe ser agresivo, siempre. Para mí, es la única forma de mostrar algo. Evidentemente se trata de una agresión sublimada, pues la mayoría de los artistas son cobardes. La agresión es una forma de comunicación» (*De Volkskrant*, 16 de junio de 1984).

A pesar de todo, se puede abordar la violencia desde otro ángulo y pensar que la agresión es un fracaso de la comunicación humana. De los artistas y productores depende qué van a mostrar, en qué van a profundizar y a qué van a acercarse: el sufrimiento que surge por el fracaso en establecer una comunicación respetuosa entre seres humanos o las «soluciones» violentas en respuesta al fracaso de la comunicación y la idolatría del dolor, la tortura, la violación y el asesinato.

Influencia

Qué pasará por mi mente, me pregunto cuando veo anuncios publicitarios en la calle, los periódicos, las revistas o la televisión. ¿Cómo afectan a mi sensibilidad las películas y las imágenes que veo, la música que escucho y los libros y revistas que leo? ¿Cómo influyen esos elementos en la decisión que debo tomar entre profundizar en temas morales y quedarme cómodamente en la superficie? ¿Cómo dan marco a mi deseo de placer y qué tipo de placer? ¿Me mueven a desear la calma o la intranquilidad? En resumen, ¿cómo se inmiscuyen en mi vida privada los abundantes signos de la cultura corporativa, la forma de cultura dominante en todo el mundo de hoy?

Para ser sincero, debo confesar que no tengo la respuesta a esos interrogantes, pero puedo arriesgar algunas conjeturas. Así, si no tengo un conocimiento cabal de la influencia que tiene la cultura corporativa en mi propia vida, ¿cómo puedo saber qué influencia tiene en los demás, y en particular en los que no comparten el contexto cultural en el que estoy inmerso, en quienes viven muy lejos, en culturas de las que tengo nada más que una idea parcial, si es que tengo alguna?

No es sencillo encontrar una respuesta a la cuestión de la influencia que ejercen elementos tan heterogéneos y complejos como las imágenes, los sonidos, las representaciones teatrales, los conjuntos de palabras, los colores y los movimientos corporales. Los métodos cuantitativos tienen utilidad parcial en estos casos. Por ejemplo, podemos saber que casi nadie que salga de ver una película violenta empezará a disparar un arma. Entonces podríamos concluir que las personas no imitan lo que han visto y que, por lo tanto, no se ven influidas por esas cosas. Sin embargo, todo el mundo sabe que la influencia en el contexto social e individual no funciona así: todo lo que oímos, vemos, leemos o vivimos deja huellas. Puede confirmar lo que ya sentíamos, provocar una sensación incómoda, mejorar el buen humor que ya teníamos, irritarnos o volvernos más agresivos. En parte es un tema individual, pero también afecta a sentimientos y opiniones comunes.

Por lo general no somos conscientes de todo lo que entra en nuestra mente y nuestro cuerpo, porque nos movemos en círculos que se asocian en mayor o menor medida a las esferas culturales que, a nuestro juicio, son gratas y placenteras. Construimos un filtro mental que deja fuera las sensaciones artísticas que no se adecuan a nuestras preferencias. En consecuencia vivimos en dos niveles, sabiendo qué pasa a nuestro alrededor al tiempo que reaccionamos explícitamente contra eso, y a la vez sin luchar demasiado contra los sonidos, las imágenes o los textos que nos provocan más o menos rechazo. Si no podemos cambiar el contexto cultural, al menos tratamos de sobrevivir.

El tema de la influencia es complejo, pero de todos modos presentaré algunos argumentos sobre cómo operan en nosotros los distintos aspectos de la cultura corporativa. Pero antes quisiera saber si de hecho existe algún tipo de influencia. En las últimas dos décadas, los impulsos que han regido la organización de la vida cultural de muchos países han cambiado por completo. De modo que éste es un buen momento para abordar directamente la cuestión de la influencia que ha habido en la vida y la cultura de los pueblos, en especial porque cabe esperar que en el futuro las corporaciones tengan cada vez más injerencia en los modos en que las personas se divierten, en las imágenes que ven, la música que escuchan y aquello que pasan por alto.

El mundo de los bienes de consumo y los ambientes culturales que ofrecen los grandes grupos tiene su lado atractivo; de otra manera, el público no tendría motivos para abrirse a los mensajes culturales que se difunden. Sin duda a mucha gente le gusta ir de compras, disfruta de las esferas culturales creadas por las empresas y de la estética de los anuncios publicitarios, y obtiene placer genuino y aumenta su autoestima a partir de todo lo que tiene a su disposición (Webster, 1995: 99).

Por supuesto, las personas no se comportan del mismo modo con todos los fenómenos artísticos que tienen a su alrededor. En el mundo hay muchos individuos, muchas culturas y muchas formas de interpretar los códigos culturales, además de grandes cambios en el gusto y la moda. Sería raro que todos reaccionasen exactamente igual ante la multitud de mensajes culturales existentes. Como afirman los teóricos de la posmodernidad, esos textos culturales admiten múltiples lecturas, y en ese discurso posmoderno el texto es una metáfora para todos los tipos de expresión: música, imágenes, movimientos corporales, representaciones teatrales, colores y, por cierto, palabras (Ching, 1996: 181-182). John Fiske advierte que el público tiene un «poder considerable» para negociar los textos que producen los medios (1987: 309), y en las próximas páginas nos dedicaremos a analizar si ese poder es de verdad considerable. Según Fiske, los individuos no son «ingenuos culturales», ni grupos pasivos, ni están a merced política de los barones de la industria. En principio yo diría que el asunto es más complejo.

Stephan Oaks es el presidente de Curious Pictures Corporation, una empresa de Nueva York que se dedica a producir anuncios publicitarios. Oaks informa que «realizar un anuncio de 32 segundos nos lleva entre seis y doce semanas, y el presupuesto promedio es entre 120.000 y 300.000 dólares (Ohmann, 1996: 73-74). Oaks y su equipo hacen consultas a sus clientes sobre cada cuadro. «El proceso es intenso de principio a fin. Nos reunimos para hablar de cosas que quizá sean absurdas, pero son las que en su conjunto constituyen el anuncio que estará en el aire, que tendrá influencia sobre la gente y que otros imitarán.» Tal como él lo expresa, está seguro de que los anuncios publicitarios tienen influencia en la gente, y las empresas que le encargan la realización de esos anuncios lo saben bien; la prueba está en que invierten enormes sumas de dinero en publicidad.

En total, los anunciantes invierten entre 8.000 y 10.000 millones de dólares al año en publicidad televisiva, sólo en Estados Unidos. Y lo hacen porque vale la pena. La influencia que ejercen los anuncios no es azarosa sino bien deliberada. Las empresas estudian los resultados de sus campañas publicitarias día a día, y cuando no están satisfechas con ellos, cambian de estrategia. Es imposible predecir los resultados con exactitud, pero si los anunciantes no lograran distribuir en gran medida su mensaje comercial, las consecuencias para las empresas y el capital que las sustenta serían fatales.

De acuerdo con la Asociación de Agencias de Publicidad de Estados Unidos, una persona promedio está expuesta a 1.600 anuncios al día (Coombe, 1998: 316). El estadounidense adulto promedio ve aproximadamente 21.000 anuncios al año. Las 100 empresas más importantes de Estados Unidos financian un 75% del tiempo de la televisión comercial y un 50% del tiempo de la televisión pública (Korten, 1995: 153). En la actualidad, la red de canales de televisión norteamericanos pone en el aire 6.000 anuncios por semana (McChesney, 1998: 20). Brasil ocupa el puesto número 80 en el *ranking* mundial de inversión en educación, y el número 7 en gastos en publicidad (Oliveira, 1993: 126). Evidentemente, las cifras varían y en distintas partes del mundo la difusión de la cultura corporativa puede ser más o menos intensa. Sin embargo, en conjunto y en todas partes, la avalancha de imágenes, música, danza, obras de teatro, películas y textos con influencia comercial es enorme y va en aumento.

Los anuncios y los programas de televisión tienen gran influencia en la conducta y la vida emocional de las personas, y deberíamos tener en cuenta que quienes los realizan son artistas. William Leach menciona que, a finales del siglo XIX, en Estados Unidos, «los grandes grupos y los minoristas podían elegir entre un conjunto cada vez más numeroso de artistas que diseñaban carteleras, pósters, catálogos y todo tipo de anuncios para publicar en periódicos y revistas» (Leach, 1993: 52). Los artistas componen la música, interpretan las obras de teatro, crean los efectos de sonido, las esculturas y los eventos multimedia, además de pintar, diseñar, bailar y escribir.

Cuando pensamos en la enorme cantidad de publicidad que existe, hay algo que nos viene de inmediato a la mente: los anuncios tienen influencia específica en las personas. ¿Sería posible que la programación cultural y la atmósfera que rodea los anuncios *no* tuviesen influencia tanto de modo general como específico? Si un medio ejerce influencia por pasar un anuncio, es bastante improbable que, cuando en ese mismo medio, un minuto después, aparece un programa, una telenovela, una película o un concierto no se ejerciera alguna influencia. Incluso es probable que la influencia de la programación cultural tenga la misma importancia que la de los anuncios. Puede ser un poco más difusa, porque en un programa cultural no hay mensajes comerciales directos; no obstante, muchos anuncios tampoco tienen mensajes claros.

Como en el caso de la publicidad, todo el arte y el entretenimiento expresan una atmósfera o clima, reflejan una forma de vida, sugieren, por ejemplo, una idea de placer. Su impacto puede ser tan poderoso como el de los mensajes comerciales directos, y hasta puede ser más fuerte si el vídeo, el póster, la imagen, la foto, la obra de teatro, el programa, la película, la telenovela, la canción o el libro son atractivos en el aspecto estético.

No todos reaccionan de la misma manera ante una obra artística, en parte debido al trasfondo cultural, y lo mismo ocurre ante una publicidad. Sin embargo, no hay un número ilimitado de reacciones posibles, en primer lugar porque no es fácil salirse de los márgenes de interpretación y significado sugeridos por un buen artista. Una buena obra de arte tiene poder de seducción, y el que escucha, lee o mira tiene que hacer un esfuerzo para debilitar ese poder e interpretarlo o reaccionar ante él de un modo absolutamente distinto del que el artista tuvo en mente en el momento de la creación. No todos tienen la capacidad ni la voluntad para hacer ese esfuerzo.

Por otra parte, todos los canales de comunicación presentan los programas culturales rodeados de una atmósfera determinada, con cierto clima asociado, en un contexto especial. Todo ello contribuye a aumentar la probabilidad de una interpretación en particular y a reducir la de otras interpretaciones posibles. Los canales que dependen de los anuncios publicitarios tienen que asegurarse de que la programación en la que están insertos esos anuncios ofrezca un contexto favorable para el consumo. La supervivencia y el éxito de esos canales depende de que sean capaces de despertar sentimientos positivos para el ambiente que crean, y los programas participan de ese ambiente. Por medio de la contextualización, los medios restringen el rango de interpretaciones posibles. Sus programas no deben generar demasiada controversia. La idea es que el público disfrute con el paquete completo, es decir, la publicidad y la programación (que están cada vez más estrechamente relacionadas), y que luego consuma productos.

Sería erróneo pensar que el verdadero problema es que las personas son ingenuas. De hecho, el público interpreta los mensajes de distintas maneras, los transforma de acuerdo con su propio gusto y experiencia. Por otra parte, no cabe pensar que el público tenga injerencia activa en la programación y la interpretación para que éstas se ajusten a sus deseos y necesidades.

En opinión de Herbert Schiller, la clave es la siguiente: el público no es ingenuo pero tampoco controla los medios de comunicación. En cambio, se le tiene en cuenta en las enormes batallas publicitarias que se libran para conquistar su corazón y su cartera, si bien no del modo que proponen muchos expertos en comunicación. «Los ejecutivos de las industrias culturales están muy atentos a lo que sienten y desean los diversos públicos de la nación. En eso consiste su trabajo y para eso les pagan bien, para evaluar sentimientos y deseos día a día, o bien hora a hora. Cuando los ejecutivos se equivocan, cosa que suele ocurrir, pierden su trabajo». Schiller concluye que el público, activo o no, está en el extremo receptor de las fuerzas comerciales y los cambios que éstas introducen. «Es inevitable que las perspectivas de la audiencia reciban la influencia de esas fuerzas» (Schiller, 1989a: 153-156; véase también Tomlinson, 1991: 36).

El objetivo principal de la batalla campal por conquistar al público es acercarlo a los anunciantes; servir al público es un medio, no un fin (Herman, 1997: 7). En otras palabras, los medios «fabrican» el público, que luego puede venderse como un bien a los anunciantes (Lury, 1993: 50).

Los cálculos indican que en 1995 la publicidad de todo el mundo ascendía a 261.000 millones de dólares, cifra que probablemente se septuplique en el siguiente cuarto de siglo. Hacia 2020 los anuncios implicarán 2.300 dólares más en los gastos que hagan los habitantes de Estados Unidos en sus compras. La cifra correspondiente para los ciudadanos de Europa occidental será de 1.100 dólares y de 600 para los de Europa oriental, más que el ingreso medio de la mayoría de los habitantes del mundo de hoy en día (Ginneken, 1996: 56). Es obvio que en el precio que pagamos por un producto está incluido el costo de la publicidad, el patrocinio y la creación del compromiso con la marca. Es una forma de carga fiscal que aportamos involuntariamente –después de todo, no podemos evitarla– y que no está controlada por el Parlamento, de modo que puede decirse que se trata de impuestos que se aplican sin tener en cuenta nuestra decisión y, como consecuencia, no se respetan las leyes fundamentales de la democracia.

Jaap van Ginneken destaca que la mayor parte de los montos que se invierten en publicidad van a los medios, pero no a todos los medios. Sólo ciertos tipos particulares de medios y formatos se verán favorecidos. Así, determinados tipos de medios y formatos se fortalecen y otros se debilitan. En consecuencia, las enormes sumas destinadas a publicidad determinan en gran parte qué medios sobreviven y cuáles desaparecen o tendrán dificultades en seguir adelante (Ginneken, 1996: 56).

La influencia de la cultura corporativa no se ejerce únicamente sobre la conducta y la forma de pensar de la gente, sino también sobre la existencia o desaparición de tipos de medios específicos. En lo que concierne a la democracia, esa situación es arriesgada.

Estimular el deseo, despertar la memoria, crear la fantasía

¿Cómo se ve afectada la vida de las personas por la acción de la cultura corporativa? En términos generales, la cultura corporativa opera de dos maneras: por un lado promueve ciertos valores y conductas, como el consumo individual o la competencia; por otro lado no hace referencia a valores más complejos o con mayor relación con lo social, como la solidaridad o la preocupación por los demás. Aunque quizá el segundo tipo de influencia sea más importante que el primero, no se le presta atención. Como la cultura corporativa tiene capacidad formativa, de qué temas no habla resulta fundamental; por ejemplo, de cómo construir en conjunto una sociedad más humana y más justa, y un medio ambiente sostenible, cuestiones a las que me referiré al final de este capítulo.

Uno de los efectos más llamativos de la cultura corporativa es la ingeniería de la demanda de bienes de consumo. Luis Augusto Milanesi sugiere que la televisión influye en el consumo no sólo mediante la publicidad sino con toda la programación. Según este autor, la industria textil y de la moda brasileña no podría haberse desarrollado de no haber sido por la televisión. La ingeniería de la demanda es crucial para el capitalismo monopólico, al que la moda le resulta indispensable. La televisión se ha convertido en un símbolo de la modernidad en sí misma por medio de la propagación de un modelo de consumo moderno (Vink, 1988: 39).

La mercadotecnia posfordista descompone los mercados y el consumo en «estilos de vida», «nichos de mercado», «grupos objetivos de consumidores» o «segmentos de mercado», conjuntos que no se definen mediante estructuras sociodemográficas amplias y no se correlacionan con ellas con facilidad, si es que existe alguna relación. En cambio, se definen por significados culturales que asocian una serie de mercancías e imágenes con una imagen coherente. Como afirma Don Slater, «la mecadotecnia del estilo de vida no sólo identifica y apunta a los estilos de vida existentes sino que además los *produce*, organizando consumidores según patrones coherentes construidos y distribuidos por medio del diseño, la publicidad y los medios (que en sí son cada vez más segmentados y menos masivos)» (Slater, 1997: 191).

Slater observa que ya no consumimos cosas sino signos. En efecto, los bienes inmateriales desempeñan un papel que cada vez tiene un protagonismo mayor en la economía y el consumo. Sin embargo, el concepto de «servicio» es ambiguo. Muchos servicios están formados por una cantidad considerable de componentes materiales. Tal es el caso de

McDonalds, que vende miles de millones de hamburguesas (muy materiales), o del sector turístico, que depende del desarrollo de infraestructuras. «Aun así, gran parte del consumo se asocia con brindar información, asesoramiento y experiencia, con actividades para el tiempo libre y el entretenimiento.» Hasta los bienes materiales parecen tener un componente inmaterial significativo:

> Ese material es la extensión de la «estética del bien de consumo», por lo que gran parte del mismo se apoya en el diseño, el envoltorio y las imágenes publicitarias. Mars no vende chocolates sino una «experiencia de sabor». Una proporción de esa parte inmaterial se atribuye a la *mediación* de los bienes: encontramos objetos (y servicios, experiencias y actividades que se han cosificado como bienes de consumo) que adoptan la forma de representaciones: en la publicidad, en la descripción de estilos de vida en las películas, la televisión y las revistas, y en encuentros mediados con celebridades y estrellas, entre otras (Slater, 1997: 193-194).

Los medios establecen qué temas se tratan y qué asuntos se debaten, pero eso no es todo, pues además dan forma al deseo, la memoria y la fantasía (Shohat y Stam, 1994: 356). Presentan su concepción de la realidad, un mundo donde la memoria ya no es necesaria. «Las imágenes visuales son un sustituto de la memoria», se lamenta Richard Stivers. «La televisión nos exige vivir en un presente inestable en el que la memoria se entromete en el camino de la placentera pérdida de la individualidad que surge de un modo vicario de vivir la vida a través de imágenes.» Pero la televisión también nos encierra en el orden de la realidad. «Sin la inspiración del orden de la verdad, de la atribución de significados, la realidad se vuelve más terrible y más insoportable.» Stivers asegura que, en general, la televisión y los espectáculos visuales restan significado a la existencia. «Esta situación es una de las principales causas del sentido de un destino apocalíptico, pues la esperanza proviene solamente del orden de la verdad. Y, por cierto, lo opuesto a la esperanza es la desesperación» (Stivers, 1994: 143).

Otra área en la que la cultura corporativa tiene influencia es el amplio campo de la educación, lo que se realiza por medio de la presentación de qué valores son importantes en la vida y qué estilo de vida es el deseable. Los colosos culturales se han convertido en educadores y guardianes del reino social, dice Herbert Schiller. «Ellos seleccionan o descartan las historias y las canciones, las imágenes y las palabras que crean la conciencia y la identidad individuales y grupales» (Schiller, 1993: 466). El autor hace una descripción del modelo estadounidense, tipificado por las creaciones de Disney, por ejemplo, que se apoya en gran medida en los encomiables beneficios de la tecnología –y no en los costes– y de un entorno social ordenado –en el que si no hay trabajadores, mejor–, así como en el placer consumista de la clase media. «En el "entretenimiento para la familia", la existencia de desigualdad social se minimiza o se niega, y las actividades necesarias para superar esa inequidad no se mencionan» (Schiller, 1989a: 41). En Disney, tanto el creador como la empresa se ven a sí mismos como directores de escuela, consejeros de familia, guardias comunitarios, guías espirituales y protectores de los grandes preceptos de la vida social (Eudes, 1989: 262).

Uno de los aspectos fundamentales de Hollywood es que presenta una imagen del desmoronamiento de las viejas formas de vida y el establecimiento de otras nuevas (Jameson, 1998: 63). Los medios interfieren en los procesos psicológicos de la adolescencia, en la crisis de identidad típica de esa etapa, al tiempo que crean nuevas modas y estilos. En el análisis de Stuart Hall y Paddy Whannel, los medios

> brindan un conjunto de soluciones para la búsqueda de roles adultos más satisfactorios y cargados de significado. Y el peligro es que provoquen un cortocircuito en este difícil proceso por ofrecer un rango demasiado limitado de modelos sociales para los jóvenes, un tipo de identidad de consumidor que podría resultar peligrosa aunque aquéllos la rechazaran. Aquí parece haber un conflicto claro entre consideraciones comerciales y culturales del que los proveedores comerciales no se responsabilizan (Frith y Goodwin, 1990: 30).

Rachel Dwyer observa que una de las características más impactantes del cine hindi de la India es cómo opera el sistema de celebridades, que emergen como un texto y son el foco de los discursos sobre la sexualidad, el deseo y el cuerpo, el amor y la familia:

> En la década de 1990, esos discursos convergieron en un nuevo género cinematográfico que ponía en primer plano la confianza cultural naciente de las nuevas clases medias, mostrando sus aspiraciones culturales en películas románticas de presupuesto considerable que fueron grandes éxitos de la década pasada. Esas películas representaban la naturaleza del sexo, el romance y la familia en un contexto de personajes millonarios, y marcaron el camino de la movilidad social en la India (Dwyer, 2000: 96).

El cine hindi presenta las ambiciones de una creciente clase media de modo más o menos coherente, algo que ha venido cobrando relevancia en la India desde que el país se abrió a los productos extranjeros. El cine se convierte en maestro, guía y ejemplo.

Todo eso se vuelve explícito en el culto del cuerpo, en el que la juventud y la salud representan el capital económico y cultural:

> Así se explica el auge de una cultura de la dieta y del ejercicio físico y de la industria de la moda y la belleza, lo cual ha hecho que las personas mayores perdieran el estatus de que gozaban y empezaran a temer que pasarían sus últimos años en hogares de ancianos en lugar de hacerlo con su familia. La valoración del cuerpo joven va de la mano de una visibilidad manifiesta de la pareja erótica, particularmente en la publicidad, el cine y la televisión (Dwyer, 2000: 50).

En este capítulo ya me he referido al tema de la violencia y cómo ésta se presenta como un componente aceptable de la cultura corporativa. Ahora trataré la cuestión de si esas representaciones de la violencia en las distintas formas del arte y el entretenimiento ejercen alguna influencia en la conducta humana.

En 1987, un niño inglés hizo una recreación de *First Blood* [*Acorralado*], una película de la que Sylvester Stallone era protagonista. La consecuencia del episodio fueron 16 personas muertas. En 1995, una niña y un niño atacaron a una comerciante, que quedó paralítica. Los niños confesaron haberse inspirado en *Natural Born Killers* [*Asesinos natos*], la película de Oliver Stone en la que una pareja de asesinos en serie mata a 52 personas. En los dos casos hay una relación demostrable entre las escenas cinematográficas y los tiroteos; los asesinos hicieron una reconstrucción aproximada de los guiones. Con todo, las imitaciones directas de la violencia no ocurren muy seguido, casi nunca en realidad, teniendo en cuenta la enorme cantidad de violencia que se muestra en nuestras culturas artísticas contemporáneas.

Más de una vez ha ocurrido –en especial en Estados Unidos– que alguien haya empezado a disparar a tontas y a locas y haya matado a mucha gente. En la mayoría de los casos esas masacres no son una imitación directa de algo visto en una película. En muchas ocasiones se ha sabido que el asesino había pasado mucho tiempo en contextos culturales violentos como lo son las organizaciones neonazis, para las que matar es un hecho divertido. Pero los asesinatos en masa no son cosa de todos los días. Son espectaculares pero insignificantes si se comparan con lo que los medios ofrecen en el campo de la violencia.

Si no hay una relación directa entre esos actos violentos y las películas violentas que los responsables de esos actos han visto, las canciones crueles que han escuchado o los cómics sangrientos que han leído, entonces es difícil probar que haya habido alguna influencia. Según Marilyn French, si bien eso puede ser verdad, no hay razones suficientes para afirmar que la cuestión termine aquí. Esta autora da como ejemplo el caso de quienes se oponen a la postura de las feministas contra la pornografía exigiendo pruebas de que las películas pornográficas estimulen o despierten en los hombres la violencia contra las mujeres:

> Pero la intersección entre la cultura y la vida no puede cuantificarse ni probarse. Es imposible *probar* que la violencia contra las mujeres en la pornografía despierte la violencia contra ellas en la vida real, como tampoco puede *probarse* que el desprecio por los negros y los judíos, tan común en el siglo XIX, fue la causa del horror del colonialismo en África o del Holocausto. La mera sospecha de un vínculo se considera razón suficiente para rechazar la legitimación del odio contra cualquier grupo. Sólo cuando se trata del odio contra las mujeres, nuestra cultura no adopta ese tipo de consideraciones (French, 1993: 178-179).

Marilyn French considera que existen razones suficientes para preocuparse. «La mayor parte de las películas y los programas de televisión son productos de hombres para hombres, y el objetivo principal es mostrar que los hombres blancos son exitosos, enseñar cuáles son los roles de cada género y satisfacer la sed masculina de depredación y victimización de la mujer.» Tal situación no es sorprendente si se tiene en cuenta que casi todos los estudios realizados en el mundo muestran que a los hombres la violencia les atrae mucho más que a las mujeres. Jo Groebel (1998) sugiere que puede suponerse que «en una combinación de predisposiciones biológicas y socialización de roles de género, los hombres consideran que la agresión da buenos resultados». Groebel afirma que «los medios tienen un papel fundamental en el desarrollo de orientaciones culturales, concepciones del mundo y creencias generales, así como en la distribución mundial de valores e imágenes (con frecuencia estereotipadas). Reflejan y canalizan las tendencias culturales y son parte fundamental de la sociedad».

En cuanto a la violencia, el autor destaca que la cantidad de contenido agresivo diario que consumen niños y adolescentes se ha incrementado considerablemente:

> Como la violencia en la vida real, en especial entre la juventud, va en aumento, podría establecerse una correlación entre la violencia en los medios y la conducta agresiva. En las últimas innovaciones aplica-

das a las videograbadoras, los videojuegos e Internet se observa una tendencia creciente en el despliegue de imágenes de violencia extrema que, claro está, resultan atractivas. Los vídeos muestran escenas de tortura muy reales e incluso asesinatos verdaderos; los videojuegos permiten que el usuario mutile a los «enemigos»; Internet se ha convertido –aprovechando sus posibilidades comunitarias– en una plataforma de contenidos de pornografía infantil, cultos violentos y pautas para terroristas (Groebel, 1998).

Como mínimo, puede afirmarse que todas esas imágenes contribuyen a la «formación moral» de las personas que disfrutan con ellas (Hetata, 1998: 279-280). La moralidad no surge de la nada; la configuración de los principios morales va formándose en un proceso continuo. Por eso cabe preguntarse qué estímulos y experiencias son prominentes en esos procesos formativos. Las representaciones teatrales, las imágenes, el sonido y los guiones tienen gran impacto; son los ingredientes de la violencia en los medios. Éste es el poder del arte.

En muchos programas hay una combinación de violencia, conducta ruda y humor. El humor legitima la violencia, igual que el aplauso o la ovación del público. Puesto que los niños tienden a creer que si algo hace reír no puede ser tan terrible, consecuentemente piensan que la violencia tampoco lo es, o al menos que ésta no tiene nada que ver con la realidad.[19] A pesar de eso, hasta los niños que usan videojuegos violentos saben que eso no los hace mejores personas. En una investigación hecha en Holanda se muestra que uno de cada tres niños cree que los videojuegos hacen que los usuarios sean menos buenos y más desagradables.[20] Por supuesto, muy pocas personas se verán tentadas a cortar un cadáver en pedazos después de navegar por la Red y ver material violento, pero según Jo Groebel esas imágenes embotan la sensibilidad y las personas se acostumbran a ellas. «Como consecuencia, uno empieza a creer que las formas menos crudas de violencia son bastante normales. Dar una bofetada o patadas a alguien en el abdomen, siempre y cuando no brote la sangre, no es lo que uno llamaría violencia.» Lo que ocurre entonces es que la norma cambia y se desdibuja.

La violencia en los medios «compensa» las frustraciones y debilidades personales en áreas problemáticas. En este sentido, Groebel continúa diciendo que «ofrece emoción a los niños en un entorno menos problemático. Para los varones, crea un marco de referencia de "roles masculinos atractivos"». George Gerbner destaca que la violencia mediática tiene otra consecuencia: las personas que ven mucho la televisión asimilan mucha violencia todos los días, y es más probable que crean que se verán envueltas en situaciones violentas en mayor proporción que las que no ven tanto la televisión. Por ejemplo, tienden a creer que su barrio es inseguro. «Los individuos inseguros, irritables y desconfiados pueden ser propensos a la violencia, pero aún es más probable que dependan de la autoridad y sean susceptibles a posturas y apelaciones simples, fuertes, duras y engañosas. Su distorsionada percepción del peligro, la vulnerabilidad y el desasosiego general, en combinación con una sensibilidad reducida, llama a la agresión, así como a la explotación y la represión» (Gerbner, 1997: 16).

Vivir día a día en contextos culturales agresivos estimula a un número creciente de personas a pensar que tienen «derecho» a todo lo que desean, que nadie puede negarles «su» derecho, y que pueden apoderarse de él como sea. Algunos llevan en el cristal trasero del coche un letrero que dice: «Yo no hablo, actúo». Otros gritan por la calle sin motivo, sólo para impresionar a los transeúntes, haciendo notar que tener consideración por el prójimo es una idea tonta: el espacio público se transforma así en un lugar inseguro que, sin llegar a ser una verdadera amenaza, podría serlo en cualquier momento. Provocar tensión de esa manera les da satisfacción, les genera una sensación de poder. Quizá se conformen con eso, o crean que su «derecho», sea cual fuere, debe satisfacerse a la fuerza mediante la destrucción de farolas o de lo que se interponga en su camino. Es probable que piensen que atacar a una persona de edad o pelearse con la policía son formas de volverse héroes. Así es como el espacio público o el lugar de trabajo se convierten en sitios más inseguros: como consecuencia, las personas se sienten menos a salvo y tienden a apoyar políticas autoritarias.

Extrapolar las conclusiones sobre la influencia de la violencia mediática en el espacio público local al ámbito global puede parecer demasiado audaz. Sin embargo, según Denise Caruso, los medios que muestran una violencia exagerada utilizan sistemáticamente las mismas técnicas psicológicas de desensibilización, condicionamiento y aprendizaje vicario que se utilizaban en la guerra de Vietman para enseñar a los soldados a matar sin pensar durante las batallas, a respetar a la autoridad y a distinguir en cuestión de segundos entre amigos y enemigos.[21]

Ellen Goodman se pregunta si es posible hablar de una cultura de la violencia sin referirse a la guerra; en particular, destaca: «No estoy hablando de películas o videojuegos de guerra, sino de la realidad. En las noticias se ha mostrado con insistencia la masacre de Littleton, en Colorado, o el bombardeo en Yugoslavia, crónicas simultáneas pero sin asociación entre ambas». Goodman continúa diciendo: «¿Hemos olvidado la historia de la guerra, que equivale a la cultura heroica del crimen aceptada socialmente? ¿Cuánta gente considera normales los videojuegos para niños que se sabe que son sesiones virtuales de entrenamiento de desensibilización militar? ¿Dejamos a nuestros hijos en manos de la cultura de la violencia por estar de acuerdo, inconscientemente, en que el día de mañana los niños podrían ser nuestros guerreros?». La autora concluye que: «Hablar de la violencia sin referirse a la guerra es como hablar de la guerra sin nombrar a la muerte».[22]

Varios filósofos, Pierre Baudrillard entre ellos, celebran lo que ellos denominan el «tecnocuerpo», que puede dañarse tanto como dar satisfacción. Vivian Sobchak critica esa concepción del cuerpo aduciendo que de esa manera «se *piensa* siempre como un objeto y nunca se *vive* como un sujeto. Y si se piensa en lugar de vivirlo, existe la posibilidad de que se cometan abusos simbólicos de distinto tipo en su contra sintiendo un placer indiscriminado e indiferenciado. Pero ese tecnocuerpo es una ficción porno-*gráfica* cosificada y escrita más allá de la creencia y de la realidad» (en Featherstone y Burrows, 1995: 205-209). Vivian Sobchak leyó por primera vez a Baudrillard cuando se estaba recuperando de una operación por un cáncer en la pierna izquierda. «En efecto, no hay nada como sufrir un dolor físico para ponernos nuevamente en contacto con nuestros sentidos; no hay nada como una marca o una herida real (no imaginaria) para contrarrestar el romanticismo y las fantasías de la trascendencia tecnosexual que caracterizan gran parte del discurso actual sobre el tecnocuerpo que ocupa los ciberespacios de la posmodernidad.»

Muchos académicos, en apoyo de los argumentos de los líderes de las industrias culturales, dan por supuesto que las personas distinguen entre lo que ven u oyen y la realidad. Eso no significa nada cuando se ven escenas de *Beavis and Butt-Head* en las que alguien pincha a otro con un lápiz en un ojo y la sangre sale a borbotones, o cuando ponen a un perro dentro de un lavarropas y la ocurrencia es festejada con una risa demente. Por cierto, los niños siempre han estado expuestos a dibujos animados y películas en las que aparecen personajes que explotan o vuelan en pedazos, pero hoy en día las cosas son más salvajes: las imágenes son más sangrientas y repugnantes.[23]

¿Todo esto no significa nada? Recordemos los cuentos que nos relataban antes de dormir cuando éramos pequeños; muchos eran crueles. Los padres tienen que dejar muy claro que hay una diferencia entre la ficción –todas las aventuras aterradoras de esos cuentos– y la realidad, es decir, lo que ocurre en la vida diaria. En muchas culturas una representación teatral de un hecho tiene la misma fuerza que ese hecho podría tener o tiene en la realidad. La ficción es una expresión de la realidad.

Es probable que la idea de separar la ficción de la realidad sea un concepto racionalista occidental. Así como las golondrinas anuncian la primavera y los buitres el deterioro y la podredumbre, las expresiones artísticas significativas son una especie de sensor del dolor, el peligro, la amenaza, la abundancia, la pasión o el erotismo. Puede ser que uno ya no vea las golondrinas ni los buitres, es decir, que no veamos los signos, pero el deterioro y la podredumbre siguen existiendo y tal vez sería mejor que los signos se hicieran visibles. Cuando uno lee un cómic, puede borrar de su mente el hecho de que más allá de lo entretenido de los disparos de ficción está la realidad, en la que se dispara y se mata a personas reales. Al concentrarse en los asesinatos de ficción y no reaccionar, uno se aleja del dolor y el sufrimiento que observa y, aunque en silencio, comparte la responsabilidad de que se extienda la noción de que el dolor causa placer, de que la violencia es una solución válida. En el mejor de los casos, no hay estímulo para que la imaginación encuentre alternativas de solución pacífica. La aceptación de la normalidad de una forma brutal de expresión artística revela una mentalidad desensibilizada, muestra que el sensor no reacciona y entonces uno no se rebela. Y lo que uno elige para leer es, en cierto sentido, lo que uno es. El tipo de película que a uno le gusta ver es el reflejo de uno mismo. La música atonal abstracta o las películas con sonido convencional, los ritmos crudos o las estructuras sonoras pulidas, lo que uno decida escuchar es la expresión de su sensibilidad o su desensibilización.

Por supuesto, éste no es el único factor determinante del tipo de persona que uno es. Sin embargo, el concepto que uno tenga de la ficción es un indicador de la propia organización mental. Cuando alguien se ríe al ver la cabeza del «enemigo» rodando por el suelo y piensa que sólo se trata de ficción, es posible que ya no esté registrando los signos y las señales, que no reaccione ante la realidad. Los signos indican que se está en presencia de un acto cruel y que los asesinatos están ocupando nuestro espacio mental. La realidad es que lo que vemos, oímos o leemos ha ocurrido a lo largo de la historia, que todavía ocurre y que seguirá ocurriendo. La realidad es que ni siquiera lamentamos que no podamos mantener con vida a todos los que deberíamos mantener ni estemos preparados para hacerlo.

La historia que la cultura corporativa no cuenta

Las expresiones de la cultura corporativa nos rodean en nuestra vida cotidiana, en el arte, el entretenimiento, los anuncios y los incentivos al consumo empaquetados con criterio estético, así como en los estilos de vida. Esos estímulos están muy bien preparados, pulidos estéticamente, no dan lugar a dudas, promueven la creencia de que los intereses privados son más importantes que el bien común y, por lo general, son coherentes en la promoción de la convicción básica de que los intereses de todos están a salvo en manos de los empresarios.

Como los dirigentes comerciales, industriales y del entretenimiento rigen en gran medida la vida social y cultural de tanta gente, deben interesarnos las ideas sobre el mundo que ellos nos presentan. Como hemos visto, hay muchos tipos de influencia provenientes de las instituciones que producen la cultura corporativa, y esos tipos de influencia pueden definirse como causas demostrables de efectos específicos. Otra forma en la que la cultura corporativa ejerce influencia es a través de la gran variedad de opciones que *no* muestra, que *descuida* sistemáticamente o *rehúsa* incluir en sus productos.

¿Qué valores están ausentes del discurso dominante de la cultura corporativa? Pensemos en valores como el respeto, la igualdad, la sensatez, la sabiduría, la convivencia, la moralidad, la solidaridad, la comunidad, la sostenibilidad o la convicción de que debe evitarse causar dolor o celebrar la violencia. No todo en el mundo es excitante, ni tiene por qué serlo. Debería disminuir la tensión entre los individuos y la competencia debería minimizarse. No debería estimularse a la gente a desear objetos materiales que nunca podrá adquirir ni evitar que piensen en qué necesitan de verdad para vivir. Las cuestiones perjudiciales para la sociedad no deberían formar parte de la programación y la publicidad, y el argumento de que si algo vende no hay motivo para no mostrarlo carece de sustento moral. Todas estas cuestiones son, en verdad, ignoradas por el mundo de la cultura corporativa.

Hace veinte años todavía existía un sistema de valores entre los negros pobres de Estados Unidos que fomentaba la práctica de compartir recursos. Ese sistema de valores ha sido erosionado en la mayoría de las comunidades por la ética de individualismo liberal, según la cual no compartir es moralmente aceptable, afirma Bell Hooks. «Los medios masivos han sido el principal maestro en introducir en nuestra vida y nuestros hogares la lógica del individualismo liberal, la idea de que uno tiene éxito si acapara recursos, no si los comparte» (Hooks, 1994: 170). Cuando se fortalecen los valores materialistas, se debilita la actitud comprensiva hacia los demás y el espíritu y los lazos comunitarios tienden a disminuir (Herman y McChesney, 1997: 153).

Los conceptos son los mismos que sugiere Jacob Srampickal cuando se refiere al cine de la India: «Para la mayoría de los cineastas, las películas son un medio para entretener y ganar mucho dinero. Por eso es difícil que haya educación social por ese medio» (Srampickal, 1994: 16). El capitalismo consumista promueve valores individualistas en lugar de comunitarios. El estilo de vida que propone está centrado en el hogar, no en las relaciones ciudadanas. Supone que las personas son *consumidores* pasivos de lo que provee el capitalismo y no ciudadanos, trabajadores o creadores activos. Estimula el hedonismo y la concentración en uno mismo. Frank Webster observa que «el capitalismo consumista es, por tanto, una forma de vida muy privada en la que virtudes públicas como la relación entre vecinos, la responsabilidad y la conciencia social son reemplazadas por el interés en las necesidades individuales, que se satisfacen comprando en tiendas o en centros comerciales» (Webster, 1995: 94-95).

No cabe duda de que la cultura corporativa no estimula a las personas a afiliarse a un sindicato ni a organizarse en defensa de sus intereses (Chomsky, 1998: 53), aunque se supone que, como ciudadanos, tenemos derecho a defender nuestros intereses. La reafirmación personal es un valor muy valioso y uno debería reclamar por sus «derechos» en voz alta, sean cuales fueren esos derechos. Pero la evidencia de que la mayor parte de la gente corre riesgos que exceden su capacidad de defenderse por su cuenta no es el mensaje que la cultura corporativa elige difundir. Muy al contrario, opta por no potenciar la capacidad de escoger lo que de verdad importa en la vida. Si hay algo que a la cultura corporativa no le interesa es tocar temas profundos; por ejemplo, afrontar el dolor, el miedo, el riesgo o la incertidumbre; o el trabajo, la responsabilidad, la creatividad, la paternidad, la adolescencia; o disfrutar de la vida sin desperdiciar toda la energía; o pensar en cómo la mentalidad empresarial puede coexistir con una diferencia mucho menor entre los distintos niveles de ingresos; o hablar abiertamente de la sexualidad y mostrar el erotismo sin reducirlo a una banalidad, por nombrar sólo unos pocos de los temas que, llamativamente, no aparecen en la agenda corporativa. Según Manuel Castells, en una sociedad organizada en torno a los medios de comunicación de masas los mensajes que quedan fuera de esos medios se limitan a redes interpersonales, por lo que desaparecen del pensamiento colectivo (1996: 336).

Si vivimos a diario *dentro* de la atmósfera de la cultura corporativa y hasta cierto punto somos moldeados por ella, si casi nunca nos enfrentamos con seriedad con temas complejos, ¿cómo podemos saber que existen otros temas además de los que vemos, leemos u oímos todos los días en los exhibidores de la cultura corporativa y que podemos imaginar como alternativas? El problema, afirma Don Slater, es que «no consumimos para construir una sociedad mejor, para ser mejores personas y vivir la vida de verdad, sino para tener cada vez más placer y más confort» (1997: 28). En el mundo de la cultura corporativa la educación es una inversión personal en una carrera que otorga beneficios económicos en lugar de una oportunidad para adquirir sabiduría y desarrollarnos como individuos independientes, responsables y creativos.

La cultura corporativa separa al hombre de las raíces que le vinculan al pasado, a una cultura determinada. Un canal como MTV ubica al espectador en un estado esquizofrénico, aislado en el presente e incapaz de salirse de la cultura dominante o de desarrollar una visión del mundo alternativa coherente, asegura Jack Banks (1996: 7). La publicidad corporativa tiende a forjar en la mente de los individuos una asociación entre los intereses privados, que son los de los grupos transnacionales, y el interés público. En consecuencia, afirma Tony Clark, «está naciendo una "monocultura" global que, animada por un control creciente de los medios de comunicación mundiales, no sólo deja de lado los gustos locales y las diferencias culturales, sino que amenaza con ser una forma de control social sobre las actitudes, expectativas y conductas de las personas de todos los países del mundo» (Clark, 1995: 9).

Desde la tierra del deseo, en la que no hay grandes restricciones sobre lo que puede consumirse, a la historia que la cultura corporativa no cuenta, hemos recorrido un largo camino. En efecto, hay una diferencia entre tener algo que decir en diversos contextos culturales y contar historias para vender algo. En el mundo ya no quedan grupos mediáticos que representen o compartan intereses fundamentales con quienes no detentan el poder. Vivimos rodeados de mensajes comerciales –musicalizados y coloreados artísticamente– que con frecuencia están cargados de violencia.

¿Estos mensajes tienen influencia en las personas? Resultaría extraño que los programas que se yuxtaponen o entrelazan con la publicidad no dejaran huellas en la mente humana. Lo mínimo que podemos decir es que los distintos medios proponen su visión de cómo es la realidad y desempeñan un papel protagonista en el desarrollo de las orientaciones culturales, las visiones del mundo y las creencias. Como sugiere Herbert Schiller, los medios seleccionan o excluyen las historias y las canciones, las imágenes y las palabras que crean la conciencia y la identidad individual y grupal. Podríamos preguntarnos cómo abordar el conocimiento de las culturas de la violencia sin referirnos a la guerra.

El objetivo de mis investigaciones no ha sido solamente estudiar las consecuencias de la globalización económica en las culturas artísticas del mundo, sino también formular soluciones posibles a la cuestión de cómo combinar la libertad, tan necesaria en los procesos creativos, con una protección adecuada, facilitando así que florezca la diversidad en el campo local, que es el que habitan los individuos. Buscar la combinación de libertad y protección puede parecerse a un intento de resolver la cuadratura del círculo, pero vale la pena intentarlo.

Notas

1. «The New CNN Courts the Conservatives.» *International Herald Tribune*, 16 de agosto de 2001.
2. «High-tech Radio Squeezes in Ads.» *International Herald Tribune*, 7 de enero de 2000.
3. Milton Glaser. «Censorious Advertising.» *The Nation*, 22 de septiembre de 1997.
4. Lila Abu-Lughod. «Wie zijn wij, waar gaan wij naar toe? Egyptische soaps geven antwoord.» *Soera*, septiembre de 1997.
5. Entrevista a Boris Cyrulnik. *Le Monde*, 6-7 de mayo de 2001.
6. Entrevista a François Jost. *Le Monde*, 6-7 de mayo de 2001.
7. «L'envers du décor de "Loft Story".» *Le Monde*, 6-7 de mayo de 2001.
8. Susan Levine. «In a Loud and Noisy World, Baby Boomers Pay the Consequences.» *International Herald Tribune*, 1 de febrero de 1999; véase también *NRC Handelsblad*, 28 de octubre de 2000.
9. «On Russian TV, the "Truth" and Nothing But.» *International Herald Tribune*, 10 de octubre de 2000.
10. Margreth Hoek. «Liever geen seks en geweld.» *De Volkskrant*, 16 de septiembre de 1996.
11. Pascale Krémer. «Les Galeries Lafayette retirent leurs modèles vivants des vitrines.» *Le Monde*, 23 de abril de 1999.
12. «Tailoring film and TV for the World.» *International Herald Tribune*, 2 de octubre de 1997.
13. Kevin Merida y Richard Leiby. «Out of the Dark, into the Mainstream: America's Cult of Violence.» *International Herald Tribune*, 24-25 de abril de 1999.

14. Ibídem; «Family guidance Can Blunt Effect of Video Games.» *International Herald Tribune*, 26 de septiembre de 2000; véase también Herz (1997, pp. 83-90).
15. Frank Moretti. «Markets of the Mind.» *New Left Review*, septiembre-octubre de 2000, pp. 111-115.
16. Jurriën Rood. «De verloren wedstrijd.» *De Groene Amsterdammer*, 14 de junio de 1995.
17. Jos de Putter. «Nouvelle Violence.» *Skrien*, 191, agosto-septiembre de 1993, pp. 4-7.
18. «Corporate Rock Sucks.» Editorial, *The Nation*, 25 de agosto-1 de septiembre de 1997.
19. «Is Jerry Springer schadelijk voor kinderen?» Entrevista a P. Valkenberg. *De Volkskrant*, 31 de marzo de 2000.
20. «Lekker ziek.» *De Volkskrant*, 25 de junio de 1999.
21. Denise Caruso. «Reality vs. Fantasy: How Video Games Put Killing into Play.» *International Herald Tribune*, 29 de abril de 1999.
22. Ellen Goodman. «Kosovo and Littleton Make Curious Bedfellows.» *International Herald Tribune*, 21 de mayo de 1999.
23. Robert Scheer. «Violence is Us.» *The Nation*, 15 de noviembre de 1993.

PARTE II

LIBERTAD Y PROTECCIÓN

6. EQUILIBRIO ENTRE COMERCIO Y CULTURA

La cuadratura del círculo

Cientos de miles de escritores, actores, bailarines, músicos, artistas visuales, diseñadores, cineastas y artistas multimedia de todo el mundo crean e interpretan su arte a diario en su propio entorno y en otros países, y participan cada vez más en el dominio electrónico y digital. Algunos se inspiran en su historia cultural; otros se asoman al futuro. Y para la mayoría, el contexto económico y empresarial en el que se mueven es pequeño o mediano.

Esto es lo que debería existir: una gran variedad de artistas trabajando con independencia de las empresas oligopólicas; dedicándose a estilos distintos; usando técnicas y materiales variados; andando caminos de diversas formas y contenidos; algunos produciendo obras que requieren esfuerzo para interpretarlas, otros creando obras menos complejas; algunos con llegada al gran público y otros conocidos sólo por pequeños grupos.

No obstante, como hemos visto en capítulos anteriores, la situación cultural en el mundo es menos alentadora de lo que puede parecer a primera vista. Los grupos culturales tienen un control excesivo de la producción, distribución y promoción de gran parte del panorama artístico. Controlan el copyright de una cantidad cada vez mayor de obras de arte. La mayoría de los artistas no tiene éxito económico. La vida artística local está atravesando un proceso de deslocalización. Las iniciativas culturales locales reciben menos atención que las inclinaciones, influencias y productos artísticos concretos creados por un pequeño número de centros productivos que inundan el mundo con una cultura corporativa cuyo objetivo principal es incrementar el consumo. Ya lo ha dicho George Gerbner: antes, las historias eran contadas por la familia y otras instituciones sociales que tenían algo para decir, pero ahora las historias las cuentan las empresas, que tienen algo para vender.

Desde un punto de vista democrático, debe desandarse el camino que lleva al oligopolio y a la deslocalización de la producción, distribución, promoción y propiedad intelectual del arte, en el sentido amplio en que lo he definido. Las manifestaciones artísticas que nos rodean a diario no deberían estar bajo el control de un número limitado de fuerzas. Los lugares donde las personas viven, crían a sus hijos y comparten alegrías y tristezas deberían volver a ser el punto focal de los movimientos artísticos, y entre esos «lugares» también considero las comunidades digitales. Las empresas, que tienen algo para vender, no deberían controlar la vida cultural. En este capítulo presentaré algunas ideas y propuestas concretas para alcanzar los objetivos aquí definidos.

En efecto, no es cuestión de vivir en una burbuja tratando de resolver la cuadratura del círculo. En primer lugar, tenemos que darnos cuenta de que la tendencia mundial apunta a *más* monopolización y *más* cultura corporativa. Sin embargo, también existen movimientos de oposición que expresan sus opiniones a voz en grito –pensemos en Seattle o en Porto Alegre– aunque todavía no muestran gran coherencia. En segundo lugar, el punto más difícil sería crear conciencia de que la *libertad económica* y la *libertad de expresión* son dos compartimentos completamente diferentes de la vida social y cultural, si bien muchas veces se presentan erróneamente como equivalentes. Por otro lado, deberíamos tener conciencia de que buena parte de las expresiones artísticas no prosperan en todas las sociedades. Para dar una oportunidad a las diferencias reales, y al arte que no goza de popularidad, se requiere de una iniciativa deliberada.

Nos alegra que en muchos sitios haya numerosos artistas que trabajan, aunque sea a escala muy modesta. El interrogante, sin embargo, es si sus creaciones y representaciones, su seriedad y capacidad de ofrecer entretenimiento desempeñan una función relevante en la vida social y cultural. ¿Aportan algo al campo mental, visual, auditivo y textual que envuelve a distintos grupos de personas en su vida cotidiana? ¿Pueden convivir en paz las diferencias sustanciales de los contenidos artísticos y culturales, y las estéticas y gustos diversos? ¿Se puede establecer un debate público y entender qué tipos de expresión artística lastiman a algunas personas, son banales para otras o son muestra de gustos diferentes u opuestos? ¿Hay lugar para la moral en el mundo del arte? ¿Cómo se hace respetar la libertad de expresión, que es un valor humano y social de primer orden? ¿Es posible que vivan de su trabajo muchos más artistas que ahora?

Las fuerzas del mercado, que hoy en día son oligopólicas, no proporcionan el escenario ideal para el ejercicio de los derechos artísticos democráticos, un escenario en el que artistas con características muy distintas puedan expresarse por medio de su obra. Las personas no son todas iguales, de modo que los estímulos para desarrollar su sensibilidad a los colores, composiciones, contornos y códigos artísticos tampoco son iguales. El arte, independientemente del grado de relación con el entretenimiento que tenga, nos educa y despliega registros en los que se moldea nuestra sensibilidad. Y no debería haber interferencia de mensajes comerciales en los procesos de comunicación que acompañan a ese desarrollo.

Todos los artistas tratan de vender lo que producen; se trata de un acto comercial. Y los organizadores y promotores de esa producción intentan hacer lo mismo. Todos tienen que ganarse la vida. El problema surge, sin embargo, cuando eso se convierte en el foco principal y cuando el trabajo de los artistas se reduce a mera materia prima o a fuente de ideas que las industrias culturales y las empresas transforman y distorsionan para adaptarlas a sus propios gustos e intereses económicos, presentando los productos en entornos ideados para aumentar sus beneficios. Los aspectos artísticos de la comunicación humana, que se encuentran en estructuras musicales, en las diversas resonancias de las palabras y en el hechizo de las imágenes, se enturbian cuando las necesidades corporativas pasan al primer plano.

Evidentemente, a muchas personas les encanta lo que los grupos culturales les ofrecen, lo cual determina que no debe restarse importancia a la seducción que son capaces de ejercer. Una parte del intento por resolver la cuadratura del círculo está en respetar esos sentimientos, sin dejar de lado el análisis de qué se pierde –desde la perspectiva democrática– cuando la creación, producción, distribución, promoción y recepción de obras de arte, definidas en sentido amplio, tiene fines comerciales. Es necesario crear otras estructuras para la producción y distribución de objetos culturales en las que puedan prosperar artistas y pequeñas y medianas empresas culturales. *¿Por qué esas estructuras no podrían generar obras artísticas atractivas para una gran cantidad de personas?* No hay ninguna ley que diga que sólo lo que proviene de las industrias culturales puede tener llegada a un público numeroso.

En este capítulo presentaré otras perspectivas y condiciones para la creación, producción, distribución, promoción y recepción del arte. Sin embargo, cuando todas las fuerzas dominantes van en una dirección, no es fácil ver el panorama de cómo será el futuro, de modo que aquí no propongo un proyecto para el desarrollo de una nueva sociedad. Mis ideas son fragmentos que sirven de guía para nuestra forma de pensar y de proceder. En cualquier caso, vale la pena aportar una perspectiva artística y cultural al proyecto de los grandes movimientos mundiales que intentan modificar la dirección de la globalización económica. Mis propuestas deberían interpretarse en el contexto de los debates sobre la división desigual de la riqueza en el mundo y la ecología, teniendo en cuenta que la digitalización va acompañada de relaciones personales, sociales, económicas, culturales y políticas.

El comercio: otra guerra mundial

El artículo 19 de la Declaración Universal de los Derechos Humanos reza: «Todo individuo tiene derecho a la libertad de opinión y de expresión». En el enunciado hay dos aspectos interesantes: la frase «todo individuo» representa un alejamiento de la noción elitista de la cultura (Hamelink, 1994b: 187-188) y de otras clases de fuerzas monopólicas que producen cultura. Pero esta primera parte del artículo también tiene un tenor activo: todos los que deseen expresarse tienen derecho a hacerlo, noción que se refuerza en el resto del artículo: «Este derecho incluye el de no ser molestado a causa de sus opiniones, el de investigar y recibir informaciones y opiniones, y el de difundirlas, sin limitación de fronteras, por cualquier medio de expresión». El arte, incluidas todas las formas de entretenimiento, es una forma específica de entretenimiento y de comunicación, como hemos visto en capítulos anteriores; por lo tanto, cae dentro de la competencia del artículo 19. La Declaración Universal de los Derechos Humanos se refiere nada menos que al derecho de todos a ser activos en el dominio de la expresión artística.

El tema se explicita en el artículo 27: «Toda persona tiene derecho a participar libremente en la vida cultural de la comunidad». La participación comprende los campos de la danza, la escritura, la pintura, la música y el cine, pero además incluye un compromiso activo en la vida artística de la comunidad. Como hemos dicho, hay muchos tipos de comunidades, uno de los cuales es el área geográfica donde viven las personas. También hay comunidades en las que la gente comparte posiciones económicas, creencias religiosas, actitudes sociales o culturales o tipos particulares de humor, definidos de manera más o menos explícita. Esas personas pueden vivir cerca o no. En todo caso, las personas que pertenecen o creen pertenecer a una o más comunidades tienen derecho a participar activamente en la vida cultural. En el capítulo 4 nos hemos referido a la importancia de propiciar la vida artística local, algo que converge con el valor que la Declaración Universal otorga a las comunidades.

Es necesario resaltar un elemento del artículo 19: todo individuo tiene derecho a «investigar y recibir informaciones y opiniones, y el de difundirlas, sin limitación de fronteras, por cualquier medio de expresión». En particular, «investigar» y «recibir» cubren lo que hoy en día denominamos «derecho de acceso». También es importante que el artículo establece que esas actividades pueden realizarse «sin limitación de fronteras, por cualquier medio de expresión», lo que tiene implicaciones de gran alcance. Las personas deberían tener derecho a acceder a todos los medios, no sólo a los más evidentes. Desde el punto de vista de la democracia, ese derecho es indiscutible. Todas las voces deberían poder oírse y todos tendrían que poder participar activamente en la vida pública; de lo contrario, sólo se oirían las de los más poderosos y sólo podrían verse las imágenes que se difunden con mayor insistencia. La democracia prospera cuando los puntos de vista de las minorías también tienen un papel preponderante en la vida social y cultural, incluida toda la gama de expresiones culturales, sin que ninguna quede oculta.

Incluso antes de que se proclamara la Declaración Universal de los Derechos Humanos, en 1948, la primera Asamblea General de las Naciones Unidas, celebrada en octubre y noviembre de 1946, aprobó una resolución en la que se declaraba que la libertad de información era un derecho humano fundamental. En *The Economist* apareció un comentario según el cual la mayoría de las delegaciones tenían la impresión de que los estadounidenses estaban a favor de la libertad de información para asegurarse de que sus agencias de noticias operaran en un entorno de libre mercado. Esa impresión se reforzó cuando Estados Unidos se opuso a la propuesta presentada por China e India para que se protegiera a sus agencias de noticias (Hamelink, 1978: 16).

La posición de Estados Unidos se conoció como la doctrina del libre flujo de la información, que incluye el entretenimiento y el arte. La libertad de expresión como parte de los derechos humanos pasó a equipararse con la libertad económica de las agencias de noticias y las empresas culturales, que probablemente dominarían el flujo de noticias y productos culturales en todo el mundo. De acuerdo con Herbert Schiller, «mientras que en el plano abstracto es algo muy deseable que no debería tener excepciones, en la práctica la idea del libre flujo dio luz verde a la penetración mundial de productos de los grupos culturales y de medios de comunicación estadounidenses como CBS, Time, Inc., J. Walter Thompson y 20th Century-Fox, entre otros. Los intentos de los distintos países por regular ese flujo recibieron un firme rechazo, que se justificaba con el argumento de que se trataba de actitudes totalitarias» (Schiller, 1989a: 142). En las décadas de 1950 y 1960 se implementó la doctrina del libre flujo en todo el mundo, un flujo que se dirigía desde los medios masivos de unos pocos centros de Occidente, principalmente Nueva York, Hollywood y Londres, hacia todos los pueblos y naciones del mundo (Schiller, 1989b: 294).

¿Por qué algunas naciones se empeñaban en regular el flujo de la información y de los productos culturales? Es cierto que en algunos casos se debía a actos de totalitarismo: el Estado pretendía controlar lo que el pueblo leía, veía o escuchaba. En otros casos se trataba de asegurar que la vida artística local y la difusión de noticias no fueran dominadas por oligopolios o fuerzas externas. Esa situación se transformó en un problema particular de las antiguas colonias que se habían independizado a comienzos de los años sesenta. Después de una década, sus medios y posibilidades de comunicación eran mínimos en comparación con los de los poderes de Occidente, que se expandían a escala mundial. El libre flujo de información no fue más que un flujo unidireccional desde Occidente hacia el resto del mundo.

En muchos países no occidentales hubo una oposición a la filosofía del libre flujo e incluso a la idea que sustenta la Declaración Universal de los Derechos Humanos. Ziauddin Sardar subraya que la Declaración Universal da por sentado que hay una naturaleza humana universal, común a todos los pueblos: «La Declaración presupone un orden social basado en la democracia liberal, en la que la sociedad es una mera colección de individuos "libres". En ella el individuo es considerado como un absoluto, irreductible, separado y ontológicamente anterior a la sociedad» (Sardar, 1998: 68-69). Pero en muchas partes del mundo la filosofía básica de muchos sistemas sociales y culturales no coincide con esas ideas, una realidad de la que muchos países occidentales no quieren enterarse. «Como en muchas culturas y tradiciones no occidentales los individuos autónomos y aislados no existen, no tiene sentido hablar de sus derechos; y donde no hay derechos, es absurdo hablar de su negación o anulación.» Sardar da el ejemplo del hinduismo, en el que la idea de *dharma*, uno de los conceptos fundamentales de la tradición india, nos remite a una correspondencia simbólica con la idea occidental de los derechos humanos:

> El *dharma* es un concepto multifacético que incorpora tanto los términos, los elementos, los datos, la calidad y la generación como la ley, las normas de conducta, el carácter de las cosas, los derechos, la verdad, el ritual, la moralidad, la justicia, la rectitud, la religión y el destino. En el sikhismo, el deber primordial de un ser humano es la *sewa* o servicio

desinteresado a la comunidad: no hay salvación sin ella. Los derechos del individuo se obtienen cuando éste participa en las tareas comunitarias y busca así la *sakti* (Sardar, 1998: 70).

Eso no significa que los derechos del individuo no tengan ningún valor, sino que éstos se deben considerar en un contexto más amplio, lo que Sardar aclara con un ejemplo: «La noción de los derechos individuales no es desconocida para el Islam. Ocurre que los derechos individuales no alcanzan solamente hasta las libertades individuales, sino que además incluyen los derechos económicos, sociales, culturales, civiles y personales» (1998: 72-73). Las observaciones de Sardar muestran que queda mucho trabajo por hacer, en primer lugar para comprender y respetar las distintas nociones de derechos humanos, y, en segundo lugar, para aprender a convivir con esa variedad de ideas.

Un primer paso sería quizá el que emprendió el Consejo de Canadienses con un breve texto que, al menos, amplía la noción de derechos humanos al considerar que éstos no sólo atañen al individuo sino también a la vida colectiva, que por lo general no es parte del marco de ideas de los países occidentales:

> Como ciudadanos de una sociedad democrática, todos tenemos derechos. La Declaración Universal de los Derechos Humanos y otros pactos y declaraciones internacionales consagran muchos derechos; por ejemplo, el derecho a la alimentación, el vestido y la vivienda; al empleo, la educación y la asistencia médica; a un medio ambiente limpio; al respeto a nuestra cultura y a la calidad de los servicios públicos; a la seguridad física y a la justicia. Es parte fundamental de todos ellos el derecho a participar en la toma de decisiones que afectan a nuestras vidas (Hines, 2000: 28).

Si nos remitimos a principios de la década de 1970, observaremos que, dentro del marco de las Naciones Unidas y la Unesco, los países del Tercer Mundo empezaron a ocuparse de tres temas: exigían mayor variedad en las fuentes de información, menos monopolización de las formas de expresión cultural y preservación de algunos espacios culturales nacionales ante la comercialización masiva de los productos culturales de Occidente. «Las personalidades de la cultura del Tercer Mundo tenían claro que los productos de las industrias culturales de Occidente ejercían influencia en los pueblos a los que llegaban» (Schiller, 1989a: 142). Los puntos relevantes eran la necesidad de revertir la dominación de Estados Unidos y Europa occidental, de introducir nuevas normas internacionales en relación con los contenidos de los medios, una cobertura equilibrada, los intercambios recíprocos y la igualdad tecnológica. Kaarle Nordenstreng resume esas exigencias del siguiente modo:

> Al centrarse en el derecho a buscar, difundir y recibir información, esas propuestas promovían la democratización del acceso a la comunicación masiva y la responsabilidad social ante las personas a las que se dirige. El movimiento reformista también exigía una cuota equitativa del espectro en tanto recurso global disponible para todas las naciones y no sólo para las que han llegado primero (Preston *et al.*, 1989: 124).

Los esfuerzos internacionales, y en especial los del Tercer Mundo, por cambiar el modelo cultural global alcanzaron un pico en 1976, durante la XIX Conferencia General de la Unesco, celebrada en Nairobi, Kenia. En la reunión, la delegación de Estados Unidos se vio obligada a tener en cuenta a la oposición que se le enfrentaba y a reconocer lo que Washington había negado una y otra vez, en concreto que había «desequilibrios informativos» (Schiller, 1989a: 143). En ese momento surgió la idea de establecer un Nuevo Orden Mundial de la Información y la Comunicación. ¿De qué se trataba? Para empezar, la Unesco creó una comisión, presidida por el académico irlandés Sean McBride, que presentó su informe *Un solo mundo, voces múltiples* en 1980 (Unesco, 1980). Occidente criticó duramente el informe tildándolo de comunista y de pretender coartar la democracia, el libre flujo de ideas, las fuerzas de mercado que determinan el rumbo de las telecomunicaciones, la prensa y la industria informática.

Edward Said asegura que hasta una mirada rápida al informe McBride «hará notar que, lejos de recomendar soluciones simples como la censura, los miembros de la comisión dudaron bastante de que pudiese hacerse algo para establecer el equilibrio y la igualdad en el anárquico orden mundial de la información» (Said, 1993: 291-292). No obstante, en 1984 Estados Unidos abandonó la Unesco. William Harley, consultor en materia de comunicaciones del Departamento de Estado, ofreció como explicación de la partida que la Unesco «ha adquirido un tono antioccidental». El organismo «se había convertido en un recinto cómodo para soluciones estatalistas y colectivistas a los problemas del mundo y para polémicas ideológicas» (Herman, 1989: 245-246); véase también Preston *et al.*, 1989).

Edward Herman observa que la postura de Estados Unidos implica que las soluciones «estatalistas» son antinaturales, ilícitas y «políticas», mientras que las iniciativas del sector privado son naturales y apolíticas. Según el autor, se trata de algo

> completamente arbitrario y expresa una preferencia *política* que ni siquiera los funcionarios estadounidenses defienden siempre. Ellos no proponen que los programas de alfabetización «estatalistas» sean ilícitos, e incluso en el campo de las comunicaciones no sostienen que el apoyo del gobierno a la tecnología vía satélite para el sector privado sea una medida injusta y «estatista» para el avance tecnológico de la industria privada de las comunicaciones de Estados Unidos. Para los norteamericanos, «estatista» es toda intervención de los gobiernos en áreas en las que su propio gobierno no participa, o en las que la política estadounidense apoya la iniciativa privada (Herman, 1989: 245).

En el año 2002, Koichiro Matsuura, director general de la Unesco, logró convencer a Washington de que se reincorporara al organismo. No es absurdo pensar que Estados Unidos haya vuelto a la Unesco para obstaculizar la agenda que describiré a continuación.

Hasta ahora, la cuestión del desequilibrio entre países ricos y pobres en el campo de las comunicaciones no ha formado parte de la agenda de la Unesco, a pesar de ser un tema prioritario. Durante el debate sobre el Nuevo Orden Mundial de la Información y la Comunicación surgieron muchos interrogantes a los que aún no se ha dado respuesta, según consta en el Informe de la Comisión Mundial de Cultura y Desarrollo, *Nuestra diversidad creativa*: «¿Qué debe hacerse cuando los flujos de información hacia los países menos desarrollados y dentro de su territorio son tan mínimos y los medios están concentrados en tan pocas manos?». El informe establece que «en las naciones industrializadas donde hay mucha información, la concentración de la propiedad lleva a exigir un equilibrio entre la libertad de mercado y el interés público, siendo necesario que los gobiernos atiendan los objetivos sociales que el mercado no contempla» (Pérez de Cuéllar, 1996: 106). Para ampliar la discusión, digamos que la Declaración Universal de los Derechos Humanos seguramente no se refería a que sólo algunos grupos comerciales deberían tener el poder de las comunicaciones, mientras que la mayor parte de la población mundial debería quedar como público pasivo y ver lo que le ofrecen las corporaciones.

Hemos llegado a una situación que describió Jack Valenti, el ex presidente de la Asociación Cinematográfica de Estados Unidos, en mayo de 1992: «Nos guste o no, nos encontramos en medio de una Guerra Mundial de Comercio», fenómeno que he mostrado en los capítulos 1 y

2 de este libro. Las cuestiones culturales han pasado de manos de la Unesco a las de la OMC, por lo que se han suprimido hasta los esfuerzos más mínimos por alcanzar el equilibrio entre la libertad en las comunicaciones y la protección que garantiza que todos puedan gozar de esa libertad. Hasta 1984, en la Unesco reconocían que el intercambio y el desarrollo de valores culturales sufriría si se dejaba que sólo las fuerzas del mercado decidieran qué se crea, distribuye y promociona. El organismo no ha resultado muy eficaz, pero al menos era un lugar donde se podía discutir el tema del desequilibrio en las comunicaciones.

En 1985, el manejo de la cultura pasó del organismo mundial pertinente, la Unesco, a aquel en el que el único principio rector es el libre comercio: en un primer momento el GATT y luego, en 1995, la OMC. Según este organismo, las obras de arte y de entretenimiento, así como los valores culturales, son productos, igual que la educación, la salud y la ecología, por dar sólo algunos ejemplos. La idea de que hay ciertos valores que deberían ser protegidos y no depender únicamente de las fuerzas del mercado no existe en el contexto de la OMC. Es verdad que el Acuerdo General sobre Comercio de Servicios (GATS, por sus siglas en inglés), uno de los tratados de la OMC, que establece que la cultura también está incluida en el tratado de libre comercio, no propone regulaciones específicas para la cultura, hecho que se conoce en Francia como «excepción cultural». Sin embargo, los Estados no están obligados a abrir sus mercados por completo a los productos culturales extranjeros. Eso significa que la cultura está exenta de las normativas del régimen de libre comercio. La cláusula de excepción se incluyó a petición de la Unión Europea, con Francia llevando la voz cantante, contra la propuesta de Estados Unidos. El término «servicios» incluye el arte. En teoría, los Estados aún conservan el derecho a aplicar regulaciones a la cultura para proteger su mercado interno. Pero el caso de Canadá, que hemos presentado en el capítulo 4, muestra que los efectos son mínimos. Consideremos algunos datos estadísticos: Estados Unidos tiene el 95% del mercado canadiense de películas, el 84% de los discos, el 83% de las revistas, el 70% de la música que se emite en la radio, el 70% de los libros y el 60% de la programación televisiva en inglés (Schiller, 1999: 79-80).

En muchos lugares del mundo las cifras son similares –en especial en aquellos donde la deslocalización cultural está a la orden del día– y son la consecuencia lógica de los tratados de libre comercio en vigencia. Los conceptos cruciales que han aparecido en las negociaciones de los últimos años son el «acceso al mercado», el «derecho al establecimiento permanente» y el «tratamiento nacional». Cees Hamelink asegura que «el efecto combinado de esas normas deja de lado todo tipo de protección local a las industrias domésticas de servicios, frena el desarrollo de industrias autóctonas y disminuye el control local de las industrias clave». Hamelink destaca que entre esas industrias están los medios masivos de comunicación, los servicios de telecomunicaciones, la publicidad, la mercadotecnia y el turismo; por lo tanto, «está claro que la aplicación de esas normas restringe la autonomía cultural local. Los mercados culturales locales son monopolizados por las corporaciones transnacionales, que dejan poco espacio a los proveedores de cultura locales. Liberalizar el comercio mundial hasta tal punto que los países pequeños y con menos recursos abran su mercado de servicios a los extranjeros, propicia el estilo de vida consumista y erosiona la capacidad competitiva de las industrias culturales de sus pueblos» (Hamelink, 1994a: 100). El tema del estilo de vida consumista ha sido comentado en el capítulo 5.

En esta sección he pasado de la Declaración Universal de los Derechos Humanos a los intentos vanos de los países del Tercer Mundo por incluir en la agenda de la Unesco la cuestión de la igualdad de derechos vinculados con la comunicación para todos los países y grupos. La idea de establecer un Nuevo Orden Mundial de la Información y la Comunicación ha fracasado. A finales de los años ochenta, en la teoría y la práctica, ya dominaba la idea de que la cultura y la comunicación son productos que pueden comercializarse. Sucede que la Declaración Universal de los Derechos Humanos admite múltiples interpretaciones. Eso lleva a preguntarse si debe cuidarse que «todo individuo» pueda ejercer el derecho a la comunicación, entre otros derechos, o si tenemos que esperar para ver cuál será el resultado del libre flujo de la información económica. Otro interrogante es si la libertad de expresión debería complementarse con ciertas formas de protección que garantizaran que todos puedan «investigar y recibir informaciones y opiniones, y difundirlas, sin limitación de fronteras, por cualquier medio de expresión» en el campo cultural y en otros dominios. Mi intención es tratar de encontrar un equilibrio entre libertad y protección.

Ahora está claro que la noción de «universal» en la Declaración Universal de los Derechos Humanos es discutible para muchos países de Asia y del mundo árabe. En 1993, las Naciones Unidas organizaron una conferencia en Viena con el propósito de reafirmar los principios fundamentales de esos derechos. Hamelink comenta que en el proceso preparatorio de la conferencia muchos participantes cuestionaron la noción de universalidad:

En la Declaración de los Derechos Humanos en el Islam de El Cairo (9 de junio de 1993), los Estados miembros de la Organización de la Conferencia Islámica subordinaron los derechos humanos a los principios religiosos del Islam. En la declaración se aclara que los derechos y libertades que establece están sujetos a la *sharia* islámica. La Declaración de Bangkok, que precedió a la conferencia sobre derechos humanos en Asia, dispone que para proteger los derechos humanos deben tenerse en cuenta las diferencias nacionales, culturales y religiosas (Hamelink, 1994b: 64-65).

De hecho, la Declaración de Viena propone que universalidad no equivale a uniformidad, y dice que «debe tenerse en cuenta la importancia de las particularidades nacionales y regionales y los distintos antecedentes históricos, culturales y religiosos». A pesar de las disputas, la Conferencia Mundial de Derechos Humanos de Viena logró reafirmar la idea de la universalidad de los derechos humanos.

Un nuevo tratado internacional sobre diversidad cultural

Peter Fuchs, director general del Comité Internacional de la Cruz Roja, dice que si los capitostes de la industria se decidieran a contribuir a crear sociedades estables sería una decisión inteligente en beneficio propio, porque el mercado sólo es estable si la sociedad en la que funciona lo es. En la misma línea de pensamiento, podría decirse que el crimen organizado representa la mayor amenaza a los negocios del sector privado. «Por lo tanto, el beneficio propio debería ser incentivo suficiente para que los empresarios y los accionistas vieran más allá del crecimiento y los beneficios a corto plazo e invirtieran parte de las ganancias en aplicar medidas a largo plazo para favorecer la estabilización de la sociedad y así evitar tensiones y conflictos armados.»[1]

Así podría comenzar el proceso que condujera al establecimiento de un nuevo orden mundial. Sin embargo, hay razones para temer que la competencia entre las grandes corporaciones, grupos culturales incluidos, sea tan feroz que no haya incentivos fuertes para tomar decisiones a largo plazo en vistas a su propio futuro, y menos aún al del futuro de la humanidad. Pero debería haber medidas que buscaran lograr un equilibrio, y éstas no pueden ser responsabilidad única de los Estados individuales porque las corporaciones operan a escala global sin ningún tipo de regulación impuesta por autoridades políticas regionales o locales. De esto se desprende que se necesita una entidad política global que cree un marco de regulaciones, directrices y códigos de conducta y que tenga autoridad sobre las empresas y los gobiernos nacionales. Jan Pronk, presidente de la Conferencia del Clima celebrada en el año 2000, declaró en septiembre de 1997 que «debería detenerse la tendencia actual de debilitamiento de las Naciones Unidas».[2] Tres años y medio después, durante sus primeros meses como presidente, George W. Bush tomó el camino opuesto y aceleró el proceso de debilitamiento del organismo. El hecho de que Estados Unidos haya abonado sus cuotas al organismo por primera vez en años, tras los atentados del 11 de septiembre de 2001, no significa que haya cambiado su postura en ese sentido.

Debe quedar claro a todos los demás Estados que los ciudadanos del mundo no pueden esperar a que el gobierno estadounidense cree un nuevo orden de derecho internacional. La situación actual exige cambios urgentes. En opinión del escritor mexicano Carlos Fuentes, «un mercado globalizado sin control puede equivaler a un robo». Según él, la situación es peligrosa porque las sociedades están a merced de unas pocas corporaciones multinacionales y de una abundancia efímera de inversiones «que, como las gaviotas, hoy están y mañana no están».[3] Es intolerable que los asuntos fundamentales de la vida humana se decidan únicamente sobre la base del beneficio económico de las corporaciones transnacionales. La economía *debe tener* algún tipo de supervisión (Daly y Cobb, 1994: 178).

John Gray presenta el tema en términos más concretos y propone, entre otras medidas, «un régimen de gobierno global [...] en el que los mercados mundiales se administren con el fin de promover la cohesión de las sociedades y la integridad de los Estados. Sólo con un marco de regulación global que abarque monedas, movimientos de capital, comercio y cuidado del medio ambiente se logrará que la creatividad de la economía mundial esté al servicio de las necesidades humanas» (1998: 199). La posibilidad de que se instaure algún tipo de gobierno mundial está a años luz, pero la idea de una *práctica de gobierno global* es atractiva. La condición es que «tenga suficiente poder para resolver los problemas mundiales urgentes que no puedan decidirse en otro ámbito» (Daly y Cobb, 1994: 178).

Sin embargo, la pregunta que queda por responder es dónde está ese poder. Marie-Claude Smouts es escéptica respecto a la noción y la práctica de un gobierno global. Esta politóloga se refiere a él como una herramienta ideológica para implementar una política de intervención estatal mínima.[4] Bernard Cassen hace referencia a un borrador de un libro blanco sobre el gobierno europeo preparado por la

Comisión Europea según el cual todas las regulaciones y procedimientos relativos al ejercicio de poder en Europa deberían revisarse. «Eso pondría en riesgo todas las formas reales –y constitucionales– de la democracia y privatizaría la toma de decisiones públicas.»[5] Lo que es válido para Europa también lo es para el resto del mundo. Además, la idea de gobierno global es muy débil para reformular la estructura del mundo neoliberal y transformarla en un espacio donde la vida cultural y la economía local vuelvan a ser prioritarias bajo la coordinación de una especie de gobierno global.

Una condición necesaria para lograrlo es la creación de una forma completamente distinta de OMC como parte de las Naciones Unidas. En la actualidad, el funcionamiento de la OMC está bastante alejado del marco de las Naciones Unidas. A Colin Hines le gustaría llamar OML (Organización Mundial de Localización) al nuevo organismo que surge de su propuesta, el Acuerdo General de Comercio Sostenible (GAST, por sus siglas en inglés) (Hines, 2000: 130). El cuerpo que establece las reglas para el comercio mundial, incluido el comercio de bienes culturales, debería depender de la Asamblea General de las Naciones Unidas. El comercio atañe a todos los países del mundo, de modo que todos los países deberían decidir en conjunto los términos del intercambio comercial de bienes y servicios. La nueva OMC (u OML) debería establecer las condiciones de acceso al uso de los recursos naturales más significativos y también fijar los precios de las materias primas, tal como propone Samir Amin. Ese organismo «también tendría la responsabilidad de planificar objetivos para el comercio interregional de productos industriales, compatibilizar la competencia general estableciendo criterios de distribución que favorecieran a las regiones que están en desventaja y crear condiciones que permitieran mejorar los ingresos de los trabajadores» (Amin, 1997: 104-105).

La realidad nos obliga a ser conscientes de que una OMC de ese tipo no puede crearse en un futuro cercano. En consecuencia, habría que implementar otra cosa que diera a las naciones pleno derecho a proteger la diversidad cultural de sus sociedades, regiones y comunidades locales. Como ha dicho Saul Landau en una entrevista: «Es necesario idear un Nuevo Acuerdo Global, que implicaría que la entidad global responsable –¿la Unesco, las Naciones Unidas?– debería considerar la cultura como un derecho. Es el derecho a preservar la cultura como forma de preservar la identidad».

¿Cómo podemos organizar ese derecho? ¿En qué contexto global podría adquirir una base legal reconocida? Son temas complejos que requieren una solución urgente, aunque no sea una tarea sencilla. En este momento las Naciones Unidas no tienen la fuerza suficiente para encararla. Para ser realistas, debemos mencionar que Estados Unidos no está a favor de considerar el tema de la cultura dentro del marco de la Asamblea General de las Naciones Unidas. Como hemos visto, la Unesco se ha debilitado mucho y ahora la creación de regulaciones que afectan a la cultura es parte de la agenda del comercio. Tratar el tema del derecho a proteger el desarrollo de la diversidad cultural en cada sociedad y en cada país en el contexto de la OMC tal como existe hoy en día es imposible. En la agenda de la OMC no cabe ninguna propuesta que se aparte del neoliberalismo, ni tampoco cabe el uso de la palabra «protección», una palabra tabú en esa agenda. Además, una organización de comercio no debería ser el lugar donde se decidieran las políticas culturales del mundo. Lo último que debería pretender la OMC es ser un sustituto de las Naciones Unidas, una entidad que se ocupara de todos los temas del planeta. Además, la OMC no goza de legitimidad popular.

Entonces es necesario instaurar un instrumento internacional legalmente vinculante que otorgue a los Estados el derecho a tomar las medidas que consideren apropiadas o necesarias para proteger la diversidad cultural de sus sociedades, sin el temor a las represalias de la OMC por no abrir lo suficiente sus «mercados» culturales a las fuerzas externas. No debemos pasar por alto el hecho de que los Estados son débiles en comparación con el poder de las grandes corporaciones y, según analizamos aquí, los grupos culturales se cuentan entre ellas. La mayoría de los Estados han contribuido, voluntariamente o no, a conferir a la OMC el poder que tiene en la actualidad. Aunque todo eso no pueda negarse, si los pueblos están interesados en proteger algunos de los valores humanos esenciales contra las fuerzas del comercio, los Estados son los únicos instrumentos con los que cuentan para hacerlo.

La idea de un nuevo instrumento legalmente vinculante –una Convención internacional sobre diversidad cultural– ha sido formulada por una red informal constituida por unos cuarenta ministros de Cultura de muchos países del mundo que se reúnen anualmente en la asamblea de la Red Internacional de Políticas Culturales, presidida por la ex ministro de Cultura y Patrimonio Canadiense Sheila Copps. En septiembre de 2001, en Lucerna se fundó una nueva ONG, La Red Internacional para la Diversidad Cultural, que, entre otros objetivos, se plantea contribuir a la creación de un nuevo instrumento legalmente vinculante sobre diversidad cultural: un tratado internacional como el Tratado de Prohibición de Minas o la Convención sobre Diversidad Biológica. Un tratado de este tipo otorgaría a los países que lo suscriban un instrumento para resistir las presiones de la OMC, que aboga por dejar de lado la protección de las culturas y las artes y por tratar esas expresiones esenciales de los valores humanos como si fuesen productos comerciales (que, por otro lado, en muchos casos también deberían tener algún tipo de protección, como ya hemos visto). Philippe Douste-Blazy, el ex ministro francés de Cultura, conservador, acierta cuando observa que se trata de un juego global, de modo que «las soluciones políticas sólo pueden negociarse a escala mundial».[6] ¿Por qué una convención internacional sobre diversidad cultural es la única forma de brindar a la cultura la protección que requiere? Ivan Bernier, profesor de derecho en Quebec, afirma que ya existen numerosos tratados multilaterales, bilaterales y regionales sobre cultura. «Sin embargo, la gran mayoría no incluye el problema de preservar la diversidad de expresiones culturales de cara a la creciente globalización de la economía.» Reproduzco a continuación algunas de las omisiones que recoge Ivan Bernier:

> La deficiencia más grave y evidente está en el hecho de que los instrumentos legales existentes abordan el problema de la diversidad cultural de forma fragmentaria, tratándolo desde varios puntos de vista, como el de los derechos humanos, los derechos de propiedad intelectual, la protección del patrimonio, las políticas culturales, los derechos relacionados con las lenguas, el pluralismo cultural, el desarrollo cultural, la cooperación cultural internacional, etcétera. Pero falta un instrumento que, como en el caso de la biodiversidad, apunte a la naturaleza de la amenaza que representa la globalización a la diversidad cultural y que establezca principios y reglas para asegurar que se preserve esa diversidad. Si bien la globalización tiene cierto potencial en este aspecto, también implica serios peligros que deben considerarse.
> La mayoría de los instrumentos vinculados al tema (y no existen muchos, por cierto) se limitan a declarar que los productos culturales no son iguales a otros productos. Podría replicarse que, si existe tal consideración, es porque falta consenso sobre este punto, y el desafío real es encontrar una forma de acercamiento entre la perspectiva cultural y la comercial. Para lograr ese acercamiento necesario, en primer lugar debe expresarse abiertamente el punto de vista cultural. Es como si todavía todos tuviesen miedo de decir que los Estados tienen derecho a decidir, desde un punto de vista cultural y sobre la base de sus propias condiciones y circunstancias, las políticas necesarias para asegurar la preservación y promoción de la diversidad cultural, y ese miedo se debe a que creen que se dificultaría la liberalización del comercio internacional. El caso es que la expresión cultural es un factor clave en la capacidad de varias culturas para adaptarse a los cambios que les impone la globalización. Tratar la

cuestión de la relación entre cultura y comercio exclusivamente desde el punto de vista comercial implica subordinar la cultura a los imperativos comerciales, lo que impide que la cultura desempeñe su propio papel. Es probable que, en última instancia, este tipo de abordaje afecte tanto a la diversidad cultural como al comercio internacional.

Ese desequilibrio, que se observa en particular en el campo de los productos audiovisuales, aparece en los intercambios culturales de los países desarrollados y en desarrollo. Estos últimos suelen tener mercados internos con recursos limitados y, por lo general, importan desde unos pocos países desarrollados la mayoría de los productos culturales que consumen. A su vez, el mercado interno de los países desarrollados está dominado por la producción de uno o de muy pocos países, lo que se logra en detrimento de las producciones extranjeras. La importación de productos de países en desarrollo es prácticamente inexistente. En ambos casos la diversidad cultural se ve afectada no sólo en cuanto a la expresión de las culturas nacionales, sino también en cuanto a la apertura hacia otras culturas (Bernier, 2001).

De acuerdo con el análisis de Bernier, si el nuevo instrumento sobre diversidad cultural va a limitarse a una mera declaración formal, terminaría como muchos otros instrumentos, que no eluden con eficacia el peligro de la globalización. «Se precisa, como mínimo, un instrumento que refleje el compromiso real de los Estados firmantes a actuar a favor de la diversidad cultural y que contenga un mecanismo para supervisar ese compromiso.»

Si los Estados adquieren el derecho pleno a proteger el desarrollo de la diversidad cultural en sus sociedades, hay que empezar a pensar qué tipo de medidas deberían implementarse. En efecto, no todos los países adoptarán el mismo tipo de política. Todo depende de las circunstancias y de cuáles sean las formas que tradicionalmente se hayan considerado apropiadas para tratar los temas culturales, de encontrar un equilibrio entre la libertad artística y cultural y la protección necesaria para favorecer la existencia de un amplio abanico de formas de diversidad cultural. Además, muchos Estados necesitan encontrar nuevas formas de proceder, de implementar nuevas regulaciones y políticas culturales, porque, en las condiciones dominantes a comienzos del siglo XXI, hay nuevos obstáculos que sortear.

En octubre de 2003, la Asamblea General de la Unesco solicitó a su director general que presentara un informe preliminar en otoño de 2005 para una convención sobre la protección y promoción de la diversidad de las expresiones culturales. Esto fue lo que sucedió. Durante su sesión de verano la Unesco aceptó la Convención sobre la protección y promoción de la diversidad de las expresiones culturales con sólo los votos de Estados Unidos e Israel en contra. Uno podría hablar de una línea divisoria, pues, en el marco de una legalidad internacional ciertamente estreñida, dicho convenio posibilita un instrumento para que los diversos países (si ello es ratificado por la Convención) puedan desarrollar sus propias expresiones culturales y faciliten el intercambio entre las artes y los artistas entre países de diversas partes del mundo. No obstante, el punto débil de este convenio ha sido que no existe un mecanismo sancionador que sea más poderoso que la actual OMC. Esta Convención por la diversidad cultural sólo podrá ser efectiva si los países miembros la ratifican haciéndose miembros del tratado y, sobre todo, si los diversos agentes o grupos de la sociedad civil presionan a sus gobernantes para que éstos desarrollen realmente unas políticas culturales que favorezcan el florecimiento de la diversidad cultural dentro de sus propias fronteras y, asimismo, el intercambio con otros países.[7]

¿Qué tipo de regulaciones y políticas deberían aplicarse para proteger y promover la diversidad cultural en cada país? Sin ser demasiado exhaustivo, propondré algunos criterios en los capítulos siguientes.

Notas

1. Peter Fuchs. «The Private Sector Needs to Look More to the Common Good.» *International Herald Tribune*, 10 de enero de 1996.
2. Jan Pronk. «Against Transnational Greed.» *De Groene Amsterdammer*, 9 de octubre de 1997.
3. Carlos Fuentes. «Another French Chance to Make Idealism Work.» *International Herald Tribune*, 18 de junio de 1997.
4. Bernard Cassen. «La piège de la gouvernance.» *Le Monde Diplomatique*, junio de 2001.
5. Ibídem.
6. Philippe Douste-Blazy. «Ne perdons la bataille mondial de l'audiovisuel.» *Le Monde*, 30 de mayo de 1999.
7. Para un análisis de esta Convención sobre la Diversidad Cultural véase: Nina Obuljen y Joost Smiers (eds.), *Unesco's Convention on the Protection of the Diversity of Cultural Expressions. Making it work*, Zagreb, 2006 (Culturelink).

7. UNA REGLAMENTACIÓN A FAVOR DE LA DIVERSIDAD CULTURAL

El camino para alejarse de los grandes grupos culturales

En marzo de 1998, el *New York Times* publicó un artículo sobre la compra de Random House por parte de Bertelsmann. En él se comentaba que se trataba de un negocio típico del mundo editorial:

> El problema es que la compra no nos llama la atención. Sólo nos provoca un suspiro, lo que sugiere que ya nos hemos acostumbrado a la frecuente convergencia de medios bajo una familia corporativa cada vez más grande. Pero en esa convergencia [...] algo se pierde; por ejemplo, la propiedad diversificada de los puntos de venta, o la ineficiencia productiva, en términos democráticos, de la comercialización de la información. El camino que nos aleja de los grandes grupos culturales será difícil de encontrar.

En *Nuestra diversidad creativa*, el informe preparado en 1996 por la Unesco y la Comisión de Cultura y Desarrollo de las Naciones Unidas, aparece el siguiente interrogante: «¿Los profesionales de los medios podrán reunirse con los responsables de idear las políticas y con los consumidores para diseñar mecanismos que promuevan el acceso a la información y la diversidad de expresión a pesar de la competitividad de un entorno que propicia el alejamiento de los magnates de los medios de comunicación?» (Pérez de Cuéllar, 1996: 117). Hemos visto en el capítulo 2 que los grupos culturales tienen el control oligopólico de los canales de producción, distribución y promoción del arte. Los grandes interrogantes son, entonces, cómo recuperar un espacio abierto en el que muchos más artistas de todo tipo puedan producir obras de arte, cómo distribuirlas con mayor eficacia y cómo promocionarlas en los distintos niveles de la sociedad. Es importante analizar si existen suficientes sitios independientes para el trabajo de los artistas y si esos sitios se acompañan de un acceso adecuado del público a las obras de arte, de una protección contra el control de precios en los mercados oligopólicos y del espacio suficiente para acomodar a los que desean entrar en los mercados mediáticos. Hamelink comenta que «incluso si los oligopolios tuviesen la capacidad de mostrar dualidad, justicia, diversidad, debate crítico, objetividad, informes de investigación y resistencia a las presiones externas en lo que ofrecen al mercado, aún sería necesario corregir sus defectos por medio de reglamentaciones, pues el mercado seguiría cerrado para quienes desean entrar en él, por lo que no sería un libre mercado verdadero» (Hamelink, 1994: 174-175). Por consiguiente, el desafío consiste en restaurar la democracia en términos culturales. En ello consiste la idea de *acceso*.

En efecto, en los países ricos la infraestructura para la creación y difusión de obras de arte es prácticamente ilimitada; no obstante, sólo un pequeño número de personas toman la decisión de quién pertenece al mundo del arte y quién no. El derecho de acceso es el derecho a no ser excluido. Ese derecho «adquiere mayor importancia en un mundo en el que la incidencia de las redes sociales y comerciales mediadas electrónicamente es más y más frecuente» (Rifkin, 2000: 237-239). Jeremy Rifkin sostiene que corresponde a los *gobiernos* asumir un papel protagonista en la garantía del derecho fundamental de las personas a comunicarse entre sí. «¿Las libertades básicas y la democracia verdadera podrán seguir existiendo?», se pregunta Rifkin.[1] Sí. Y los gobiernos que representan Estados fuertes y con la voluntad política de intervenir en el libre funcionamiento del mercado tienen una tarea que cumplir.

Los países y las regiones del mundo deberían ejercer el pleno derecho a eximir a la comunicación cultural de las políticas de libre comercio establecidas por el tratado de la OMC, como ya hemos dicho. Las obras de arte no son productos comerciales iguales a los demás. La libertad de comercio debería adecuarse al derecho de proteger, por ejemplo, la economía interna y la ecología local. Desde el punto de vista de la cultura, un derecho fundamental sería que los países y las regiones pudiesen tomar medidas para promover el desarrollo de una diversidad real en la producción, distribución y promoción de todas las formas de arte. Eso implica que los gobiernos tendrían que contar con sus propios marcos jurídicos y deberían poder aplicar reglas (sistemas de cupos) que establecieran la cantidad de productos culturales provenientes del exterior que se permite vender en el mercado. En la actualidad el GATS, el acuerdo general sobre comercio de servicios de la OMC, no incluye consideraciones especiales para la cultura. Por lo tanto, no hay normas vinculadas con ella en el tratado. ¿Cuáles serían los tipos de reglamentación útil? Habría que considerar varias categorías: reglamentación de *propiedad* (incluidas las leyes sobre *competencia*), de *contenido* y de *responsabilidad pública* de las empresas culturales.[2]

Gillian Doyle acierta cuando sostiene que la propiedad de los medios es un «campo minado», por lo que «el marco regulatorio que afecte a la concentración de la propiedad debe diseñarse por medio de un esquema sólido y equitativo que apunte directamente a los objetivos legítimos de la política pública» (2002: 177). Por lo tanto, nuestra misión es clara, pero al mismo tiempo sumamente complicada. La reglamentación tendría que contar con la flexibilidad suficiente para adecuarse a los cambios sucesivos en el panorama cultural; estar creada con inteligencia, de modo que resultara difícil pasarla por alto o equivocarse de blanco; permitir la supervisión efectiva; ser imposible de evadir jurídicamente y ser comprensible a fin de lograr su aceptación.

Habría que tener presente que en la mayoría de los casos no basta con una única reglamentación para alcanzar el panorama de diversidad cultural que se desea. Por ejemplo, de la diversidad en la propiedad no surge automáticamente la diversidad de contenidos (Doyle, 2002: 13). Por ello, corresponde a las autoridades culturales encontrar y definir la combinación adecuada de normas que rijan sobre la propiedad y el contenido. Pensemos en una ciudad cualquiera en la que hay tres cines. Si todos los cines son propiedad de una sola empresa, la decisión sobre qué se proyectará hoy y mañana está demasiado centralizada. Consiguientemente, se implementan normas de propiedad que establecen que todos los cines deben pertenecer a entidades independientes. Sin embargo, puede ocurrir que los tres propietarios compren las películas a una misma fuente, por ejemplo, a Hollywood. Así no se elimina el problema de la falta de diversidad cultural; por lo tanto, la reglamentación de propiedad debe complementarse con otra que concierna a los contenidos.

Es necesario realizar un análisis sobre los tipos de posiciones de mercado que obstaculizan el acceso amplio a los canales de producción y comunicación artística. Es aconsejable que los responsables de crear la reglamentación presten atención a la flexibilidad para dar respuesta a los problemas existentes. Al mismo tiempo, las políticas deben ser predecibles para las empresas culturales, sin que eso otorgue el derecho a obstaculizar con facilidad, por medio de acciones judiciales, los cambios en la reglamentación que se implementen con el fin de promover un acceso amplio al campo de la cultura y evitar el monopolio. Comentaré aquí algunos ejemplos del campo audiovisual, la música, el mundo digital, el cine, el sector editorial, las artes visuales y el diseño, aunque la lista no sea completa. Con la categorización y los ejemplos que presento pretendo estimular la imaginación, a la que habría que recurrir para decidir en qué situaciones funcionaría mejor determinada reglamentación y para cuáles no habría solución, al menos por el momento.

Propongo que compartamos un catálogo de soluciones que proporcionen una respuesta a las necesidades de categorización para los distintos países y en el que se tenga en cuenta el carácter distintivo de los diversos campos artísticos y las herramientas para su transmisión. Este marco debe contar con una flexibilidad adecuada que permita afrontar los cambios en la tecnología, los métodos de producción, distribución y promoción y las relaciones de propiedad. Al mismo tiempo debe ser justo con las empresas que operan en el campo de la cultura y ser capaz de convocar a un gran número de personas y organismos para diseñar sistemas regulatorios que faciliten su aceptación y así poder implementarlos.

Sin duda se trata de un esfuerzo enorme. En primer lugar, en el aspecto intelectual. ¿Cómo imaginar que existan reglamentaciones que datan de un par de décadas atrás, cuando las medidas a favor de la diversidad cultural estaban fuera de moda? Por lo tanto, debemos tratar de formular cuál es la reglamentación apropiada. ¿Cómo presentarla? ¿Cómo lograr que sea aceptada? ¿Cómo implementarla? Y ¿cómo hacerla respetar?

Reglamentación de propiedad

El propósito de la reglamentación sobre la propiedad es evitar que un propietario tenga un control excesivo de la producción, distribución y promoción, así como de las condiciones que operan para la recepción de las distintas formas de arte. La reglamentación de la propiedad tiene la finalidad de establecer una multiplicidad de propietarios de empresas culturales, limitar el dominio del mercado, proteger a las comunidades que normalmente no tendrían voz en ese mercado y asegurar que los propietarios sean responsables en la esfera pública. El tema de la propiedad es importante porque es decisivo en cuanto a quién produce, qué se produce, qué expresiones artísticas se distribuyen, cómo se distribuyen y en qué entorno. En el plano internacional, las relaciones de propiedad oligopólicas son responsables de la desigualdad existente entre los distintos países. Como hemos dicho, desde el punto de vista de los derechos humanos, sería conveniente que hubiese una enorme variedad de empresas que decidieran qué se produce, distribuye, promociona y recibe en los diversos campos artísticos. El número de entidades que tienen a su cargo la toma de decisiones determina si existe acceso amplio al campo cultural o no.

El resultado de la reglamentación de la propiedad es que el tamaño de las empresas sea relativamente reducido. Es cierto que así las empresas serían vulnerables a las ofertas de compra por parte de otras empresas. También podría ocurrir que se obstruyera su expansión internacional (Doyle, 2002: 159). ¿Cómo abordar este punto? En teoría, si todas las compañías fuesen relativamente pequeñas, no habría problema porque ninguna empresa tendría mucho mayor tamaño o poder que las demás. Y ése es precisamente el objetivo que nos proponemos lograr: que no haya grupos culturales gigantescos que ejerzan el dominio en el campo de la cultura.

Pensemos en el paso siguiente. ¿Las empresas no deberían reducirse antes de poder operar en un mercado nacional en particular? Sé que esta propuesta es bastante incomprensible para nosotros, hijos de la época neoliberal. ¿La consecuencia lógica no sería que ya no habría ninguna empresa dominante en el campo de la cultura? Pero, por otra parte, ya no existiría la competencia feroz entre los pocos gigantes de la cultura que aún quedan en pie. El argumento que sostiene que esos gigantes deben tener economías de escala y luego fusionarse se desmorona. La diversidad en la expresión artística requiere una ineficiencia que la beneficia.

La idea misma de tener la propiedad de las expresiones culturales es una noción extraña para la mayoría de las culturas. Se trata del control de los medios de producción, distribución, promoción y recepción de las obras de arte, entretenimiento y diseño. Pero también atañe a los derechos de la propiedad intelectual. En efecto, los artistas tienen que poder ganarse la vida con su trabajo, pero ¿no es exagerado otorgarles, a ellos y a la mayoría de los intermediarios, es decir, las industrias culturales, un derecho de exclusividad monopólico sobre sus expresiones culturales válido por más de un siglo cuando esas expresiones derivan en su mayor parte de diversas fuentes del dominio público?

La reglamentación sobre la propiedad en los distintos tipos de arte (del campo material, audiovisual o digital) puede presentar varias opciones: a) inexistencia de derecho a la propiedad privada; con reglamentación sobre la propiedad de tipo b) horizontal, c) vertical, d) cruzada, y e) internacional; f) reglamentación sobre el dominio informal del mercado; g) leyes de competencia; h) impuestos para disminuir el control de los grupos culturales; e i) reducción de la excesiva protección del copyright.

En todos los casos, el tema relevante es en qué criterios se basan las restricciones impuestas a la propiedad. Hay varias posibilidades: tiempos de programación y nivel de audiencia; ingresos, cuota de mercado e ingresos netos por publicidad; capacidad de producción, distribución y/o representación; y puntos de acceso. Y la pregunta que sigue es cuáles son las cantidades que deberían considerarse.

a) En un mundo en el que es evidente que todo puede, y debe, pertenecer al sector privado, quizá suene extraño decir que importantes segmentos de nuestras herramientas de comunicación no deben tener dueño sino ser parte del dominio público. Según Lawrence Lessig, sin embargo, el Estado debería determinar que el *espectro* quedase en el dominio público. Su idea es que «los recursos libres han sido cruciales para la innovación y la creatividad, y que, sin ellos, se recortan las posibilidades creativas. Entonces, y en especial en la era digital, la cuestión central no es ya si el gobierno o el mercado son los responsables de controlar un determinado recurso, sino si el recurso debe ser controlado. Que el control sea posible no quiere decir que sea justificable» (2002: 14). Es necesario comprender cabalmente el problema y no hay tiempo que perder. Sólo así puede evitarse la privatización del espectro.

b, c y d) Cada vez queda más claro que casi todas las formas de integración horizontal y vertical ya han dejado de existir. Por lo general, hoy en día se observan formas de propiedad cruzada en el mundo de la cultura: grupos mediáticos que operan en todos los campos del arte y el entretenimiento, en todas las etapas, desde la producción hasta la distribución, promoción y recepción, y en todos los medios de comunicación existentes. En muchos casos la realidad es que en la producción y la distribución cultural hay una situación de propiedad cruzada entre sectores. Por ejemplo, General Electric, una empresa que se dedica al equipamiento militar, tiene una participación importante en empresas culturales y en agencias de noticias. El fabricante de armas Lagardère es dueño de un porcentaje significativo de las editoriales y los canales de distribución de periódicos y revistas de Francia, pues ha adquirido la división editorial de Vivendi Universal. El primer ministro italiano, Silvio Berlusconi, es dueño de varios medios de comunicación, controla la radio y la televisión públicas y es dueño de la agencia publicitaria más grande de Italia y de una de las cadenas de supermercados más importantes del país. Esas formas de propiedad cruzada son una pesadilla por los conflictos que trae aparejados y en ellas la libertad cultural se vuelve extremadamente vulnerable.

¿Qué medidas deben tomarse? En 1996, la Comisión Europea intentó elevar una propuesta preliminar para implementar una directriz sobre *propiedad de medios* que tenía previsto establecer un 30% como máximo para la participación de una sola empresa en las emisoras de radio y televisión que transmiten en su área de actividad. «Además, en el documento preliminar figuraba un límite máximo del 10% del mercado para la propiedad total de canales de televisión, emisoras de radio y/o periódicos de la zona de influencia del operador» (Doyle, 2002: 162-164). No obstante, un año más tarde la iniciativa fue retirada sin que hubiese grandes manifestaciones de repudio.

En 2003 la Comisión Federal de Comunicaciones de Estados Unidos propuso eliminar la última reglamentación que afectaba a la propiedad cruzada, lo que otorgaría poder absoluto a los gigantes de la industria cultural en casi todos los campos de la cultura y la comunicación. Esa medida generó un gran revuelo. Por el momento se dejó de lado la abolición de esa reglamentación. De todos modos, el hecho de que la gente se haya movilizado ante un asunto que se relaciona con la cultura y la información es un signo positivo. Cuando no se las acalla, las protestas funcionan como un arma de defensa.

¿Qué sería más agresivo? Dado que unos pocos gigantes de la industria de la cultura controlan la mayor parte de la producción y la distribución en casi todos los campos del arte y en casi todo el mundo, ¿podría aplicarse un proceso de segmentación? Es decir, ¿lograr que las empresas grandes se separaran en otras más pequeñas, teniendo en cuenta el campo del arte al que se dedican?, ¿que se segmentaran según las etapas, desde la producción hasta la recepción y que no se les permitiera operar en todos los países al mismo tiempo? En todo caso, para un solo país es casi imposible imponer condiciones estrictas a la medida y alcance de los grupos culturales que operan a escala mundial. Por otra parte, todos los gigantes culturales están muy endeudados. Ése es su lado débil y, al mismo tiempo, su lado fuerte. Segmentarlos –en nombre de la democratización– implicaría que perdiesen su valor «virtual» y los acreedores, que son los grandes bancos del mundo, irían a la quiebra.

¿Qué puede hacerse? Antes que nada, habría que lograr que muchas personas y organizaciones comprendieran que el poder ilimitado de los grupos de empresas culturales constituye un verdadero problema, un enorme peligro para la democracia cultural del que debería ocuparse el movimiento global contra las privatizaciones y la desregulación. Por otra parte, el poder de los grupos de empresas de la cultura tendría que ser atacado desde distintos ángulos. Como hemos dicho, el uso eficaz de Internet y de los medios digitales para favorecer la creación y la difusión del trabajo artístico erosiona ese poder.

Pero hay una tercera opción. Los países pueden decir: las empresas culturales con concentración excesiva no pueden establecerse en nuestro territorio. Y si tal decisión la tomasen grupos de países, la medida sería más eficaz. Habría que definir cuál es el tamaño aceptado para las empresas en la perspectiva de la democracia en relación con la producción, la distribución y la promoción de productos culturales tomando como referencia la Declaración Universal de los Derechos Humanos. Es evidente que eso implicaría un problema en los países donde una empresa cultural oligopólica domina el mercado, como es el caso de Mediaset, propiedad de Berlusconi en Italia, y de la Rede Globo en Brasil. Para ser sinceros, no podemos pretender que las limitaciones de tamaño se establezcan el año que viene. Pero también debemos comprender que es algo que deber hacerse y que no es admisible que unos pocos grupos de empresas de la cultura dominen los mercados culturales en todo el mundo. La estrategia sería lograr que la gente tomara conciencia de que la propiedad en régimen de oligopolio de los medios y otros sistemas de distribución no es aceptable dentro de una democracia. Además, debería quedar muy claro que lograr que los gigantes de la cultura reduzcan su poder precisa de una ofensiva desde distintos ángulos, con la aplicación de la reglamentación apropiada según el caso.

e) ¿Hay algo de malo en que importantes medios de producción y distribución de productos culturales de un país sean propiedad de extranjeros? Sí, por supuesto. Aumenta la probabilidad de que las expresiones artísticas no se relacionen con las circunstancias específicas de la población local. La Declaración Universal de los Derechos Humanos establece que las personas tienen derecho a participar en la vida cultural de la comunidad. En Canadá, por ejemplo, se ha probado que los productores locales ofrecen más contenido local que los extranjeros. Cerca de un 20% de las ventas de libros corresponde a editoriales canadienses que, sin embargo, publican entre un 85 y un 90% de los títulos de autores locales. Con la música ocurre lo mismo: los productores canadienses aportan al mercado la gran mayoría de los artistas canadienses que graban discos.

Esto no quiere decir que sea suficiente con establecer límites a la propiedad extranjera, porque ello no garantiza una gran oferta de distintos tipos de expresiones artísticas. Las restricciones a la propiedad extranjera tendrían que combinarse con otras medidas regulatorias, en particular las que apuntan a implementar cupos de contenidos. No obstante, las restricciones a la propiedad extranjera brindan más oportunidades a los empresarios culturales nacionales. Ellos conocen el campo cultural de su país, lo que tal vez incida favorablemente en la cantidad de contenido local seleccionada. Lo mínimo que puede decirse de la reglamentación que limita la propiedad extranjera es que abona el terreno para el desarrollo de la vida artística local.

Por otra parte, si hay propietarios extranjeros puede exigírseles que presenten más artistas locales en los otros países en que operan. Sin embargo, puede que los artistas que elijan no sean parte fundamental de la vida cultural de esa sociedad, porque los grupos extranjeros deciden qué artistas locales tendrán una oportunidad y en qué entorno se les presentará.

f) No deberíamos olvidarnos de que la influencia económica de un grupo o empresa cultural puede llevarlos a actuar en el mercado de manera indeseable. Para ilustrar esa situación daré el ejemplo de la cadena de librerías Waterstone, de Gran Bretaña, que tiene una cuota de mercado del 20%. ¿Cómo utiliza esa posición de mercado en apariencia modesta? El cambio impuesto por Waterstone hace poco tiempo en las condiciones de pago y devoluciones ha tenido consecuencias catastróficas para las editoriales pequeñas, algunas de las cuales se han vuelto insolventes. La conducta de Waterstone es nociva para la diversidad cultural, pues elimina a las editoriales pequeñas del mercado o disminuye su probabilidad de supervivencia económica. Un fenómeno comparable se observa en las grandes editoriales que compran espacio en los escaparates y exhibidores de las librerías para que sean ocupados por los libros que quieren lanzar como *best sellers*. Las editoriales menos importantes no pueden competir con los gigantes en esa carrera para atraer clientes.

En primer lugar, habría que lograr que esas relaciones de mercado informales fuesen más transparentes. Aparentemente aceptamos esas conductas, pero cabría preguntarse si es válido que las grandes empresas distorsionen el desarrollo de la diversidad en el mercado de la expresión artística con esa clase de prácticas. En segundo lugar, ¿no sería deseable reglamentar la conducta de los actores que dominan el campo de la cultura? Podría discutirse si esa reglamentación tendría que introducirse como parte de las normas sobre la propiedad. Yo diría que sí, porque restringiría la autonomía del propietario en cuanto a su capacidad de producción, distribución y promoción.

g) Es sorprendente que en muchos Estados la ley de competencia no se use prácticamente en el campo de la cultura o, en caso de usarse, no se haga con eficacia. Tal es el caso de las fusiones y de los abusos que se observan cuando las empresas tienen una posición dominante en el mercado. Podría afirmarse que una posición dominante en el mercado es en sí un abuso, en especial desde la perspectiva de la defensa de los valores democráticos.

Sería conveniente desde el punto de vista de la cultura que las leyes que combaten las prácticas monopólicas se aplicaran en los sectores culturales, pero eso casi nunca ocurre.[3] Benjamin Barber no entiende cómo las corporaciones culturales tienen derecho a «devorarse unas a otras fusionándose, controlándose, comprándose entre sí tan pronto como encuentran financiación y logran sobornar a los accionistas. La justicia interviene no para preservar el bien público ni para impedir los monopolios, sino para asegurar que el beneficio de los accionistas sea el único criterio respetado en los acuerdos» (1996: 85). En una ciudad como Ámsterdam, cerca del 80% de las salas de cine son propiedad de la misma empresa (y más del 80% de las películas vienen de Hollywood, pero nos ocuparemos de este tema en la sección siguiente). Es incomprensible que las autoridades de la competencia no actúen en contra de esa concentración de poder.

Como ya hemos dicho, las condiciones de acceso a la cultura deben ser más amplias que en otras actividades comerciales, pero para empezar bastaría con que se aplicaran estrictamente las leyes de la competencia ya existentes. Entretanto se propiciaría el debate sobre qué clase de diversidad es necesaria para que las actividades comerciales se enmarquen dentro de una perspectiva democrática en el campo de la cultura. Sería una oportunidad para expresar la necesidad de crear, por ejemplo, un índice de diversidad cultural bianual.

h) ¿Qué podríamos decir de la aplicación de una *carga fiscal que sirviera para disminuir la posibilidad de control por parte de los grupos de empresas culturales*? Por ejemplo, para Estados Unidos, McChesney propone que «como los medios de comunicación y la publicidad desempeñan un papel en los medios democráticos, debería aplicárseles un impuesto que se utilizara para financiar a los sectores sin fines de lucro. En 1997, si se aplicara un impuesto del 1% a la publicidad, se generarían más de mil quinientos millones de dólares» (1997: 67). Esa cantidad de dinero podría utilizarse para promover la diversidad cultural. En el informe *Nuestra diversidad creativa* la propuesta es que el tema central del debate debería ser «cómo compartir los *bienes globales de uso colectivo* en los medios de la mejor manera posible. Una idea sencilla es aplicar impuestos internacionales para generar nuevos ingresos que podrían invertirse en servicios y programas alternativos regionales y globales. Un impuesto podría dirigirse al uso comercial de los bienes globales de uso colectivo, de la misma manera en que se utilizan los impuestos al flujo internacional de capitales y al consumo de combustibles fósiles» (Pérez de Cuéllar, 1996: 121-122).

¿Por qué existen éxitos de taquilla, *best sellers* y celebridades? La razón principal es que se lanzan al mercado con el apoyo de millones y millones de dólares lo que, en realidad, es una falsa representación de la competencia. ¿Por qué? Sin tener esas fabulosas cantidades de dinero, otros artistas y sus empresas pierden en esa competencia. Christophe Germann analiza el caso del cine y concluye que «la inversión en mercadotecnia es, sin duda, el incentivo que más pesa en los exhibidores de películas a la hora de programar éxitos de taquilla. En consecuencia, el público debe consumir el contenido que imponen las grandes empresas por medio de su gran inversión en mercadotecnia y su poderosa estructura de distribución. La situación empeora cuando los distribuidores recurren a estrategias tales como la concesión de películas exitosas a las salas de exhibición con la condición de que éstas proyecten otras películas de menor valor comercial. Los éxitos de taquilla son, entonces, parte de un paquete con el que las distribuidoras pretenden saturar el mercado. En muchos sitios esa práctica viola las reglas de la competencia. Así se deja de lado la demanda del público, pues la relación de mercado se establece entre las grandes empresas, es decir, las productoras y las distribuidoras (oferta), y los exhibidores (demanda). La posición dominante del mercado por parte de los oligopolios casi no deja lugar para otros contenidos provenientes de distintos orígenes culturales, a menos que haya intervención de los gobiernos regionales y nacionales para la implementación de leyes y políticas culturales que estimulen la diversidad en la oferta audiovisual» (Germann, 2003).

Una posibilidad es aplicar impuestos a los excesivos presupuestos de mercadotecnia con que cuentan los éxitos cinematográficos, los *best sellers* y las estrellas, y transferir el dinero recolectado a financiar la mercadotecnia de otras producciones culturales. De ese modo se lograría ponerlas en pie de igualdad y se eliminaría la falsa competencia (ibídem).

i) La propiedad oligopólica se reduciría si se limitara el *amplio sistema de copyright*, que se asemeja a un pulpo. La duración del sistema es casi eterna, y todo lo que se asemeje a un contenido específico también puede ser reclamado en propiedad. El copyright se ha convertido en un mecanismo de control de todo el contenido posible por parte de las industrias culturales y ha dejado de ser un medio para que los artistas reciban una retribución por su obra. No está lejos el momento en que todo nuestro legado cultural, tanto del pasado como del presente, esté en manos de unos pocos. De más está decir que esa situación dista de ser democrática. Un control monopólico de ese tipo nunca había existido en la historia de la expresión artística y en ninguna otra cultura más que en las sociedades occidentales de hoy.

Si se limita el copyright, es probable que se reduzcan las excesivas inversiones en celebridades, éxitos de taquilla y *best sellers*. Por lo tanto, las industrias culturales ya no producirán «contenidos» con el propósito de dominar el mercado mundial. Asimismo, muchos más artistas encontrarían público para su obra, pues las fuerzas dominantes del mercado dejarían de ser un obstáculo (Smiers, 2003: 207-216). En el capítulo 9 trataré el tema del copyright.

Reglamentación de contenido

Contar con un número alto de personas o entidades a cargo de tomar las decisiones vinculadas a la expresión artística no garantiza que el público se beneficie de la rica diversidad de creaciones e interpretaciones existentes. La oferta aún podría restringirse a un número limitado de productos. ¿Por qué? Porque son baratos, por ejemplo, o porque hay seguridad de que atraerán a un público masivo, o porque no desatan polémicas, o porque se ajustan a las ideas políticas o a los gustos estéticos de los dueños de las empresas o de los gerentes de programación.

Pero hay un motivo más importante para reglamentar los contenidos: probablemente no se logre disminuir el tamaño y el poder de los grupos de industrias culturales en poco tiempo. Una tercera razón es que en las sociedades no todos tienen el mismo derecho a voz en la esfera pública, algo que también se aplica al campo cultural. En consecuencia, muchas expresiones artísticas no se tienen en cuenta en los debates públicos sobre los gustos, el lenguaje, el diseño, los géneros musicales, el teatro, la estructura narrativa de las películas o los programas de televisión. Y eso representa una pérdida para la democracia. El hecho de que los productos culturales provengan de un único país extranjero (con un volumen mínimo del propio país) contribuye al empobrecimiento del campo cultural.

En general, la reglamentación del contenido tiene como finalidad brindar acceso a un amplio abanico de contenidos a través de los canales de distribución apropiados y pertinentes. Esto nos lleva a pensar en lo que ya hemos comentado: muchos países no tienen la capacidad de permitir que sus artistas creen trabajos audiovisuales de calidad que puedan competir con los productos extranjeros provenientes de las grandes industrias culturales. Esos países tendrían que acceder a unos medios económicos que les permitieran construir infraestructuras de producción y distribución al tiempo que dieran a los artistas la posibilidad de desarrollar su talento.

La reglamentación sobre el contenido contribuye a que las industrias culturales no puedan mandar sus productos a mercados que no cuentan con el poder económico ni la infraestructura suficiente para oponer resistencia a la invasión cultural, y que si no hubiese reglamentación nunca podrían crear productos artísticos más costosos. Entonces sería mucho más conveniente que los países pequeños cooperaran con países vecinos en el desarrollo cultural y que se aseguraran un mercado mayor que el doméstico.

La reglamentación de este tipo puede apuntar a diversos objetivos. La más corriente es la que intenta lograr que se exhiba una cantidad suficiente de productos artísticos locales; se concentra en el propio país, en los desarrollos creativos disponibles y en brindar un espacio amplio a las obras de arte.

En segundo lugar, las regulaciones de contenido pueden dirigirse a promover una oferta cultural diversa proveniente de países vecinos y de otras partes del mundo. En países del tamaño de India, China y Brasil, sería útil contar con una reglamentación que alentara el intercambio de productos culturales de las distintas zonas de esas naciones culturalmente tan diversas. Es evidente que cubrir más que el horizonte nacional o provincial es más complejo que ocuparse sólo de proteger los productos culturales locales de la invasión de las industrias culturales que operan en todo el mundo. La mayor parte de la reglamentación existente se ocupa de proteger la vida artística local, algo que no deja de ser importante, pero también lo es cuidar que la diversidad artística tenga un lugar y que el mundo, con todas sus variantes artísticas, esté presente en el espacio cultural y sujeto a políticas regulatorias.

El tercer propósito es garantizar que no se pase por alto ninguna de las categorías del arte. Puede alentarse la producción de géneros diversos por medio de la protección y promoción de la diversidad cultural, lingüística, política y demográfica, sin dejar de lado los intereses de las minorías. La finalidad de estos tres propósitos es evitar que las creaciones culturales se nutran de una sola fuente, o dicho de otra manera, promover el encuentro entre el público y las diversas formas de la comunicación cultural.

En sentido amplio, hay cuatro clases de reglamentación de contenidos, a las que podríamos denominar: a) *mínima*; b) *recomendable*; c) *máxima*; y d) de *reciprocidad*.

a) La mayoría de las formas que adopta la reglamentación de contenido está comprendida en la clase que denominamos *mínima*. Se trata del porcentaje de productos nacionales que deberían estar presentes en el mercado. Por ejemplo, la directriz europea *Televisión sin fronteras* estipula un sistema de cupo doméstico (es decir, de los países de la Unión Europea). Pero justamente en esa legislación se ve que habría que combinar distintas clases de reglamentación para alcanzar el propósito deseado. Ben Goldsmith y sus colegas sostienen que los sistemas europeos tienen varios problemas; por ejemplo, dificultades en la determinación de tiempos de emisión y en la programación de sistemas de cupo según los presupuestos. «Hay quien dice que la directriz ha contribuido al debilitamiento de los controles nacionales y ha permitido la entrada de programación estadounidense por la falta de límites a la programación importada y porque la definición de "trabajos europeos" comprende coproducciones oficiales y programas hechos en Europa por productores no europeos (Venturelli, 1998: 202-205)» (en Raboy, 2002: 99). La «falta de límites a la programación importada» nos hace pensar en la necesidad de recurrir a la alternativa c).

En Francia existe una reglamentación de contenidos *musicales* que determina que *como mínimo* un 40% de las canciones emitidas por radio deben estar cantadas en francés, y al menos la mitad debe estar interpretada por cantantes nuevos o ser de producción reciente. El sistema da buenos resultados y tiene pocos inconvenientes. No hay obligación de emitir música de otros países europeos. ¿Cuáles son las consecuencias? La oferta se limita a productos de músicos franceses o a material en inglés. Un segundo inconveniente es que los DJ y VJ sólo utilizan material de unas pocas compañías discográficas. Si se obligara a pasar material de unas cincuenta compañías cada año, se fomentaría la diversidad. Un tercer problema es que se oye poca música francesa en horario central. Existe diversidad pero no tiene un papel preponderante en la vida pública. Por eso las emisoras (públicas y privadas) tendrían que seleccionar material representativo del vasto escenario musical francés.

En Corea del Sur ha existido durante varios años un sistema de cupos que obliga a los cines a proyectar películas coreanas durante 146 días al año. En los canales de televisión, las películas coreanas deben ocupar un 30% del total de tiempo de emisión dedicado a películas. Estas medidas han sido elaboradas por la Coalición Coreana por la Diversidad Cultural en el Cine y por su antecesora, la sociedad de Guardianes de Cupos en Pantalla. El sistema funciona. Los filmes estadounidenses tenían una cuota del 47% del mercado coreano y las películas nacionales un 46%, situación que favoreció la producción cinematográfica coreana, hecho que puede comprobarse en los premios internacionales que obtienen sus películas. Asimismo, resulta muy positivo que los directores tengan la oportunidad de filmar muchas películas seguidas y así adquirir experiencia. En otros países del mundo los directores deben contentarse con filmar una película cada tres o cuatro años.

Los sistemas de cupos no eliminan por completo la proyección de películas de Hollywood, pero al menos extienden el abanico de opciones. Pero claro, Estados Unidos no está conforme y amenaza con no firmar un acuerdo de inversión con Corea del Sur, porque los estudios de Hollywood pretenden contar con un campo abierto para sus productos en el mundo entero, Corea incluida. La presión de Estados Unidos para que el gobierno de Corea abra el mercado cinematográfico es enorme, y por eso sería de gran ayuda que otros países asiáticos adoptaran un sistema de cupos, pues así podría contrarrestarse la presión estadounidense.

Un problema que ya he señalado antes y que se aplica al caso de Corea es que la oferta de películas se limita a productos locales y de Hollywood. ¿No hay novedades en el frente del cine de otros países? Seguramente sí las hay. Un sistema adecuado sería aquel que estipulara un *máximo* del 20%, por ejemplo, para las películas que vienen de un mismo país (véase el apartado c más abajo), y otro del 30% para las que procedan de países vecinos y de otras regiones.

¿Es deseable y es viable la reglamentación del dominio *digital*? Buena pregunta. Philippe Quéau piensa que la reglamentación es necesaria porque en ese campo se desarrollan monopolios mundiales, y las nuevas técnicas no brindan acceso amplio a la información y el desarrollo. «Es necesario determinar mecanismos regulatorios específicos para la sociedad global de la información. Un buen comienzo sería proveer un marco legal de alcance mundial y crear instituciones de defensa de los intereses públicos de todo el mundo».[4] No hay tema que no precise reglamentarse, opina Quéau.

Según Quéau, se necesita reglamentación en la posición de los satélites; una competencia justa y leyes antimonopolio en el campo de las telecomunicaciones, el software y el comercio electrónico; una definición del concepto de servicios globales elementales; una entrada amplia a los centros globales de acceso a Internet, que en la actualidad están controlados por operadores monopólicos; una definición de una política de aranceles para las telecomunicaciones internacionales; y, con respecto a la administración de los derechos de propiedad intelectual, debe llegarse a un equilibrio entre los dueños de los derechos y los usuarios. También debería establecerse un sistema que proporcionara un mayor acceso al conocimiento y a la creatividad para los países en desarrollo.[5] En muchos casos sería conveniente combinar reglamentaciones de propiedad y de contenido.

En la misma línea que Quéau, Gillian Doyle considera que «el sistema de propiedad convencional basado en los medios "tradicionales" se ha integrado en entornos vinculados con la digitalización, la convergencia y el crecimiento de Internet, y los responsables de diseñar las políticas nacionales deben tenerlo en cuenta [...]. La reglamentación de las "puertas de acceso" y los cuellos de botella potenciales (por ejemplo, control monopólico de sistemas condicionados de acceso, sistemas de navegación o contenido clave) son un punto central para el objetivo de garantizar sistemas de medios abiertos y amplios» (2002a: 151).

Hay dos elementos esenciales. Primero, reglamentar la infraestructura técnica del dominio digital para evitar la concentración del control en unas pocas manos. Como ya hemos comentado, Lawrence Lessig destaca que nadie debería ser propietario en ese espectro (2002). El segundo elemento, de acuerdo con Garry Neil,[6] se vincula con la *distribución* del contenido en el mundo digital (yo prefiero usar la frase «creaciones culturales», pero el término «contenido» es de uso frecuente). Sería conveniente asegurarse de que la diversidad cultural tenga posibilidades reales en el mundo de la comunicación digital, un mundo que crece a pasos agigantados. Si se pierde la oportunidad, será difícil recuperarla a corto plazo. Para probar sus argumentos, el canadiense Neil recurre a la historia reciente de su país: «La industria de la televisión canadiense es muy buena, pero la industria cinematográfica es casi inexistente. ¿A qué se debe? No se trata de que no tengamos personas creativas. La diferencia es que en el país hay un control público de la televisión; se aplican reglamentaciones a los distribuidores, emisores, empresas de televisión vía satélite y por cable, pero no regulamos la distribución de películas. Nos va bien en la televisión y mal en el cine».

Neil concluye que reglamentar la distribución es un elemento clave para lograr la diversidad cultural deseada, y lo mismo vale para Internet. «¿Quién se encarga de la distribución en Internet? Los proveedores del servicio; por lo tanto, es a ellos a quienes hay que aplicar la reglamentación de contenido. Algunos dirán que si se ejerce control sobre los proveedores de Internet, se establecerán en otro país. Pero no es así, porque tienen que cobrar por el servicio, de modo que necesitan tener algún tipo de presencia física en el país, y así se les puede controlar. No pueden prescindir del espacio físico». ¿Cuál sería la reglamentación adecuada? «No se trata de aplicar un modelo de control tradicional. El foco está en el sistema de navegación, pues es la clave de la distribución. La reglamentación del contenido funcionaría del siguiente modo: los usuarios eligen diez películas o diez series de una lista. Entre los primeros diez títulos, tres o cuatro serían de origen local, o habría que encontrar el modo de asegurar la diversidad. Y entre los diez siguientes, también habría que incluir tres o cuatro títulos locales.» Según Neil: «No podemos obligar al público a ver esas películas, por supuesto, pero la reglamentación apunta a que al menos una buena cantidad esté disponible en todas las listas». No se trata de excluir nada, sino de ofrecer al público la posibilidad de elegir entre todas las opciones.

La diversidad debe ser lo normal dentro de la oferta. No tiene que estar escondida en un rincón sino a la vista. Así se fomentaría la producción de series, películas, juegos y programas de televisión, por ejemplo: «La obligación de cumplir con ciertas normas en la distribución es además un incentivo de peso para que las empresas culturales se aboquen a crear productos que satisfagan la diversidad requerida». Y a la ya existente diversidad en la distribución le sigue automáticamente la diversidad en la producción. El gran tema pendiente es cómo evaluar y controlar a los proveedores de Internet, quienes, a su vez, deberían imponer condiciones a las empresas que usaran sus servicios de distribución.

La otra pregunta relevante es si también habría que considerar aquí todo el nuevo campo de los *juegos*. ¿Está incluido en el de la producción y comunicación cultural para el que intentamos definir formas adecuadas de reglamentación? La respuesta debería ser afirmativa, porque se trata de una forma de teatro, tiene estructura narrativa y se apoya en lo estético. La discusión no debería centrarse en la reglamentación del contenido violento que presentan muchos géneros de juegos. Sin embargo, pienso que hay motivos suficientes para incluir el tema en este debate, porque se relaciona con la pregunta por la reglamentacion. En el caso de los juegos, los marcos regulatorios son necesarios por una serie de razones. En el aspecto moral, no hay motivo para abordar el mundo digital de manera diferente de la del mundo que conocemos. La cuestión es que creadores con una fuerte imaginación violenta construyen la estructura moral de espectadores y usuarios, incluidos los de los juegos, y eso influye indirectamente en la conducta de la vida diaria. La reglamentación es necesaria desde ese punto de vista y además porque está la amenaza a la diversidad como consecuencia de los desarrollos del mercado. De hecho, el campo de los juegos también está muy concentrado. Hay tres grandes empresas que dominan el mercado, y es probable que el número se reduzca a dos a corto plazo. Es cierto que hay otras empresas que intentan encontrar un lugar bajo el sol digital, pero la omnipresencia de los tres gigantes hace que las demás no logren atraer la atención del público.

¿Cómo se puede resolver eso? ¿Cómo se puede introducir la reglamentación? Es imprescindible que los gobiernos apoyen mediante subsidios, por ejemplo, la producción de una gran diversidad de juegos. De otro modo ese interesante campo cultural interactivo quedará a merced de las fuerzas del mercado. En cuanto a los puntos de venta, la solución no es tan sencilla. Hay dos instancias importantes de distribución. Los usuarios compran un juego en una tienda, luego lo adaptan para usarlo en Internet y allí vuelven a desembolsar dinero. Ejercer control sobre Internet, como en los ejemplos digitales aportados por Garry Neil, no tendría sentido. Los jugadores, que han comprado el juego en una tienda, irán directamente al sitio web de la empresa que ha producido el juego. ¿Ello implica que la única opción es aplicar regulaciones a las tiendas? Hasta ahora hemos tratado de evitar esa opción porque sería complicado controlar las existencias de las tiendas, una misión casi imposible. Si hubiese solamente unos pocos puntos de venta, el control sería relativamente sencillo, pero como son muchos y están en lugares distantes, el control y la evaluación se dificultan. Por lo tanto, el tema de cómo regular la distribución de los juegos queda sin resolver por el momento, pero sería importante discutirlo.

b) Tras haber descrito la variable *mínima* de regulación de contenidos, me ocuparé del sistema de control *recomendable*, al que podríamos referirnos como la doctrina de servicio esencial del derecho estadounidense, que establece que una empresa que controla un canal de comunicación específico debe abrirlo a otros proveedores además de al que es dueño del servicio esencial (Germann, 2003: 121). Así se exige a los monopolios y a las empresas dominantes en el mercado cultural que permitan el acceso a los competidores en términos justos y no discriminatorios (Doyle, 2002: 169). Si una empresa cultural que se dedica a la producción, la distribución o la promoción (o a todas esas actividades a la vez) cuenta con una fuerte presencia en el mercado cultural (por el momento, eso no puede evitarse), entonces hay una tarea pública que cumplir para asegurar que no disminuya la diversidad cultural. Esa tarea pública consiste en ser portador de diversidad, sin interferir en términos editoriales ni en ningún otro en la selección artística que los productores y los distribuidores independientes decidan ofrecer al público.

El sistema de reglamentación *recomendable* es crucial porque permite el acceso a todos los tipos de contenidos. Está claro que todos los objetivos sociales y culturales de las demás reglamentaciones a favor de la diversidad cultural, que recurren a mecanismos tales como cupos, subsidios y sistemas impositivos, entre otros, no podrían cumplirse si los espectadores u oyentes no tienen acceso al contenido.

c) Una de las formas de reglamentación de contenidos más complejas sería el sistema que define con claridad que los productos culturales de un determinado país extranjero no pueden tener una cuota de mercado que supere el 10, el 20 o el 25%, por poner un número cualquiera. A este sistema podríamos llamarlo alternativa *máxima*. Se trata de definir un límite en las cuotas de mercado. El sistema es interesante porque deja el mercado abierto a las creaciones culturales de todas partes del mundo. Sin embargo, no debería permitirse que una única fuente extranjera inundara la vida cultural local. El principio básico en este tipo de reglamentación no es la exclusión, sino la apertura a una variedad de opciones culturales distintas.

En Corea del Sur, por ejemplo, la Ley de Televisión restringe los contenidos extranjeros a un 20% para los canales de aire, un 30% para los de cable y hasta un 50% en los casos en que los programas traten de ciencia y tecnología, cultura o deportes. Daeho Kim y Seok-Keyong Hong aseguran que, no obstante, la proporción de contenidos extranjeros no llega a ese nivel. «Por lo tanto, puede decirse que el cupo es más una línea normativa que una restricción práctica» (Kim y Hong, 2001: 79).

La alternativa *máxima* no apunta contra un único país ni contra una empresa cultural en particular, sino que señala que el volumen de contenidos extranjeros y producciones de una única fuente tienen una posición dominante en el mercado cultural local y afectan a la variedad necesaria en términos de ejercicio de la democracia y los derechos humanos. La finalidad es corregir ese fallo del mercado.

d) El cuarto tipo de reglamentación es la política de *reciprocidad*. Un país extranjero con presencia considerable en otro país tendría que recibir el siguiente mensaje: si tienes la intención de operar en nuestro país, nosotros exigimos que un número comparable de películas nuestras, por ejemplo, se exhiban en tu territorio. La política de *reciprocidad* se opone a la ideología de la ventaja comparativa, según la cual un país que es mejor que otros en la producción de películas o programas debe dedicarse a hacer eso que sabe hacer bien y así se abaratarán los costos, lo que será beneficioso para los demás países, no sólo por la ventaja económica sino porque los productos que reciban serán de mejor calidad. La consecuencia inevitable es que la industria de uno o dos países provee de productos culturales a todo el mundo.

Hay varias razones para no usar el argumento de la «ventaja comparativa» en el campo de la cultura. Por supuesto, las películas realizadas en países distintos serán diferentes, pero la variedad también existe dentro de un país. Por lo tanto el concepto de «mejor» es irrelevante. Podría suceder que en un campo específico de la expresión artística en una época determinada y en condiciones particulares se produjese una explosión de creatividad. Pero eso no significa que lo que está creándose en otras sociedades en la misma época sea irrelevante. Esas creaciones e interpretaciones deben tener una oportunidad. Se trata de un interés cultural que se anularía si la filosofía de la «ventaja comparativa» dominara el mundo.

¿Es cierto que la política dominante, es decir, la teoría de la «ventaja comparativa», contribuye a abaratar los productos y a acercarlos a los consumidores? Me permito dudarlo. El elevado precio de los CD es una prueba en contra de ese argumento. En apariencia, las industrias de la música y de la producción cinematográfica no saben cómo reaccionar ante las enormes posibilidades culturales que ofrece Internet y entonces tratan de domar la red por medio de demandas judiciales. Hay que tener una imaginación exuberante para llamar a eso una industria que piensa en los consumidores. ¿Qué podemos decir de las inversiones gigantescas que hacen las industrias culturales en lo que esperan que sea un *best seller*, un éxito de taquilla o una estrella, a sabiendas de que la mayoría será un fracaso comercial? ¿Las industrias culturales desperdician energía cultural? ¿Y qué hay del sector publicitario, un sector que continuamente desperdicia ideas, música y diseños creativos?

¿Por qué no aceptar y celebrar el hecho de que las sociedades no son iguales, que los países son distintos, que los grupos que forman esas sociedades difieren entre sí y que todo eso lleva a que las expresiones artísticas sean variadas? Incluso la idea de que la producción y la distribución de una diversidad amplia sería ineficaz no tiene sustento cuando sabemos que la ineficacia y el no tener en cuenta a los consumidores son el sello que distingue a las industrias culturales.

El sistema de *reciprocidad* ha sido presentado en China durante las negociaciones comerciales con Estados Unidos. La noción de reciprocidad deja en claro que el desequilibrio en los intercambios culturales no tiene por qué ser la norma. La idea es eficaz en el campo de las discusiones, y en apariencia también podría aplicarse en la práctica. Para tener acceso al mercado cultural chino, la empresa Fox, de Rupert Murdoch, ha tenido que aceptar que sus canales en Estados Unidos pusieran en el aire una cantidad de productos chinos equivalente a la de productos estadounidenses que se emiten en China.

No cabe duda de que la política de *reciprocidad* funcionaría solamente entre países o regiones de tamaños comparables en lo que respecta al territorio o al volumen de producción; por ejemplo, entre países de África occidental y oriental y Estados Unidos, o entre el sudeste asiático y Japón o Hong Kong.

Responsabilidad pública

La responsabilidad de las empresas culturales es un tema que se debe tener en cuenta cuando se considera el tema de la reglamentación a favor de la diversidad cultural. Las corporaciones culturales deberían tener responsabilidad pública, para lo cual la herramienta apropiada sería el compromiso con un *estatuto cultural corporativo*. No se puede pretender que accedan voluntariamente a cumplir con toda la reglamentación propuesta respecto a la propiedad y el contenido, en especial en relación con reducir su tamaño y diversificar la oferta. Por tanto, corresponde a las autoridades públicas regular los mercados culturales; aun así, hay muchas áreas de las que las empresas culturales deben hacerse responsables por sí mismas. La libertad de expresión y la responsabilidad corporativa no están en pie de guerra.

En su informe *Our Global Neighbourhood* [Nuestra vecindad global] (1995: 456), la Comisión de Gobernabilidad Global postula que además de los derechos básicos las personas comparten responsabilidades: contribuir al bien común; considerar las consecuencias de sus actos para la seguridad y el bienestar de los demás; promover la igualdad, incluso la igualdad de género; proteger los intereses de las futuras generaciones mediante acciones de desarrollo sostenible y de defensa de los bienes globales de uso común; preservar el patrimonio cultural e intelectual de la humanidad; y participar activamente en el gobierno y en la erradicación de la corrupción (resumido en Dacyl, 2003: 45).

La noción de responsabilidad tendría que volver a escena. Entiendo que no es nada fácil motivar a las grandes empresas culturales para que elaboren voluntariamente y sin presiones externas un estatuto que consigne el código de conducta interna y externa. También reconozco que los movimientos culturales no cuentan con la misma fuerza que los movimientos de protección al medio ambiente, pero deben tener la esperanza de que estatutos sociales y ecológicos como los que ha elaborado Shell pueden funcionar bien. Con todo, podemos presionar a los gobiernos para que obliguen a las grandes corporaciones culturales a adoptar un estatuto cultural corporativo.

El campo de la cultura ocupa un lugar precario en nuestras sociedades y no debería regirse solamente por los derechos económicos. Nadie puede aceptar el argumento de que las empresas, cuyo objetivo es la acumulación de capital elijan tener una conducta responsable respecto al desarrollo de la diversidad cultural, tal como la he descrito anteriormente, si no se les exige que lo hagan. Por eso, los gobiernos deberían dejar en claro que si una empresa, sea extranjera o local, quiere operar dentro del territorio nacional, tiene que aceptar las siguientes condiciones básicas:

— elaborar un estatuto cultural corporativo;
— mencionar en el estatuto los temas específicos que se consignan más abajo;
— presentar el texto preliminar del estatuto en público y consultar su contenido con las autoridades del área artística locales;
— modificar el estatuto conforme a las conclusiones que se saquen de los debates;
— elaborar un informe anual sobre las medidas tomadas con el fin de cumplir con lo establecido en el estatuto y aceptar los informes que elaboren las autoridades del área artística;
— reemplazar el estatuto por una directriz u otro instrumento legal que obligue a la empresa a cumplir con determinadas condiciones de conducta si el estatuto y/o las evaluaciones no satisfacen las pautas mínimas para una conducta responsable;
— concluir las operaciones en el país en caso de que la empresa prosiga con conductas que no se avengan con lo requerido.

¿Puede lograrse algo así de un día para otro? Probablemente no. ¿Nuestro objetivo debería ser que las empresas culturales asumieran la responsabilidad de sus actos? Claro que sí. Entonces, es mejor estar preparados y comprometernos con el debate sobre cuáles serían las responsabilidades que deben cumplir las corporaciones culturales. Desde el punto de vista de la estrategia, es conveniente recordar que las grandes empresas se preocupan por su imagen y se cuidarán de que se las exponga a la vergüenza pública si no cumplen con sus responsabilidades; por lo tanto, es nuestra tarea definirlas.

Para contribuir a la discusión del tema, he pensado en varias categorías y subcategorías. Habrá quienes digan que esos aspectos tendrían que incluirse en la reglamentación de la propiedad, puesto que en ella hay algunas cuestiones que tienen que ver con la conducta, o en la reglamentación de contenidos. En efecto, ésa es una posibilidad, pero sería útil que nos abocáramos a elaborar un modelo de estatuto cultural corporativo. Así abriríamos el debate público sobre la clase de responsabilidad que pretendemos que tengan las empresas culturales en el entorno cultural y social en que vivimos y sobre el modo en que deben asumir su responsabilidad. ¿Qué aspectos habría que incluir en un estatuto cultural corporativo?

— La primera categoría engloba la propiedad, la dependencia, la influencia y las presiones que ejercen las corporaciones globales. ¿Quiénes son los propietarios? ¿Cómo se organiza y estructura la propiedad y en qué tipo de redes? ¿Cuáles son las clases de propiedad cruzada? ¿De qué fuerzas externas depende la empresa, es decir, de qué bancos y otras instituciones financieras o de qué otros grupos de interés? ¿Dónde depositan e invierten su dinero? ¿Con qué grupos políticos o religiosos, entre otros, colaboran? ¿Qué relaciones informales mantienen con los responsables de la toma de decisiones en su área de competencia?

— La segunda categoría comprende la modalidad de gobierno de las empresas culturales. En los consejos directivos de las empresas debería haber representantes de distintos orígenes culturales, y en las comisiones asesoras tendrían que participar artistas y pensadores de distintos ámbitos. Las contradicciones sociales y culturales deberían discutirse en los niveles jerárquicos y las conclusiones que surjan de los debates deberían tenerse en cuenta en las decisiones empresariales que afecten al arte y la cultura.

— La tercera categoría incluye las relaciones internas de la empresa. Los dueños de la corporación deben estar al margen de los procesos de toma de decisiones que afectan a cuestiones artísticas y editoriales. En muchos países, los medios de comunicación tienen disposiciones que limitan la influencia de los propietarios en la designación del editor en jefe y en el establecimiento de los principios editoriales básicos (Doyle, 2002: 152). Es obvio que ese modelo puede transferirse perfectamente al entorno de las empresas culturales. Sería conveniente que los propietarios de empresas culturales tuviesen que cumplir con la disposición de no ejercer influencia en los contenidos editoriales y artísticos de los

medios, los establecimientos productivos y los locales de su propiedad.
— La cuarta categoría se vincula con la relación entre los anunciantes y los medios que producen, presentan y promueven productos artísticos (incluidos el entretenimiento y el diseño). En primer lugar, las empresas culturales deben hacer una división clara entre publicidad y programación. Las políticas correspondientes deben ser claras y la práctica diaria de esa políticas debe poder supervisarse. En segundo lugar, la publicidad no debe eclipsar la importancia de los programas y los contenidos culturales. En los medios culturales no debería primar la emisión de la mayor cantidad de publicidad posible. El público debería tener derecho a no soportar la influencia de la publicidad a todas horas. Las empresas culturales deberían comprometerse a emitir mucha menos publicidad de la que emiten en la actualidad. La publicidad debe ocupar un lugar restringido y dar lugar a la jerarquización de los programas. En tercer lugar, la publicidad debería ajustarse a la verdad en mayor medida de lo que lo hace en la actualidad (McChesney, 1997: 67-68). Corresponde a las empresas culturales mostrar anuncios publicitarios que cumplan con estos requisitos y asegurarse de que sus políticas sean transparentes en este aspecto.
— La quinta categoría no elude el difícil asunto de cómo lograr que las empresas culturales se ocupen de temas de responsabilidad moral. Los productores, los distribuidores y los promotores siempre toman decisiones que conllevan un elemento moral; por lo tanto, deberían aceptar que las políticas que aplican fuesen anunciadas y debatidas públicamente.
— Las empresas que, debido a las actividades que desarrollan, usan el espacio público –material, espiritual o virtual– deben contribuir al desarrollo de la diversidad cultural de las sociedades en las que operan. Ésta es la sexta y última categoría que debería tenerse en cuenta en la creación de un estatuto cultural corporativo. Las empresas tendrían que respetar las tradiciones y el patrimonio cultural, y comprometerse a no apropiarse de ellos y a no usarlos indebidamente. Asimismo, deberían obligarse a producir, distribuir y promover el teatro, el cine, la danza, las artes visuales, el diseño, la literatura, los juegos y los productos multimedia en toda su diversidad. Las corporaciones culturales que reciben grandes cantidades de dinero en un país (las industrias culturales estadounidenses obtienen más de 2.000 millones de dólares en el mercado

canadiense, por ejemplo) deben comprometerse a reinvertir una parte sustancial de sus beneficios en ese país.

Las propuestas que he expuesto son razonables. Pero hay que acostumbrarse a expresarlas por escrito y a divulgarlas.

Notas

1. Jeremy Rifkin. «La vente du siècle.» *Le Monde*, 3 de mayo de 2001.
2. Esta sección del libro se basa en las exposiciones de un congreso, Reglamentaciones en Favor de la Diversidad Cultural, que organicé en el Centro Cultural De Balie, celebrado en Ámsterdam, el 25, 26 y 27 de septiembre de 2003. Para esa ocasión, invité a más de veinte investigadores y activistas de la cultura de todas partes del mundo. Los participantes fueron Jeebesch Bagchi (India), Leonardo Brant (Brasil), Suzanne Burke (Trinidad y Tobago), Mariétou Diongue Diop (Senegal), Gillian Doyle (Escocia), Fernando Durán Ayanegui (Costa Rica), Ben Goldsmith (Australia), Mike van Graan (Sudáfrica), Nilanjana Gupta (India), Souheil Houissa (Túnez), Jane Kelsey (Nueva Zelanda), Garry Neil (Canadá), Nina Obuljen (Croacia), K. S. Park (Corea), Paul van Paaschen (Países Bajos), Caroline Pauwels (Bélgica), Alinah Segobye (Botsuana), Rafael Segovia (México), Josh Silver (Estados Unidos), Yvon Thiec (Francia), Inge van der Vlies (Países Bajos), Roger Wallis (Suecia), Karel van Wolferen (Países Bajos) y Gina Yu (Corea). Barbara Murray fue la encargada de elaborar el informe. Han colaborado en la organización del congreso Eric Kluitenberg y Liedewij Loorbach (De Balie) y Johanna Damm, Lisa Kölker y Alies Maclean (Escuela de Arte de Utrecht). La primera versión de esta sección ha sido leída cuidadosamente por Max Fuchs, Mike van Graan, Christophe Germann, Lisa Kölker, Nina Obuljen y Verena Wiedemann. Estoy agradecido por la atención que han prestado participantes, organizadores y lectores, y me siento honrado por su apreciada amistad. Una versión anterior de esta sección se ha publicado en *Culturelink*, edición especial 2002/2003, Cultural Diversity and Sustainable Development, Zagreb (Instituto para las Relaciones Internacionales), pp. 73-95; y en Smiers, 2004, pp. 51-83.
3. Robert W. McChesney y John Nichols. «Getting Serious About Media Reform.» *The Nation*, 7/14 de enero de 2002.
4. Philip Quéau. «Une mythe foundateur pour la mondialisation.» *Le Monde*, 17 de febrero de 2001.
5. Ibídem.
6. Entrevista a Garry Neil, coordinador de la Red Internacional para la Diversidad Cultural. Toronto, 22 de enero de 2003.

8. POLÍTICAS CULTURALES

Guardar distancia

Hasta ahora hemos destacado la importancia de poner límites al poder y al alcance de los grupos de empresas de la cultura que operan en distintos campos del arte y el entretenimiento. Ahora veremos que los gobiernos también tienen derecho a crear las condiciones, y tienen el deber de hacerlo, para que un gran número de proveedores tenga la oportunidad de ofrecer una amplia variedad de obras de arte de todo tipo de géneros, para todos los públicos, gustos y preferencias. Los gobiernos tienen legítimo derecho a intervenir y a apoyar las actividades artísticas y culturales —bienes públicos— en las que el mercado no está interesado o que las fuerzas del mercado alejan de la atención del público (Barber, 1996: 29).

Las autoridades públicas deberían proteger todo lo que se produce pero no despierta interés inmediato en un número importante de personas. Brindar protección a lo que sólo pocos están dispuestos a ver, escuchar, leer o experimentar se enmarca dentro del proceso de garantía de la continuidad de las culturas.[1] La libertad de comunicación es un valor esencial para la sociedad; por lo tanto, los gobiernos no tendrían que dejar de intervenir en los procesos artísticos y culturales, sino que tienen el deber de crear las condiciones en las que los ciudadanos tengan oportunidad de comunicarse libremente, y el arte es una de las vías que pueden usar para comunicarse.

Un coreógrafo holandés, Rudy van Dantzig, fue invitado a montar un espectáculo para el Ballet Cleveland/San José en ocasión de su 25º aniversario. La celebración fue desastrosa para la compañía. El apoyo financiero no llegó nunca. Hasta los directores de grupos tan respetados como ése saben por experiencia que siempre hay un gran signo de interrogación vinculado con el dinero de los patrocinios. A veces el dinero llega y a veces no. Consternado, Rudy van Dantzig veía que los recursos humanos iban disminuyendo día a día. Una mañana comentó: «La mayoría de los bailarines ya se han ido; algunos de ellos después de haber formado parte de la compañía durante más de quince años. Todo sucede muy rápido en Estados Unidos». El resumen de Van Dantzig de lo que es la política cultural o la falta de política cultural en Cleveland parece ser: guarda tus cosas y vete.[2]

Como el coreógrafo venía de Europa tenía otra perspectiva, y para él el apoyo financiero a la cultura en Estados Unidos a veces presenta aspectos terribles y humillantes. Cuando empieza el espectáculo, un orador da las gracias a los patrocinadores, que a veces se ponen de pie en la sala; en el *hall* del teatro lucen vestimentas elegantes, y al finalizar el espectáculo se espera que los bailarines, agotados después de la función, asistan a recepciones en su honor. Patricia Aufderheide destaca que las cosas no eran así en Estados Unidos hace un par de siglos, cuando las autoridades públicas aún sabían que tenían una función que cumplir en el desarrollo de la cultura ciudadana. La autora recuerda que en 1792 el Congreso bajó la tarifa del envío postal de periódicos. «Con esa medida, las noticias se transformaron en un bien al que la mayor parte del pueblo de la nueva nación podía tener acceso. El Congreso sabía lo que hacía. La cuestión era promover el conocimiento de lo que pasaba en otras regiones de una nación tan grande y la participación ciudadana en la formación del sentido de nacionalidad. Fue una decisión costosa» (Aufderheide, 1997: 167-168).

El ejemplo que he dado es uno entre los muchos que existen, y sirve para mostrar que la cultura ciudadana debe ser promovida: nada viene del cielo. Y lo mismo se aplica al arte. El público sabe poco de cómo se realizan las creaciones artísticas, sobre todo en un mundo donde la fama de las «estrellas» se construye por medio de grandes campañas publicitarias. Por lo general no se sabe cuánto tiempo le lleva a un artista producir algo valioso, cuántos apremios y cuánta perseverancia se necesitan para llegar al punto en que algo empieza a tomar cuerpo y su estructura tiene la riqueza suficiente para expresar algo de valor, sea por medio de la música, el teatro, la danza, el cine, la pintura, el diseño o la palabra escrita. En todas las culturas el desarrollo del talento artístico lleva tiempo, requiere energía, dedicación y dinero.

Recordemos que todos esos artistas que respetamos han invertido mucho tiempo en su obra y que una vida cultural rica y satisfactoria no consiste solamente en un puñado de celebridades. La riqueza se construye con una gran variedad de artistas, grupos e iniciativas que quizá no sean tan famosos pero que aportan algo especial a nuestras emociones, conciencia y estado de ánimo. A veces esa aportación la reciben sólo unas pocas personas; otras veces un gran número de ellas y otras, un círculo de aficionados. Ésa es la combinación deseable. Cuando el mercado no ofrece esa diversidad, las autoridades tienen el deber de apoyar lo nuevo, lo más débil y lo que supone una contribución significativa a la diversidad. La verdad es que siempre ha habido creaciones e interpretaciones artísticas que requerían algún tipo de apoyo financiero del rey, de la Iglesia, de algún mecenas, y hoy en día del Estado. Después de todo, una buena parte del trabajo artístico depende de la mano del hombre, lo que eleva el precio de los productos por encima de lo que el mercado está dispuesto a pagar, al menos por ahora.

Es evidente que los mecanismos de apoyo al arte varían según los distintos Estados, regiones y comunidades locales. Aun así, es posible determinar la dirección que podrían tomar las políticas culturales activas. A continuación daré algunas sugerencias para la implementación de políticas culturales. He tomado algunas de las propuestas de las Recomendaciones sobre Política Cultural Nacional elaborado por el Consejo de Europa para los países de Europa oriental a finales de la década de 1990.[3] El propósito de estas recomendaciones es crear conciencia sobre cómo combinar la libertad de expresión, las iniciativas en marcha en el mercado cultural y la función que deberían desempeñar las autoridades públicas en la protección de la diversidad artística, que contribuye a enriquecer la vida cultural y a hacerla más democrática que si no se la protegiera. He elegido las propuestas de las Recomendaciones sobre Política Cultural Nacional para los países de Europa oriental porque la mayoría de esos países no tienen economías fuertes y porque están pasando por un proceso de creación de nuevas reglas democráticas para las políticas culturales.

Para empezar, es importante que los partidos políticos diseñen programas de política cultural y que sean conscientes de que dejar la cultura a merced de las fuerzas del mercado conduce a una vida cultural estéril. Hay muchas clases de expresión artística que no pueden sobrevivir en el mercado, al menos por ahora, y quizá nunca logren hacerlo, que deberían gozar de protección. Debe tratarse en debates a escala nacional, regional y local cuál es el tipo de vida cultural deseado desde una perspectiva democrática, teniendo en cuenta que el futuro cultural debe nutrirse de formas de expresión artística nuevas y originales. Los debates públicos de ese tipo fomentan el desarrollo de la sociedad civil y es muy probable que sus conclusiones «pertenezcan» a los grupos directamente afectados. En todo caso, es verdad que «la cultura precisa gente entusiasta con motivación para trabajar mucho y por poco dinero en favor de la creatividad por sentir que su tarea es valiosa. La cultura no sólo necesita personas que conserven y sigan las tradiciones por medio de su actividad artística, sino entusiastas que construyan la infraestructura pertinente» (Wallis y Malm, 1984: 120).

Es fundamental para el proceso contar con una idea central: el «principio de guardar distancia». No corresponde a los gobiernos ni a los ministerios de cultura definir qué es la cultura ni cómo debe operar. Su función consiste en facilitar espacios y abrir las puertas a la participación. Todo lo que el mercado no ofrece debería obtener financiación de las autoridades nacionales, regionales y locales, que deben mantenerse a cierta distancia de la práctica de la vida cultural. Los artistas no deben servir al Estado, incluso cuando éste, que en una sociedad democrática comprende a toda la población, paga por su trabajo o se lo facilita. Las decisiones sobre el otorgamiento de subvenciones a iniciativas y proyectos artísticos deberían ser tomadas por consejos de arte u organismos similares, cuyos miembros deberían ser independientes, no deberían tener intereses particulares en los asuntos sobre los que deciden y deberían rotar cada dos o tres años, para evitar vínculos estrechos con determinados proyectos.

Es conveniente formular leyes nuevas de apoyo al arte que sirvan de marco flexible para las actividades culturales. Después de todo, la vida artística siempre es fluida y necesita planificación a corto, mediano y largo plazo. Las políticas más interesantes son aquellas que construyen infraestructuras sólidas para el arte al tiempo que crean espacio para muchas iniciativas diferentes. Un buen mecanismo para mantener las políticas culturales en el carril adecuado, es decir el que sirve al desarrollo de una vida cultural rica y democrática, es establecer un observatorio independiente de la vida cultural que supervise la aplicación de esas políticas y analice cualquier cambio en las iniciativas existentes y la aparición de otras nuevas.

Una de las fuentes de tensión más usuales es que algunas iniciativas que cuentan con apoyo financiero estatal no atraen gran cantidad de público pero son importantes para el desarrollo de la vida cultural por una u otra razón. Esas iniciativas deben fomentarse, y debería procurarse que convocaran a más gente sin que tuviesen que hacer concesiones artísticas. El arte existe porque hay comunicación con el público aunque sea reducido, siempre que esté atento y sea crítico. Es necesario introducir métodos para una educación cultural de cuestionamiento dentro y fuera de la escuela que acerquen a los jóvenes a una variedad de expresiones culturales nacionales y extranjeras. El arte no es un libro abierto para todos, y hay cosas más valiosas que las que son populares en un determinado momento y quedan relegadas debido a la acción de las fuerzas del mercado. Eso implica que los ministerios de cultura y educación y las autoridades regionales y locales deberían trabajar codo a codo.

Deberíamos tener en cuenta que muchos países son extremadamente pobres. Diomansi Bombote señala que en el pasado, en las sociedades africanas tradicionales, los artistas eran respetados y se les consideraba protagonistas en el proceso de desarrollo económico y social. Con el tiempo, los artistas se profesionalizaron y el Estado y las autoridades regionales debieron hacerse responsables de ellos. Sin embargo, «la profunda crisis que afecta a África se ha transformado en la excusa perfecta de los responsables de tomar decisiones políticas. La proporción de los presupuestos nacionales asignada a la cultura se reduce año tras año» (Bombote, 1994: 25). Los procesos nacionales, regionales y locales de formulación de ideas sobre cómo debería ser la vida cultural y qué política cultural tendría que implementarse mantienen la importancia del arte y la protección de la diversidad de expresiones artísticas en la agenda política. El primer objetivo debería ser lograr que al menos el presupuesto para el área cultural no siga disminuyendo: una especie de tregua a la espera de tiempos mejores.

Esas políticas culturales pueden actuar como puntos focales para los gobiernos y ONG de los países ricos, que deberían contribuir con actividades culturales bien definidas, en especial cuando se trata de instalar infraestructuras estables para la producción, distribución y promoción de las distintas formas del arte. En el capítulo 6 he mostrado métodos para reducir el dominio de los grupos de empresas de la cultura y he propuesto la aplicación de distintos tipos de impuestos que, en conjunto, servirían para reforzar la vida cultural local, incluso en el plano económico. La búsqueda de nuevas fuentes de financiamiento para la vida cultural puede intensificarse siempre que no promueva un menor compromiso por parte de las autoridades públicas. El apoyo a muchas iniciativas artísticas puede provenir del otorgamiento de exenciones impositivas o de reducción de cargas fiscales por donaciones destinadas a la cultura. Pero no habrá promoción de la diversidad si la reglamentación favorece el crecimiento de las empresas culturales que ya son grandes y dominan el mercado cultural.

Otro tema fundamental es la gestión de iniciativas e instituciones culturales, sean éstas pequeñas, medianas o grandes. En un mundo competitivo como el nuestro, la tarea de los líderes culturales se ha vuelto muy compleja. Aunque no es nada sencilla, sería ideal que aprendieran a combinar herramientas de gestión adecuadas con la capacidad de escuchar a los artistas y comprender su ritmo creativo singular y sus necesidades, así como respetar el impacto cultural de su trabajo. Los miembros del consejo de administración de las instituciones culturales, cuya tarea consiste en llevar adelante la organización por el camino correcto, deberían formarse para poder combinar firmeza en la gestión con una comprensión cabal del lugar que ocupa en el contexto más amplio de sus sociedades su grupo, museo, festival, o cualquiera que sea la actividad a la que se dedican. Un signo de buena política cultural sería que se apoyara la formación específica en gestión de proyectos culturales.

En muchos casos se observa que la distribución de fondos para la cultura, en particular en el ámbito nacional, es muy distinta. Las Recomendaciones sobre Política Cultural Nacional para Rusia, por ejemplo, propone tres temas que necesitan especial atención. El primero es la consideración de la creación como prioritaria. El segundo, el apoyo a las grandes instituciones culturales en detrimento de la innovación. El tercero es el privilegio relativo otorgado a las dos ciudades principales, Moscú y San Petersburgo, en comparación con los programas propiciados por el gobierno federal en las provincias. En el informe se recomienda que haya un cambio progresivo pero sostenido en las áreas de inversión de los recursos para resolver esas desigualdades. Debe lograrse mayor equilibrio entre las áreas geográficas mediante el apoyo a la circulación y el intercambio de la producción regional y local. En cualquier caso, la promoción de la vida cultural no puede reducirse para preservar las instituciones culturales existentes o para no modificar la manera de hacer las cosas. Es importante evitar una situación en la que la mayor parte de los recursos se dirija a unas pocas instituciones culturales de prestigio y poco se reserve para los otros exponentes del amplio campo de la cultura artística.

Para preservar la democracia y mantener la paz social, es fundamental apoyar al arte, los eventos culturales y los espacios de las minorías. En particular, los gobiernos deberían garantizar el respeto al derecho de igualdad lingüística y cultural de las minorías étnicas que habitan el territorio nacional. Uno de los aspectos que deben definirse con claridad en las políticas culturales es la adopción de una filosofía de descentralización y tratamiento igualitario para las minorías, pues si no se explicita desde un principio, nunca llegará a materializarse.

Es muy acertado ubicar las instituciones culturales a una distancia prudencial del Ministerio de cultura o de los departamentos culturales de la administración pública regional o local. ¿Por qué razón los ministerios y departamentos culturales tendrían que decidir sobre la administración cotidiana de esas instituciones? Lo mejor es que las instituciones culturales sean más independientes de la burocracia, sin llegar a una privatización total. Es posible y deseable crear leyes que desliguen en cierta medida a las instituciones culturales del gobierno sin dejarlas en manos privadas, pues los bienes de uso colectivo deben ser protegidos.

Un aspecto fundamental de la política cultural es que la información debe ser libre y no debe verse como una mercancía. Es parte del dominio de los derechos humanos crear oportunidades para el progreso individual. Por lo tanto, es muy importante establecer una amplia red de bibliotecas públicas, que en algunos países no sólo son poderosos símbolos del pasado sino también potenciales puntos de referencia para el futuro (Greenhalgh y Worpole, 1995: 8-9). Liza Greenhalgh y Ken Worpole afirman que «la función de la biblioteca como proveedora de servicios de información es en gran parte potenciar a los ciudadanos, y de ese modo contribuir a salvar la brecha entre los "ricos en información" y los "pobres en información"» (1995: 15). Un servicio de enorme importancia que pueden ofrecer las bibliotecas a los usuarios es brindar acceso a la información y las expresiones artísticas de todo tipo que están disponibles en el dominio digital, pero que no todos tienen facilidad para encontrar.

Por otra parte, habría que realizar estudios exhaustivos de la posición económica y la seguridad social de los artistas, pues una gran mayoría no puede vivir de su trabajo. ¿Qué mecanismos de apoyo pueden establecerse ahora o en el futuro? ¿Qué formación podrían tener los artistas para vender su obra en distintos mercados? ¿Qué puede hacerse en el plano tributario para favorecer su situación financiera? Es muy cierto que en los países pobres no existe la posibilidad de otorgar grandes subsidios, pero es muy probable que se pueda colaborar con los artistas de otra manera. Es muy importante facilitar a los artistas el acceso a los nuevos ámbitos de comunicación digital.

En este contexto, habría que enfatizar que los bienes intelectuales y creativos de uso común disponibles en Internet no deben pasar a la esfera privada. Como nadie es propietario de la Red, sus contenidos serían propiedad común de todos. La libertad de información también incluye el libre comercio y los regalos. Para los artistas de los países del Tercer Mundo, la cuestión es más urgente que para los de otras partes del mundo. Muchos artistas mantienen su propia red mundial de distribución digital, y habría que apoyarlos en el desarrollo de las herramientas necesarias para que puedan ser conocidos por el público de distintos países (siempre que los canales de comunicación no estén aún bajo el control de unos pocos grupos de empresas).

En el mundo globalizado de hoy, llama la atención que los países de una misma región tengan menos intercambio cultural que el que tenían algunas décadas atrás, situación que constituye una gran pérdida. Es fundamental que los Estados aprendan unos de otros cuáles podrían ser las mejores políticas culturales. Los países de una misma región suelen tener experiencias, potencial y problemas en común. Compartir las experiencias permitiría formular soluciones comunes; por ejemplo, para saber cómo actuar con los grupos culturales que dominan la industria regional y reducen la variación cultural. Más interesante aún sería desarrollar infraestructuras formales e informales comunes para la colaboración y el intercambio cultural. De ese modo los artistas tendrían más trabajo, y además esa infraestructura daría la oportunidad de aprender de las experiencias de los demás e inspirarse en el trabajo de los artistas de los países vecinos.

Algunos países de Europa occidental tienen instituciones que operan en otros continentes, como es el caso del Instituto Goethe, el British Council, la Alliance Française y el Instituto Cervantes. Esas instituciones comunican al resto del mundo lo que sucede en el campo de la cultura de sus países de origen. Los países del mundo árabe, algunos países de África, Asia o América Latina podrían aunar esfuerzos y establecer representaciones culturales en otras partes del mundo, de modo que los artistas locales pudiesen mostrar su obra en otros sitios.

Al ser ciudadano de un país rico, yo me siento avergonzado por aconsejar a otros países sobre cómo diseñar sus políticas culturales. No ofrezco ningún programa en particular, y soy consciente de que no todo lo que propongo puede lograrse de inmediato debido a la precaria situación que atraviesan muchos países del mundo, pero si no se advierte sobre la necesidad de abordar los temas relacionados con la política cultural, otros nunca formarán parte de la agenda política.

Uno de los argumentos que presento en este libro es que el libre comercio sin ningún tipo de barreras no es el contexto propicio para el desarrollo de la economía en general y menos para el de la diversidad de la vida cultural de las comunidades. Asimismo, la diversidad artística y una vida cultural rica constituyen una fuerza poderosa contra la economía neoliberal y despiertan conciencia de que hay algo que debe defenderse y que es más valioso que lo que la cultura consumista tiene para ofrecer. Uno de los posibles mecanismos de defensa es diseñar todo un abanico de políticas culturales.

La política cultural podría ocuparse del hecho de que en la actualidad, en muchas regiones, las películas no cruzan las fronteras entre países vecinos. Habría que pensar en cómo implementar un trabajo en conjunto de los países de una región determinada para revertir esa deficiencia cultural. Las políticas culturales pueden abordar muchos otros temas vinculados con todas las formas del arte, en el campo doméstico y regional. Espero que el ejemplo del cine sirva de estímulo para iniciar distintos procesos creativos que lleven a descubrir políticas culturales novedosas para apoyar la diversidad cultural. Sé que ese ejemplo específico no se agota aquí, que necesita más análisis y debate y que requiere el desarrollo de un diseño de las estrategias correspondientes.

Infraestructuras regionales para la distribución de películas

En esta sección me dedicaré a tratar el tema de una forma artística en la que un cambio en la política regional favorecería la diversidad; me refiero al cine. Las películas producidas en muchas partes del mundo rara vez se distribuyen en su propio continente, muy pocas llegan a otras regiones y lo más probable es que no cuenten con la distribución adecuada ni siquiera en su propio país. Los únicos filmes famosos son los de Hollywood, con excepción de los de Hong Kong y la India. Desde una perspectiva democrática, cultural y económica, la distribución deficiente en el propio territorio genera un problema que, sin embargo, es reversible.

El acceso del público a una gran diversidad de películas, incluidas las locales, enriquece la vida cultural y social. La diversidad es necesaria porque lo que menos necesita la democracia es tener una población homogénea. Hay películas que algunas personas encuentran divertidas y otras aburridas. Para ciertos grupos de la población, los códigos de determinados filmes son perfectos, mientras que, para otros, su textura estética es inadecuada.

Desde el punto de vista cultural, la fortaleza de la democracia radica en la posibilidad de expresar y disfrutar sentimientos, contenidos y mundos estéticos distintos. Todo la gama de experiencias artísticas que las personas viven a diario les confiere, en primer lugar, una identidad. La identidad no debería crearse solamente por fuerzas externas que no se relacionan en lo más mínimo con la sociedad en la que se ejercen, menos aún cuando esas fuerzas tienen una posición oligopólica en el mercado.

De modo que en ninguna sociedad la vida artística, sea dentro de un país o de una región, debería estar controlada por fuerzas que no se vincularan directamente con lo que sucede en ella. Evidentemente, con esto no quiero decir que las fronteras deban cerrarse. Debería haber un equilibrio entre lo que viene de fuera y lo que sucede dentro, en el entorno donde las personas se enamoran, discuten, crían a sus hijos, trabajan, no consiguen empleo, roban, luchan por los derechos sociales, celebran fiestas, beben en exceso, fuman hachís, toman decisiones jurídicas trascendentes y mueren. Ésa es una razón válida para reducir considerablemente la presencia de las películas de Hollywood.

Durante la fallida Ronda del Milenio de la OMC, celebrada en Seattle, quedó claro que debe haber un equilibrio entre el libre comercio y la protección de los campos sociales, económicos, ecológicos y culturales. El neoliberalismo abstracto y el libre comercio deberían dejar de ser los únicos principios rectores de la distribución de películas en las distintas regiones del mundo, por dar sólo un ejemplo. Hasta el GATS, el acuerdo general sobre comercio de servicios de la OMC, deja un espacio para que todos los países y regiones del planeta desarrollen sus propias políticas para el sector audiovisual, porque, como ya hemos dicho, el tratado no incluye consideraciones especiales para la cultura. Esto significa que están permitidas las medidas proteccionistas. Las autoridades públicas deben modificar su actitud pasiva respecto a, por ejemplo, la distribución de películas, y diseñar políticas innovadoras y eficaces para esa actividad en sus países y regiones.

En la mayoría de los casos hoy resulta casi imposible encontrar puntos regionales de distribución de películas. Hace unos veinticinco años, muchos distribuidores pensaban que las películas producidas en países vecinos tendrían el público suficiente para justificar la compra sin correr grandes riesgos económicos. Sin embargo, en la actualidad ya no es así. No es lo más común que un distribuidor asuma el riesgo de comprar una película realizada en un país vecino, pues tiene que considerar los costos de la adquisición de los derechos, de la traducción, del subtitulado o del doblaje y de la campaña publicitaria. La realidad muestra que la mayoría de los distribuidores no ven ningún valor de mercado en las películas filmadas en la región donde operan. Los riesgos son muy altos, y en términos económicos es menos arriesgado comercializar películas de Hollywood.

Aun así, esa costumbre y la actitud de extrema cautela pueden cambiar. ¿Qué tipo de políticas se necesitan? Mi propuesta es establecer institutos regionales de cine. En Europa podrían ponerse en funcionamiento en el contexto de la Unión Europea, incluidos los países de Europa oriental. En América Latina, el Mercosur podría ocuparse del tema. Y lo mismo vale para organismos similares del resto de las regiones del mundo. Durante sus primeros años de existencia, los institutos regionales de cine obtendrían apoyo financiero de las autoridades regionales y de asociaciones sin fines de lucro. Con ese dinero podrían adquirirse los derechos de algunos cientos de películas de todos los países de la región, se subtitularían y doblarían, se harían copias y se llevarían a la práctica estrategias de mercadotecnia regionales. Las películas se entregarían sin costo a los distribuidores de todos los países correspondientes. Después, ellos harían lo que suelen hacer: distribuir las películas en varios cines a precios competitivos, menores que los de las películas de Hollywood. Los distribuidores se quedarían con un porcentaje de los ingresos y el resto iría al Instituto Regional que, transcurridos algunos años, no dependería del apoyo financiero, y la mayoría de los productores cinematográficos ganarían suficiente dinero y tendrían menos necesidad de solicitar subsidios nacionales o regionales.

Un sistema de este tipo, que habría que seguir analizando, incluso en términos de presupuesto, ofrece beneficios culturales y económicos. En lo cultural, las ventajas son claras: se restablecería la diversidad cinematográfica de la región y muchas personas podrían disfrutar de los productos. Es interesante notar que la mayoría de las películas que se han filmado hasta hoy no han sido producidas por los grandes grupos de empresas culturales, sino por productoras medianas o pequeñas. En el sistema que propongo, esa diversidad de productores puede mantenerse con vida, algo fundamental para la supervivencia de la democracia cultural. En cuanto a las ventajas económicas, lo positivo es que gran parte del dinero que se ingrese por esas películas se quedará en la región.

La propuesta es, como ya he mencionado, un primer paso hacia un abordaje novedoso de la distribución regional de filmes producidos en cada región. En un principio, tendrá un costo financiero para las autoridades regionales, pero después de un par de años, cuando las películas conquisten grandes audiencias en su propia región, la financiación pública ya no será necesaria. Es preciso hacer algunas observaciones generales. Debe considerarse la necesidad de establecer un sistema de cupos por un período breve para proteger el mercado audiovisual regional, al menos hasta que las películas vuelvan a tener éxito en la región donde se producen. Está claro que los sistemas de cupos tienen sus desventajas y que podrían evitarse, pero si contribuyen a construir un mercado sostenible, podemos admitirlos.

Notas

1. H.J.A. Hofland. «De buigende elite.» *NRC Handelsblad*, 30 de junio de 1999.
2. Rudy van Dantzig. «Geen salaris, maar don't worry. Cultuurbeleid in Cleveland: impakken en wegwezen.» *De Volkskrant*, 21 de septiembre de 2000.
3. Véase también Cliche *et al.* (2001). En el informe se señalan cuatro categorías de políticas culturales: 1) Programas de apoyo individual destinados a artistas. Incluye premios, subsidios (para proyectos, trabajos, viajes), becas y retribuciones; 2) apoyo del mercado a trabajos artísticos; por ejemplo, programas de adquisición pública de libros y obras de arte; 3) apoyo a la divulgación de obras de arte entre grupos objetivo; y 4) marcos legales y sociales. En la actualidad está elaborándose un informe similar sobre arte escénico.

9. UN MUNDO SIN COPYRIGHT*

Un contexto difícil de imaginar

El sistema de copyright, que existe desde hace unos dos siglos en Occidente, hoy muestra signos de profundas fracturas. Este sistema es mucho más beneficioso para los grupos de empresas culturales que para la mayoría de los artistas, una situación que no puede prolongarse mucho tiempo más. Además, la digitalización no hace sino minar los cimientos del sistema. Cabe recordar que en los últimos años se han publicado distintos estudios sobre las características indefendibles del copyright tal como se ha aplicado hasta nuestros días. Con todo, las observaciones que aparecen en ellos se refieren, aunque no proponen alternativas, a lo que consideramos el problema fundamental, es decir, si el sistema es injusto por naturaleza, ¿con qué podría reemplazarse para garantizar a los artistas –creadores e intérpretes– una compensación más justa por su trabajo? y ¿cómo puede evitarse la privatización del conocimiento y la creatividad? (Bettig, 1996; Bollier, 2003: 119-134; Boyle, 1996; Coombe, 1998; Drahos, 2002, 2002a; Frith, 2004; Lessig, 2002, 2004; Litman, 2001; Perelman, 2002; Vaidhyanathan, 2003). Ha llegado el momento de trascender la mera crítica y de abocarse a presentar propuestas concretas. La cuestión más urgente es qué alternativa podemos ofrecer a los artistas y empresarios culturales de todos los países, ricos y pobres por igual, para au-

* Este capítulo fue escrito conjuntamente con Marieke van Schijndel. Los autores agradecen a los amigos y colegas que han contribuido amablemente con sus comentarios críticos a versiones preliminares, en especial a Maarten Asscher, Lee Davis, Christophe Germann, Willem Grosheide, Giep Hagoort, Eva Hemmungs Wirtén, Pursey Heugens, Raj Isar, Lina Khamis, Jaap Klazema, Gerd Leonhard, Helle Porsdam, Alan Story, Ruth Towse, David Vaver, Catarina Vaz Pinto, Roger Wallis y Lior Zemer, así como al Research Group Arts & Economics de la Escuela de Arte de Utrecht (Países Bajos), el Copy/South Research Network y la AHRB Network on New Directions in Copyright Law (Londres).

mentar su beneficio y para *detener* la privatización de la creatividad. El objetivo de este capítulo es pensar una alternativa posible que se aleje de la noción de derechos intelectuales de *propiedad privada*.

En este ensayo, con el que no pretendemos borrar de un plumazo el producto de siglos de pensamiento occidental acerca de los derechos de propiedad intelectual, sólo mostraremos una reflexión sobre el tema. A los occidentales les resulta difícil imaginar que en un mundo sin copyright se produzcan películas, obras de teatro, novelas, música, pinturas y espectáculos multimedia; en cambio, a quienes viven inmersos en culturas no occidentales les cuesta menos imaginar ese contexto (Boyle, 1996: xiv). Primero haremos algunas observaciones, luego presentaremos una propuesta alternativa y, finalmente, pondremos nuestras ideas a prueba. ¿De qué manera pueden incrementarse los ingresos de los artistas, patrocinadores y productores de las distintas ramas de la industria cultural? Queremos aclarar que sólo pretendemos delinear los contornos de una propuesta que después habrá que seguir analizando. Sin duda el análisis del copyright que presentaremos aquí es aplicable a otros sistemas de derechos de propiedad intelectual, como las patentes y las marcas registradas, que también ejercen influencia en la creación, producción, distribución y promoción de todo tipo de obras de arte.

La primera observación es que el sistema actual de copyright de Occidente no tiene en cuenta al artista promedio, en especial a los que pertenecen a sociedades no occidentales. El sistema otorga beneficios exagerados a unos pocos artistas famosos y, sobre todo, a un puñado de grandes empresas; en cambio, tiene poco que ofrecer a la mayoría de los creadores e intérpretes (Boyle, 1996: xiii; Drahos, 2002: 15; Kretschmer, 1999; Kretschmer y Kawohl, 2004: 44; Vaidhyanathan, 2003: 5). El copyright permite que unas pocas empresas culturales dominen el mercado y que el público no tenga mayor diversidad a su disposición (Bettig, 1996: 34-42, 103; Boyle, 1996: 121-125; Coombe, 1998: 144; Drahos, 2002: ix-x, 74-84; Litman, 2001: 14; McChesney, 1999). El sistema se ha convertido en un mecanismo gracias al cual unos pocos grupos de empresas culturales controlan el vasto campo de la comunicación cultural. La situación se ha desorbitado y afecta tanto a los intereses de la mayoría de los artistas y al dominio público que es imposible que vuelva a la normalidad.

Para la mayoría de artistas los beneficios derivados del copyright no son un incentivo para la creación y la interpretación del arte, principalmente porque es raro que reciban lo recaudado. Esa situación existió en el pasado y sigue existiendo en la actualidad en casi todas las culturas. Desde un punto de vista histórico, el concepto de derechos de propiedad intelectual no existió en la mayoría de las culturas. Aun así, siempre ha habido artistas e intérpretes (Bettig, 1996: 25, 44, 171; Boyle, 1996: 38-39); por eso no es válido el argumento de que si los artistas no tienen el incentivo del copyright dejarán de crear. «Hoy en día el copyright se vincula más con el control que con los incentivos o las compensaciones» (Litman, 2001: 80). «Las empresas culturales se aprovechan de la voluntad creativa de los artistas y de la estructura de los mercados laborales, caracterizados por la costumbre del trabajo a corto plazo, y del exceso de oferta, que hace difícil que los artistas obtengan la compensación apropiada» (Towse, 2003: 10). Digamos también que «el valor de las regalías por copyright se decide en el mercado, de modo que la capacidad que tengan los artistas para negociar con las empresas culturales determina los ingresos. No obstante, el poder de negociación de los artistas se debilita considerablemente por el exceso de oferta [...]. Así como ocurre con los beneficios obtenidos de otras fuentes, la distribución del dinero proveniente del copyright es muy desigual: unas pocas celebridades ganan grandes sumas y el autor promedio obtiene sumas pequeñas» (Towse, 2003: 11).

Para los países no occidentales el sistema occidental de derechos de propiedad intelectual es un verdadero desastre. El conocimiento y la creatividad se pagan caro, lo que, en cierta medida, explica el déficit de esos países (Boyle, 1996: 34, 125-130, 141-142; Chomsky, citado en Smiers, 2003: 77; Coombe, 1998: 208-247; Correa, 2000; Grosheide, 2002; Von Lewinski, 2004; Mitsui, 1993; Perelman, 2002: 5-7; Rifkin, 2000: 229-232, 248-253; Shiva, 1997, 2001).

Pero, por otra parte, la digitalización secciona las raíces del sistema de copyright (Alderman, 2001; Lessig, 2002; Litman, 2001: 89-100, 112-116, 151-179; Motavalli, 2002; Rifkin, 2000: 218-229; Schiller, 2000; Vaidhyanathan, 2003: 149-184). Si se anulara ese sistema, el proceso de adaptación creativa volvería a tener grandes oportunidades; por eso la era digital es tan interesante. La edición digital permite producir trabajos creativos, un recurso que se ha utilizado mucho. ¿Cómo se hace para crear obras por medio de la edición digital? El artista busca inspiración, temas o formas de expresión en trabajos previos, realizados hace mucho tiempo o ayer mismo. La digitalización permite inspirarse tomando prestadas obras creadas por otros además de ser útil en otros sentidos. En el mundo del copyright siempre ha habido una distinción extraña entre las ideas y su expresión; en la era digital, en cambio, las obras no son estáticas y es imposible hacer esa distinción que, por otra parte, es artificial. Las discusiones interminables sobre el tema ya no tienen sentido.

Una segunda observación, relacionada con la edición creativa, es que la base filosófica del sistema de copyright actual se apoya en un malentendido: la originalidad de los artistas es inagotable, concepto que se aplica a creadores e intérpretes. Pero la realidad indica otra cosa, porque los artistas siempre tienen en cuenta las obras creadas en el pasado y en el presente, y agregan elementos al corpus existente. Esos agregados merecen respeto y admiración, pero sería inadecuado otorgar a sus creadores, intérpretes y productores derechos de exclusividad monopólicos sobre algo que se inspira en el conocimiento y la creatividad que forman parte del dominio público y son producto de la labor de otros artistas (Barthes, 1968; Boyle, 1996: 42, 53-59).

Se sabe que los artistas obtienen derechos de copyright por lo que añaden al conocimiento y la creatividad que son parte del dominio público, agregados que pueden ser admirables o no tanto. De todos modos, otorgar derechos de exclusividad monopólicos a esos agregados por un plazo de setenta años posteriores a la muerte del artista es injusto y transferir esos derechos a individuos o empresas que no tienen nada que ver con el proceso creativo es más injusto aún. La credibilidad del sistema se derrumba cuando nos damos cuenta de que los autores tienen derecho a prohibir todo lo que se parezca a «su» trabajo (Coombe, 1998: 92-98).

La evolución del campo del conocimiento y la creatividad de dominio público debe ser revisada. Además, los artistas deben tener derecho a explorar ese dominio y utilizar los materiales artísticos que deseen. Cuando esos materiales creados en el pasado y en el presente estén en manos privadas, no habrá salida posible; de hecho, esa privatización ya se está produciendo en el marco del sistema de copyright. El traspaso a manos privadas del legado cultural pasado y presente es desastroso para el desarrollo de la vida cultural (Locke, citado en Boyle, 1996: 9). «Un régimen centrado en el autor *desacelera* el progreso científico, *disminuye* la cantidad de oportunidades para la creatividad y *reduce* la disponibilidad de nuevos productos» (Boyle, 1996: 119; véase también Perelman, 2002: 7-9).

Para los grupos de empresas culturales, que controlan el grueso de los derechos de propiedad en todo el mundo, la posibilidad de prohibir la reproducción es sumamente atractiva, pues les permite dominar amplias áreas de expresión artística en las que no se toleran las contradicciones, las contramelodías y las contraimágenes, es decir, no se admiten los procesos dialógicos (Coombe, 1998: 42-46). Sin embargo, debemos saber que «la cultura no consiste en abstracciones interiorizadas sino en una materialidad de signos y textos con los que dialogamos y en la marca que ese diálogo deja en nuestra conciencia. El continuo proceso de diálogo y negociación del significado es la esencia del proceso dialógico. Muchas interpretaciones de las leyes de propiedad intelectual bloquean el diálogo ratificando el poder de las empresas para controlar los significados por medio de procesos monológicos que apelan a una noción abstracta de propiedad. Las leyes de propiedad intelectual privilegian los procesos monológicos en desmedro de los dialógicos, al tiempo que generan enormes diferencias de poder entre los actores sociales involucrados en la lucha por la hegemonía» (Coombe, 1998: 86). Ninguna sociedad democrática puede prescindir de las contradicciones (Bettig, 1996: 103-106). El copyright amplio que rige en la actualidad, o bien dificulta el diálogo o bien lo impide.

¿Hay alternativas posibles?

Ahora que ya hemos presentado la síntesis de los defectos fundamentales del sistema de copyright, necesitamos buscar caminos alternativos para proteger el conocimiento y la creatividad pertenecientes al dominio público y asegurar unos ingresos justos a muchos artistas y empresarios culturales por la labor que realizan. En los últimos tiempos, algunos académicos y responsables de la formulación de políticas presentaron propuestas alternativas al sistema actual. No obstante, esas propuestas tienen varias desventajas, de modo que no constituyen una solución viable.

Entre los nuevos abordajes, los sistemas de mayor alcance han sido la Licencia Pública General y la licencia de la organización no gubernamental Creative Commons (Bollier, 2003: 27-30, 99-118; Boyle, 1996: 132-133; Lessig, 2002, 2004: 282-286). La idea esencial de esos sistemas es que el trabajo realizado por una persona debe estar disponible para que otros lo usen sin ningún obstáculo asociado con el copyright en vigencia, pero sin apropiarse de él. ¿Por qué no? Porque según la licencia de Creative Commons, el creador del trabajo otorga una especie de licencia pública. Es como si dijera: «Adelante, haz con el trabajo lo que quieras; lo único que no puedes hacer es ponerlo bajo un régimen de propiedad privada». La obra está sujeta a una forma de copyright «vacío» que, según el régimen de Creative Commons, es la opción más extrema que puede elegir el autor. Pero lo más frecuente es que éste se decida por la opción «algunos derechos reservados», en la que la obra se utiliza sólo para actividades sin fines de lucro. Se trata de una forma contractual bastante imprecisa que seguramente daría mucho trabajo a los abogados, pero al menos da la posibilidad de escapar de la jungla del copyright. Por cierto, tratar de construir un nuevo orden mundial en una isla es admirable, y no es mi intención ser escéptico cuando afirmo esto. Lo deseable es que muchos artistas se decidan por renunciar al sistema de copyright, que les pone en franca desventaja, y en cambio adopten los beneficios de un sistema como el de Creative Commons. Sin duda este tipo de licencia es adecuada para museos y archivos que quieran difundir su legado cultural sin que nadie se apropie de él o lo use con fines inadecuados.

Mientras el sistema de copyright tenga vigencia, la licencia de Creative Commons sería una solución posible que incluso puede servir como ejemplo. No obstante hay cuestiones que no quedan del todo claras; por ejemplo, cómo lograr que los artistas de distintas partes del mundo, así como sus productores y patrocinadores, obtengan beneficios económicos. Es necesario buscar una solución a ese problema. La mayoría de los artistas se resiste a acabar con el sistema de copyright hasta que no se les muestre con claridad un panorama alternativo, por más que el régimen actual sólo ofrezca espejitos de colores, pero la situación es comprensible. Otra desventaja de las licencias del tipo de Creative Commons es que, si bien dan a entender que los autores tienen la intención de ejercer algún tipo de control, ni desafían ni cuestionan el sistema de copyright.

Una objeción fundamental a esa clase de regímenes es que sólo abarcan a los artistas que deciden adherirse a su filosofía. Y es obvio que los grupos de empresas culturales, que tienen la propiedad de gran parte de nuestro legado cultural del pasado y el presente, no elegirán esa opción. Por eso la puesta en práctica de la idea propuesta por Creative Commons se ve restringida. Además, es bastante contradictorio que uno de los defensores de esa filosofía, Lawrence Lessig, sostenga la idea de que el conocimiento y la creatividad sean propiedad privada (Lessig, 2004: xiv, xvi, 10, 28, 83). ¿No es acaso el título de su libro publicado en 2005, *Por una cultura libre*, algo engañoso? A continuación presentaremos argumentos en contra de la propuesta de que el conocimiento y la creatividad sean bienes de propiedad privada.

Otra alternativa al copyright se vincula con distintas formas de arte creadas y producidas de manera colectiva (independientemente de si se trata de obras tradicionales o contemporáneas), como es el caso en la mayoría de los países no occidentales. En esas sociedades, la concepción individualista del copyright occidental no se ajusta bien al carácter colectivo de la creación y la representación. Desde la perspectiva de la propiedad privada del conocimiento y la creatividad, habría que hablar de propiedad *colectiva*. ¿Es posible proporcionar a las sociedades «tradicionales» una herramienta similar a la del copyright que se aplique a la propiedad colectiva? ¿No se les daría así la oportunidad de proteger sus expresiones artísticas del uso inadecuado y de garantizar la obtención de beneficios económicos a los artistas?

Las dificultades que trae consigo un sistema de derechos de propiedad intelectual colectiva son varias. Por ejemplo, podríamos preguntarnos quién representa a la comunidad, quién habla en su nombre. No todos están de acuerdo en la forma de gestionar las creaciones artísticas del pasado y el presente. El copyright se relaciona con la explotación de las obras, pero es probable que eso muchas personas de esas sociedades lo consideren una blasfemia o que no quieran que sus obras se usen en determinados contextos. La apropiación del conocimiento y la creatividad es un tema difícil incluso en el mundo occidental, y más en países donde el sistema nunca existió, donde los artistas usan los trabajos de los demás como se hacía en Occidente antes de la adopción del sistema de copyright. Por tanto, es comprensible que, aun sin tener en cuenta la postura de las empresas culturales, los tímidos intentos por elaborar un sistema de propiedad intelectual colectivo hayan fracasado.

Cabe preguntarse si dar un giro al sistema actual es la solución a los problemas que hemos presentado. Muchos expertos críticos del sistema de copyright proponen optimizarlo. Sus opiniones son diversas: algunos sugieren restablecer el principio de uso justo, que se ha deteriorado mucho en la década pasada, o el ejercicio del derecho de copyright sólo por parte de los autores e intérpretes reales; otros están a favor de acortar el plazo de protección a unos catorce años, por ejemplo. Y hay quienes consideran que el problema no existe en el contexto de la Europa continental porque ahí las instituciones recaudadoras destinan parte de los ingresos por copyright a la realización de proyectos culturales y porque su sistema de distribución, a diferencia de lo que ocurre en el mundo anglosajón, favorece a los artistas individuales. Lamentablemente, es imposible ajustar el sistema a una dimensión más normal, porque a los socios mayoritarios, es decir, las grandes empresas de la industria cultural, no les interesa. Por el contrario, su objetivo siempre ha sido ampliar los alcances del copyright, y, por cierto, han tenido éxito.

Además, la digitalización afecta en gran medida al funcionamiento del sistema. ¿Cuándo debe decidir una sociedad que ha llegado el momento de declarar que una práctica «ilegal» en la que participa la mayoría de sus miembros –el intercambio de música o películas por medio del sistema P2P es un buen ejemplo– es legal? (Litman, 2001). Aunque las instituciones recaudadores europeas se apoyen en principios más loables que las del mundo anglosajón, el problema de la apropiación individual del conocimiento y la creatividad, al que apuntan nuestras críticas, sigue existiendo. En las secciones siguientes trataremos este tema con mayor profundidad.

Artistas, productores y patrocinadores: empresarios

Antes de presentar nuestra propuesta, debemos señalar que los artistas tienden a colocar su trabajo en el mercado y, si todo sale bien, a vivir de lo que obtengan por la venta. Los artistas siempre se han dedicado a comerciar sus productos. Viven gracias a un público consumidor que desea admirar, disfrutar y comprar lo que ellos producen. Hay compradores institucionales que forman parte de ese público consumidor: reyes, iglesias, mecenas, sindicatos, bancos, hospitales, entre otros (Hauser, 1972). Esta situación, como veremos más adelante, ofrece una solución parcial cuando se busca una alternativa para reemplazar al copyright.

Los artistas, junto con sus productores y patrocinadores, se dedican a actividades comerciales que requieren una disposición a correr riesgos, a competir –si existe la verdadera competencia para muchas expresiones artísticas y sus creadores–. Considerar a los artistas, sus productores y patrocinadores como empresarios nos lleva a preguntarnos cuál sería la razón para reducir los riesgos empresariales de los productores culturales, porque eso es precisamente lo que hace el copyright. El sistema da exclusividad a los productos y confiere al empresario un monopolio de hecho, pero la protección institucionalizada que brinda es bastante extraña en una época en la que los grupos de empresas culturales alaban las ventajas de la competencia en el marco del libre mercado. Los grandes empresarios del sector cultural exigen derechos de propiedad intelectual más estrictos que los existentes, así como la ampliación de la legislación vinculada con ellos, lo cual es una paradoja, ya que se contradice con las reglas del libre mercado. El mismo fenómeno se observa en la legislación de derechos de patentes, marcas registradas, bases de datos, obtentores y diseños (Drahos, 2002; Perelman, 2002; Rifkin, 1998, 2000; Shiva, 1997: 2001; Shulman, 1999).

Antes de presentar un nuevo sistema, debemos definir dónde se genera la iniciativa. Hay tres posibilidades: que el artista realice un trabajo por encargo; que el artista realice el trabajo por iniciativa propia, a veces en colaboración con otros artistas e intérpretes; o que un productor sea responsable de la empresa artística y asuma los riesgos correspondientes.

En los tres casos hay una persona o una institución que se responsabiliza de la creación o interpretación de un trabajo artístico. La responsabilidad implica llevar a cabo actividades diversas con el fin de concretar el proyecto y además, entre otras cosas, asumir los riesgos económicos, de modo que el que tiene la iniciativa se convierte en empresario, con todos los riesgos que el desempeño de esa función trae consigo. En nuestra alternativa al copyright no es el artista sino el empresario el que ocupa el centro de la escena, independientemente de que este último sea artista, patrocinador o productor.

La solución: el mercado y el usufructo transitorio

El hecho de que artistas, patrocinadores y productores sean empresarios culturales hace que se enfrenten a tres tipos de situación; cada una de las cuales ofrece una opción determinada. ¿Cuáles serían las tres opciones en la solución que proponemos? Primero, los empresarios culturales cuentan con una ventaja competitiva, por ejemplo, por ser los primeros que comercializan un producto; en ese caso no se necesitan medidas de protección complementarias. Segundo, en algunas situaciones la realización de ciertos trabajos creativos implica altos riesgos y grandes inversiones; aquí se necesita protección transitoria del usufructo para compensar posibles fracasos. Tercero, el mercado carece de capacidad para financiar un producto, y hay muchas razones para que esa capacidad exista. Para ello se necesitan subsidios. En todas las opciones, las obras pasan a pertenecer al dominio público. Ése es el principio clave de la solución que proponemos.

Veamos los tres casos con todo detalle. ¿Cuáles son las directrices del sistema que vale la pena analizar? Lo fundamental es que nos apartemos del sistema actual de copyright; para ello es necesario derribar los muros artificiales que rodean a las obras artísticas, es decir, anular los derechos de propiedad. En consecuencia, las obras –sean creaciones (nuevas) o representaciones (de obras existentes)– deben comercializarse desde el momento en que se anuncian. Nos explayaremos al respecto cuando comentemos la segunda opción. Es esencial que el empresario −el artista, el patrocinador o el productor− obtenga una ventaja competitiva por medio de la creación o representación de una obra (Picciotto, 2002: 225). Así, la protección complementaria ya no es necesaria. Ésa es la primera opción.

La ventaja de la primera opción la tiene el que primero comercializa un proyecto. La primera persona que lanza un producto al mercado puede aprovechar su situación competitiva para obtener beneficios económicos durante el tiempo de ventaja con que cuenta. Nuestra propuesta no es completamente nueva porque ya en 1934 Plant observó que «el copyright crea un riesgo moral para los editores [compañías de la industria cultural] que no recompensan como deben a los autores [creadores] que aportan su trabajo creativo. Los editores deberían apoyarse en el monopolio que ejercen durante el tiempo de ventaja con que cuentan para lanzar nuevos productos al mercado» (citado en Towse, 2003: 19). Ese tiempo otorga una ventaja al que toma la iniciativa, le brinda la oportunidad de aprovecharse del mercado mediante la comercialización de un producto cultural nuevo a precios altos y le permite, por tanto, recuperar la inversión. Antes de que la misma obra o pieza musical se estrene en otro sitio pasan varios meses. Debemos tener en cuenta que la obra pasa a ser parte del dominio público inmediatamente, es decir, puede ser usada y adaptada de manera creativa por otros. La ventaja competitiva de que gozan la mayoría de los artistas en mayor o menor medida es el núcleo de nuestro nuevo sistema. Si existen tales ventajas y los artistas pueden aprovecharlas, no se necesitan medidas de protección complementarias como el copyright.

Sin embargo hay un argumento en contra, y es que la digitalización reduce el tiempo de ventaja a unos minutos u horas, con suerte (Towse, 2003: 19). ¿Esto quiere decir que casi ningún trabajo puede beneficiarse de esa ventaja competitiva? No creemos que sea el caso. Además de ser los primeros en desarrollar una iniciativa, los artistas pueden dotar a sus obras de un valor agregado, entre otras formas posibles de crear ventajas. Para entender mejor esa idea, debemos considerar que la producción y la distribución de productos culturales se reestructurará cuando se elimine el copyright. Por ejemplo, en el campo de la música los conciertos serán mucho más importantes como fuente de ingreso para los artistas. El contacto directo con el público es muy valioso, porque, incluso en la actualidad, los conciertos en vivo son fundamentales para la carrera de los músicos y contribuyen a aumentar su reputación. La buena reputación genera valor y es sinónimo de calidad artística. Los artistas con buena reputación consiguen que sus productos culturales se vendan a precios altos y logran más consumidores fieles (Fombrun, 1996). Veremos más adelante, cuando analicemos cómo funcionaría nuestra propuesta en los distintos campos artísticos, qué cambios experimentará la producción y distribución cultural en un mundo sin copyright. Por ahora destaquemos que la calidad de los trabajos artísticos en tanto servicios será más importante que la obra en sí misma.

Como hemos visto, el concepto de originalidad del autor es dudoso, de modo que, desde el mismo momento en que se conciben, todas las creaciones artísticas pertenecen al dominio público porque provienen de los bienes del común y se basan en los trabajos de artistas contemporáneos y del pasado. Si bien en este libro utilizamos indistintamente los términos «dominio público» y «bienes del común», en la tradición legal hay algunas diferencias entre ambos. Con ellos, nosotros nos referimos al espacio que *pertenece* a todos los miembros de la sociedad y del que todos podemos *hacer uso*. Es inadecuado pensar que los bienes del común o el dominio público son un espacio desregulado. No es así: a lo largo de la historia de todas las sociedades, esos espacios comunes siempre han estado regulados de alguna manera; por ejemplo, mediante el establecimiento de condiciones de uso. En nuestra propuesta alternativa, la idea es devolver a los bienes del común lo que siempre ha formado parte de ellos, ni más ni menos, y volver a apropiarnos de la creatividad y el conocimiento que se han privatizado en Occidente en los últimos siglos (Hemmungs Wirtén, 2004: 133-134).

En la segunda opción se tiene en cuenta que, a veces, la realización de un determinado trabajo requiere una inversión considerable. Tal es el caso de las producciones cinematográficas: hay películas con costes superiores a varios millones de euros. Otro ejemplo es el de los libros: los autores se embarcan en un proyecto de escritura que les lleva mucho tiempo, pero los ingresos tardan mucho en llegar. En algunos trabajos, el riesgo es tan grande que es imposible asumirlo de forma individual. Con frecuencia las grandes inversiones, los grandes riesgos y la incertidumbre van de la mano, lo que puede llevar a lo que los economistas denominan «fallo de mercado» (Towse, 2004: 56), una condición que dificulta el desarrollo de los mercados competitivos. En esas situaciones entra en escena el Estado. En los casos en que el proceso de venta es lento o en los que se necesitan varias operaciones de venta antes de que se obtengan ingresos, sería conveniente implementar un *usufructo transitorio* a favor del empresario que asume el riesgo económico, sin que eso implique que el trabajo sea de su propiedad, como ocurre con el sistema de copyright.

El concepto de usufructo es más común en los países donde reina el derecho civil que en aquellos regidos por el derecho consuetudinario o anglosajón. Una de las características del usufructo es que quien hace uso de los frutos de un objeto no es necesariamente su propietario. La persona que ejerce el usufructo de una casa, por ejemplo, puede vivir en ella sin pagar o alquilarla a otro y recibir la renta correspondiente. En nuestro caso, el objeto podría ser un libro: desde el momento de su publicación, éste pertenece al dominio público y el usufructuario tiene derecho a recibir el dinero generado por su venta. En el sistema legal actual, el usufructo sólo se ejerce cuando existe un título de propiedad vinculado al bien en cuestión. En nuestra propuesta el trabajo creativo, como veremos más adelante, pertenece al dominio público y su propiedad se comparte entre todos, es decir, forma parte de los bienes del común. El dominio público es el que otorga el derecho de una obra de arte al usufructuario. El usufructo no impide a los demás hacer una adaptación creativa de la obra. Los detalles técnicos de la implementación del sistema aún no se han ultimado.

De hecho, el usufructo transitorio implica que los costos de preparación del trabajo, incluidos los ingresos del artista, se dividen entre una cantidad de consumidores. Habría que decidir la duración del período de usufructo, pero sería deseable que fuese más breve que lo contemplado en el sistema de copyright y que el alcance fuese más restringido. En nuestra opción, una obra de arte, sea una creación o una representación, pasa a formar parte del dominio público desde el momento de la concepción, como ya dijimos, aunque sería más adecuado decir que el trabajo queda en el dominio público, porque en gran medida deriva de él. El usufructo tal vez pueda protegerse durante un lapso determinado para que el creador, el intérprete, el productor o el patrocinador obtengan beneficios durante un año aproximadamente. Habría que llevar a cabo los estudios económicos pertinentes para establecer el período de protección del usufructo respecto a cada disciplina artística. Sin embargo, el término de un año que hemos propuesto no fue elegido al azar. «De todos los trabajos creativos producidos por el hombre en todo el mundo, sólo una pequeña fracción tiene valor comercial continuo.» Por ejemplo, «la mayoría de los libros se retira de circulación al año de su publicación» (Lessig, 2004: 134, 225). Esta realidad del mercado sustenta nuestra sugerencia de proteger las obras durante un período limitado.

Una posibilidad es que ese usufructo transitorio no rinda lo suficiente como para que algunas creaciones y representaciones artísticas lleguen al umbral de rentabilidad deseado. Así llegamos a la tercera opción: los subsidios. Puede ocurrir que el mercado no tenga la capacidad de financiar un tipo de obras de arte determinado, pero que existan motivos para que la sociedad las tenga a su disposición, con objeto de aumentar la diversidad cultural o porque el público todavía no acepta determinadas formas de expresión a escala masiva. En estos casos es importante que los gobiernos alienten la creación, mediante subsidios u otras formas de ayuda, que permitan la creación, la representación y la divulgación de obras de arte. Si el gobierno subsidia una obra, ésta pasa inmediatamente a formar parte del dominio público. Después de todo, sería absurdo que las producciones financiadas por el dinero público quedaran en manos de una persona o una compañía, como ocurre en muchos países con programas desarrollados por los medios de comunicación estatales.

¿Es nuestra propuesta una versión simplista del sistema de copyright actual? Aunque pueda parecer así, no lo es, pues los dos abordajes del tema son muy distintos. En nuestra alternativa, el mercado evoluciona de acuerdo con sus propias reglas y quizá cuenta con una protección limitada. En primer lugar, con el régimen de derechos de propiedad intelectual; por definición, el escudo protector del copyright se asocia con las obras de arte desde el principio. Esto no ocurre en nuestra propuesta, porque en ella el artista, el productor o el patrocinador cuentan con una ventaja competitiva en el mercado por ser los primeros en ofrecer un tipo de producto determinado. Así se siguen las reglas del mercado.

En segundo lugar, cuando sea necesario ofrecer alguna protección, como cuando una obra no es rentable por otros medios, esa protección tendría un alcance y un período de aplicación menor que la ofrecida por el sistema ilimitado de garantías institucionalizadas con que el copyright consiente al «beneficiario de un derecho de propiedad intelectual». Un período de usufructo de un año es muy distinto del de setenta años después de la muerte del autor, y en el caso de otros derechos similares también puede decirse que la protección es demasiado generosa. En el marco del sistema de copyright actual, la adaptación creativa corre el riesgo de ser considerada ilegal y de que la justicia aplique multas a quienes la realizan; por eso es importante tener en cuenta el alcance y la duración de la protección. En nuestra idea, en cambio, se alienta la adaptación creativa.

La tercera razón por la que nuestra opción es completamente distinta de la del copyright es que nosotros redefinimos el concepto de propiedad de la creatividad y el conocimiento. La propiedad de las obras creativas no es como la de una mesa, por ejemplo. Una mesa que es propiedad de A no puede ser propiedad de B al mismo tiempo, a menos que A y B sean un matrimonio. Pero ése no es el caso de la creatividad y el conocimiento, que son bienes públicos y no se gastan con el uso. Por eso, como ya dijimos, las obras intelectuales y creativas pertenecen al dominio público. Por razones estratégicas es importante destacar el carácter público de la creatividad y el conocimiento una y otra vez. Jack Valenti, ex presidente de la Asociación de la Industria Cinematográfica de Estados Unidos, aseguró: «Los propietarios de obras creativas deben poseer los mismos derechos y protección de que gozan en su país los dueños de cualquier otra propiedad» (en Lessig, 2004: 117). Las palabras de Valenti son la prueba de que debe hacerse una distinción entre la propiedad del conocimiento y la creatividad, por un lado, y la propiedad de, digamos, una casa, por otro lado. No son la misma cosa; por lo tanto, no se les deber tratar como si lo fueran.

Nuevo mercado cultural y campo de juego equilibrado

Con el nuevo sistema cambiará el mercado cultural. En primer lugar, con la abolición del copyright los grupos de empresas culturales perderán el control del conjunto de productos culturales que hoy les permite delinear una proporción cada vez mayor del perfil de nuestra vida cultural. ¿En qué consistirá esa pérdida? Deberán abandonar el control de gran parte del mercado y la exclusividad monopólica sobre extensas áreas culturales, porque todos tendrán derecho a explotar el material artístico que no esté protegido por el derecho de usufructo transitorio y a realizar adaptaciones creativas de las obras de arte sin ningún tipo de limitaciones. En esas nuevas condiciones los grandes grupos de empresas culturales ya no tendrán motivos para invertir mucho en películas taquilleras, *best sellers* y celebridades, porque si las adaptaciones creativas se vuelven aceptables y si se elimina el actual sistema de copyright, disminuirán los incentivos para crear productos a gran escala. Un empresario del área de la cultura podrá invertir millones de dólares o euros en una película, un juego, un CD o un DVD, pero no gozará de protección ilimitada.

Habrá espacio para una gran variedad de empresarios artísticos que en la actualidad son desplazados por el mercado de las películas taquilleras, los *best sellers* y las celebridades. Si el mercado no está dominado por unos pocos grupos, una gran cantidad de artistas podrá llegar al público con sus creaciones e interpretaciones. No hay razones para pensar que no habrá demanda para muy diversas expresiones artísticas. En un mercado normalizado con iguales oportunidades para todos se podrá satisfacer esa demanda y aumentará la probabilidad de que muchos artistas puedan vivir de su trabajo.

Por otra parte, es necesario pensar cómo puede regularse el mercado en cuanto al plagio y al fraude. No es nuestra intención consentir el robo ni que X aparezca como el autor de un libro escrito por Y, porque eso es un fraude. Si se descubre que alguien comete fraude, algo que seguramente ocurrirá en algún momento, esa persona deberá afrontar a la opinión pública y atenerse a las consecuencias. Para eso no es necesario el sistema de copyright. No debemos tener miedo de acusar públicamente a los artistas que cometen fraude, pero debemos estar atentos a lo que ocurre en el mundo de la cultura para no depender de los tribunales, que nos han convertido en perezosos culturales. Tenemos que ser críticos con aquello que consideramos un uso injusto de los productos culturales.

Como hemos visto, si no existiera el copyright florecerían las manifestaciones culturales y además muchos artistas de países occidentales y no occidentales podrían ganarse la vida con su trabajo. Sin embargo, está claro que nuestra propuesta no eliminaría todos los problemas; por eso es necesario considerar un tercer aspecto. Si al eliminarse el copyright las empresas culturales ya no controlan el mercado, intentarán recurrir a otro mecanismo de protección más estricto que el actual. Los grupos de empresas tienen un control amplio de la distribución y promoción de las expresiones culturales.

Ese control debe limitarse, como ya hemos sugerido, pues en una sociedad democrática es inadmisible que un número reducido de grandes grupos de empresas decida qué contenidos del campo del arte y la cultura se difunden por medios nuevos y tradicionales. La democracia no es el privilegio de unos pocos grupos de empresas culturales. Es necesario recurrir a reglamentaciones de la propiedad y el contenido para estructurar el mercado de tal manera que la diversidad cultural sea prioritaria. En primer lugar no debería haber modos de distribución dominantes. Es inadmisible que un único propietario domine, controle o disponga los mercados de la música, el cine y los libros. Asimismo, no deben aceptarse la integración vertical ni la propiedad cruzada.

La reglamentación vinculada al contenido puede incluir distintas disposiciones: diversidad de géneros, diversidad en el origen de los artistas y diversidad geográfica (diversidad nacional, de países vecinos y de otras partes del mundo). Habrá tiendas especializadas en determinados géneros que quieran ser conocidas por su especialidad y que, dentro del género en el que se especializan, deberán incluir la diversidad (Smiers, 2004). Ese tipo de reglamentación, que aún está en sus primeras etapas de desarrollo, no eliminaría ninguna característica de la economía del libre mercado; por el contrario, serviría para crear o «normalizar» el libre mercado y transformarlo en un campo de juego equilibrado. Nadie podrá dominar el mercado cultural o tener una presencia que amenace la diversidad. En la elaboración de las reglamentaciones deberá considerarse la eliminación de los mecanismos de control del tipo de los del copyright y la aplicación de otros relacionados con la propiedad y el contenido para proteger y promover el florecimiento de la diversidad cultural.

El tema en el que debemos centrar nuestra atención es que la eliminación del copyright beneficiará al dominio público en todos los aspectos. Ahora bien, ¿qué ventajas obtendrán los artistas y los encargados de organizar su trabajo? Consideremos este tema según cada disciplina artística y según las actividades profesionales de esas disciplinas.

Puesta a prueba

Músicos

Si se suspendiera el sistema actual de derechos de copyright, ¿cómo obtendrían ingresos los músicos? Hay que tener en cuenta que muchos músicos nunca o casi nunca han ganado dinero suficiente por derechos de autor. Nuestra propuesta se aplica sin restricciones a los intérpretes de todos los géneros musicales, desde la música popular hasta las músicas del mundo, y desde el material improvisado hasta las composiciones escritas. Más adelante comentaremos la situación de los creadores de obras nuevas.

El supuesto básico es que los intérpretes musicales tienen la capacidad de crear valor o de generar una ventaja competitiva. Los derechos lindantes al copyright brindan una protección excesiva contra la representación de las obras propias o ajenas. Muchos músicos tienen una gran habilidad para relacionarse con el público, y por ello hacen giras y dan conciertos que les permiten reforzar ese vínculo. En esos casos la promoción se centra en el desarrollo de dicha relación y se realizan diversas actividades de mercadotecnia relacionadas con los trabajos de esos músicos: distribución de camisetas, libros y folletos, entre otros artículos. Los artistas pueden ofrecer música por Internet a sus admiradores de todo el mundo. Las opciones posibles son la descarga de temas previo pago de una pequeña suma de dinero fija o a voluntad del usuario. Un fan del músico estará más dispuesto a pagar voluntariamente una suma por la descarga que un visitante casual del sitio web.

Las ventas de discos también constituyen una interesante fuente de ingresos. Muchas personas no desean descargar archivos de música o prefieren tener la tapa original con la información correspondiente, de modo que prestar especial atención al diseño de la tapa de los discos o agregar contenido informativo es una forma de crear valor. Pueden venderse discos en los conciertos, en tiendas o a través de Internet.

¿Qué ocurrirá con las compañías discográficas? En principio los músicos no las necesitan, al menos no las tradicionales. Gracias a las nuevas tecnologías digitales, los artistas tienen la posibilidad de producir grabaciones de excelente calidad y distribuirlas por Internet o en formato CD. Si necesitan un intermediario, pueden contratar a una empresa especializada en hacer grabaciones digitales o producir compactos u otros soportes digitales y distribuirlos en todo el mundo. Seguramente se crearán muchas empresas dedicadas a brindar ese tipo de servicios a los artistas.

Hay música que llega al público a través de la radio y la televisión. ¿Es necesario que las emisoras públicas y privadas paguen una suma de dinero por el contenido que emiten? La primera respuesta que se nos ocurre es que sí. Todavía vivimos en un mundo donde el copyright y los derechos colindantes se dan por sentado. Sin embargo, hay mucho que decir en contra de esos pagos, sin que las objeciones lleven a perjudicar económicamente a los artistas. ¿Cómo es esto posible? Una mayor diversidad permite que haya más música en el aire y más músicos que la componen e interpretan, algo interesante no sólo desde un punto de vista cultural, sino en cuanto a los beneficios que aporta a los artistas. Entre esos beneficios, además de que la música se transmita por los medios de comunicación, se cuenta el hecho de que la obra será conocida por distintos públicos. La gente asistirá a más conciertos de distintos artistas, quienes serán contratados para actuar en festivales y fiestas y sus trabajos serán descargados de Internet por dinero. La nueva situación dará a muchos músicos la posibilidad de beneficiarse de la demanda potencial de productos culturales diversos y de encontrar o crear su propio público, que garantizará ingresos monetarios a creadores e intérpretes.

Compositores, dramaturgos, coreógrafos

Hasta ahora hemos puesto a los músicos en el centro de la escena y considerado la eliminación de los derechos colindantes. En muchos géneros musicales no hay distinción entre creadores e intérpretes, porque los músicos interpretan su propia obra y se ganan la vida como hemos comentado en la sección anterior.

Con todo, hay muchos creadores del mundo teatral y musical que no interpretan sus composiciones, piezas teatrales o coreografías. ¿Qué deberían hacer esos músicos, dramaturgos y coreógrafos para ganarse la vida si no existiera el sistema de copyright? Puede darse el caso de que el artista decida crear un trabajo por su cuenta o que lo haga porque alguien se lo solicita. Ya hemos planteado el asunto más arriba, pero creemos que es necesario profundizar en él para este caso concreto.

El meollo del asunto es saber qué hace un artista para obtener beneficios económicos de su trabajo. Si se trata de una obra que el artista realiza por encargo, la respuesta es clara: el patrocinador es el que paga. ¿Qué recibe él a cambio? Una obra bonita, o no tanto, y la oportunidad de montarla. Es esencial que el patrocinador tenga una ventaja competitiva por encargar la realización de una obra aunque ésta pase otra vez a formar parte del dominio público después del estreno. Indicamos «otra vez» porque la obra, en gran medida, deriva del dominio público y vuelve a él, de modo que cualquier persona puede usar la música, la coreografía o la obra en sí misma sin pagar derechos. Nadie es propietario exclusivo de esa obra ni podrá serlo en el futuro. Así, distintas versiones de la misma obra podrán representarse simultáneamente. Debido a la ausencia de exclusividad, las interpretaciones deberán ser atractivas para que el público desee asistir. Si eso ocurre, el compositor, el coreógrafo o el autor teatral recibirán más encargos para crear otras obras y así seguirán ganando dinero.

En muchos casos las iniciativas de los artistas son independientes, es decir, no hay nadie que encargue los trabajos. Las iniciativas propias son más frecuentes en los músicos y los dramaturgos y menos en los coreógrafos, pero en todos los casos implican un riesgo empresarial y una inversión considerable, sobre todo teniendo en cuenta que quien las hace es un individuo, no una empresa. Como es deseable que los artistas emprendan iniciativas independientes, es lógico que se les otorgue un usufructo transitorio, por un año, por ejemplo, para que puedan recuperar la gran inversión inicial.

Las adaptaciones creativas son bienvenidas en el campo que nos ocupa, ya que el derecho moral no está contemplado en el nuevo régimen. Decimos esto porque en algunos casos, como ocurre con los musicales, cuando se venden los derechos de las obras se dan especificaciones de dirección y de puesta en escena. Eso ya no ocurrirá si se eliminan las restricciones actuales, porque los musicales, incluso los que se creen por encargo, pasarán a formar parte del dominio público una vez estrenados y podrán ser adaptados por todos quienes lo deseen. Cuando el autor o el compositor ya han representado el material durante el período establecido en el derecho de usufructo, su obra vuelve a formar parte del dominio público, aunque en la etapa previa puede ser adaptada de manera creativa.

Escritores

En la actualidad la mayoría de los libros se publican en papel, pero cuando pensamos en cómo se ganarían la vida los escritores en un contexto libre de copyright, tenemos que considerar que la digitalización también ha hecho su entrada en el mundo de la escritura y es indudable que tendrá una incidencia cada vez mayor, como en el caso de la música. Al igual que los temas musicales, los libros pueden descargarse a cambio de una suma de dinero fija, de un pago voluntario o de forma gratuita. Los escritores pueden organizar el sistema por su cuenta o contratar a un intermediario especializado, fenómeno que podría minar el poder de los grandes grupos editoriales.

Los libros impresos seguirán existiendo. En este caso el autor y la editorial gozan de una ventaja competitiva, porque son los primeros en lanzar un determinado libro al mercado, contando pues con un tiempo concreto para equilibrar costos y beneficios. No obstante, escribir una novela requiere una inversión inicial considerable que no se recupera con una única edición. La venta de cien ejemplares de un libro las primeras semanas no rinde para compensar al autor por su trabajo; se necesita un mínimo de ejemplares vendidos, y eso lleva tiempo. Sería justo otorgar el derecho de usufructo transitorio a quien asuma el riesgo empresarial, es decir, el autor o la editorial, durante el tiempo necesario para que el producto llegue al umbral de la madurez financiera. Como en los casos considerados anteriormente, el período de usufructo sería de un año.

Además, los escritores pueden obtener beneficios complementarios por medio de la publicación de artículos en periódicos y revistas, conferencias y otras presentaciones públicas. En este sentido, la situación de los escritores es similar a la de los intérpretes musicales, salvo por la relación existente entre las actividades complementarias y la actividad original; por eso lo hemos considerado un régimen diferente.

Cineastas

En principio los cineastas también deberían gozar de una ventaja competitiva por ser los primeros en lanzar un producto al mercado. En el cine, esta situación es distinta de las que hemos comentado hasta ahora, porque hasta una película de bajo presupuesto requiere una inversión de un millón de euros o dólares como mínimo. Por eso es difícil que los productores de películas recuperen el dinero invertido sólo por medio de las ventajas que les otorga ser los primeros en situar un producto en el mercado. Y existe una gran desventaja: copiar películas es muy fácil y, por lo tanto, la rentabilidad del producto es muy baja. De todo esto se desprende que aquí también es necesario implementar una protección de usufructo transitoria.

La fuente principal de ingresos sería, entonces, ese usufructo transitorio del que se beneficiarían los productores durante un año, período en el que se recuperaría la inversión. Durante ese año, los productores tendrían la posibilidad de ofrecer las películas por todos los medios imaginables, incluso en formato digital por Internet.

Otra opción es que los gobiernos otorguen subsidios o beneficios impositivos. A veces los mercados no están tan desarrollados como para apoyar una amplia diversidad de películas. Sabemos por experiencia que la distribución de películas es una tarea más compleja que la producción. Los productores independientes no pueden crear redes de distribución eficaces, de modo que corresponde a los gobiernos dar apoyo a la distribución desde las etapas iniciales de producción.

Diseñadores y artistas visuales

En el campo de la cultura visual, el interrogante que debemos responder para decidir si los creadores artísticos podrán vivir de su trabajo es si la obra que crean es una pieza original o si es una copia. Muchos artistas visuales producen obras originales, cuya venta es su principal fuente de ingresos. Aquí el sistema de copyright tiene menos importancia.

En este campo también son fundamentales los subsidios para que los artistas estén protegidos contra los caprichos del mercado y puedan seguir adelante con su trabajo. Pero con los subsidios no se cubren gastos: es necesario que los artistas sepan cómo conquistar distintos públicos y cómo obtener ingresos. En las artes visuales no hay espacio para los derechos derivados del material producido; en cambio, sí lo hay para la adaptación creativa. Es cierto que aparecerán obras similares en el mercado, pero así ha ocurrido en todas las épocas y en todas las culturas.

En el caso de obras realizadas por encargo, la situación también es clara. Los trabajos, sean diseños o pinturas, se crean y entregan contra el pago del precio acordado. Y la adaptación creativa forma parte del juego: imaginemos, por ejemplo, a un arquitecto que exija que no se modifique un edificio que ha diseñado sosteniendo que esa obra es suya y que no puede cambiarse ni copiarse sin su permiso. Su reclamación no tendría sentido alguno, porque el arquitecto ha recibido un pago por su trabajo y, una vez concluida la obra, ésta ya forma parte del dominio público: puede ser modificada o imitada por quien lo desee.

Los productos creados por diseñadores son muy fáciles de copiar e imitar, pero los diseñadores del trabajo, o los que adquieren el diseño, gozan de una ventaja competitiva, ya que son los primeros en poner en el mercado el objeto producido según ese diseño. Aquí hay que dejar actuar al mercado y no ofrecer protección adicional.

Es evidente que deshacerse del sistema de copyright puede llevar un tiempo. Mientras tanto, debemos atravesar un período de transición conceptual y económica para lograr el valioso objetivo deseado. Quedan por resolver muchas cuestiones prácticas asociadas al modelo del usufructo transitorio; por ejemplo, ¿el derecho al usufructo se obtiene automáticamente o es necesario conseguir una autorización? A la luz de los ejemplos que hemos expuesto, parece razonable que, en el caso de ciertos productos, como las películas y los libros, el derecho se otorgue automáticamente. ¿Cuáles son las desventajas del sistema de usufructo? ¿El período de protección debe ser el mismo en todos los campos artísticos? Por último, ¿las instituciones recaudadoras seguirán teniendo razón de ser? y ¿cuáles serían las consecuencias del período de un año de usufructo en el ciclo de vida de los productos artísticos?

Al escribir este capítulo, Marieke van Schijndel y yo pensamos en las posibles alternativas al sistema de copyright. Invitamos a todos a unirse a nuestra tarea. ¿Quiénes serían los socios estratégicos que nos acompañarán en nuestro viaje a un mundo sin copyright? Es fundamental respetar el dominio público de la creatividad y el conocimiento. Nuestro interés primordial es que los creadores de obras de arte logren vivir de su trabajo y tengan la oportunidad de atraer a públicos diversos sin que los grandes grupos de empresas culturales les aparten del mercado. El sistema de copyright existe desde hace más de un siglo en las sociedades occidentales. Ya es hora de que desaparezca, entre otras cosas porque no podrá resistir los efectos de la digitalización, que otorga a los artistas una enorme libertad empresarial. Nuestro sincero deseo es que los artistas disfruten de esa libertad.

10. NUESTRO PATRIMONIO CULTURAL

Protección del patrimonio cultural en un mundo dinámico y antagónico

Las culturas cambian constantemente; las personas siempre han viajado e intercambiado influencias artísticas. En el capítulo 4 comentamos la noción y la práctica de la hibridación. Los cambios y conflictos que se producen en una sociedad a lo largo del tiempo también dejan su marca en el contenido de las distintas formas artísticas y en los procesos de creación, producción, distribución y recepción del arte. No olvidemos que las guerras, las invasiones, los procesos de colonización y la dominación externa o interna han tenido influencia en el arte e incluso han hecho desaparecer elementos de la cultura material y las prácticas artísticas.

Si así funciona el curso «natural» de la historia, ¿por qué habría que proteger la expresión cultural? Para la libertad y la protección, los temas que tratamos en esta parte del libro, la teoría y la práctica de la protección son nociones relevantes. En primer lugar, los elementos externos no deberían forzar cambios en otras culturas. Las personas deberían tener el derecho a construir su propia vida cultural. Si bien es cierto que las influencias de culturas foráneas son parte del juego, deberían tener un papel secundario, por detrás de los procesos y luchas culturales de la sociedad «local». Ya hemos destacado la importancia de evitar que la vida cultural de las sociedades sea controlada por unos pocos grupos de empresas culturales. El tema que nos ocupa aquí es la destrucción de las culturas, un hecho que se sigue produciendo debido a las guerras y a las diferencias en los niveles de desarrollo de los distintos países.

En los bombardeos a Irak durante la Guerra del Golfo de 1991, no sólo murió gente, sino que se destruyó la economía nacional y gran parte del rico patrimonio cultural que, de pronto, de acuerdo con la ideología dominante de Occidente, dejó de existir. En el último número del año 1990 de la publicación *Foreign Affairs* apareció un artículo en el que se decía que Sadam Husein procede de «una zona precaria situada entre Persia y Arabia con pocas manifestaciones culturales, escasos libros y pocas ideas» (Said, 1993: 297). En realidad, la civilización iraquí es una de las más antiguas del mundo, y prácticamente todo el territorio es un enclave arqueológico. ¿Por qué se han empeñado en borrar de la memoria ese patrimonio cultural? Porque así se evitarían las reclamaciones en contra de la pérdida cultural que implicaban los bombardeos, lo que habría puesto obstáculos a los ataques.

En segundo lugar, en cualquier democracia se necesitan actividades culturales variadas; por esa razón debe haber espacio para todas. Pero también es necesario conservar lo que se ha producido en tiempos pasados. ¿Por qué? Por varias razones. Las personas pueden pensar que el patrimonio histórico-cultural es bello y que aún es una fuente de inspiración o contribuye a construir la identidad individual y colectiva. Quizá una consecuencia de la modernización y la globalización sea que las culturas tradicionales ya no tengan la oportunidad de desarrollarse a su propio ritmo, pues se las suprime de un día para otro.

A la vez, esas razones pueden ser fuente de conflicto dentro de la sociedad. ¿Cuáles son las categorías culturales? ¿Qué creaciones deben incluirse en cada categoría? ¿Quiénes deciden una categorización en particular? ¿A qué grupos dentro de la sociedad no les importan estas cuestiones? ¿A qué clase de tensiones da lugar la preservación del patrimonio cultural? ¿En qué medida afecta el turismo, por ejemplo, a un monumento histórico frágil? ¿La conservación implica que las culturas materiales y la expresión artística dinámica tengan que transformarse en fenómenos estáticos sin lazos vivos con la sociedad? ¿Quién financiará la protección y quién será el encargado de organizarla?

En 2001, el gobierno talibán de Afganistán demolió dos enormes estatuas de Buda en Bamiyán. Esculpidas varios siglos antes del surgimiento del Islam –una de ellas era la más alta del mundo–, fueron destruidas por representar «ídolos no islámicos». Los líderes religiosos talibanes sostienen que la prohibición de representar la figura humana exige que se destruyan todas las estatuas. En cualquier caso, ésa es la opinión que ha prevalecido después de una intensa lucha dentro del país.[1] Molly Moore y Pamela Constable señalan que

> la historia está llena de ejemplos de destrucción de sitios de gran riqueza cultural en nombre de la religión. En el siglo XVI, los conquistadores españoles que fueron al Nuevo Mundo trataron de hacer desaparecer la religión maya mediante la destrucción de templos, cuyas piedras usaron

para construir iglesias. El gobierno chino demolió más de seis mil monasterios budistas tibetanos antes y durante la Revolución Cultural de 1966 a 1976. En 1992, extremistas hindúes derribaron una mezquita del siglo XVI en la ciudad de Ayodhya, al norte de la India.[2]

La destrucción de los budas de Bamiyán se enmarca dentro de un tercer nivel en la protección del patrimonio cultural: la dimensión internacional. ¿Cómo podría justificarse que la comunidad internacional interfiriera en asuntos que caen dentro de la jurisdicción de un Estado nacional? y ¿qué tipo de asuntos deben resolverse por medio de luchas internas de las distintas sociedades? Dediquémonos primero al mundo musulmán. El 11 de marzo de 2001, la Organización de la Conferencia Islámica (OCI), asociación que reúne a 55 Estados musulmanes, envió una delegación de alto nivel a Kabul, la capital de Afganistán, para que intentara evitar la demolición de las estatuas. Entre los miembros de la delegación se encontraba el jeque Nasr Farid Wassel, muftí de Egipto. Es evidente que la OCI no pensaba que el tema de las estatuas fuese un asunto interno de Afganistán sino que pertenecía al mundo musulmán en su conjunto, en el que hay distintas opiniones sobre la cuestión de la legitimidad de las imágenes.[3] También es importante que se respeten las culturas y las religiones minoritarias que existen en los países musulmanes.

Hay además la opinión generalizada de que la comunidad internacional tiene el derecho y el deber de defender lo que se denomina «patrimonio cultural universal». En este deseo de preservar expresiones excepcionales de culturas específicas o de la combinación de distintas culturas, como es el caso de los budas en un entorno musulmán, convergen varios argumentos. Muchos opinan que debe respetarse la diversidad de culturas del mundo, incluidas sus expresiones materiales.

Para evitar que el mundo tenga un aspecto homogéneo en todas partes, debemos valorar las diferencias, en especial las manifestaciones más bellas y admirables de la amplia variedad cultural que ha dado la historia de la humanidad. Algunas de esas obras de arte son frágiles, es decir, pueden dañarse por acción del viento, el agua, la contaminación o la gran cantidad de turistas que van a verlas. Quizá su valor simbólico haya sido cuestionado en el pasado, dentro o fuera del país donde se encuentran, y es probable que hoy aún se cuestione. Hay que entender que algunos elementos de un determinado patrimonio cultural pueden ser motivo de agravio para algunas personas, y deberíamos ser capaces de afrontar el dolor y la alegría con el debido respeto.

La Convención de La Haya establece que en caso de conflicto armado los bienes culturales deben protegerse. Hemos dicho que durante la Guerra del Golfo no se respetó ese tratado. El dictamen de la Corte Internacional de Justicia para la ex Yugoslavia ha determinado que la destrucción de monumentos históricos durante el ataque a Dubrovnik es un crimen. En 1972, la Unesco comenzó a fomentar la idea de un patrimonio cultural universal y, en ese sentido, elabora listas de enclaves y monumentos que declara parte de ese patrimonio. El anterior director general de la Unesco, Koïchiro Matsuura, alentó a la comunidad internacional a no adoptar una actitud pasiva y, por tanto, a no tolerar la destrucción de su patrimonio.

En el contexto de la demolición de los budas de Afganistán, Matsuura afirmó que «los crímenes contra la cultura no deberían quedar impunes».[4] Está claro que la comunidad mundial, y la Unesco en particular, no siempre cuenta con los medios necesarios para rescatar símbolos culturales importantes, y que la Unesco no tiene suficientes recursos económicos para ayudar a los países pobres a preservar sus símbolos culturales significativos.[5] No obstante, con los medios escasos de que dispone, la Unesco ha colaborado con la ciudad brasileña de Salvador de Bahía en la transformación del barrio popular de Pelourinho, un barrio de gran valor monumental pero totalmente descuidado, hasta el punto de que era una alcantarilla a cielo abierto. Hoy en día es un sitio donde la inmensa belleza de la antigua ciudad está volviendo a florecer.

Las fuerzas que dominan el mundo, incluidos los poderes coloniales y los colonos, se han apropiado de magníficas obras de arte pertenecientes a los pueblos aborígenes, obras que hoy en día se exhiben en museos de países ricos. El Proyecto de Declaración de las Naciones Unidas sobre los derechos de los pueblos indígenas estipula que debe disponerse de los restos humanos respetando la cultura a la que pertenecen y que deben devolverse los objetos culturales muebles siempre que sea posible (Redmond-Cooper, 1998). ¿Cuáles son las acciones que deben realizarse?

Por lo general, las obras de arte deben volver al sitio donde fueron creadas, pero estamos frente a un gran dilema: por un lado, esas creaciones han sido robadas porque los países de donde provienen eran pobres y no podían defenderse de los intrusos. Por el otro, en un mundo globalizado, esos países no pueden sustentarse por sí mismos en el aspecto económico. Probablemente esas dos cuestiones sean las dos caras de una misma moneda. En consecuencia, las condiciones para preservar obras de arte susceptibles de deterioro son endebles y, como suele haber mucha corrupción, la probabilidad de que sean robadas no es mínima. ¿Corresponde devolver esas obras si eso implica que van a arruinarse o van a robarlas otra vez?

De tener una parte sustancial del patrimonio cultural en la sociedad originaria a librarse de la desigualdad económica en el mundo hay un solo paso (véase en el capítulo 4 el desarrollo del tema del valor de contar con una rica vida cultural local). La condición previa para que los objetos culturales vuelvan a su lugar de origen es que esas sociedades tengan la riqueza suficiente para construir lugares seguros donde atesorar colecciones importantes del patrimonio cultural. También debe prevalecer un estado de derecho que garantice que lo que pertenece al dominio público permanezca en ese ámbito. Sin embargo, eso es algo que se está convirtiendo en un problema cada vez mayor en los países ricos, donde el saqueo de los bienes culturales comunes está a la orden del día, tal como ocurre en el Tercer Mundo, tema al que nos dedicaremos más adelante.

El patrimonio cultural comprende mucho más que los edificios, pues las lenguas y las artes escénicas también forman parte de él. Gilbert Roux considera que la música tradicional ha logrado sobrevivir al impacto de la fertilización cruzada durante períodos largos porque la mezcla no tuvo lugar en la proporción y la velocidad con que lo hace en la actualidad y porque la identidad musical de los pueblos estaba muy arraigada y había mucha conciencia de las diferencias, algo que se opone a lo que sucede con la llamada «música del mundo». Roux expresa su preocupación porque las músicas tradicionales, que tan integradas estaban en la vida cotidiana de la gente, desaparezcan. Una medida que debe tomarse es archivar esa música, pero eso no es suficiente; es necesario estimular su evolución continua.[6] Las políticas que ya he mencionado podrían forjar la infraestructura para proteger las distintas variedades musicales, incluidas las que pertenecen a patrimonios culturales de varios siglos de antigüedad.

En el mundo se hablan varios miles de lenguas distintas, de las cuales unas quinientas tienen sistemas de escritura. Aun así, según estimaciones de la Unesco, más de dos tercios del material impreso se produce en inglés, ruso, alemán y francés. Cabría hacerse la pregunta de quién tiene derecho a hablar (Tomlinson, 1991: 11). Bill Ashcroft, Gareth Griffiths y Helen Tiffin aseguran que uno de los rasgos principales de la opresión imperial fue el control de las lenguas. «El sistema educativo imperial implementa una versión "estándar" de la lengua de la metrópoli como la norma y margina todas las demás "variantes", tildándolas de impuras» (Ashcroft *et al.*, 1989: 7). Ashis Nandy afirma que la centralidad de Occidente en el diálogo cultural de nuestros tiempos se ha consolidado por medio de la lengua dominante en la que se desarrolla el diálogo con los países no occidentales:

> Incluso cuando hablamos con nuestros vecinos, el diálogo está mediado por marcos y supuestos occidentales. Esos demonios internos han subvertido la mayoría de las formas de diálogo entre culturas no occidentales. En la actualidad, todos esos diálogos están mediados por Occidente como tercer participante no reconocido [...]. Lo reconozcamos o no, entre las culturas del mundo existe un diálogo oficial sustancial. El formato de ese diálogo se ha estandarizado, incorporado en la estructura global dominante e institucionalizado por medio de organizaciones internacionales poderosas. En ese diálogo, el actor clave, naturalmente, es el Occidente moderno (Chen, 1998: 144-145).

Con respecto a la globalización económica que afecta y cambia todas las culturas, Hamid Mowlana cree que la desaparición de culturas orales o tradicionales que han constituido «valiosas fuerzas de resistencia contra la dominación cultural es inminente» (Mowlana, 1993: 396). En *Nuestra diversidad creativa* se introduce la idea de que la cuestión lingüística es una de las más sensibles, pues la lengua de los pueblos es quizá uno de sus instrumentos culturales fundamentales. «De hecho, la naturaleza misma del lenguaje es un símbolo de la siguiente premisa pluralista: cada lengua hablada en el mundo representa una cosmovisión única y una forma singular de experimentar el entorno.» En el informe queda claro que las políticas lingüísticas, como las de otras áreas, siguen utilizándose como arma de dominación, fragmentación y asimilación. «No es extraño que las reclamaciones asociadas con la lengua estén entre los derechos prioritarios exigidos por las minorías, reclamaciones que aún presentan problemas que abarcan desde la condición oficial y legal de las lenguas minoritarias hasta su enseñanza y uso en las escuelas y otras instituciones, así como en los medios masivos de comunicación» (Pérez de Cuéllar, 1996: 59).

En el informe de la Conferencia Mundial de Derechos Lingüísticos, celebrada en Barcelona en junio de 1996, Walter Mignolo apuntó que el debilitamiento del Estado a partir de los años setenta se ha equilibrado por el fortalecimiento de las comunidades que habían sufrido la opresión durante la construcción de las naciones y la consolidación del Estado en décadas anteriores. Asia y África fueron testigos de movimientos de descolonización. América Latina vio el resurgimiento de movimientos indígenas que reclamaban sus derechos, sus tierras y sus lenguas, lo que contribuyó al nacimiento de una nueva conciencia indígena. Los indios que habían sido empleados por el Estado como trabajadores comunitarios o maestros buscaban «una nueva identidad y una oportunidad para presionar a los funcionarios del gobierno y a otras personalidades poderosas y así poder tener un papel en el futuro de la comunidad indígena» (Mignolo, 1998: 43-44).

Por otra parte, Mignolo considera que la globalización tecnológica ha contribuido a crear conciencia sobre el reclamo de protección de las lenguas locales, porque los activistas indígenas y quienes los apoyan internacionalmente pudieron así conectarse por medio de redes de información transnacionales. De acuerdo con Mignolo, una de las paradojas de la globalización es que «permite que las comunidades subalternas dentro del Estado-nación creen alianzas transnacionales más allá del Estado abocadas a la lucha por los derechos sociales y humanos» (1998: 44).

En la comunidad autónoma española de Cataluña, los distribuidores de películas están obligados a ofrecer copias en catalán de las películas que se han doblado al castellano; lo mismo se aplica a los dueños de salas cinematográficas: un cuarto de su programación debe estar formada por películas habladas en catalán. En la televisión, un número sustancial de programas tienen que ser hablados en esa lengua, y en la radio la proporción debe ser de un 50%.[7] Hasta en un país rico, el costo de aplicar medidas de protección de lenguas locales es alto, de modo que para un país pobre la situación es más difícil. En el África subsahariana hay miles de lenguas y dialectos distintos, lo que dificulta la filmación de películas en lenguas locales, un ideal prácticamente imposible de materializar, con excepción del formato vídeo, como sucede a gran escala en Nigeria (véase el capítulo 4).

De todos modos, debe quedar claro que una contribución importante a la protección y al fomento del uso activo de muchas lenguas consiste en hacer inversiones considerables en traducción, cuidando que las personas puedan comunicarse por medios orales y escritos en su propia lengua y que su discurso pueda escucharse en otras partes del mundo. Además, hay que tener en cuenta que las traducciones no deberían hacerse a una única lengua de Occidente, el inglés, sino, por ejemplo, de una lengua africana a una asiática. En el caso de la literatura, Ashcroft, Griffiths y Tiffin sostienen que «uno de los factores más perjudiciales y persistentes en la producción de textos canónicos es si algunas categorías de la experiencia son incluidas dentro de la "literatura"» (Ashcroft *et al.*, 1989: 88). En verdad debería ocurrir lo opuesto: todas las experiencias deberían tener la oportunidad de expresarse en la lengua original del pueblo que las vive y de traducirse a muchas lenguas. Ello implica, en efecto, hacer una inversión económica, pero en nombre de la paz y el respeto mutuo el gasto es más que justificado.

Aun así, parece que el tema lingüístico está plagado de contradicciones. Abram de Swaan menciona pueblos que están logrando los objetivos propuestos en su lucha por los derechos sobre la lengua. Lo importante «no es el derecho de los seres humanos a hablar la lengua que deseen, sino la libertad de los demás de no oír lo que dicen en la lengua que les plazca» (Swaan, 2001: 52). Otro aspecto de esta triste realidad es que «de hecho, si se otorga estatus formal igualitario a más lenguas, habrá menos probabilidad de que cada una logre oponerse a la lengua dominante, normalmente el inglés y a veces el francés» (2001: 187).

El asalto al arte

En 1999, Emmanuel de Roux y Roland-Pierre Paringaux publicaron un libro admirable: *Razzia sur l'art. Vols, pillages, recels à travers le monde* [El asalto al arte. Robo, saqueo y comercio clandestino]. Cuando los tratados de libre comercio dominan el mundo, cuando se socavan los valores culturales y el dominio público se reduce de cara a la competencia por el enriquecimiento individual, no sorprende que las obras de arte, que a veces alcanzan precios muy altos en el mercado mundial, sean objeto del saqueo. Son «productos» atractivos, fáciles de robar, a menos que la seguridad del sitio donde se encuentran se asemeje a la de un búnker, aunque esto no garantiza nada.

Roux y Paringaux explican que todo se persigue por su valor monetario, desde ídolos africanos hasta máscaras esquimales e iconos rusos. En Angkor, los templos que se erigen en medio de la selva son presa fácil para los soldados camboyanos y sus clientes tailandeses. En Afganistán, la guerra civil creó las condiciones para el saqueo del museo de Kabul. Hong Kong se ha convertido en una de las capitales mundiales del arte porque despojó a China de su patrimonio arqueológico. Finalmente, en Oriente Próximo, las esculturas asirias en bajo relieve han empezado a ofrecerse en el mercado internacional a partir de la Guerra del Golfo de 1991.

En África, desde donde se han «exportado» grandes cantidades de obras de arte durante los últimos cien años, los museos son el objetivo principal. Además están los tesoros subterráneos, en especial en Nigeria y también en Mali, Níger y Ghana, cuyas excavaciones arqueológicas clandestinas proveen a los mercados mundiales. Con frecuencia ocurre que, por una pieza que quieren vender, destruyen todo el enclave arqueológico. Todos los conflictos armados, desde el de Biafra hasta el del ex Zaire y desde el de Liberia hasta el de Mozambique, han sido fuente de provisión de objetos de arte, al menos los que no fueron destruidos, para el mercado de Occidente. El declive del animismo en favor del Islam, el cristianismo o las religiones sincretistas tiene consecuencias similares.

En América Latina, explican De Roux y Paringaux, lugares de gran importancia cultural han sufrido el pillaje por parte de bandas organizadas, como ha ocurrido en Perú, Colombia, México, Guatemala y Ecuador, entre otros países. En Bolivia hay comunidades muy antiguas cuyo patrimonio está amenazado. En Europa oriental, las mafias que se multiplicaron tras la caída del comunismo han descubierto en el arte una mina de oro que les permite lavar dinero y obtener cuantiosos beneficios. Las bandas de saqueadores despojan de sus tesoros a iglesias en la República Checa, Eslovaquia, Francia e Italia, y el rico pasado bizantino de Chipre ofrece oportunidades únicas de hacer dinero. No se salvan tampoco los castillos de Francia, a pesar de la instalación de sistemas de alarma cada vez más sofisticados. En Italia, sólo en 1998 se han robado más de 31.000 objetos de arte. Dentro de la Unión Europea se ha identificado a Bélgica y los Países Bajos como los países que menos controlan a los receptores (Roux y Paringaux, 1999: 16-18).

Para ser sinceros, sería un milagro que se detuviese el asalto al arte si siguen las condiciones actuales que derivan del libre comercio, los controles aduaneros laxos, los paraísos fiscales, la desigualdad económica Norte-Sur y el transporte de bienes a gran escala. Está creciendo el número de países en los que la mafia invade la política; en ellos los sobornos se han vuelto cosa de todos los días, y el mercado negro de las drogas, la piratería, el tráfico de armas, el incumplimiento de los boicots comerciales y el asalto al arte ha generado lazos de «unión» que los movimientos de trabajadores jamás soñaron que fuese posible lograr. Los mecanismos de control son muy débiles, y en ciertos Estados, como los Países Bajos, se prefiere hacerles la vida fácil a los receptores de arte. En las condiciones neoliberales que rigen el mundo de hoy, los Estados compiten entre sí para atraer negocios e inversiones, con lo que se dificulta la implementación de una reglamentación internacional eficaz y el cumplimiento de los pocos tratados internacionales existentes.

El saqueo en el campo del arte debería obligar a los países a establecer sistemas de registro de obras; de lo contrario, no será posible probar a quién pertenece cada objeto ni de qué iglesia o museo proviene. El sistema es costoso, incluso para los países ricos, pero ya existen algunos registros. El Registro de Objetos de Arte Perdidos es una iniciativa londinense propuesta por las grandes firmas de subastas y las compañías de seguros. También está el Sistema Activo de Seguimiento de Delitos, cuya base de datos incluye cuatro millones de entradas como mínimo. El Museo Getty de Los Ángeles, con la colaboración de la Unesco y el Consejo Internacional de Museos, entre otros organismos, ha desarrollado el Sistema de Identificación de Objetos (Roux y Paringaux, 1999: 300-308).

Hacer un seguimiento del tráfico ilegal de obras de arte es una tarea muy complicada porque los marcos legales son muy diferentes en los distintos países. El Tratado Unidroit (Instituto Internacional para la Unificación del Derecho Privado) exige a los comerciantes que han adquirido una obra de arte que presenten pruebas de que han realizado todas las acciones necesarias para asegurarse del origen del objeto y de que la operación de compra es legal. Si no presentan esas pruebas, la obra puede ser enviada a su país de origen (Roux y Paringaux, 1999: 314-315; Schipperhof, 1997).

Todo lo que es frágil necesita protección: cultura y ecología

En las últimas décadas muchas personas han llegado a la conclusión de que el planeta se halla en un proceso de deterioro. Este tema permite llevar el desarrollo cultural a un contexto más amplio, inesperado quizá. Esas personas se han asociado a organismos como Greenpeace y Amigos de la Tierra, por ejemplo. Es evidente que el objetivo de esos movimientos es volverse superfluos lo más pronto posible. Los movimientos ecologistas persiguen un fin muy concreto, es decir, que haya un cambio radical en nuestra relación con el medio ambiente. Para lograr eso debemos modificar nuestra idea de la naturaleza y nuestra noción de qué tipo de equilibrio se necesita para lograr un desarrollo sostenible.

Es interesante que cada vez haya más personas que asocien esa necesidad urgente con los temas culturales presentados en este libro. Normalmente se cree que el campo del arte no tiene nada que ver con la agenda de los movimientos ecologistas, algo que es cierto en alguna medida, pero debemos pensar que mientras existan los seres humanos el arte también existirá. Las personas siguen componiendo música, contando y escribiendo historias, tallando o pintando o dibujando imágenes, y expresándose por medio del teatro o la danza. Además, es fundamental la cuestión de quién controla la creación, la producción, la distribución, la promoción y la recepción del arte, y qué contenidos nacen en relación con esos procesos. En este contexto empieza a tomar forma la comparación entre ecología y cultura. Reconozcamos que, igual que el arte, el medio ambiente no desaparecerá. Con respecto al entorno natural la pregunta relevante es quién está a cargo del control y cuál es el resultado cualitativo; en el dominio del arte, la pregunta es la misma.

Jeremy Rifkin vincula la cultura y la ecología:

> La cultura, como la naturaleza, puede sufrir una destrucción total. Si se explota en exceso y se desperdicia, el mercado corre el riesgo de perder la gallina de los huevos de oro. La diversidad cultural, entonces, es comparable a la biodiversidad. Si toda la rica diversidad cultural de la humanidad se explota para obtener ganancias a corto plazo y no se da lugar al reciclaje y la repoblación, la economía perderá el fondo de experiencias humanas que constituyen la materia de la producción cultural (Rifkin, 2000: 247-248).

Según este autor, la conservación de la biodiversidad y la preservación de la diversidad cultural serán los dos grandes movimientos sociales del siglo XXI (2000: 257-288).

Ese razonamiento es válido también para la protección lingüística, ya que entre el 50 y el 90% de las lenguas del mundo se extinguirán dentro de los próximos cien años. En cuanto a la biodiversidad, un 20% de las especies animales y un 17% de las vegetales están amenazadas. Tove Skutnabb-Kangas y Robert Phillipson advierten que «la diversidad lingüística y cultural serían variables *mediadoras* en el sustento de la biodiversidad y viceversa, hasta que no haya más seres humanos en el planeta» (2001: 41).

El daño que provoca la globalización económica nos obliga a considerar la creación de una coalición de movimientos dedicados a la protección del medio ambiente y al campo de la cultura y el arte, en apariencia más difuso. En el arte no hay movimientos similares a los que existen en el contexto de la ecología. Hay creadores, intérpretes, intermediarios y públicos con motivaciones e intereses completamente distintos. El arte forma parte de una historia que no acaba nunca y, a primera vista, no persigue un propósito claro.

¿Qué lógica vincula estas dos áreas de interés social? A pesar de las diferencias, ambas se enfrentan a graves problemas con características comunes. Por ejemplo, los procesos que configuran las condiciones del medio ambiente y las de la cultura están pasando a manos de unos pocos gigantes corporativos. Esto implica que el control democrático y el interés público se pierdan de vista y se reemplacen por cuestiones monetarias. ¿Desaparecerá la diversidad? Sí y no. Es posible comprar distintos yogures, productos farmacéuticos y música de todas partes del mundo en las tiendas del barrio, pero los centros responsables de la toma de decisiones están bajo un control oligopólico que, de un lado, no es democrático, y del otro promueve la uniformidad en los métodos de producción y los gustos. Lo que las personas consideran placentero o valioso está tomando un camino único.

Desde una perspectiva ecológica, la diversidad es cuestión de vida o muerte, algo de lo que muchas personas son conscientes. Desde el punto de vista cultural, la diversidad también se ha convertido en tema central de debate. Aquí el tema prioritario es la democracia. Nuestro entorno natural es un edificio frágil y necesita protección a fin de que se respeten los controles y no se agoten los recursos naturales. Para Wendell Berry, la ecología y la cultura forman parte del mismo reino:

> Una cultura no es una simple colección de reliquias y ornamentos sino una necesidad práctica, y corromperla trae consigo una catástrofe. Una cultura saludable es un orden comunitario de la memoria, el conocimiento, los valores, el trabajo, la convivencia, la reverencia y las aspiraciones. Revela las necesidades y los límites del hombre. Da una idea de los vínculos ineludibles de los seres humanos entre sí y entre ellos y el planeta. Asegura que se respeten las limitaciones necesarias y que se haga el trabajo requerido, y que se haga bien (Berry, 1986: 43).

La conservación de la diversidad cultural también requiere trabajo. No está claro que la libertad de comunicación artística se desarrolle indefinidamente. Las oportunidades para la expresión artística que va en contra de la corriente, que es rebelde, que no goza de popularidad o que está en los primeros pasos del proceso de desarrollo deben defenderse una y otra vez. Eso es lo que debe hacerse cuando el objetivo de obtener beneficios y el consumismo dominan los procesos económicos y culturales que ejercen influencia sobre la creación, producción, distribución y recepción del arte.

Quizá resulte sorprendente, pero los intereses ecológicos y culturales tienen mucho en común, algo que es particularmente cierto en el caso del régimen de propiedad intelectual, que durante décadas ha otorgado a individuos y corporaciones derechos exclusivos para el uso de inventos y creaciones. Ya nos hemos ocupado de este tema en los capítulos 3 y 7. La justificación de esa forma de monopolio es la supuesta originalidad de la creación o el invento. Sin embargo, no hay ningún poema que eluda la existencia de poemas anteriores y todos los inventos se basan en el enorme legado de los saberes del pasado. La originalidad es un concepto romántico, por lo cual la reclamación de los derechos monopólicos de propiedad intelectual no admite justificación alguna. El vínculo entre los movimientos ecologistas y culturales es que los derechos de propiedad intelectual, que en esos terrenos se asocian con patentes y copyright, se han convertido en un gran negocio. Hoy la mayoría de los inventos y las creaciones artísticas del pasado y del presente está en manos de unos pocos grupos de empresas de la industria farmacéutica, alimentaria o cultural, por dar sólo algunos ejemplos. Así, esas empresas tienen el poder de seleccionar o crear contextos que favorezcan sus objetivos financieros. Vandana Shiva llega a la conclusión de que «la interpretación más extendida de los derechos de propiedad intelectual distorsiona la noción de creatividad y, en consecuencia, la de la historia de la desigualdad» (Shiva, 1995: 12).

Pero eso no es todo, ya que hay fenómenos, menos evidentes, quizá, que permiten poner en un mismo grupo los intereses artísticos y ecológicos. Las grandes corporaciones contratan un gran número de diseñadores, actores, bailarines, escritores, músicos y cineastas cuyo trabajo estimula un consumismo que, a la vez, aumenta los márgenes de ganancias. Desde una perspectiva ecológica, este afán por consumir, para el que muchos artistas crean las condiciones de seducción necesarias, es dañino.

Por un lado la digitalización no ha logrado evitar que la producción de libros siga creciendo. Para que un libro se convierta en un *best seller*, las editoriales publican muchos títulos esperando que algunos tengan ventas récord. Los cientos de miles de libros que no se venden bien se destruyen poco después de su publicación. En sí, la producción a gran escala no es un desperdicio cultural, pero tiene un impacto ambiental negativo.[8]

Por otro lado, la contaminación y la lluvia ácida no sólo son perjudiciales para el hombre, sino también para nuestro patrimonio cultural material. Es imposible seguir limpiando viejas iglesias indefinidamente, porque con el paso del tiempo no quedará ningún detalle arquitectónico que limpiar. Demos ahora un salto al presente. Hoy en día, el entretenimiento nos llega cada vez en mayor medida a través del ordenador. No obstante, el mundo digital es menos virtual que lo que mucha gente cree. Uno de sus aspectos materiales es la enorme cantidad de electricidad que se necesita para que funcione el mundo digitalizado. Cuando los ordenadores se vuelven obsoletos, algo que ocurre siempre, se descartan, lo que implica otro impacto negativo sobre el medio ambiente (Hamelink, 1999: 101-102).

La cultura y la ecología están ligadas de muchas maneras. Si consideramos el origen y el carácter de los movimientos ecologistas y los del dominio cultural, se entiende por qué no están en contacto. Sin embargo, la necesidad de proteger lo que es frágil y la amenaza a la diversidad que afecta a la naturaleza y al arte convocan a aunar los esfuerzos de los movimientos ecologistas y culturales. Esa unión no debe basarse en la uniformidad de gustos sino en perseguir el objetivo común de asegurar las condiciones necesarias para que exista la diversidad en los dos campos. Además, debe descartarse la idea errónea de que el arte es el ornamento de la lucha ecológica. El objetivo tiene que centrarse en revertir las acciones perjudiciales en las dos áreas. Es más fácil explicar a la gente que la cultura y la ecología tienen intereses y problemas en común que tratar de convencerla de que un campo de actividad aislado está pasando por un momento crítico, en especial si ese campo es proveedor de productos que dan placer.

Del mismo modo, no sería realista pensar que los artistas vayan a forjar por sí mismos un movimiento cultural contra las acciones dañinas de la globalización actual. Primero, porque la mayoría de ellos no son buenos organizadores y, segundo y más importante, porque todos tienen que estar convencidos de que una sociedad democrática requiere una expresión artística rica y variada. Está claro que el movimiento ecologista necesita de uno similar en el área cultural. La coalición de movimientos ecologistas y culturales debe operar en el ámbito global, regional y local. ¿Cómo estaría compuesta su agenda? Incluiría la protección y la reanimación de la diversidad, la protección y el respeto por lo frágil, tanto en el campo de la ecología como en el de la cultura. Como asegura Seven Feld, «cada pequeña pérdida para la diversidad del planeta enlaza con pérdidas para la diversidad cultural, lingüística y artística» (Feld, 1995: 120).

Notas

1. Pamela Constable, «Obliteration of Buddhas Signals Preeminence of Taleban Hard-liners», *International Herald Tribune*, 21 de marzo de 2001;

Françoise Chipaux, «La destruction des bouddhas ne fait pas l'unanimité chez les talibans», *Le Monde*, 13 de marzo de 2001; véase también Flandrin, 2001.

2. Molly Moore y Pamela Constable. «Muslims Cry Out Over Taleban Destruction of Buddhas.» *International Herald Tribune*, 12 de marzo de 2001.

3. Henri Thincq. «L'image dans l'Islam, un statut controversé. Le Coran prescrit la lutte contre les idoles, mais les icônes et autres représentations poeuvent servir de support à la parole divine.» *Le Monde*, 13 de marzo de 2001.

4. Koïchiro Matsuura. «Les crimes contre la culture ne doivent pas rester impunis.» *Le Monde*, 16 de marzo de 2001.

5. Entrevista a Saïd Zulficar, secretario general de Patrimonio sin Fronteras. «Trop d'intérêts politiques et financiers parasitent les efforts de l'Unesco.» *Le Monde*, 13 de marzo de 2001.

6. Gilbert Roux. «Je préconise l'ethnomusicologie d'urgence pour ces musiques de tradition orale.» *Le Monde*, 30 de septiembre de 1997.

7. «Catalaanse taalstrijd veroorzaakt woede bij bioscopen en publiek.» *De Volkskrant*, 4 de julio de 1998.

8. Marc Crispin Miller. «The Crushing Power of Big Publishing.» *The Nation*, 17 de marzo de 1997; véase también Crispin Miller (1997: 119).

11. LIBERTAD DE EXPRESIÓN *VERSUS* RESPONSABILIDAD

La producción del discurso siempre está controlada

En el capítulo 1 he definido el arte como un área de la vida humana con conflictos y luchas, un área en la que hay mucho en juego, como ya hemos dicho a lo largo de este libro. Por ello no sorprende que en todas las sociedades las restricciones a la expresión artística siempre sean un asunto espinoso. Las formas en que se comunican algunas personas a veces atraviesa los límites que otros consideran aceptables. Para complicar aún más las cosas, el mundo no se divide entre buenos y malos, es decir, los que defienden la libertad de expresión a toda costa y los que creen que ciertas restricciones son necesarias a la luz de los sentimientos religiosos o las ideas sociales y culturales. Aquí intentaremos encontrar el delicado equilibrio entre la libertad y la protección, y para ello daremos algunos ejemplos.

La realidad es que la mayoría de los individuos creen que algunas cosas no deben decirse, pintarse o expresarse por medio del arte. Al mismo tiempo, los individuos sienten que algunos tipos de expresión cultural son más valiosos que otros y que hay que brindarles todas las oportunidades de comunicación posibles. En general, esas ideas y sentimientos no son asuntos de individuos, sino que pertenecen a grupos específicos. Es importante destacar que el hecho de que prevalezca la libertad o el control depende de quién tiene el poder de permitir la apertura o censurar o prohibir determinados mensajes artísticos.

Michel Foucault observa que en todas las sociedades el discurso se controla, selecciona, organiza y redistribuye por medio de distintos procedimientos (Tomlinson, 1991: 9). John Tomlinson afirma que lo que Foucault quiere decir es que «el discurso es, en principio, ilimitado: "prolifera hasta el infinito"». Todo puede decirse, pero las sociedades regulan la proliferación anárquica con distintos procedimientos de control. Uno de los más evidentes es el de la «prohibición» (1991: 9), pero quizá los más interesantes entre los que presenta Foucault sean los que «regulan los discursos desde dentro, sin prohibirlos pero manteniéndolos bajo control mediante ciertos principios reguladores».

La prohibición y otras formas de control más sutiles son el tema que desarrollaré en las páginas siguientes. La libertad de expresión es un principio sumamente importante, pero puede haber otros valores que lleven a que nos refrenemos en algunos aspectos cuando pintamos un cuadro, escribimos un texto o rodamos una película. En este sentido, no estoy de acuerdo con Salman Rushdie en cuanto a que si con la libertad de expresión no tenemos la libertad de ofender, «de cuestionar e incluso de satirizar a todas las ortodoxias, incluso las religiosas, la libertad deja de existir. El lenguaje y la imaginación no pueden encerrarse en una celda; de ser así, el arte morirá y con él algo de lo que nos hace humanos» (Rushdie, 1992: 396). No obstante, yo diría que *respetar* las opiniones de los demás también nos hace humanos. Y no alentar, por medios artísticos u otros medios la muerte de nadie, por ejemplo, nos hace mucho más humanos.

En cambio, coincido con Rushdie en que la controversia desatada por su obra y la *fatwa* iraní que decreta la muerte del escritor no puede ser vista como una lucha entre la libertad de Occidente y la falta de libertad de Oriente. «Las libertades son algo de lo que Occidente se ufana con justa razón, pero muchas minorías –raciales, sexuales, políticas– se sienten excluidas del ejercicio de esas libertades, también con justa razón. Asimismo, en mi vasta experiencia en Oriente, desde Turquía hasta Irán, India y Pakistán, he visto gente igual de apasionada por la libertad que un checo, un rumano, un alemán, un húngaro o un polaco» (Rushdie, 1992: 396). En términos generales, es evidente que el tema es complejo en extremo y que no existen respuestas ni soluciones sencillas. Algunos ejemplos servirán para mostrar las contradicciones que forman parte de la vida real.

Moraeus Hanssen preside la Municipal Cinema Co., de Oslo, Noruega, una empresa dependiente del ayuntamiento de la ciudad que es dueña de los 31 cines de Oslo. Este organismo se encarga de autorizar la proyección de todos los filmes comerciales porque, según su opinión, está en riesgo la salud mental de los jóvenes noruegos. «Me preocupa más el público que las películas. A veces la industria cinematográfica es muy truculenta y uno sólo vive una vez, así que no quiero que la gente pierda su tiempo viendo películas tontas, con muchas escenas de sexo y violencia.» Los funcionarios noruegos consideran que su postura con respecto a las películas es progresista y no retrógrada, y esperan que las autoridades estadounidenses, en vista de las matanzas ocurridas en varias escuelas de su país, adopten medidas para restringir el flujo de imágenes perturbadoras a través del cine y otros medios. Hanssen reconoce que la relación entre la violencia en las películas y la conducta violenta en la vida real es difícil de probar y que los jóvenes entienden mucho de efectos especiales, pero también piensa que éstos necesitan que se les ayude a identificar lo bueno, lo verdadero y lo bello. «Estoy en contra de la censura», asegura, «Mi función es la de editora».[1] Volveremos a ocuparnos del tema de poner límites a la violencia más adelante.

Trasladémonos ahora a otra parte del mundo, Indonesia, donde una de las formas tradicionales de teatro es el *longser*, y uno de los grupos más activos en la revitalización del género teatral es el grupo o proyecto LAP. En 1997 se canceló un contrato por el que se emitirían una serie de representaciones en Indosiar, una compañía de televisión indonesia. ¿Por qué? Porque pidieron al grupo que quitara de sus guiones los temas denominados SARA, el acrónimo que se usa para referirse a temas étnicos, religiosos, raciales y de clase. Los espectáculos debían ser más populares, con historias sin referencias políticas. Esto ocurrió en los últimos días del régimen de Suharto.

Tras la caída de Suharto sucedió algo notable en el grupo LAP. Lo que ellos hacían era «reciclar» viejas historias agregándoles modificaciones menores. En lugar de aprovechar la nueva libertad de comunicación y la ausencia de censura explícita y así transformarse en un «verdadero» grupo político (algo esperable, dado que el objetivo del proyecto consistía en relacionar las representaciones con la condición social y política de la Indonesia contemporánea), el proyecto adquirió un tenor más populista. De acuerdo con Jörgen Hellman, «eso no tiene una explicación comercial, pues la compañía no gana mucho dinero con sus espectáculos». La explicación más frecuente es que quizás el grupo esté pasando por una etapa «de bloqueo, una especie de angustia creativa». Hellman piensa que ésa no es una justificación satisfactoria para la falta de energía del grupo. «Había una palabra que siempre se pronunciaba en las conversaciones con miembros del LAP y otros artistas, y esa palabra es *Bingung*», que se refiere a la confusión que les generaba la nueva situación surgida tras el fin de la dictadura. Ocurre que los artistas «sentían que los temas SARA eran más delicados en ese momento que en el pasado, en especial en cuestiones étnicas y religiosas». De hecho, los conflictos étnicos y religiosos son los que impiden la normalización del país. En consecuencia, en el grupo LAP no quieren tocar esos temas en sus espectáculos, «y su estado de confusión les ha hecho volcarse al populismo» (Hellman, 2000).

A comienzos de la década de 1990, cuando estaba iniciando sus operaciones en Asia, el magnate Rupert Murdoch sostenía que la tecnología vía satélite constituía una verdadera amenaza a los regímenes totalitarios de todas partes del mundo y a sus prácticas de censura. El servicio de Murdoch transmitía programas de la BBC en los que se criticaba duramente a los líderes chinos, a los que se tildaba de matones. Según Robert Sherrill, «esos matones, con los que Murdoch estaba ansioso por hacer negocios, se quejaron; entonces él hizo lo que era de esperar: eliminó la programación de la BBC».[2] ¿Por qué los operadores de TV vía satélite dependen de los gobiernos, que no son más virtuales que dicha tecnología? Christopher Hird hizo un análisis en el que concluye que, primero, «es difícil hacer mediciones de audiencia, algo que los operadores vía satélite necesitan para atraer anunciantes. Pero además, lo que es más importante, para los servicios de pago que desean establecer en el futuro, se necesita una red de cable o un servicio directo bien reglamentado. Para lograrlo, deben contar con apoyo gubernamental» (Hird, 1994: 34-35). En este escenario confluyen los intereses de las compañías de televisión vía satélite y de los gobiernos. Los chinos, por ejemplo, se oponen a los platós de satélite porque son difíciles de controlar, y a los grupos de empresas culturales les preocupa porque facilitan la descodificación de señales, lo que afectaría a sus ingresos. Por lo tanto, los chinos y las empresas prefieren la televisión por cable. Una vez más, se esfuma el sueño de la comunicación sin barreras ni censura.

Y ésas no son las únicas contradicciones. Marilyn French, por ejemplo, se extraña de que el gobierno indio censure películas por su contenido político y prohíba escenas eróticas o románticas cuando ha permitido la proyección de películas con escenas de violación (French, 1993: 178-179). Hay un hecho que llama la atención: en 1996, cuando estaba por celebrarse el concurso de Miss Mundo en India, hubo manifestaciones públicas de rechazo porque la gente consideraba que el concurso era vergonzoso para las participantes.

Infinidad de casos similares a los mencionados permiten concluir que todo lo que se muestra o publica depende de un proceso en el que participan diversas estructuras de poder, posturas éticas e intereses en conflicto. Todd Gitlin se refiere al proceso como una cadena de miles de microdecisiones tomadas por miles de personas (1997: 8). Esto trae dos consecuencias. En primer lugar, la responsabilidad por las cuestiones vinculadas con la libertad de expresión, los límites y la censura se vuelve difusa. No se trata únicamente de la censura de los gobiernos. Como observa Gitlin, la mayoría de los grupos de empresas culturales considera que «la responsabilidad no les atañe» (1997: 12). La segunda consecuencia deriva de la anterior: habría que enmarcar el tema de la libertad de expresión en un contexto más amplio y comprender que no se trata de un absoluto. ¿Por qué, como ocurre en Estados Unidos, el discurso comercial o publicitario tiene la libertad que debería tener el periodismo? (McChesney, 1997: 48). Tendríamos que exigir que los responsables de los mensajes comerciales tuviesen mayor grado de responsabilidad, porque los anuncios publicitarios tienen, por definición, la tendencia a decir sólo una (pequeña) parte de la verdad. Además, tenemos el derecho a no estar rodeados en todo momento de publicidad comercial.

Por otra parte, la necesidad de respetar las opiniones y sentimientos de los demás requiere que los artistas a veces deban contenerse, ya que una cosa es que algo pueda decirse y otra que deba decirse. Eduardo Galeano, el escritor latinoamericano, considera despreciables a los escritores que piensan que pueden decir todo lo que quieren con impunidad: «Todos somos responsables de lo que hacemos y decimos» (Steenhuis, 1990: 159).

Ursula Owen, directora de la revista *Index on Censorship* recurre al discurso del odio, que ejemplifica un dilema sobre el que debemos reflexionar constantemente: «A veces las palabras se convierten en balas; con el discurso del odio se puede mutilar y matar, igual que con la censura. Por lo tanto, como opositores a la censura y proponentes de la libre expresión, debemos preguntarnos: ¿hay un momento en el que las consecuencias *cuantitativas* del discurso del odio cambien *cualitativamente* los argumentos sobre cómo tenemos que abordarlo?». La autora se pregunta si «a lo largo de la línea continua que va desde la expresión localizada del odio, horrible y ofensiva, hasta el establecimiento de una comunidad o sociedad basada en la cultura del odio en la que los instigadores de ese sentimiento se convierten en la autoridad, hay un punto en el que se vuelva necesario intervenir» (Owen, 1998).

La pregunta que debe incluirse en el debate es qué tipo de intervención se necesita y quién tiene el poder de actuar. Sigamos con el caso del discurso del odio. ¿Hay que censurar ese discurso? ¿La censura es una medida sensata? ¿O sería más eficaz crear conciencia en el público de que el discurso del odio es destructivo para la democracia y constituye el primer paso del camino que conduce a la aniquilación física de los individuos o grupos de personas a los que se considera enemigos? Si aumenta esa conciencia, disminuirá considerablemente la probabilidad de que ese tipo de discurso se divulgue. La solución para estos dilemas complejos no es fácil de encontrar y depende del contexto de cada sociedad. Hay muchos tipos de discurso que parecen ser menos ofensivos que el del odio. ¿Qué debemos pensar de los animadores que han puesto de moda la grosería y los insultos? Ese tipo de cuestiones sólo pueden resolverse si se discuten ampliamente, si muchas personas participan en esa discusión y si se logra que la opinión pública se oponga a ese tipo de forma de comunicación humillante.

En la Real Academia de Londres hubo una muestra en 1997 llamada *Sensation: Young Artists from the Saatchi Collection* [Sensación: Artistas jóvenes de la colección Saatchi] que generó controversia. Uno de los cuadros, titulado *Myra*, de Marcus Harvey, mostraba a Myra Hindley, una brutal asesina de niños de los años sesenta. Hubo visitantes que, asqueados, arrojaron pintura al cuadro con la imagen de la asesina en serie (Stallabras, 1999: 201-210). La muestra atrajo muchísimo público. ¿El artista tuvo la intención de ser provocativo? El filósofo Ger Groot sostiene que el arte contemporáneo ha instalado como tema la combinación del horror y la belleza. Los críticos y el público están cada vez más convencidos de que la vara con la que se mide el progreso del arte moderno es su poder de destrucción. No se trata de un fenómeno nuevo, asegura Groot. Todo empezó con el Romanticismo y se intensificó durante la Primera Guerra Mundial, cuando la intención era expresar la crueldad que había detrás del orden aparente de la fachada de la Ilustración. Más tarde, en el desencantado siglo XX, nos dimos de cara con el caos, la violencia y la irracionalidad. Entonces, el artista que nos habla del terror y de los aspectos más escabrosos de la vida nos muestra lo que ya sabemos. El arte ya no es capaz de revelar el dolor, sólo lo reproduce. Así, se convierte en un anacronismo descriptivo de la agresión y la destrucción y, según Groot, carece de sentido.

Groot asegura que ésa no es la última palabra en arte; por el contrario, el arte tiene la capacidad de crear una verdad propia. Por eso habría que divulgar la idea de que el arte como impacto desagradable está fuera de moda y que los artistas no tienen que regodearse con la crueldad y la violencia. En opinión de este autor, los artistas, que viven en un mundo lleno de desesperación, pueden ofrecer al mundo un tema nuevo y poco explotado. Ésa es la forma de reconciliarnos. Los artistas tienen una oportunidad única de confirmar que «la vida vale la pena, a pesar de lo que parece».[3]

El dominio digital no es lo que parecía

¿Cómo puede garantizarse la libertad en la autopista digital y lograr que el material artístico no deseado, el que en las sociedades «normales» se prohibiría, quede fuera? ¿Cómo pueden reconciliarse la libertad y la protección en ese terreno nuevo?

Hemos visto que los nuevos medios de comunicación ofrecen excelentes oportunidades para pasar por alto los poderes dominantes que controlan la producción y distribución del arte. Para los artistas, son una forma de localizar personas que puedan estar interesadas en su obra, y además permiten desarrollar mercados acordes a sus creaciones y representaciones artísticas. La expansión de la libertad de expresión no es el paraíso, porque Internet también es un refugio para pedófilos, terroristas, extremistas políticos y traficantes de armas, un sitio que acoge manifestaciones obscenas y discursos racistas.

En todas las sociedades se censuran ciertas formas de comunicación y se aprueban otras. El arte está en el centro de nuestros campos de batalla simbólicos. El gran interrogante es cómo se decidirá la batalla por el dominio digital, pues se ha demostrado que la idea de Internet como un festival eterno de libertad es una ilusión. En el mundo digital no hay nada virtual. No es una tierra imaginaria, sino un mundo material en el que los intereses financieros, económicos y culturales desempeñan papeles protagonistas, tal como ocurre en el mundo «normal». En Internet suceden cosas que no están permitidas en algunas sociedades. ¿Por qué debe ser así? Si aceptamos que la libertad y el control también tienen que existir en el dominio digital –algo con lo que estoy de acuerdo, por mucho que me pese–, debemos preguntarnos cómo concretar esa combinación.

Adam Newey, quien ha colaborado con *Index on Censorship*, propone que la responsabilidad por las elecciones de orden moral sobre qué leer y qué no tiene que quedar en manos de los individuos. «Dejar que los individuos hagan sus propias elecciones sobre el contenido que reciben ellos y su familia en lugar de dejar la decisión en manos del gobierno potencia el derecho de libre expresión de los adultos» (Newey, 1999: 35). Suena bien, pero no es del todo realista. En el mundo «normal», nos gusta elegir por nosotros mismos, pero nos guste o no la legislación específica, todas las sociedades tienen leyes que disponen que determinados tipos de expresión están prohibidos. Ese problema no puede resolverse mediante la propuesta de Newey de que las personas puedan controlar lo que entra en sus casas a través de Internet. El autor menciona los filtros, como lo ha hecho Bill Clinton, o lo que él denomina «jardines cercados». «El usuario sabe que no hay peligro de entrar sin querer en un grupo virtual de intercambio de material pornográfico, por ejemplo» (1999: 33). El hecho de que una persona no entre en un local de venta de artículos pornográficos no significa que no sepa que existen. Pero en muchas sociedades la ley prohíbe la producción, distribución y venta de pornografía dura, y en el mundo digital habría que implementar una legislación similar. ¿Por qué no habría de hacerse? Si ciertas cosas no se toleran en una sociedad determinada, no basta con decir que las personas van a filtrarlas por sí solas. Como afirma Isabelle Falque-Pierrotin, «las decisiones individuales no reemplazan a la ley ni al juez». La tarea, entonces, es hacer más explícitos los principios legales en todos los entornos.[4]

En Francia se ha intentado avanzar en este sentido. A finales del año 2000, la justicia francesa determinó que Yahoo! Inc., el operador del famoso motor de búsqueda en Internet, debía tomar medidas para que los usuarios franceses no pudieran visitar sitios de remate de objetos nazis. El *International Herald Tribune* comentó que eso era una atrocidad para los defensores de la libertad en la Red: «Los franceses se atreven a controlar un sitio web estadounidense utilizado principalmente por navegantes cibernéticos estadounidenses. Pero los franceses sostienen que divulgar ese contenido no es legal según el derecho francés, de modo que los ciudadanos franceses no pueden acceder a ese tipo de contenido digital».[5] Se informó a Yahoo! que debía reorganizar sus contenidos, de modo que la Red se dividiría en zonas geográficas, cada una de las cuales se controlaría por separado. Si la Red podía organizarse de esa manera, la reglamentación y la soberanía nacional eran un hecho. El *International Herald Tribune* publicó lo siguiente: «Los franceses no pueden presionar a un oscuro grupo de coleccionistas de objetos nazis a los que no les importa violar la ley francesa. Pero sí pueden presionar a actores internacionales como Yahoo! y así apuntar a los enemigos reales».[6]

Así, Internet, que parecía no tener fronteras, debe construir fronteras reales. En Alemania e Italia ha habido jueces que emitieron sentencias similares a la de Francia en causas recientes, pues su conclusión fue que los límites nacionales tienen validez también en el mundo «virtual».

Las batallas judiciales en el ámbito de las nuevas tecnologías muestran que es posible aplicar controles virtuales. Recientemente, se han lanzado al mercado programas de software que localizan dónde está el usuario cuando se conecta a un sitio web. Mediante análisis en tiempo real del tráfico en Internet, una técnica que recibe el nombre de «geolocalización», el software determina el país, el Estado y, en algunos casos, la ciudad desde donde una persona está navegando por Internet.[7]

Es obvio que el próximo paso tecnológico implicará centrarse en el internauta en sí. Las consecuencias no son triviales porque, desde el punto de vista democrático, hay que contar con leyes muy precisas que establezcan quién tiene autorización para entrar en el ámbito privado, y los tribunales tienen que desempeñar un papel decisivo en cuestiones tan sensibles como ésta. En este momento hay dos temas por los que luchar. Uno de ellos es la protección de la privacidad y de la libertad de comunicación; el otro, la manera en que debe aplicarse en Internet la reglamentación existente en las sociedades respecto a qué formas de comunicación no se toleran.

Está claro que los proveedores de Internet no son sólo distribuidores, pues controlan las puertas de acceso de los mensajes. Por otro lado, sería conveniente que los Estados crearan un consejo independiente para el dominio digital que se dedicara a supervisar la aplicación de la ley y el cumplimiento de las decisiones judiciales en el ámbito de Internet. Aunque aparentemente ahora puede lograrse que los proveedores, que operan en territorios nacionales, se hagan responsables por lo que pasa por su puerta, eso no significa que la reglamentación internacional sea innecesaria. Sin embargo, las Naciones Unidas, que sería el organismo apropiado para dirimir estas cuestiones, ya no tiene la fuerza política para decidir sobre el desequilibrio mundial en la producción y distribución de bienes y valores artísticos y de noticias e información, y menos aún para regularlas. Un debate abierto en el ámbito de la Asamblea General para discutir el tema de la libertad y el control en el campo de los nuevos canales de comunicación y medios digitales sería un gran avance.

Notas

1. Moraeus Hanssen. «Not Coming Soon in Oslo: Movie Violence.» *International Herald Tribune*, 9 de julio de 1999.
2. Robert Sherrill. «Citizen Murdoch. Buying His Way to a Media Empire.» *The Nation*, 29 de mayo de 1995.
3. Ger Groot. «Kunst in tijden van Dutroux.» *De Groene Amsterdammer*, 22 de octubre de 1997.
4. Isabelle Falque-Pierrotin. «Quelle régulation pour Internet et les réseaux?» *Le Monde*, 2 de diciembre de 1999.
5. «National Sovereignty Wins One Against the Worldwide Net.» *International Herald Tribune*, 28 de noviembre de 2000.
6. Ibídem. En noviembre de 2001, un juez federal de Estados Unidos determinó que Yahoo! Inc. no estaba obligado a acatar la ley de Francia porque

la Primera Enmienda de la Constitución de Estados Unidos protege los contenidos generados en el país por empresas norteamericanas de la reglamentación de países cuyas leyes sobre la libertad de expresión sean más restrictivas que las estadounidenses (*International Herald Tribune*, 9 de noviembre de 2001).

7. Lisa Guernsey. «Law's Long Arm Reaching onto the Net. As Tracking Gets Easier, More Judges Decide National Rules Apply Online.» *International Herald Tribune*, 16 de marzo de 2001.

ACORDES FINALES

TODO LO QUE TIENE VALOR ES INDEFENSO: ESTRATEGIAS PARA LOS MOVIMIENTOS CULTURALES

Dice el poeta holandés Lucebert: «Todo lo que tiene valor es indefenso». Y tiene razón. Sin embargo, hemos de *hacer todo lo posible por defender* lo que el arte tiene de valioso. En este libro he tratado de identificar las zonas en las que la defensa es débil y he hecho propuestas para una protección y promoción de la diversidad cultural que beneficie a los artistas y al público.

Soy consciente de que mis intentos equivalen a nadar contra la corriente del neoliberalismo, pese a que, después de las reuniones del Foro Social Mundial en Seattle, Porto Alegre, Génova y Cancún, por mencionar sólo algunas, cada vez hay más personas que alzan la voz para decir que el mundo no está en venta y que hay otros futuros posibles. Los representantes de la cultura y el arte no tienen una presencia abrumadora en los movimientos sociales que luchan contra la globalización neoliberal. Esa situación debería modificarse, pero para ello debería haber movimientos culturales que pudieran pensar y actuar de forma estratégica. A modo de síntesis y conclusión de los temas presentados en este libro, delinearé algunas cuestiones que pueden servir para elaborar argumentos y estrategias en defensa de la diversidad cultural.

En la década de 1970 y a comienzos de la de 1980, los países no occidentales reclamaron ante la Unesco la configuración de un Nuevo Orden Mundial de la Información y la Comunicación (NOMIC). ¿Por qué? Porque, según afirmaron en ese momento, las relaciones de comunicación del mundo no eran equilibradas y el desequilibrio perjudicaba a los países más pobres. Sin embargo, a muchos países occidentales la idea de que los mercados de la cultura y la información debían regularse para favorecer relaciones de comunicación más justas les resultó abominable. Tan lejos llegó el repudio que el 1 de enero de 1985 Estados Unidos renunció a la Unesco; Inglaterra y Singapur le siguieron los pasos. Para esos países, la Unesco dejó de ser la plataforma en la que podían defender la idea de libre comunicación, ya que sólo las fuerzas de mercado pueden garantizar esa idea.

Así, los países que abandonaron la Unesco trasladaron la cultura y la comunicación al área de apogeo de la filosofía del libre comercio: el GATT, que se convertiría en la OMC, y sus tratados GATT, GATS y TRIP. En ese espacio, dedicaron toda su energía a *regular* los mercados internacionales para que fuera más fácil la distribución, la promoción y el dominio del mercado cultural por parte de los grupos de empresas culturales. Las consecuencias enseguida se hicieron evidentes: el mundo está lleno de artistas que crean e interpretan obras, pero cada vez es más difícil que esos artistas lleguen al público, se hagan visibles o conocidos y desempeñen un papel importante en la comunicación cultural, ingrediente fundamental de las sociedades democráticas. Las expresiones artísticas se quedan rezagadas y los gigantes de la industria dominan el campo cultural.

El concepto de diversidad cultural surgió a mediados de la década de 1990 como reacción contra el control monopólico ejercido por los grupos de empresas culturales. Desde una perspectiva democrática, es necesario contar con una pluralidad de artistas visibles y con una multiplicidad de propietarios de los medios de producción, distribución y promoción cultural. Además, de acuerdo con la Declaración Universal de los Derechos Humanos, tenemos el deber de garantizar el acceso a los medios de comunicación a tantas expresiones artísticas como sea posible, y todos deberíamos tener el derecho a participar de la vida cultural de la comunidad de la que formamos parte. Esos derechos no pueden ser enajenados por los directivos de unas pocas corporaciones culturales.

A mediados de la década de 1990, la diversidad cultural se convirtió en tema de debate, no sólo en el seno de la Unesco sino también en el campo cultural de muchas sociedades del mundo. La Unesco y las Naciones Unidas solicitaron un informe sobre el tema que se publicó con el título *Nuestra diversidad creativa* (1995) y se discutió en un congreso en Estocolmo, donde se adoptó el Plan de Acción de Políticas Culturales para el Desarrollo de la Unesco, el 2 de abril de 1998. El 2 de noviembre de 2001, la Unesco adoptó como directrices un plan de acción y una nueva Declaración Universal sobre la Diversidad Cultural. En octubre de 2003, la Asamblea General solicitó al director general la preparación de un texto para la siguiente asamblea, que tendría lugar en el segundo semestre de 2005, sobre lo que en ese momento se denominó «Convención sobre la Diversidad Cultural». A comienzos de 2004, una comisión de especialistas propuso cambiar el nombre de la convención: «Convención sobre la Protección y Promoción de la Diversidad de las Expresiones Culturales».

A comienzos del siglo XXI, es evidente que la diversidad cultural forma parte de la agenda política y que, pese al revés sufrido en 1985, el tema de las relaciones de poder en el ámbito de la cultura ha vuelto a ocupar un lugar en los procesos de toma de decisiones de la Unesco. Se ha escrito mucho sobre el tema desde distintas perspectivas, pero de la teoría a la acción hay un largo trecho.

Una vez adoptada (si es que alguna vez se adopta) la Convención sobre la Protección y Promoción de la Diversidad de las Expresiones Culturales, somos conscientes de que no será más que una herramienta, aunque por supuesto de suma importancia. Es un instrumento para alcanzar ciertos objetivos y evitar ciertas situaciones. Una vez que se adopte, firme y ratifique, conferirá a los Estados el derecho de crear la reglamentación y tomar las medidas que los gobiernos y las sociedades consideren adecuadas para promover y proteger la diversidad cultural. Es fundamental que puedan hacerlo sin temor a recibir sanciones comerciales de países que preferirían que esas medidas no se tomaran. La convención sería una herramienta para que todos los países pudieran crear las condiciones para el florecimiento de la mayor cantidad posible de expresiones artísticas.

Además de la convención, es necesario preocuparse para que la diversidad no caiga bajo la opresión de las fuerzas del mercado, que se sostenga con políticas flexibles y adecuadas y que se respete en la mayoría de las comunidades. Por supuesto, todo esto no puede lograrse de un momento a otro ni será una consecuencia inmediata de la adopción de la convención por parte de la Unesco.

Es necesario, por tanto, que existan *movimientos* que presionen a los gobiernos y que generen las condiciones propicias para la diversidad cultural y no se dejen intimidar por el poder monopólico de los gigantes de la industria. Esos movimientos son aún más necesarios si la Unesco fracasa en la adopción de la convención, ya que la cultura quedaría en una posición muy débil frente a los intereses comerciales en todo el mundo. Con o sin la convención, la situación exige que aparezcan movimientos culturales con la fuerza necesaria para definir la agenda política en el ámbito de la cultura y para evitar que esa agenda quede a merced de las fuerzas económicas. También se requiere pensar en *estrategias*: los argumentos en defensa de la diversidad cultural deben poder traducirse en estrategias que guíen la acción, en procesos que permitan ejercer cierta influencia, cierta presión y la consolidación de alianzas.

Esto no significa que no sea el momento de elaborar teorías sobre la diversidad cultural. Todo lo contrario. Pero la reflexión teórica debe combinarse con el desarrollo de un pensamiento *estratégico* y una línea de acción propios de los miembros de cada sociedad que consideren que la diversidad cultural es un valor que merece ser defendido. Esas personas no tiene por qué ser artistas; serían todos cuantos crean que la democracia cultural tiene una importancia fundamental. A su vez, el pensamiento estratégico debe estar acompañado de acciones concretas cuya eficacia sea mayor que la que han tenido los movimientos culturales hasta el momento. En este sentido, hay mucho que aprender de los movimientos ecologistas, los cuales, en definitiva, defienden el mismo principio: la diversidad.

A primera vista, la tarea a la que se enfrentan los movimientos culturales es aún más difícil que la que tienen ante sí quienes bregan por la preservación de la biodiversidad. Los ciudadanos pueden advertir con facilidad que el aire está contaminado, que los alimentos no tienen sabor, que una leve tormenta derriba unos cuantos árboles y que el clima está cambiando. Esos mismos ciudadanos se dejan inundar con los productos de la industria del entretenimiento y los disfrutan. ¿Cómo no habrían de hacerlo, si se les ha hecho creer que eso es muy divertido? ¿Cómo explicarles que el debate sobre la diversidad cultural no anula sus gustos y placeres personales? ¿Qué se debería hacer para que comprendan que es necesario reflexionar sobre la diversidad cultural, la diversidad de los contenidos que se difunden y promueven en los medios de comunicación y por otras vías, y sobre las relaciones de propiedad de los medios de producción, distribución y promoción de las expresiones culturales? ¿Cómo lograr que entiendan que los dueños de los medios de producción deben tener una conducta responsable con la sociedad y la cultura?

Aunque esos interrogantes parecen muy abstractos, tienen una incidencia directa e inexorable en la existencia de la diversidad cultural. ¿Cómo podemos explicar esto? ¿Cómo explicar al público que, cuando la diversidad cultural es la práctica corriente en una sociedad, todos ganan y nadie pierde? ¿Qué es lo que se gana? Éstas deberían ser las cuestiones prioritarias para los movimientos culturales. De otro modo, puede suceder que la Unesco adopte la Convención sobre la Protección y Promoción de la Diversidad de las Expresiones Culturales y luego... nada cambie.

Los movimientos ecologistas también han llegado a un punto en el que tienen que explicar a la ciudadanía cuestiones bastante abstractas y que, en algunos casos, éstas tienen consecuencias negativas sólo a largo plazo. ¿Cómo se puede explicar que hay problemas con los alimentos modificados genéticamente o que pueden producirse catástrofes en la profundidad de los océanos? Los problemas de ese tipo están tan alejados de la vida cotidiana del ciudadano común como los que surgen de la amenaza a la diversidad cultural.

Tanto en el ámbito de la ecología como en el de la cultura, hay que luchar contra la creencia, indiscutible hasta hace veinte años, de que existen mercados desregulados (que constituyen la mejor opción porque son «naturales») y mercados regulados (que niegan al público el derecho a elegir y hasta coartan la libertad de expresión). Sin embargo, tenemos que repetir hasta el cansancio que nunca en la historia, en ninguna sociedad, han existido mercados desregulados. Todos los mercados, incluidos los culturales (que son los que no han ocupado en este libro), están regulados. Si se asiste a una presentación de los dirigentes de la industria cinematográfica o discográfica norteamericana y del secretario de Comercio de Estados Unidos ante la OMC, por ejemplo, la fantasía de que hay mercados desregulados se disipa en cuestión de segundos. Ser conscientes de eso nos permite pensar de forma productiva acerca de los tipos de regulación que pueden favorecer la diversidad cultural sin amordazar la libertad de expresión. ¿Qué argumentos funcionarían? ¿Qué casos se podrían usar como ejemplo? ¿Qué alianzas serían eficaces?

En este último capítulo delinearé los caminos que podríamos tener en cuenta mientras pensamos cuáles son las estrategias adecuadas para que se acepten e implementen políticas de protección de la diversidad cultural en todo el mundo o, mejor aún, en cada país, de acuerdo con sus propias necesidades pero también en concordancia con las de los países vecinos, y con la protección de mecanismos de defensa internacional.

¿Por dónde comenzar? En última instancia, el objetivo es que los Estados-nación formulen sus propias regulaciones en relación con una propiedad diversificada de los medios de producción, distribución y promoción cultural, por ejemplo, o que obliguen a los medios de comunicación y las otras vías de difusión cultural a presentar toda la oferta cultural existente en los distintos lugares de este mundo. Sin embargo, los intereses locales están influidos por las consideraciones globales. Las empresas que se oponen a que la diversidad cultural se exprese por todas las vías posibles son operadores internacionales. La liberalización de los mercados culturales es uno de los objetivos de la OMC, organismo que opera en el mundo entero. Los países no pueden resistir por sí solos las presiones de los grandes Estados, de los organismos internacionales como la OMC, las corporaciones mediáticas y la industria del entretenimiento, y de algunos sectores de la población. Es necesario que aúnen fuerzas y pongan a trabajar la imaginación para crear medidas inteligentes que protejan y promuevan la diversidad cultural y artística.

Cuando comprendamos que se trata de una cuestión que afecta a todo el mundo y que tiene consecuencias específicas en cada lugar, podremos empezar a pensar en un movimiento mundial, una ONG que estimule y coordine las acciones. Imaginemos un nombre para nuestra organización: Todas las Artes del Mundo. Por supuesto, se aceptan sugerencias. La organización deberá ser capaz de realizar varias tareas complicadas, tal como detallaré a continuación. ¿Quiénes formarían parte de ella? Podríamos imaginar que los progenitores serían la Red Internacional para la Diversidad Cultural y la Coalición para la Diversidad Cultural, una organización que está muy comprometida con la movilización mundial por una Convención sobre la Diversidad Cultural. Sin embargo, es importante que, desde el comienzo, cientos de ONG o redes de todos el mundo participen en la fundación de nuestra organización y creen una ONG eficaz y transparente en la que confluyan numerosos brazos, dedicados a actividades bien diferenciadas. La figura adecuada sería la del delta de un río. ¿Cuáles serían las tareas que debería llevar a cabo ese delta cultural que pondría freno al mar rugiente de los intereses económicos?

La primera tarea sería recopilar información sobre distintos temas, de los cuales el más importante sería los pasos dados por la Unesco y los Estados miembros en relación con la Convención sobre la Diversidad Cultural. ¿Qué ocurre con la cultura dentro de la OMC y sus tratados GATT, GATS y TRIP? ¿Qué está haciendo la OMC respecto a la obligación formulada en el artículo 31 de la Declaración Ministerial de Doha del 14 de noviembre de 2001, que establece la necesidad de examinar la relación entre los tratados de comercio y el medio ambiente? Se trata de un tema de gran interés para la protección de la diversidad cultural. Es necesario controlar las fusiones entre medios de comunicación y empresas de la industria del entretenimiento: sus relaciones, su influencia, sus fuentes de financiamiento, su integración vertical, horizontal y cruzada. Por lo tanto, debemos estar atentos a lo que sucede no sólo en Estados Unidos, sino también en los países europeos, Japón, Rusia, el mundo árabe, Brasil, México, Argentina o Hong Kong, ya que ése es el tipo de control que cabe realizar.

También es imprescindible analizar las efectos de las nuevas tecnologías en la creación, producción, distribución y promoción de las expresiones artísticas en todos los géneros, desde los más populares hasta los que sólo son apreciados por grupos muy reducidos, y desde los más tradicionales hasta los más vanguardistas. Tampoco tenemos que sentirnos amedrentados si concluimos que el sistema actual de copyright protege los intereses de los grupos de industrias culturales y, con ello, opera en desmedro de la diversidad.

La segunda tarea de nuestra ONG mundial y de todas las organizaciones y redes locales sería detectar a los potenciales partidarios de la promoción de la diversidad cultural. ¿Cuáles son los grupos de presión que nos interesan a escala local y mundial? ¿Dónde podremos encontrarlos? Debe haber millones de personas en el mundo que detestan que su vida cultural esté determinada por intereses comerciales y decisiones corporativas, que unas pocas personas –que responden a la voluntad de los accionistas– decidan qué películas deben verse, qué música debe escucharse y qué libros merecen ser elevados a la categoría de *best sellers*, y que la diversidad que todavía existe desaparezca como una pompa de jabón. ¿Qué debemos hacer para movilizar a esas personas, para transmitirles un sentimiento de *orgullo* que les anime en la defensa de una vida cultural más rica y variada?

Ellos constituyen el sector del electorado que puede apoyar activamente la regulación con la que se proteja la diversidad cultural y lograr que sea aceptada en distintas capas de la población de una ciudad, un país o una región. Pueden convencer a sus amigos, colegas y vecinos de que, gracias a la regulación, la música, el cine, la literatura, el diseño y otras expresiones culturales podrían ser más satisfactorios y placenteros. Pueden promover entre habitantes de distintos países el goce de una oferta cultural diversificada que hay que saber buscar. ¿Dónde están esos millones de personas? ¿En qué organizaciones podremos encontrarlas? Por supuesto, muchos serían artistas, representantes de distintas disciplinas y géneros, ya que cabe esperar que los artistas sientan la necesidad de proteger una diversidad cultural que beneficia sus finanzas y su crecimiento estético. Sin embargo, contar con un panorama cultural abierto para todas las disciplinas artísticas debería ser una preocupación de todos los ciudadanos que vivimos en democracia.

Así llegamos a la tercera tarea. ¿Qué argumentos podremos esgrimir para lograr que los gobiernos regulen los mercados culturales y favorezcan con ello la diversidad? El argumento más importante es el del respeto a los derechos humanos, dentro de los cuales se incluye el acceso a los medios de comunicación. Recordemos que el arte es una forma de comunicación específica en la que la dimensión estética tiene un lugar preponderante. La participación en la vida cultural de la comunidad también es un derecho humano. Por ello, nadie tiene derecho a dominar la vida cultural y relegar a la mayor parte de la población al papel de consumidores pasivos. No obstante, es posible que los argumentos sobre los derechos humanos sean abstractos para muchos. ¿Cómo podemos hacerlos más concretos? ¿Qué se perdería y qué se ganaría con la diversidad cultural? ¿Cómo puede funcionar la democracia si sólo se escuchan unas pocas voces artísticas?

Los ejemplos son útiles. Podemos mencionar las cifras astronómicas que se destinan a la promoción de una estrella, un *best seller* o un éxito de taquilla; en muchos casos, esa cifra supera la mitad de los costes de producción. Esos presupuestos distorsionan la competencia, pues reducen las posibilidades de la mayoría de los artistas de adquirir relevancia en la vida pública cultural. Ese tipo de ejemplos ayuda a crear conciencia de que algo anda mal. Otro caso podría ser el del intercambio de música por Internet que, si bien no es un robo, se considera un delito y por eso nadie confiesa que lo hace. Las demandas judiciales de los grupos de empresas culturales pueden utilizarse para mostrar qué es lo que está mal con ese tipo de empresas, ya que su conducta es iluminadora.

La cuarta tarea de esta ONG mundial y de las organizaciones y redes conexas sería dar forma a las medidas regulatorias que podrían ayudar a proteger y promover la diversidad cultural. Aquí, lo más difícil es lograr una formulación que se entienda con facilidad y que deje claro que la regulación tiene sentido. Es importante no dar la idea de que se suprimirán algunos tipos de música o de películas y transmitir el mensaje de que, muy al contrario, de lo que se trata es de ofrecer cada vez más opciones.

También sería necesario considerar cómo podría aumentar la capacidad productiva de los países no occidentales para que puedan producir expresiones culturales más costosas de lo que hoy en día pueden financiar. Después de leer este libro, nos ha quedado claro que el intercambio entre algunos países y entre algunas regiones no es recíproco, y que esto no debería ser así. La pregunta específica que debemos formularnos es: ¿qué podemos hacer para que los países ricos abran sus mercados culturales a las expresiones artísticas de las naciones más pobres con regularidad? El tema es complicado y requiere que se analice con seriedad, que se busquen herramientas eficaces, se ideen las formas de popularizarlas y se calculen los costes y los beneficios.

Las tareas estratégicas que hemos presentado hasta el momento son de naturaleza teórica: recopilación de información, detección de potenciales partidarios, búsqueda de argumentos y formulación de posibles medidas regulatorias. La quinta tarea de nuestra ONG es tomar decisiones estratégicas. Entre ellas, decidir quién será el blanco de las actividades que se realicen. El objetivo básico, el que no debemos perder de vista, son los gobiernos nacionales, junto con las autoridades locales y regionales, que deberán adoptar e implementar las medidas que garanticen toda la diversidad artística imaginable y constituyan una garantía contra la censura. En el mundo de hoy, los gobernantes son los únicos que pueden decidir cómo estructurar los mercados culturales y abrirlos a distintas expresiones artísticas. Esta tarea comprende también la investigación sobre cuáles han sido las estrategias de persuasión más exitosas.

Una tarea vinculada con la anterior es mantener firme a la Unesco, que debería ser una organización poderosa que pudiera crear un campo de juego equilibrado para la cultura en relación con el comercio. Este organismo sólo podrá lograr su cometido si cuenta con el respaldo de movimientos de todo el mundo que apoyen la causa de la diversidad cultural y que tengan la capacidad suficiente y las estrategias adecuadas para resistir los embates de la OMC, cuyas teorías y prácticas sólo se orientan al comercio. Una misión paralela consistiría en acusar pública y sistemáticamente a las empresas culturales que monopolizan los mercados y niegan la diversidad artística que enriquece la vida en todas las sociedades. Los movimientos culturales deberían tener la capacidad de demostrar que las empresas culturales son responsables de la diversidad cultural. El objetivo es difícil de lograr, y quizá su consecución sólo sea posible con el apoyo de los empleados de las corporaciones culturales. Las acusaciones públicas también deberían tener como blanco a las autoridades que permitan la fusión entre grupos de empresas culturales y la adquisición de otras vías de difusión y de infraestructura productiva por parte de esos mismos grupos.

Otra misión paralela sería el desarrollo de una infraestructura que permitiera difundir diversas expresiones artísticas. Se necesita una imaginación prodigiosa y un valor enorme para concebir canales para la producción, distribución y promoción del arte que no respondan a un control oligopólico. ¿Cómo podríamos hacer del dominio digital el lugar para difundir profusamente la diversidad cultural y escapar así del control de las grandes industrias culturales? ¿Cómo dar a conocer las experiencias de muchos artistas de distintas partes del mundo que ya usan Internet como medio de difusión de sus creaciones e interpretaciones? Cuanto más eficaz sea esa infraestructura, menos necesidad habrá de una regulación estatal.

La sexta tarea consistiría en analizar con qué obstáculos se enfrentarán nuestras misiones y qué oportunidades podemos encontrar para llevarlas a cabo. En este sentido, la situación de cada país es distinta a la del resto, y con seguridad también habrá diferencias entre las disciplinas artísticas. Proporcionar una clasificación de las dificultades y las posibilidades sería de suma utilidad. ¿Qué se puede hacer en la esfera política? ¿Qué tipo de campañas serían necesarias? ¿Encontraríamos motivos para presentarnos ante los tribunales de justicia? ¿Podríamos lograr que las empresas del sector cultural se enfrentaran entre sí? ¿Cuál es el talón de Aquiles del «enemigo»? Sin lugar a dudas, deberemos encontrar a quienes financien todas estas actividades. ¿Qué argumentos nos servirían para convencer a los potenciales patrocinadores? ¿A qué instituciones o individuos –quizás inesperados– podríamos convencer de que la protección de la diversidad cultural también les beneficia a ellos? ¿Por qué no hacerlos sentir culpables? ¡Que laven sus culpas!

La séptima tarea sería formar alianzas. Los movimientos ecologistas serían aliados natos, pero también habría que pensar en la posibilidad de unirse a los sindicatos y las asociaciones profesionales, o a distintos sectores dentro de ellas. Tendremos que extender las redes cuanto sea posible, pues puede suceder que, si con un argumento no convencemos a A, logremos convencer a B, que está en otra situación. ¿Por qué descartar los vínculos con organizaciones feministas, federaciones de pequeñas y medianas empresas, asociaciones y clubes de barrio, piratas informáticos u organizaciones religiosas? Quizás en esos contextos sea más fácil plantear el debate sobre los valores de la diversidad cultural, la relación entre expresiones culturales y derechos humanos, el placer que se deriva del arte en la vida cotidiana o la relación entre la vida económica y la vida cultural de una comunidad. El objetivo debe ser alcanzar una masa crítica.

También podrían plantearse alianzas con países como China o los del G7, que tendrían gran interés en defender la independencia cultural y, si tenemos suerte, también en el intercambio cultural entre distintas partes del mundo. Los debates de la Unesco acerca de la Convención sobre la Diversidad Creativa nos ilustran con respecto a cuáles son las formas adecuadas de plantear nuestro interés por la diversidad cultural y cuáles son los aspectos pertinentes que debemos incluir. Tenemos que conocerlas al pie de la letra y utilizarlas de forma estratégica en el futuro.

La octava tarea tiene que ver con llegar al público: hacer campañas y llamar la atención pública en lo que se refiere a la discusión, la toma de decisiones o la acción en materia de diversidad cultural. ¿Qué estrategias podríamos utilizar a escala local y mundial y con qué resultado? ¿Cuál sería el blanco de cada campaña? ¿Cómo podemos lograr que las campañas sean mensurables, realistas y realizables en un período de tiempo determinado? Necesitamos contar historias, activar la memoria de muchos. En este sentido, los sectores de la cultura tiene una ventaja con la que no cuentan los del medio ambiente, por ejemplo: ya están en el «negocio» de contar historias y de seducir por medio de la fantasía. Así, las estrategias de comunicación tienen que ser más elaboradas que el discurso de una banda de rock en un concierto. Otra ventaja es que, en el mundo de la cultura, hay muchas personalidades que podrían dar mensajes a favor de la diversidad que atraerían la atención pública. Pero precisamente por su poder de convocatoria hay que saber hacer uso de esas personalidades. ¿Qué tipos de intervención son eficaces en lo que hace a la diversidad cultural, la propiedad de los medios de producción y difusión y las medidas regulatorias en las negociaciones con la OMC, el FMI y el Banco Mundial? ¿Cuáles podrían y deberían ser nuestras exigencias?

La última tarea es la de ejercer control en distintos niveles. Todos los organismos comprometidos con la diversidad cultural, sean de alcance mundial o que tengan influencia sólo en el ámbito local, deben incluir el control efectivo como una de sus tareas estratégicas más importantes, por el bien del arte de todo el mundo.

Empecé diciendo que éste era un libro sobre arte. Ahora que lo he terminado me doy cuenta de que hay algo que me ha quedado sin hacer en todos estos años de investigación y escritura: ya es hora, creo, de volver a mi vieja pasión de tocar la flauta.

BIBLIOGRAFÍA

Aageson, Thomas H. 1999. «Artesanos Indígenas y Desarrollo Sostenible en América Latina y el Caribe.» Segunda Reunión de Trabajo sobre Cooperación Solidaria para el Patrimonio Cultural de la OEA/ Banco Mundial. 16 de febrero de 1999.

Abah, Oga S. 1994. «Perspectives in Popular Theatre: Orality as a Definition of New Realities», en Breitinger, 1994, pp. 79-100.

Abbasi, M. Yusuf. 1992. *Pakistani Culture. A Profile*. Islamabad: National Intitute of Historical and Cultural Research.

Adeleye-Fayemi, Bisi. 1997. «Either one or the other. Images of Women in Nigerian Television», en Barber, 1997, pp. 125-131.

Ajami, Fouad. 1999. *The Dream Palace of the Arabs. A Generation's Odyssey*. Nueva York, Vintage Books.

Amaral, Roberto y César Guimarães. 1994. «Media Monopoly in Brazil», *Journal of Communication*, vol. 44, nº 4, pp. 26-38.

Amin, Samir. 1997. *Capitalism in the Age of Globalization*. Londres y Nueva Jersey, Zed Books. [*El capitalismo en la era de la globalización*, Paidós, Barcelona, 2002.]

Andersen, Robin. 1995. *Consumer Culture & TV Programming*. Boulder, Colorado, Westview Press.

Anderson, Sarah y John Cavanagh, con Thea Lee. 2000. *Field Guide to the Global Economy*. Nueva York, New Press.

Ariès, Paul. 2002. *Disneyland. Le Royaume Désenchanté*. Villeurbanne, Golias.

Armbrust, Walter (ed.). 2000. *Mass Mediations. New Approaches to Popular Culture in the Middle East and Beyond*. Berkeley, University of California Press.

Ashcroft, Bill, Gareth Griffiths y Helen Tiffin. 1989. *The Empire Writes Back. Theory and Practice in Post-Colonial Literatures*. Londres, Routledge.

Attali, Jacques. 2001. *Bruits. Essai sur l'économie politique de la musique*. París, Fayard/ PUF.

Aufderheide, Patricia. 1997. «Telecommunications and the Public Interest», en Barnuow *et al.*, 1997, pp. 157-172.

Baddeley, Oriana y Valerie Fraser. 1989. *Drawing the Line. Art and Cultural Identity in Contemporary Latin America*. Londres y Nueva York, Verso.

Balanyá, Belén, Ann Doherty, Olivier Hoedeman, Adam Ma'anit y Erik Wesselius. 2000. *Europe Inc. Regional & Global Restructuring and the Rise of Corporate Power*. Londres, Pluto press.
Banks, Jack. 1996. *Monopoly Television. MTV's Quest to Control the Music*. Boulder, Colorado, Westview Press.
Baran, Nicholas. 1998. *The Privatisation of Telecommunication*, en McChesney *et al.*, 1998, pp. 123-133.
Barber, Benjamin R. 1996. *Jihad vs. McWorld*. Nueva York, Ballantine Books.
Barber, Karen (ed.). 1997. *Readings in African Popular Culture*. Bloomington e Indianápolis y Oxford, Indiana University Press y James Currey.
Barber, Karen, John Collins y Alain Ricard. 1997. *West African Popular Culture*. Bloomington e Indianápolis y Oxford, Indiana University Press y James Currey.
Barlet, Olivier. 1996. *Les cinémas d'Afrique noire. Le regard en question*. París, L'Harmattan. [*Sueños globales: multinacionales y el nuevo orden mundial*, Flor del Viento, Barcelona, 1995.]
Barnet, Richard J. y John Cavanagh. 1994. *Global Dreams. Imperial Corporations and the New World Order*. Nueva York, Simon and Schuster.
Barnouw, Erik *et al.* 1997. *Conglomerates and the Media*. Nueva York, New Press.
Barrett, James. 1996. «World Music, Nation and Postcolonialism.» *Cultural Studies*, vol. 10, n° 2, pp. 237-247.
Barthes, Roland. 1968. «La mort de l'auteur.» *Manteia*, vol. 5, n° 4; véase también Barthes, *Oeuvres complètes, vol. II, 1966-1973*. París, Éditions du Seuil, 1994, pp. 491-495. [«La muerte del autor», en *El susurro del lenguaje: más allá de la palabra y la escritura*. Barcelona, Paidós Ibérica, 1994.]
Baud, Pierre-Alain. 1995. *La danse au Mexique. Art et pouvoir*. París, L'Harmattan.
Baumann, Max Peter (ed.). 1996. *Cosmología y música en los Andes*. Frankfurt/Main y Madrid: International Institute for Traditional Music e Iberoamericana.
Behrens-Abouseif, Doris. 1999. *Beauty in Arabic Culture*. Princeton, Nueva Jersey, Markus Wiener.
Bello, Walden. 1994. *Dark Victory. The United States, Structural Adjustment and Global Poverty*. Penang, Third World Network.
—. 2002. *Deglobalization. Ideas for a New World Economy*. Londres, Zed Books. [*Desglobalización: ideas para una nueva economía mundial*, Fundación Intermón Oxfam-Icaria, Barcelona, 2004.]
Bello, Walden, Nicola Bullard y Kamal Malhotra. 2000. *Global Finance. New Thinking on Regulating Speculative Capital Markets*. Dhaka, Londres y Nueva York, New York University Press y Zed Books.
Bender, Wolfgang. 1991. *La musique africaine contemporaine. Sweet mother*. París, L'Harmattan.

—. 1994. «Das Nigerphone Lanel-Afrikanische Musik braucht keine Hilfe», en Anna-María Brandstetter (ed.), *Afrika hilftsich selbst*. Münster-Hamburgo, LIT Verlag.

Benghozi, Pierre-Jean. 1989. *Le cinéma: entre l'art et l'argent*. París, L'Harmattan.

Benhamou, Françoise. 2002. *L'économie du star-system*. París, Odile Jacob.

Benjamin, Walter. 1963. *Das Kuntswerk im Zietalter seiner technischen Reproduzierbarkeit* (1936). Frankfurt/ Main, Suhrkamp. [«La obra de arte en la era de su reproducibilidad técnica», en *Discursos interrumpidos*, vol. 1, Taurus, Madrid, 1992.]

Bernier, Ivan. 2001. «A new International Instrument on Cultural Diversity.» Ponencia presentada en el segundo congreso de la Red Internacional para la Diversidad Cultural. Lucerna, Suiza, del 21 al 23 de septiembre.

Berry, Wendell. 1986. *The Unsettling of America. Culture & Agriculture*. San Francisco, California, Sierra Club Books.

Bettig, Ronald V. 1996. *Copyrighting Culture. The Political Economy of Intellectual Property*. Boulder, Colorado, Westview Press.

Bhabha, Homi K. 1994. *The Location of Culture*. Londres y Nueva York, Routledge.

Bharucha, Rustom. 1993. *Theatre and the World. Performance and the Politics of Culture*. Londres y Nueva York, Routledge.

—. 1998. *In the Name of the Secular. Contemporary Cultural Activism in India*. Nueva Delhi, Oxford University Press.

—. 2000. *The Politics of Cultural Practice. Thinking through Theatre in an Age of Globalization*. Londres, Athlone Press.

Bogart, Leo. 1994. «Consumer games.» *Index on Censorship*, vol. 23, septiembre-octubre, p. 17.

Bolton, Richard. 1998. «Enlightened Self-Interest: The Avant-Garde in the 1980's», en Kester, 1998, pp. 23-50.

Bombote, Diomansi. 1994. «Hard times for African artists.» *Copyright Bulletin*, XXVII, n° 4, pp. 24-28.

Bontinck, Irmgard y Alfred Smudits. 1997. *Music and Globalization*. Informe final para el Informe Mundial sobre la Cultura y el Desarrollo de la Unesco, Viena, julio.

Bové, José y François Dufour. 2000. *Le monde n'est pas une marchandise. Des paysans contre le malbouffe. Entretiens avec Gilles Luneau*. París, La Découverte. [*El mundo no es una mercancía: los agricultores contra la comida basura. Conversaciones con Gilles Luneau*, Icaria, Barcelona, 2001.]

Boyle, James. 1996. *Shamans, Software, and Spleens. Law and the Construction of the Information Society*. Cambridge, Massachusetts, y Londres, Harvard University Press.

Brabec, Jeffrey y Todd Brabec. 1994. *Music, Money and Success. The Insider's Guide to the Music Industry*. Nueva York, Shirmer Books.

Brandon, James R. (ed.). 1997. *The Cambridge Guide to Asian Theatre*. Cambridge, Cambridge University Press.
Brecher, Jeremy y Tim Costello. 1994. *Global Village or Global Pillage. Economic Reconstruction from the Bottom Up*. Boston, Massachusetts, South End Press.
Breitinger, Echhard. 1994. *Theatre and Performance in Africa: Intercultural Perspectives*. Beirut, Bayreuth African Studies Series.
— (ed.). 1999. *Uganda: The Cultural Landscape*. Beirut y Kampala, Bayreuth African Studies 39 y Fountain Publishers.
Brown, Mary Ellen. 1994. *Soap Opera and Women's Talk. The Pleasure of Resistance*. Thousand Oaks, California, Londres y Nueva Delhi, Sage Publications.
Brünner, José Joaquín. 1998. *Globalización cultural y postmodernidad*. Santiago, Fondo de Cultura Económica.
Brünner, José Joaquín y Carlos Catalán. 1995. *Televisión. Libertad, mercado y moral*. Santiago, Editorial Los Andes.
Burnett, Robert. 1996. *The Global Jukebox. The International Music Industry*. Londres y Nueva York, Routledge.
Castells, Manuel. 1996. *The Information Age: Economy, Society and Culture. Volume I: The Rise of the Network Society*. Malden, Blackwell. [*La era de la información: economía, sociedad y cultura*, vol. 1: *La sociedad red*, Alianza Editorial, Madrid.]
—. 1997. *The Information Age. Economy, Society and Culture. Volume II: the Power of Identity*. Malden, Blackwell. [*La era de la información: economía, sociedad y cultura*, vol. 2: *El poder de la identidad*, Alianza Editorial, Madrid.]
—. 1998. *The Information Age. Economy, Society and Culture. Volume III: End of Millennium*. Malden, Blackwell. [*La era de la información: economía, sociedad y cultura*, vol. 3: *Fin de milenio*, Alianza Editorial, Madrid.]
—. 2001. *The Internet Galaxy. Reflections on the Internet, Business, and Society*. Oxford, Oxford University Press.
Caughie, John (ed.). 1996. *Theories of Authorship*. Londres, Routledge.
Cavanagh, John, Daphne Wysham y Marcus Arruda (eds.). 1994. *Beyond Bretton Woods. Alternatives to the Global Economic Order*. Londres y Boulder, Colorado, Pluto Press. [*Alternativas al orden económico global: más allá de Bretton Woods*, Icaria, Barcelona, 1994.]
Chabal, Patrick (ed.). 1996. *The Postcolonial Literature of Lisophone Africa*. Londres, Hurst & Co.
Chen, Kuan-Hsing (ed.). 1996. *Trajectories. Inter-Asian Cultural Studies*. Londres, Routledge.
Ching, Leo. 1996. «Imaginings in the Empire of the Sun. Japanese Mass Culture in Asia», en Whittier Treat, 1996, pp. 169-194.
Ching-tao Wu. 2002. *Privatising Culture. Corporate Intervention since the 1980s*. Londres, Verso.

Chomsky, Noam. 1993. «Notes on Nafta», en Dawkins, 1993, pp. 1-6.
—. 1998. *Common Good. Interviews by David Barsamian.* Chicago, Illinois, Odonian Press. [*Lucha de clases: conversaciones con David Barsamian*, Crítica, Barcelona, 2004.]
Clark, Tony. 1995. «Dismantling Corporate Rule. Towards a New Forum of Politics in an Age of Globalization.» San Francisco (serie de instrumentos de trabajo para movimientos sociales, preparados en nombre del Foro Internacional de Globalización; textos preliminares).
Clarke, Tony y Maude Barlow. 1997. *MAI. The Multilateral Agreement on Investment and the Threat to Canadian Sovereignty.* Toronto, Stoddart.
Cliché, Danielle, Ritva Mitchell y Andreas Wiesand. 2001. «Creative Artists, Market Developments and State Policies.» Artículo presentado en la conferencia de la presidencia de la Unión Europea, Condiciones para Artistas Creativos en Europa, Visvy, Suecia, del 30 de marzo al 1 de abril. Bonn, ERICArts.
Cohen Jehoram, Herman, Petra Keuchenius y Lisa M. Brownlee (eds.) 1996. *Trade-Related Aspects of Copyright.* Deventer, Kluwer.
Collins, John. 1993. «The Problem of Oral Copyright–the Case of Ghana», en Frith, 1993, pp. 146-158.
Coombe, Rosemary J. 1998. *The Cultural Life of Intellectual Properties. Authorship, Appropriation, and the Law.* Durham, Carolina del Norte, y Londres, Duke University Press.
Correa, Carlos M. 2000. *Intellectual Property Rights, the WTO and Developing Countries. The TRIPS Agreement and Policy Options.* Londres y Penang, Zed Books y Third World Network.
Crispin Miller, Marc. 1997. *The Publishing Industry*, en Barnouw *et al.*, 1997, pp. 197-233.
Dacyl, Janina W. 2003. «Rights Versus Responsibilities. On Challenges of Shaping Normative Guideline Principles (NPG) of Conduct in Cross-Cultural Encounters at the Civil Society Level», en *Culturelink*, número especial 2002/2003, Zagreb, Cultural Diversity and Sustainable Development.
Daly, Herman. 1994. «Farewell Lecture to the World Bank», en Cavanagh, 1994, 109-117.
Daly, Herman E. y John B. Cobb Jr. 1994. *For the Common Good. Redirecting the Economy Toward Community, the Environment, and a Sustainable Future.* Boston, Massachusetts, Beacon Press.
Daoudi, Bouziane y Hadj Miliani. 1996. *L'aventure du raï. Musique et société.* París, Éditions du Seuil.
Davies, Lucy y Mo Fini. 1994. *Arts and Crafts of South America.* Londres, Thames and Hudson.
Dawkins, Kristin. 1993. *Nafta. The New Rules of Corporate Conquest.* Westfield, Nueva Jersey, Open Magazine, Pamphlet Series.
Delmas, Benoît y Eric Mahé. 2002. *Bal tragique chez Vivendi. La chute de la maison Messier.* París, Editions Denoël.

Derrida, Jacques. 1993. *Spectres de Marx. L'État de la dette, le travail du deuil et la nouvelle Internationale*. París, Galilée. [*Espectros de Marx: el Estado de la deuda, el trabajo del duelo y la nueva Internacional*. Madrid, Trotta, 1998.]

Diamond, Catherine. 2000. «Burmese Nights: the Pagoda Festival Pwe in the Age of Hollywood's *Titanic*.» Ponencia presentada en el congreso Audiences, Patrons and Performers in the Performing Arts of Asia. Leiden University, del 23 al 27 de agosto.

Diawara, Manthia. 1992. *African Cinema. Politics & Culture*. Bloomington e Indianápolis, Indiana University Press.

Dolfsma, Wilfred. 1999. «How Will Music Industry Weather the Globalization storm.» Ponencia presentada en las reuniones de la AFEE/AEA celebradas en enero en Nueva York.

Dorfman, Ariel. 1991. *Some Write to the Future. Essays on Contemporary Latin American Fiction*. Durham, Carolina del Norte y Londres, Duke University Press.

Douzinas, Costas. 2000. *The End of Human Rights*. Oxford, Hart Publishing.

Doy, Gen. 2000. *Black Visual Culture. Modernity and Postmodernity*. Londres, I. B. Tauris.

Doyle, Gillian. 2002. *Media Ownership*. Londres, Sage Publications.

Duvignaud, Jean y Chérif Khaznadar. 1995. *La musique et le monde*. París, Babel and Maison des cultures du monde.

Dwyer, Rachel. 2000. *All You Want is Money, All You Need is Love. Sex and Romance in Modern India*. Londres y Nueva York, Cassell.

Eagleton, Terry. 1990. *The Ideology of the Aesthetic*. Oxford, Blackwell. [*La estética como ideología*, Trotta, Madrid, 2006.]

—. 1997. *The Illusions of Postmodernism*. Oxford, Blackwell.

Edelman, Murray. 1995. *From Art to Politics. How Artistic Creations Shape Political Conceptions*. Chicago, Illinois, y Londres, University of Chicago Press.

Eliot, Marc. 1993. *Rockonomics. The Money Behind the Music*. Nueva York, Citadel Press.

Ellwood, David W. 1994. «Introduction. Historical Methods and Approaches», en Ellwood y Kroes, 1994, pp. 2-18.

Ellwood, David W. y Rob Kroes (eds.). 1994. *Hollywood in Europe. Experiences of a Cultural Hegemony*. Ámsterdam, VU University Press.

Enzensberger, H.M. 1993. *Aussichten auf den Bürgerkrieg*. Frankfurt/Main, Suhrkamp.

Epskamp, Kees. 1989. *Theatre in Search of Social Change. The Relative Significance of Different Theatrical Approaches*. La Haya, CESO.

Eudes, Yves. 1982. *La conquête des esprits: L'appareil d'exportation culturelle américain*. París, François Maspero.

—. 1989. «La société Disney, un modèle de "communication totale"», en *La communication victime des marchands. Affairisme, information et cul-*

ture des masse, con prefacio de Claude Julien. París, La Découverte y *Le Monde*, pp. 252-272.

Faludi, Susan. 1991. *Backlash: The Undeclared War Against American Women*. Nueva York, Doubleday. [*Reacción: la guerra no declarada contra la mujer moderna*, Anagrama, Barcelona, 1993.]

Farchy, Joëlle. 1999. *La fin de l'exception culturelle?* París, CNRS Éditions.

Featherstone, Mike. 1991. *Consumer Culture & Postmodernism*. Londres, Newbury Park, Nueva Jersey, y Nueva Delhi, Sage Publications.

Featherstone, Mike y Roger Burrows (eds.). 1995. *Cyberspace/ Cyberbodies/ Cyberpunk. Cultures of Technological Embodiment*. Londres, Routledge.

Feld, Steven. 1995. «From Schizophonia to Schismogenesis. The Discourses and Practices of World Music and World Beat», en Marcus y Myers, 1995, pp. 96-126.

Fiske, John. 1987. *Television Culture*. Londres, Methuen.

Fjellman, Stephen M. 1992. *Vinyl Leaves: Walt Disney and America*. Boulder, Colorado, Westview Press.

Flandrin, Philippe. 2001. *Le trésor perdu des rois d'Afghanistan*. Mónaco, Éd. Du Rocher.

Fox, Elizabeth. 1994. «Communication Media in Latin America.» *Journal of Communication*, vol. 44, n° 4.

French, Marilyn. 1993. *The War Against Women*. Londres, Penguin Books. [*La guerra contra las mujeres*, Plaza & Janés, Barcelona, 1992.]

Frith, Simon (ed.). 1989. *World Music, Politics and Social Change*. Manchester, Manchester University Press.

— (ed.). 1993. *Music and Copyright*. Edimburgo, Edinburgh University Press.

—. 1996. *Performing Rites. On the Value of Popular Music*. Oxford, Oxford University Press.

Frith, Simon y Andrew Goodwin (eds.). 1990. *On Record. Rock, Pop, and the Written Word*. Nueva York, Pantheon Books.

Frow, John. 1996. «Information as gift and commodity.» *New Left Review*, n° 219, pp. 89-108.

Fuller, Peter. 1988. «The Search for a Postmodern Aesthetic», en Thackara, 1988, pp. 117-134.

Gablik, Suzi. 1985. *Has Modernism Failed?* Londres y Nueva York, Thames and Hudson.

García Canclini, Néstor. 1995. *Culturas híbridas. Estrategias para entrar y salir de la modernidad*. Buenos Aires, Editorial Sudamericana.

— (ed.). 1996. *Culturas en globalización. América Latina-Europa-Estados Unidos: libre comercio e integración*. Caracas, Nueva Sociedad y Clacso.

Garretón, Manuel Antonio (ed.). 1993. *Cultura, autoritarismo y redemocratización en Chile*. México, Fondo de Cultura Económica.

George, Susan y Fabrizio Sabelli. 1994. *Faith and Credit. The World Bank's Secular Empire*. Londres, Penguin Books. [*La religión del crédito: el*

Banco Mundial y su imperio secular, Fundación Intermón Oxfam, Barcelona, 1998.]
Gerbner, George. 1997. «Marketing Mayhem Globally», en Servaes y Lie, 1997, pp. 13-17.
Gerbner, George, Hamid Mowlana y Kaarle Nordenstreng. 1993. *The Global Media Debate: Its Rise, Fall, and Renewal*. Norwood, Nueva Jersey, Ablex Publishing.
Germann, Christophe. 2003. «Content Industries and Cultural Diversity. The Case of Motion Pictures», en *Culturelink, Cultural Diversity and Sustainable Development*, n° especial 2002/2003, pp. 97-140.
Ginneken, Jaap. 1996. *De schepping van de wereld in het nieuws. De 101 vertekeningen die elk 1 procent verschil maken*. Houten, Bohn Stafleu Van Loghum.
—. 1998. *Understanding Global News*. Londres, Sage Publications.
Gitlin, Todd. 1997. «Introduction», en Barnouw *et al.*, pp. 7-13.
Gray, John. 1998. *False Dawn. The Delusions of Global Capitalism*. Londres, Granta Books.
Greenberg, Reesa (ed.). 1996. *Thinking About Exhibitions*. Londres y Nueva York, Routledge.
Greenhalgh, Liz y Ken Worpole, con Charles Landry. 1995. *Libraries in a World of Cultural Change*. Londres, Comedia.
Groebel, Jo. 1998. *The Unesco Global Study on Media Violence*. París, Unesco.
Gründ, Françoise. 1995. «La musique et le monde», en Duvignaud y Khaznadar, 1995, pp. 9-11.
Gupta, Nilanjana. 1998. *Switching Channels. Ideologies of Television in India*. Nueva Delhi, Oxford University Press.
Gürsel, Nedim. 1993. *Paysage littéraire de la Turquie contemporaine*. París, L'Harmattan.
Hamelink, Cees. 1978. *De mythe van de vrije informatie*. Baarn, Anthos.
—. 1994a. *Trends in World Communication. On Disempowerment and Self-empowerment*. Penang, Southbound y Third World Network.
—. 1994b. *The Politics of World Communication*. Londres, Sage Publications.
—. 1999. *Digitaal fatsoen. Mensenrechten in cyberspace*. Ámsterdam, Boom.
Hannerz, Ulf. 1990. «Cosmopolitans and Locals in World Culture.» *Theory, Culture & Society*, vol. 7, n° 2-3, pp. 237-251.
Hardt, Michael y Antonio Negri. 2000. *Empire*. Cambridge, Massachusetts, y Londres, Harvard University Press. [*Imperio*. Buenos Aires, Paidós Ibérica, 2002.]
Hellman, Jörgen. 2000. «Revitalisation of Traditional Longser: Blurring the Genres.» Ponencia presentada en el congreso Audiences, Patrons and Performers in the Performing Arts of Asia, Leiden University, del 23 al 27 de agosto.

Herman, Edward S. 1989. «U.S. mass media coverage of the U.S. withdrawal from Unesco», en Preston *et al.*, 1989, pp. 203-284.
Herman, Edward S. y Robert W. McChesney. 1977. *The Global Media. The New Missionaries of Global Capitalism*. Londres y Washington Cassell. [*Los medios globales: los nuevos misioneros del capitalismo corporativo*, Cátedra, Madrid, 1999.]
Herz, J. C. 1997. *Joystick Nation. How Videogames Ate Our Quarters, Won Our Hearts, and Rewired Our Minds*. Boston, Massachusetts, Little, Brown and Company.
Hetata, Sherif. 1998. «Dollarization, Fragmentation, and God», en Jameson y Miyoshi, 1998, pp. 273-290.
Hewison, Robert. 1990. *Future Tense. A New Art for the Nineties*. Londres, Methuen.
Hines, Colin. 2000. *Localization. A Global Manifesto*. Londres, Earthscan.
Hird, Christopher. 1994. «Media: Murdoch.» *Index on Censorship*, vol. 23, septiembre-octubre, pp. 27-35.
Hoffmann, Hilmar (ed.). 1999. *Das Guggenheim Prinzip*. Colonia, Dumont.
Hollick, Clive. 1994. «Media: Regulation.» *Index on Censorship*, vol. 23, septiembre-octubre, pp. 54-58.
Holt, John. 1996. «"Trampled surface": six artists from Pakistan.» *Third Text*, vol. 36, otoño, pp. 87-90.
Holtwijk, Ineke. 1996. *Kannibalen in Rio. Impressies uit Brazilië*. Ámsterdam, Prometheus.
Hooker, Virginia Matheson (ed.). 1993. *Culture and Society in Indonesia*. Kuala Lumpur, Oxford University Press.
hooks, bell. 1994. *Outlaw Culture. Resisting Representations*. Nueva York y Londres, Routledge.
Human Development Report. 1999. Nueva York y Oxford, Oxford University Press.
Huot, Claire. 2000. *China's New Cultural Scene. A Handbook of Changes*. Durham, Carolina del Norte y Londres, Duke University Press.
Hutton, Will. 1996. *The State We're in*. Londres, Vintage.
—. 2002. *The World We're in*. Londres, Little, Brown.
Jacobsen, Michael y Ole Bruun. 2002. *Human Rights and Asian Values. Contesting National Identities and Cultural Representations in Asia*. Richmond, Surrey, Curzon.
Jameson, Fredric. 1992. *Postmodernism, or the Cultural Logic of Late Capitalism*. Durham, Carolina del Norte, Duke University Press. [*El posmodernismo o la lógica cultural del capitalismo avanzado*, Paidós, Barcelona, 1995.]
—. 1998. «Notes on Globalization as a Pphilosophical Issue», en Jameson y Miyoshi, 1998, 54-77.
Jameson, Fredric y Masao Miyoshi (eds.). 1998. *The Cultures of Globalization*. Durham, Carolina del Norte, y Londres, Duke University Press.

Jawara, Fatoumata y Allen Kwa. 2003. *Behind the Scenes at the WTO. The Real World of International Trade Negotiations.* Londres, Zed Books.

Kasfir, Sidney Littlefield. 1999. *Contemporary African Art.* Londres, Thames and Hudson.

Kester, Grant H. (ed.). 1998. *Art, Activism & Oppositionality. Essays from Afterimage.* Durham, Carolina del Norte, Duke University Press.

Khayati, Khémais. 1996. *Cinémas arabes. Topographie d'une image éclatée.* París, L'Harmattan.

Klein, Naomi. 2000. *No Logo. No Space, No Choice, No Jobs.* Londres, Flamingo. [*No logo: el poder de las masas*, Paidós, Barcelona, 2002.]

—. 2002. *Fences and Windows. Dispatches from the Front Lines of the Globalization Debate.* Toronto, Vintage. [*Vallas y ventanas: despachos desde las trincheras del debate sobre la globalización*, Paidós, Barcelona, 2002.]

Klein, Ulrike. 1993. *Der Kunstmarkt.* Frankfurt/ Main, Peter Lang.

Korten, David. 1995. *When Corporations Rule the World.* San Francisco, California, Kumarian Press y Berrett-Koehler Publishers.

Kretschmer, Martin. 1992. *Intellectual Property in Music. A Historical Analysis of Rhetoric and Institutional Practices.* En prensa, City University Business School, Londres.

—. 1999. «Intellectual Property in Music: A Historical Analysis of Rhetoric and Institutional Practices.» *Studies in Cultures, Organizations and Societies*, vol. 6, número especial Cultural Industry (ed. P. Jeffcutt), pp. 197-223.

Kroes, Rob. 1992. *De leegte van Amerika. Massacultuur in de wereld.* Amsterdam, Prometheus.

Labaki, Aimar. 1999. «Cinco Instantâneos de la Cultura Brasileira/La culture brésilienne: cinq instantanées.» *Teatro del Sur/Revista Latinoamericana*, 10 de mayo.

Lamy, Pascal. 2002. *L'Europe en premier ligne.* París, Seuil.

Lang, Tim y Colin Hines. 1994. *The New Protectionism. Protecting the Future Against Free Trade.* Londres, Earthscan. [*El nuevo proteccionismo*, Ariel, Barcelona, 1996.]

Larson, Charles R. 2002. *The Ordeal of the African Writer.* Londres y Nueva York, Zed Books.

Leach, William. 1993. *Land of Desire. Merchants, Power and the Rise of a New American Culture.* Nueva York, Vintage Books.

Lent, John A. (ed.). 1995. *Asian Popular Culture.* Boulder, Colorado, Westview Press.

Lessig, Lawrence. 2002. *The Future of Ideas. The Fate of the Commons in a Connected World.* Nueva York, Vintage Books.

Liberty. 1999. *Liberating Cyberspace. Civil Liberties, Human Rights and the Internet.* Londres, Pluto Press.

Lieberman, David. 1997. «Conglomerates, News, and Children», en Barnouw *et al.*, 1997, pp. 135-155.

Litman, Jessica. 2001. *Digital Copyright*. Amherst, Nueva York, Prometheus Books.

Louvel, Roland. 1996. *L'Afrique noire et la différence culturelle*. París, L'Harmattan.

Lury, Celia. 1993. *Cultural Rights. Technology, Legality and Personality*. Londres, Routledge.

MacBride, Sean. 1980. *Many Voices, One World. Towards a New More Just and More Efficient World Information and Communication Order*. Londres, París, Kogan Page, Unesco. [*Un solo mundo, múltiples voces. Hacia un nuevo orden mundial de información y comunicación, más justo y más eficiente*. México, Fondo de Cultura Económica.]

Mackerras, Colin. 2000. «Power, Identity, Modernity and the Performing Arts Among Diasporas: Background Ideas from the Chinese Case.» Ponencia presentada en el congreso Audiences, Patrons and Performers in the Performing Arts of Asia. Leiden University, del 23 al 27 de agosto.

McChesney, Robert W. 1997. *Corporate Media and the Threat to Democracy*. Nueva York, Seven Stories Press.

—. 1998. «The political economy of global communication», en McChesney et al., 1998, pp. 1-26.

—. 1999. *Rich Media, Poor Democracy. Communication Politics in Dubious Times*. Urbana y Chicago, University of Illinois Press.

— y John Nichols. 2002. *Our Media, Not Theirs. The Democratic Struggle Against Corporate Media*. Nueva York, Seven Stories Press.

—, Ellen Meiksins y John Bellamy Foster (eds.). 1998. *Capitalism and the Information Age. The Political Economy of the Global Communication Revolution*. Nueva York, Monthly Review Press.

McPhail, Thomas L. 1981. *Electronic Colonialism: the Future of International Broadcasting and Communication*. Beverly Hills, California, y Londres, Sage Publications.

Malhotra, Sheena y Everett M. Rogers. 2000. «Satellite Television and the New India.» *Gazette*, vol. 62, n° 5, octubre, pp. 407-429.

Malm, Krister. 1998. «Copyright and the Protection of Intellectual Property in Traditional Music», en *Music, Media, Multiculture*. Estocolmo, Musikaliska Akademien.

Malm, Krister y Roger Wallis. 1992. *Media Policy and Music Activity*. Londres y Nueva York, Routledge.

Mander, Jerry. 1992. *In the Absence of the Sacred. The Failure of Technology and the Survival of the Indian Nations*. San Francisco, California, Sierra Club Books. [*En ausencia de lo sagrado*, José J. De Olañeta (editor), Palma de Mallorca, 1996.]

—. 1993. «Metatechnology, Trade and the New World Order», en Nader, 1993, pp. 13-22.

Manuel, Peter. 1988. *Popular Musics of the Non-Western World. An Introductory Survey*. Nueva York y Oxford, Oxford University Press.

—. 1993. *Cassette Culture. Popular Music and Technology in North India.* Chicago, Illinois, y Londres, University of Chicago Press.

Marcus, George E. y Fred R. Myers (eds.). 1995. *The Traffic Culture. Refiguring Art and Anthropology.* Berkeley, California, University of California Press.

Marsden, Christopher T. (ed.). 2000. *Regulating the Global Information Society.* Londres, Routledge.

Martín-Barbero, Jesús. 1993a. *Communication, Culture and Hegemony. From the Media to Mediations.* Londres, Sage Publications.

—. 1993b. «Modernity, Nationalism, and Communication in Latin America», en Nordenstreng y Schiller, 1993, pp. 132-147.

Mazziotti, Nora. 1996. *La industria de la telenovela. La producción de ficción en América latina.* Buenos Aires, Barcelona y México, Paidós.

Mediacult. 2000. *Musik und Globalisierung.* Viena Mediacult.

Mewton, Conrad. 2001. *Music & the Internet Revolution.* Londres, Sanctuary.

Meyer, Birgit. 1999. «Popular Ghanaian Cinema and "African heritage".» *Africa Today*, pp. 93-95.

—. 2001. «Money, Power and Morality: Popular Ghanaian Cinema in the Fourth Republic.» *Ghana Studies.*

Mignolo, Walter D. 1998. «Globalization, Civilization Processes, and the Relocation of Languages and Cultures», en Jameson y Miyoshi, 1998, pp. 32-53.

Mitsui, Tôru. 1993. «Copyright and Music in Japan. A Forced Grafting and its Consequences», en Frith, 1993, pp. 125-145.

Miyoshi, Masao. 1998. «"Globalization", Culture, and the University», en Jameson y Miyoshi, 1998, pp. 247-270.

Moeran, Brian. 1989. *Language and Popular Culture in Japan.* Manchester y Nueva York, Manchester University Press.

Morley, David y Kuan-Hsing Chen. 1996. *Stuart Hall. Critical Dialogues in Cultural Studies.* Londres y Nueva York, Routledge.

Morris, Nancy y Silvio Waisbord (eds.). 2001. *Media and Globalization. Why the State Matters.* Oxford, Rowman and Littlefield.

Mosquera, Gerardo (ed.). 1995. *Beyond the Fantastic Contemporary Art Criticism from Latin America.* Londres, Iniva, International Institute of Visual Arts.

Mostyn, Trevor. 2002. *Censorship in Islamic Societies.* Londres, Saqi Books.

Moulin, Raymonde. 1992. *L'artiste, l'institution et le marché.* París, Flammarion.

—. 2000. *Le marché de l'art. Mondialisation et nouvelles technologies.* París, Flammarion.

Mowlana, Hamid. 1993. «New Global Order and Cultural Ecology», en Nordenstreng y Schiller, 1993, pp. 394-417.

—. 1996. *Global Communication in Transition. The End of Diversity.* Londres, Sage Publications.

—. 1997. *Global Information and World Communication.* Londres, Sage Publications.
Msiska, Mpalive-Hangson y Paul Hyland (eds.). 1997. *Writing and Africa.* Londres y Nueva York, Longman.
Mulder, Arjan y Maaike Post. 2000. *Book for the Electronic Arts.* Amsterdam y Rotterdam, De Balie/V2.
Müller, Heiner. 1991. *Jenseits der Nation. Heinrich Müller im interview mit Frank Raddatz.* Berlín, Rotbuch Verlag.
—. 1994. *Gesammelte Irrtümer 3. Texte und Gespräche.* Frankfurt/ Main, Verlag der Autoren.
Myers, Fred R. 1995. *Representing Culture. The Production of Discourse(s) for Aboriginal Acrylic Paintings,* en Marcus y Myers, 1995, pp. 55-95.
Nader, Ralph (ed.). 1993. *The Case Against Free Trade. GATT, NAFTA, and the Globalization of Corporate Power.* San Francisco y Berkeley, California, Earth Island Press and North Atlantic Books.
Naresh, Suman. 1996. «How the idea of cultural exception is viewed around the world. The view from India.» Ponencia presentada en el congreso Cultural Aspects in International trade of Goods and Services: Is There an Exception?, XVIIIe Réunion annuelle de l'Institut du droit et des practiques des affaires internationales, París, 6 de diciembre.
Neale, Steve y Murray Smith. 1998. *Contemporary Hollywood Cinema.* Londres, Routledge.
Nederveen Pieterse, Jan. 1994. «Globalisation as Hybridisation.» *International Sociology,* vol. 9, n° 2, junio, pp. 161-184.
—. 1995. «Globalization and Culture: Three Paradigms.» *Perspectives on International Studies,* Institute for International Studies, Meiji Gakuin University.
—. 1997. «Multiculturalism and Museums: Discourse About the Other in the Age of Globalization.» *Theory, Culture & Society,* vol. 14, n° 4, pp. 123-146.
— (ed.). 2000. *Global Futures. Shaping Globalization.* Londres, Zed Books.
—. 2004. *Globalization & Culture. Global Mélange.* Lanham, Rowman & Littlefield.
Negus, Keith. 1992. *Producing Pop. Culture and Conflict in the Popular Music.* Londres, Arnold.
—. 1999. *Music Genres and Corporate Cultures.* Londres y Nueva York, Routledge. [*Los géneros musicales y la cultura de las multinacionales,* Paidós, Barcelona, 2005.]
Newey, Adam. 1999. «Freedom of expression: censorship in private hands», en Liberty, 1999, pp. 13-43.
Newton, K. M. 1988. *Twentieth-Century Literary Theory. A Reader.* Londres, Macmillan.
Ngugi Wa Thiong'o. 1998. *Penpoints, Gunpoints and Dreams. Towards a Critical Theory of the Arts and the State in Africa.* Oxford, Clarendon Press.

Nordenstreng, Kaarle y Herbert I. Schiller. 1993. *Beyond National Sovereignty. International Communication in the 1990s.* Norwood, Nueva Jersey, Ablex.

Nostbakken, David y Charles Morrow. 1993. *Cultural Expression in the Global Village.* Penang, Southbound.

Nyerere, Julius K. 1990. *The Challenge to the South. The Report of the South Commission.* Oxford, Oxford University Press.

Obuljen, Nina y Joost Smiers (eds.). 2006. *Unesco's Convention on the Protection and Promotion of the Diversity of Cultural Expressions. Making it work.* Zagreb (Culturelink).

Oguibe, Olu. 1995. *Uzo Egonu. An African Artist in the West.* Londres, Kala Press.

Oguibe, Olu y Okwui Enwezor (eds.). 1999. *Reading the Contemporary. African Art from Theory to the Marketplace.* Londres, Iniva, Institute of International Visual Arts.

Ohmann, Richard. 1996. *Making & Selling Culture.* Hanover y Londres, Weslyan University Press.

Oliveira, Omar Souki. 1991. «Mass Media, Culture and Communication in Brazil: the Heritage of Dependency», en Sussman y Lent, 1991, pp. 200-213.

—. 1993. «Brazilian Soaps Outshine Hollywood: Is Cultural Imperialism Fading Out?», en Nordenstreng y Schiller, 1993, 116-131.

Ompi. 2001. *Intellectual Property Needs and Expectations of Traditional Knowledge Holders.* Ginebra, Ompi.

Ortiz, Renato. 1997. *Mundialización y cultura.* Buenos Aires y Madrid, Alianza Editorial.

Owen, Ursula. 1998. «Hate Speech.» *Index on Censorship*, vol. 19, nº 1, enero-febrero, pp. 37-39.

Paglia, Camille. 1992. *Sex, Art, and American Culture.* Nueva York, Vintage Books. [*Sexo, arte y cultura en los Estados Unidos*, Aguilar, Madrid, 1995.]

Passet, René. 2000. *L'illusion néo-libérale.* París, Fayard. [*La ilusión neoliberal*, debate, Madrid, 2001.]

Pavis, Patrice. 1995. *Theatre at Crossroads of Culture.* Londres y Nueva York, Routledge.

Pearce, Susan M. 1998. *Collecting in Contemporary Practice.* Londres, Sage Publications.

Perelman, Michael. 2002. *Steal this Idea. Intellectual Property Rights and the Corporate Confiscation of Creativity.* Nueva York, Palgrave.

Pérez de Cuéllar, Javier. 1996. *Nuestra diversidad creativa. Informe de la Comisión Mundial de Cultura y Desarrollo.* París, Unesco.

Peters, Peter (ed.). 1995. *Zoeken naar het ongehoorde. 20 Jaar Schönberg Ensemble.* Amsterdam, International Film and Theatre Books.

Petrella, Riccardo. 1994. *Limits to Competition. The Group of Lisbon.* Cambridge, Massachusetts, MIT Press.

Pichevin, Aymeric. 1997. *Le disque à l'heure d'Internet. L'industrie de la musique et les nouvelles technologies de diffusion*. París, L'Harmattan.
Plastow, Jane. 1996. *African Theatre and Politics. The Evolution of Theatre in Ethiopia, Tanzania and Zimbabwe. A Comparative Study*. Ámsterdam y Atlanta, Georgia, Rodopi.
Plattner, Stuart. 1996. *High Art, Down Home. An Economic Ethnography of a Local Art Market*. Chicago, Illinois, y Londres, University of Chicago Press.
Poshyananda, Apinan. 1992. *Modern Art in Thailand*. Singapur, Oxford University Press.
Postman, Neil. 1987. *Amusing Ourselves to Death*. Londres, Methuen. [*Divertirse hasta morir: el discurso público de la era del show business*, Ediciones de la Tempestad, Barcelona, 2001.]
—. 1993. *Technopoly. The Surrender of Culture to Technology*. Nueva York, Vintage Books. [*Tecnópolis: la rendición de la cultura a la tecnología*, Galaxia Gutenberg, Barcelona, 1994.]
Prasad, M. Madhava. 2000. *Ideology of Hindi Film. A Historical Construction*. Nueva Delhi, Oxford University Press.
Preston, William Jr., Edward S. Herman y Herbert I. Schiller. 1989. *Hope & Folly. The United States and Unesco 1945-1985*. Minneapolis, University of Minnesota Press.
Primo Braga, C.A. 1990. «The Economics of Intellectual Property Rights and the GATT: A View from the South», en Lonnie T. Brown y Eric A. Szweda (eds.), *Trade-related Aspects of Intellectual Property*. Buffalo, Nueva York, reimpresión para el Programa Transnacional de Estudios Legales, Vanderbilt University School of Law, Nashville.
Pronk, Jan. 2000. «Globalization. A developmental Approach», en Nederveen Pieterse, 2000, pp. 40-52.
Raboy, Marc (ed.). 2002. *Global Media Policy in the New Millennium*. Luton, University of Luton Press.
Raghavan, Chakravarthi. 1990. *Recolonization. GATT, the Uruguay Round & the Third World*. Londres y Penang, Zed Books y Third World Network.
Ramonet, Ignacio. 1997. *Géopolitique du chaos*. París, Galilée.
—. 1999. *Tyrannie de la comunication*. París, Galilée. [*La tiranía de la comunicación*, Debate, Madrid, 1998.]
Redmond-Cooper, Ruth. 1998. «Museums in the Global Enterprise Society-International Opportunities and Challenges.» *Art, Antiquity and Law*, vol. 3, n° 2, junio.
Rifkin, Jeremy. 1998. *The Biotech Century. Harnessing the Gene and Remaking the World*. Nueva York, Putnam. [*El siglo de la biotecnología: el comercio frenético y el mantenimiento de un mundo feliz*, Crítica, Barcelona, 1999.]
–. 2000. *The Age of Access. The New Culture of Hypercapitalism, where All*

of Life is a Paid-for Experience. Nueva York, Putnam. [*La era del acceso: la revolución de la nueva economía*, Paidós, Barcelona, 2004.]
Rouet, François. 1992. *Le livre. Mutations d'une industrie culturelle.* París, La documentation française.
Roux, Emmanuel de y Roland-Pierre Paringaux. 1999. *Razzia sur l'art. Vols, pillages, recels à travers le monde.* París, Fayard.
Rozenberg, Rob. 1994. *Zimbabwe. Huis van steen.* Ámsterdam, Menno van de Koppel.
Rushdie, Salman. 1992. *Imaginary Homelands. Essays and Criticism 1981-1991.* Londres, Penguin Books.
Ryan, Michael y Douglas Kellner. 1988. *Camera Politica. The Politics and Ideology of Contemporary Hollywood Film.* Bloomington e Indianápolis, Indiana University Press.
Said, Edward W. 1991. *Orientalism: Western Conceptions of the Orient.* Londres, Penguin Books. [*Orientalismo*, Barcelona, Debolsillo, 2003.]
—. 1993. *Culture and Imperialism.* Nueva York, Alfred A. Knopf. [*Cultura e imperialismo*, Barcelona, Anagrama, 1996.]
Sakai, Cécile. 1987. *Histoire de la litérature populaire japonaise. Faits et perspectives (1900-1980).* París, L'Harmattan.
Sakr, Naomi. 2001. *Satellite Realms. Transnational Television, Globalization and the Middle East.* Londres y Nueva York, I. B. Tauris.
Sardar, Ziauddin. 1998. *Postmodernism and the Other. The New Imperialism of Western Culture.* Londres, Pluto Press.
Sassen, Saskia. 1991. *The Global City. New York, London, Tokyo.* Princeton, Nueva Jersey, Princeton University Press.
—. 1998. *Globalization and Its Discontents. Essays on the New Mobility of People and Money.* Nueva York, New Press.
Savigliano, Marta E. 1995. *Tango and the Political Economy of Passion.* Boulder, Colorado, Westview Press.
Schatz, Thomas. 1997. «The Return of the Hollywood Studio System», en Barnouw *et al.,* 1997, pp. 73-106.
Schechner, Richard. 1995. *The Future of Ritual. Writings on Culture and Performance.* Londres y Nueva York, Routledge.
Scheps, Marc, Yilmaz Dziewoior y Baraba M. Thiemann (eds.). 2000. *Kunstwelten im Dialog. Von Gauguin zur globalen Gegenwart.* Dumont, Global Art Reinland.
Scheuer, Jeffrey. 2001. *The Sound Bite Society. How Television Helps the Right and Hurts the Left.* Nueva York y Londres, Routledge.
Schiffrin, André. 1999. *L'edition sans éditeurs.* París, La fabrique. [*La edición sin editores*, Destino, Barcelona, 2000.]
Schiller, Dan. 1999. *Digital Capitalism. Networking the Global Market System.* Cambridge, Massachusetts, y Londres, MIT Press.
Schiller, Herbert I. 1976. *Communication and Cultural Domination.* White Plains, Nueva York, International Arts and Sciences Press.

—. 1989a. *Culture Inc. The Corporate Takeover of Public Expression*. Nueva York y Oxford, Oxford University Press.
—. 1989b. «Is There a United States Information Policy?», en Preston, 1989, pp. 285-311.
—. 1992. *Mass Communications and American Empire*. Boulder, Colorado, Westview Press.
—. 1993. «The Context of Our Work», en Nordenstreng, 1993, pp. 464-470.
—. 1996. *Information Inequality. The Deepening Social Crisis in America*. Nueva York y Londres, Routledge.
Schilling, Mark. 1997. *The Encyclopedia of Japanese Pop Culture*. Nueva York, Weatherhill.
Schipper, Mineke. 1989. *Beyond the Boundaries. African Literature and Literary Theory*. Londres, Allison & Busby.
Shcipperhof, Tjeerd. 1997. «Legale verzamelaar nog lang geen antiquiteit», *Boekmancahier*, vol. 33, n° 9, septiembre, pp. 336-338.
Schneier-Madanes, Graciela (ed.). 1995. *L'Amérique latine et ses télévisions. Du local au mondial*. París, Anthropos.
Sen, Krishna y David T. Hill. 2000. *Media, Culture and Politics in Indonesia*. Melbourne, Oxford University Press.
Servaes, Jan y Rico Lie (eds.). 1997. *Media and Politics in Transition. Cultural Identity in the Age of Globalization*. Leuven/Amersfoort, Acco.
Shawcross, William. 1993. *Murdoch*. Nueva York, Touchstone.
Shiva, Vandana. 1995. *Captive Minds, Captive Lives. Ethics, Ecology and Patents on Life*. Dehra Dun, India, Research Foundation for Science, Technology and Natural Resources.
—. 1997. *Biopiracy. The Plunder of Nature and Knowledge*. Boston, Massachusetts, South End Press. [*Biopiratería: el saqueo de la naturaleza y del conocimiento*, Icaria, Barcelona, 2001.]
—. 2001. *Protect or Plunder? Understanding Intellectual Property Rights*. Londres, Zed Books. [*¿Proteger o expoliar?: los derechos de la propiedad intelectual*, Fundación Intermón Oxfam, Barcelona, 2003.]
Shohat, Ella y Robert Stam. 1994. *Unthinking Eurocentrism. Multiculturalism and the Media*. Londres y Nueva York, Routledge. [*Multiculturalismo, cine y medios de comunicación: crítica del pensamiento eurocéntrico*, Paidós, Barcelona, 2001.]
Shulman, Seth. 1999. *Owning the Future*. Nueva York, Houghton Mifflin.
Shuman, Michael. 1994. *Towards a Global Village. International Community Development Initiatives*. Londres y Boulder, Colorado, Pluto Press.
—. 1998. *Going Local. Creating Self-Reliant Communities in a Global Age*. Nueva York, Free Press.
Skutnabb-Kangas, Tove y Robert Phillipson. 2001. «Dominance, Minorisation, Linguistic Genocide and Language Rights», en *Images of the World. Globalisation and Cultural Diversity*. Copenhague, Danish Centre for Culture and Development, pp. 32-47.

Slater, Don. 1997. *Consumer Culture & Modernity*. Cambridge, Polity Press.
Sloterdijk, Peter. 1983. *Kritik der zynischen Vernunft*, vols. 1 y 2. Frankfurt/Main, Suhrkamp. [*Crítica de la razón cínica*, Siruela, Madrid, 2006.]
Smiers, Joost. 1998. *État des lieux de la création en Europe. Le tissu culturel déchiré*. París, L'Harmattan.
—. 2001a. «La propriété intellectuelle, c'est le vol! Pladoyer pour l'abolition des droits d'auteur.» *Le Monde Diplomatique*, septiembre.
—. 2001b. «L'abolition des droits d'auteur au profit des créateurs.» *Réseaux*, vol. 19, n° 110, pp, 61-71.
—. 2002a. «The Abolition of Copyrights: Better for Artists, Third World Countries and the Public Domain», en Towse, 2002, pp. 119-139.
—. 2002b. «The Role of the European Community Concerning the Cultural Article 151 in the Treaty of Amsterdam.» Trabajo de investigación realizado en la Utrecht School of the Arts.
—. 2003. «Regulations in Favour of Cultural Diversity.» *Culturelink*, número especial, 2002/2003, Cultural Diversity and Sustainable Development, pp. 73-95.
—. 2004. *Artistic Expression in a Corporate World. Do We Need Monopolistic Control?* Utrecht, Utrecht School of the Arts.
Smith, Anthony D. 1990. «Towards a global culture?» *Theory, Culture & Society*, vol. 7, n° 2-3, pp. 171-191.
—. 1991. *National Identity*. Londres, Penguin Books. [*La identidad nacional*, Trama Editorial, Madrid, 1997.]
—. 1995. *Nations and Nationalism in a Global Era*. Cambridge, Polity Press.
Smyth, Gareth. 2000. «Yusuf in the dark.» *Index on Censorship*, vol. 1, pp. 169-173.
Soulillou, Jacques. 1999. *L'auteur, mode d'emploi*. París, L'Harmattan.
Soupizet, Jean-François y Laurent Gille (eds.). 2002. *Nord et Sud numérique*. París, Hermes.
Srampickal, Jacob. 1994. *Voice to the Voiceless. The Power of People's Theatre in India*. Londres y Nueva York, Hurst and Co. y St Martin's Press.
Stallabrass, Julian. 1999. *High Art Lite. British Art in the 1990s*. Londres y Nueva York, Verso.
Starr, Amory. 2000. *Naming the Enemy. Anti-Corporate Movements Confront Globalization*. Londres, Zed Books y Pluto Press.
Steenhuis, Aafke. 1990. *In de cakewalk. Schrijvers over de 20ste eeuw*. Ámsterdam, Van Gennep.
Steiner, Christopher B. 1994. *African Art in Transit*. Cambridge, Cambridge University Press.
Sterling, Bruce. 1992. *The Hacker Crackdown. Law and Disorder on the Electronic Frontier*. Londres, Penguin Books.
Stivers, Richard. 1994. *The Culture of Cynicism. American Morality in Decline*. Oxford y Cambridge, Massachussets, Penguin Books.

Ströter-Benhder, Jutta. 1995. *L'art contemporain dans les pays du «Tiersmonde»*. París, L'Harmattan.

Sussman, Gerald y John A. Lent. 1991. *Transnational Communications. Wiring The Third World*. Londres, Sage Publications.

Swaan, Abram de. 1985. *Kwaliteit is klasse*. Amsterdam, Bert Bakker.

—. 2001. *Words of the World*. Cambridge, Polity Press.

Swann, Paul 1994. «The little State Department: Washington and Hollywood's Rhetoric of the Postwar Audience», en Ellwood y Kroes, 1994, pp. 176-195.

Tamney, Joseph B. 1995. *The Struggle Over Singapore's Soul. Western Modernization and Asian Culture*. Berlín y Nueva York, Walter de Gruyter.

Taylor, Diana. 1991. *Theatre of Crisis. Drama and Politics in Latin America*. Lexington, Kentucky University Press.

Taylor, Timothy D. 1997. *Global Pop. World Music, World Markets*. Nueva York y Londres, Routledge.

Tenbruck, Friedrich H. 1990. «The Dreamer of a Secular Ecumene: The Meaning and Limits of Policies of Development.» *Theory, Culture & Society*, vol. 7, n° 2-3, junio, pp. 193-206.

Thackara, John (ed.). 1988. *Design After Modernism. Beyond the Object*. Londres, Thames & Hudson.

Thompson, E. P. 1991. *Customs in Common. Studies in Traditional Popular Cultures*. Nueva York, New York Press.

Thompson, Kenneth (ed.). 1997. *Media and Cultural Regulation*. Londres, Sage Publications y Open University.

Thornton, Sarah. 1995. *Club Cultures. Music, Media and Subcultural Capital*. Hannover y Londres, Wesleyan University Press.

Throsby, David. 1998. «Music, International Trade and Economic Development.» *World Culture Report*, pp. 193-209.

Tiger, Lionel. 1991. *The Pursuit of Pleasure*. Boston, Massachusetts, Little, Brown. [*La búsqueda del placer: una celebración de los sentidos*, Paidós, Barcelona, 1993.]

Titon, Jeff Tod (ed.). 1992. *Worlds of Music. An Introduction to the Music of the World's Peoples*. Nueva York, Schirmer Books.

Tomlinson, John. 1991. *Cultural Imperialism. A Critical Introduction*. Londres, Pinter.

—. 1999. *Globalization and Culture*. Cambridge, Polity Press.

Towse, Ruth. 2002. *Copyright in the Cultural Industries*. Cheltenham, Edward Elgar.

Twitchell, James B. 1992. *Carnival Culture: the Trashing of Taste in America*. Nueva York, Columbia University Press.

Ulrich, Adama. 1994. «Theatre at Nigerian Universities. Development, Aporias and Possibilities», en Breitinger, 1994, pp. 113-120.

Unesco. 1980. *Many Voices, One World. Towards a New More Just and More Efficient World Information and Communication Order*. Informe de la Comisión Internacional para el Estudio de los Problemas de la Comunicación. Nueva York, Unesco. [*Un solo mundo, múltiples voces. Hacia un nuevo orden mundial de información y comunicación, más justo y más eficiente*. México, Fondo de Cultura Económica.]

Unesco-Ompi. 1998. «Foro Mundial sobre la Protección del Folcore de la Unesco-Ompi», en Phuket, Tailandia, del 8 al 10 de abril de 1997. París, Unesco.

Veer, Peter van der. 1977. «"The Enigma of Arrival": Hybridity and Authenticity in the Global Space», en Werbner y Modood, 1997, pp. 90-105.

Vink, Nico. 1988. *The Telenovela and Emancipation. A Study on TV and Social Change in Brazil*. Amsterdam, Royal Tropical Institute.

Virole, Marie. 1995. *La chanson raï. De l'Algérie profonde à la scène internationale*. París, Karthala.

Wagnleitner, Reinhold. 1994. «American Cultural Diplomacy, the Cinema, and the Cold War in Central Europe», en Ellwood y Kroes, 1994, pp. 196-210.

Wallis, Roger y Krister Malm. 1984. *Big Sounds from Small Peoples. The Music Industry in Small Countries*. Londres, Constable.

Wallis, Roger, Charles Baden-Fuller, Martin Kretschmer y George Michael Klimis. 1999. «Contested Collective Administration of Intellectual Property Rights in Music: The Challenge to the Principles.» *European Journal of Communication*, vol. 14, n° 1, marzo.

Waterman, Christopher Alan. 1990. *Jùjú. A Social History and Ethnography of an African Popular Music*. Chicago, Illinois, University of Chicago Press.

Webster, Frank. 1995. *Theories of the Information Society*. Londres y Nueva York, Routledge.

Went, Robert. 1996. *Grenzen aan de globalisering?* Ámsterdam, Het Spinhuis.

Werbner, Pnina y Tariq Modood (eds.). 1997 *Debating Cultural Hybridity. Multi-Cultural Identities and the Politics of Anti-Racism*. Londres, Zed Books.

Westenbrink, B. N. 1996. *Juridische aspecten van het Internet*. Amsterdam, Otto Cramwinckel.

Whiteley, Nigel. 1993. *Design for Society*. Londres, Reaktion Books.

Whittier Treat, John (ed.). 1996. *Contemporary Japan and Popular Culture*. Richmond, Surrey, Curzon.

Wolff, Janet. 1983. *Aesthetics and the Sociology of Art*. Londres, Allen y Unwin.

—. 1989. *The Social Production of Art*. Nueva York, New York University Press. [*La producción social del arte*, Ediciones Istmo, Madrid, 1998.]

Wolveren, K. G. van. 1991. *Japan. De onzichtbare drijfveren van een wereldmacht*. Amsterdam, Rainbow.

Wong, Deborah. 1995. «Thai Cassettes and Their Covers: Two Case Histories, en Lent, 1995, pp. 43-59.

World Culture Report. 1998. *Culture, Creativity and Markets*. París, Unesco.
Yúdice, George, Jean Franco y Juan Flores (eds.). 1992. *On Edge. The Crisis of Contemporary Latin American Culture*. Minneapolis y Londres, Unviersity of Minnesota Press.
Zha, Jianhying. 1995. *China Pop. How Soap Operas, Tabloids, and Bestsellers are Transforming a Culture*. Nueva York, New Press.

ÍNDICE DE NOMBRES Y TEMÁTICO

Aageson, Thomas, 165
Abah, Oga S., 140
acceso
concepto, 237
derecho al, 231, 233, 246
actores, alineación de los, 193
actores negros, 54
actuación, violencia en la, 204
Acuerdo General de Comercio Sostenible, 240
Acuerdo General sobre Aranceles Aduaneros y Comercio (GATT), 40, 117, 236
Ronda de Uruguay, 117
Acuerdo General sobre Comercio de Servicios (GATS), 236, 246, 280
Advance Publications, 67
Afganistán
destrucción de los Budas por los talibanes en, 306
guerra civil en, 312
África
producción cinematográfica en, 139, 152
producción cultural en, 130
africano, arte, 164, 165
Agencia de Estados Unidos para el Desarrollo Internacional (USAID), 164
Agencia de Información de Estados Unidos (USIA), 99
Ahua, Atsen, 102
Ajami, Fouad, 142, 176

ajuste estructural, programas de, 42, 178
alfabetización, el teatro en las campañas de, 138
alienación, 177
Allen, Paul, 91
Alliance Française, 278
alta cultura, 33
Amazon.com, 62, 89, 90
ámbito privado, respeto por el, 189
América Latina
editoriales en, 152
literatura de, 204
producción de arte en, 131
teatro en, 138
violencia en, 204
America Online, 87
Amigos de la Tierra, 312
Amin, Samir, 240
andina, música, 166
ántrax, 199
AOL y Time Warner, fusión de, 49, 95, 145
árabe, literatura, 177
árabes, artistas visuales, 142
Argelia, producción cinematográfica en, 149
Arnault, Bernard, 76
arte
agresividad en el, 205
apoyo al, 273-264
como campo de batalla, 23-33,
como campo de batalla simbólico, 25

como campo de comunicación, 13-14
  como creador de ideología, 35
  como guía para la existencia humana, 178
  como modo de interacción humana, 178
  como taller de producción de significados culturales, 121
  poder en el, 216
arte para satisfacer la demanda, 31-32
artesanos, apoyo a los, 163-165
artilugios en películas, 198
artistas
  asesinato, en Chile, 188
  como cobardes, 205
  como no muy buenos organizadores, 318
  como trabajadores independientes, 73
  falta de oportunidades para viajar, 176
  función ambigua en la sociedad, 208
  importancia, 228
  inversión creativa, 274
Artzt, Edwin, 88
Ashcroft, Bill, 309, 311
Asociación de Agencias de Publicidad de Estados Unidos, 208
Asociación de Cinematografía de Estados Unidos (MPAA), 100, 155, 235
Asociación de Exportadores de Películas, 65, 100, 148
Asociación de Productores Independientes de Televisión de Nigeria, 140
Asociación Estadounidense de la Industria de la Grabación (AEIG),
Asociación Estadounidense de Psicología, 198
Attali, Jacques, 195

Attenborough, Richard, *Gandhi*, 36
auditivos, problemas, 194
Aufderheide, Patricia, 88, 272
autenticidad, búsqueda occidental de, 164
autopista de la información, 83, 95
  libertad en la, 326-327
autor, concepción, 116
Aweke, Aster, 118
Ayodhya, destrucción de la mezquita de, 307
Azmi, Shabana, 139

Babylon, Jean-Pierre, 109
Baddeley, Orriana, 131
Baker & Taylor, 61
bancos
  como coleccionistas de arte, 78-79
  como patrocinadores, 32
Bangladesh, 164
Banks, Jack, 188, 222
Baran, Nicholas, 89
Barba, Eugenio, 204
Barber, Benjamin, 56, 57, 182, 193
Barber, Karen, 110-111, 130
Barenboim, Daniel, concierto de Wagner, 28-29
Barnes & Noble, 61
Barnesandnoble.com, 90
Barnet, Richard, 42, 101, 103
Barthes, Roland, 109
  «La muerte del autor», 109
Baudrillard, Pierre, 218
BBC, 324
Beavis and Butt-head, 200, 218
Beerenkamp, Hans, 200
Bello, Walden, 42-43
Belting, Hans, 81
Bender, Wolfgang, 166
Benjamin, Walter, 74
Berlusconi, Silvio, 250-251
Bernier, Ivan, 242, 243
Berry, Wendell, 316
Bertelsmann, 30, 90, 107

compra Random House, 17, 245
Bettig, Ronald, 99, 102
Bezos, Jeffrey, 90
Bharucha, Rustom, 131, 155, 160, 171, 193, 204-205
bibliotecas
  en África, 151
  servicios, 277
bienes culturales, saqueo de, 309
bienes intelectuales y creativos de uso común, 277
Billington, James, 84
Bingung, 323
Biotecnología, Siglo de la, 119
Birmania
  festival, 136
  teatro de marionetas, 127
Blount, William, 79
BMG, 49
Bollywood, 68, 172-173
Bolton, Richard, 77, 78, 80
Bombote, Diomansi, 275
Bontinck, Irmgard, 125, 134
Boogaard, Raymond, van den, 148
Borges, Jorge Luis, 204
Boyle, James, 100, 116
Brasil, 58, 157, 190
  producción cinematográfica en, 148
Brecher, Jeremy, 45
Breton, André, 204
British Council, 278
Bromley, Carl, 148
Brown, Mary Ellen, 191
Bueren, Peter van, 60
Bulkeley, Jonathan, 55
Bullock, Sandra, 51
Bumiller, Elisabeth, 89
Buren, David, demanda por derechos de autor, 98
Burnett, Robert, 62, 144
Bush, George, 66, 185
Bush, George W., 239

calidad de las obras de arte, concepto relativo de la, 24
calipso, estilo musical, 186
cambios de infraestructuras en el arte, 33
Canadá
  copyright en, 114
  cuota de mercado de Estados Unidos en, 236
  producción cinematográfica en, 149
Canal Plus, 67
Canclini, Néstor García, 79, 149, 175
capacidad de observación, pérdida de, 190
capital intelectual, inversión en, 96
Capitales européennes du nouveau design, exhibición, 174
capitalismo, flexibilidad, 85
capitalismo consumista, 72, 221
Carlyle, Thomas, 31
Caruso, Denise, 217
casas de subastas, 75, 76
Cassen, Bernard, 239
Castells, Manuel, 85,
Cavanagh, John, 38, 100, 101
CBS, 231
CD
  copia, 134
  ilegales, confiscación de, en Hong Kong, 105
  piratas, venta, 103
  piratería, 100
Céline, 204
censura, 25, 234, 323,324, 325, 327
  de películas en India, 324
Centro de Arte y Comunicación (CayC), 79
Centro Pompidou, 174
cerámica, 162-163
CIA, 100
Champ d'expériences, grupo de teatro, 177

Chatterjee, Ashoke, 30
China
  mercado cinematográfico, 61
  mercado cultural, 155-156
  piratería de vídeos, 104
  saqueo del patrimonio cultural, 312
  TV satelital, 323-324
Ching, Leo, 24, 156, 175
chip V, 88
Chipre, robo de objetos de arte, 313
Chomsky, Noam, 117
Christie's, 75
Chrysler, 183
cine
  africano, 152
  artístico y no artístico, distinción entre, 139
  atractivo de los artilugios del, 55
  cantidad limitada de temas, 170
  costos, 51
  distribución, 60
  infraestructuras regionales, 279-281, 311
  en Estados Unidos, 29-30
  en India, 67, 170, 213, 221
  europeo, 70
  éxitos de taquilla, 60, 185
  invasión de, 105
  mercado chino, 61
  naturaleza cambiante del, 50
  no estadounidense, 59-60
  producción, 140, 143, 147-150, 198-199
  que no cruza las fronteras, 278
  romántico, 213
  violencia en, 200, 322
ciudades, función de las, 39
Clark, Tony, 222
Clinton, Bill, 105, 198
Clinton, Hillary, 26, 51
CNN, 65
coalición con movimientos culturales, 318

Coalición por la Diversidad Cultural en el Cine, 259
coleccionistas de arte, 77
Colgate-Palmolive, 183
Collins, John, 114
Colombia, música en, 132
colonialismo, 31, 42
Columbia, 166
comercio, como guerra mundial, 230-238
comercio audiovisual, entre la Unión Europea y Estados Unidos, 66
cómics, producción de, 68
comisarios de arte
  como árbitros del gusto, 80
  como intermediarios, 80
Comisión Empresaria Estadounidense para las Artes (BCA), 79
Comisión Europea, 90
Comisión Mundial de Cultura y Desarrollo de las Naciones Unidas, 26, 96-97, 114, 199, 235
compartir recursos, 221
compositor
  como intérprete, 146
  e intérprete, división entre, 112
comunicación
  derechos de, 233, 236
  libertad de, 272
comunicaciones en compañías transnacionales, 188
Conferencia Mundial de Derechos Humanos de Viena, 238
Conferencia Mundial de Derechos Lingüísticos, 310
Consejo de Europa, 273
consejo independiente para el dominio digital, 186
Constable, Pamela, 306-307
consumo, 15, 181
contaminación, 317
contenido, 97
contenido localizado, demanda de, 154

Convención de La Haya, protección de los bienes culturales, 308
Coombe, Rosemary, 97, 110, 114
copia, necesidad de, 109
Copps, Sheila, 241
copyright, 15, 227, 316-317
 abolición, 283
 como bien de consumo, 95-120
 como concepción occidental, 112-120
 como creencia sagrada, 118
 como fuente de PBI, 111-112
 como obstáculo para la creación, 108
 dificultades de aplicación, 146
 en Japón, 113
 perjuicios para el Tercer Mundo, 112
 privilegio de inversores sobre artistas, 112
 sistema de abolición del, 91, 119
 uso justo, 106
Corea del Sur, 100, 259, 260, 264
 piratería de vídeos en, 100
Corbis, 75
corrida de toros, 203
Corte Internacional de Justicia para la ex Yugoslavia, dictamen, 308
Costello, Tim, 45
creatividad como proceso, 331
crimen organizado japonés, películas sobre, 199
críticos, prescindibilidad de los, 60
cuerpos, apreciación de los, 214
cuestiones de propiedad intelectual vinculadas con el comercio (TRIP), 96, 109, 116, 117, 118
cultura
 explotación en exceso, 315
 como necesidad práctica, 316
 concepción, 35
cultura ciudadana, desarrollo de la, 272
cultura consumista, valores ausentes, 220
cultura corporativa, 181-186
cultura estadounidense *véase* Estados Unidos de América
cultura nacional, concepto, 128
cultura popular, 160-168
 en el mundo corporativo, 188
Curious Picture Corporation, 207
cyborg, 201

Dantzig, Rudy van, 271
Daoudi, Bouziane, 113
Dardenne, Luc y Jean-Pierre (*Rosetta*), 29
Davies, Lucy, 166
Declaración de Bangkok, 238
Declaración de los Derechos Humanos en el Islam de El Cairo, 238
Declaración Universal de los Derechos Humanos (1948), 230, 231, 232, 235, 237, 238
democracia, 13, 56, 71, 123, 125, 130, 170, 172, 178, 210, 227, 230, 246, 316, 326
 como crucial para el arte, 276
 de derechos artísticos, 227-228
 dedicar tiempo a, 193
 importancia del punto de vista de las minorías en, 231
denigración cultural, 177
derechos de autor
 como retórica, 112
 véase también copyright
derechos de propiedad intelectual, 96, 98, 111, 317
 de grupos culturales tradicionales, 114
 normas, 100, 116, 118
 transferencia desde el Tercer Mundo, 115
descentralización, 129
descuento en librerías, 62
deseo, estimulación del, 211-219

de objetos materiales, 220
producción de, 14, 177, 189
tierra del, 181-186
deslocalización, 14, 16, 121, 146, 156, 157, 178, 227, 236
desplazamiento y dispersión, 176
desregulación, 42
devolución de libros, 61
dharma, 232
Diamond, Catherine, 136
diferencias, demarcación, 168-173
digitalización, 49, 83, 183, 317
artística, 108
creencia en la, 41
de fotografías, 74-75
en la composición musical, 146
visión de la Comisión Europea, 90
Ding Guangen, 156
Ding-Tzann Lii, 156
discurso, producción y control del, 321-326
discurso del odio, 325
dislocación del sentido de uno mismo, 177
Disney, 49, 63, 82, 91, 185, 213,
distribución,
a gran escala, 69-73
como medio de recuperar costos, 59
en Internet, 86
de obras de arte, 14, 16, 158
de películas africanas en África, 152
véase también música, distribución de,
diversidad, 27-28, 315
amenaza de la, 317-318
artística, 14, 97, 229, 318
biodiversidad, 242
conceptualización, 169
cultivo de la, 177-178
cultural, 173, 241, 278, 315, 316
como bien, 169
preservación, 243

promoción, 245
de la expresión artística, 158
de opiniones, 61
destrucción, 147-159
ecológica, 316-317
intolerancia, 170
musical, 165-166
protección, 168
DIVX, sistema de compresión, 107
Djionne, Aîssa, 164
Dolfsma, Wilfred, 111
dolor, 218
como fuente de placer, 219
Doom (estrategia de marketing), 201
Doordarshan, emisora de televisión, 140
Dorfman, Ariel, 201
Douste-Blazy, Philippe, 242
Dow Jones, 676
Du Boff, Richard, 40
Duivesteijn, Nico, 143
Dupont, Joan, 29
Dwyer, Rachel, 213

ecología, comparación con la cultura, 315, 316, 317
ecologistas, movimientos, 314
Egipto, 190
artistas visuales, 143
cine, 142, 147
elección como fenómeno aleatorio, 194
Ellwood, David, 147
EMI, 49
emigración
de artesanos, 173
de trabajadores, 176
emociones, descontrol controlado, 182
Empire Writes Back, The [El imperio responde], 177
empresas
como coleccionistas de arte, 79
como patrocinadoras de exhibiciones de arte, 79
empresas de segundo nivel, 66-69

ÍNDICE DE NOMBRES Y TEMÁTICO / 371

Endemol, 67
Enekwe, Ossie, 137
entretenimiento como aspecto central de la nueva economía, 95
Enzensberger, Hans Magnus, 204
Epskamp, Kees, 136
erotismo, 222
esclavitud (Museo de Bristol), 31
Escobar, Ticio, 164
escritores negros, 30
espacio cultural nacional, preservación del, 233
España
   distribución de películas en, 311
   luchas regionales, 130
especulación
   en el arte visual, 74-75, 77
   en la fotografía, 76
Estado
   función del, 162, 246
   políticas culturales del, 271-279
Estados Unidos de América, 99, 113, 115-116, 236
   asesinatos, escenas de, 214
   como miembro de la Unesco, 234
   cultura, 62
   emisión de anuncios publicitarios en, 153
   leyes nacionalistas, 128
   proteccionismo en, 117
   publicidad en, 208
   sistemas de patrocinio en, 271-272
estetización de la vida cotidiana, 35
estilo de vida norteamericano, naturaleza seductora, 181
estilos de vida (mercadotecnia), 211
Eudes, Yves, 63, 106
Eve of Destruction [*Doble identidad*], 201
excesos liminares, fascinación con los, 71
exilio de músicos, 153
exótico, fascinación por lo, 161

Fabre, Jan, 205
Falque-Pierrotin, Isabelle, 328
Faludi, Susan, 202
fantasía, creación de, 211-219
Featherstone, Mike, 35, 71
Federación Internacional de la Industria Fonográfica, 53, 104
Federación Rusa, 276
Feld, Steven, 166, 318
Felten, Edward, 105
femenina
   erotización de la imagen, 202
   ideal de belleza, 155
Fespaco, festival de Burkina Faso, 141
Festival de Cannes, crítica al, 29
Firsovan, E., 153
First Blood [*Acorralado*], 214
Fiske, John, 207
folclore, 116, 160
   uso de la palabra, 114
Foro Económico Mundial, 43-46
Foro Internacional sobre Globalización, 124
fotografía, 74-75
   especulación en, 76
Foucault, Michel, 321
Fox-Genovese, Elizabeth, 177
Francia, 236
   culturas regionales, 130
   librerías de, 141
   operaciones de Yahoo!, 328
   producción cinematográfica en, 148
   robo de objetos de arte, 313
Fraser, Valerie, 131
Freenet, 99, 106-108
French, Marilyn, 202, 215, 324
Fuchs, Peter, 238
Fuentes, Carlos, 239
funerales, elección de la música, 169
futuristas, 204

G8, cumbre en Génova del, 43
Gabriel, Peter, 174

gafieira, 133
Gakken, 69
Galeano, Eduardo, 325
galerías de arte, 76, 77, 153
  venta a través de, 73
  virtuales, 85
Galeries Lafayette, Les, 197
Gallimard, 142
Gannett, 67
Gap, 89
Gates, Bill, 75
Gelder, Henk van, 191
Gerbner, George, 187, 198, 199, 216, 227
Getty, Mark, 75
Getty Images Inc., 75
Ghana
  piratería de vídeos, 102
  producción cinematográfica en, 140
  teatro en, 110-111
Giddens, Anthony, 38
Ginneken, Jaap van, 210
Gitlin, Todd, 88, 324
Giuliani, Rudolf, 26
globalización, 13, 14, 39, 56, 126, 169, 308, 310
  amenaza de la, 242
  como causa de diferencias en la riqueza, 173
  como condición de la producción artística, 49
  concepto
  cuestionamientos, 40
  relativización, 39
  consecuencias desfavorables, 317
  de las subastas, 75
  definiciones, 38
  efectos en la vida artística, 46
  en el Tercer Mundo, 42
  estadounidense, 66
  etapa crítica, 43
  impacto negativo en la producción local, 124-125
Glusberg, Jorge, 79

Gnutella, 99, 107
gobierno, relación con el arte, 79
gobierno global, 238-239
Go.com, 91
Golden Harvest, 61
Goodman, Ellen, 217
Gorbachov, Mijail, 66
Grameen Bank, 164
Gran Hermano, 192
Gray, John, 34, 64, 125-126, 239
Greenberg, Reesa, 80, 81
Greenhalgh, Liza, 277
Greenpeace, 314
Griffiths, Gareth, 309, 311
Groebel, Jo, 201, 215
Groot, Ger, 326
Grupo de los 13, 79
grupos de empresas culturales, 16, 17, 57, 62, 69, 82-83, 96, 111, 117, 118, 123, 147, 158, 159, 166, 176, 186, 187, 212, 227, 229, 232, 278, 317, 324, 325
  poder de los, 245-248
  reducción de los, 275
guardar distancia, principio de, 274
Gubaidulina, S., 153
Guerrin, Michael, 76
Guerra del Golfo, 185
Gupta, Nilanjana, 58, 70, 139, 188
gustos, cuestión de, 32

Hachette, 67
Haidari, Buland, 177
Hall, Stuart, 35, 213
Hamelink, Cees, 46, 237, 238, 246
Hanssen, Moraeus, 322
hardware para el copiado de obras artísticas, 103
Harley, William, 234
Harris, Eric, 201
Hatley, Barbara, 129
Hauptfleisch, Temple, 137
Havas, 67
Hearst, 67

Heinemann, serie de escritores africanos, 152
Hellman, Jörgen, 323
Herman, Edward, 86, 184
Hetata, Sherif, 44
heterogeneidad, tendencia a la, 169
Hewison, Robert, 81
hibridación
 concepto, 168
 términos en que ocurre la mezcla, 176
 ubicuidad, 173-179
Hills, Carla, 149
hindúes, 28
hinduismo, idea de *dharma*, 232
Hines, Colin, 38, 41
Hird, Christopher, 324
Hitler, Adolf, 194
Hoek, Corien, 142
Hoek, Margareth, 196
Hollywood, 24, 49, 50, 54, 59, 61, 67, 91, 126, 148, 150-151, 155, 156, 157, 159, 184, 213, 279
 disminución de la presencia de, 280
 inundación del mercado europeo, 65
 violencia en, 201
Holt, John, 31
Holtwijk, Ineke, 133, 190
homogeneidad, 127, 169, 279
homosexualidad, 202
Honduras, piratería de señales de televisión, 101
Hong Kong
 como capital del arte, 312
 películas sobre el crimen organizado, 202
 piratería de CD, 105
 producción cinematográfica en, 156, 279
hooks, bell, 220
humanismo, coexistencia con el imperialismo, 31

Hungría, televisión en, 65
Husain, Maqdool Fida, destrucción de pinturas de, 28

identidad global, construcción de la, 121-122
identidades
 creación, 168-172
 superposición de círculos policéntricos, 173
Idi Amin, 25
Iedereen beroemd! [*¡Quiero ser famosa!*], 60
imágenes dominantes provenientes de países ricos, 30
impuestos
 en la publicidad, 210
 en los grupos de empresas culturales, 275
Index on Censorship, 325, 327
India
 artesanías, 161
 canciones *masala*, 189
 censura cinematográfica, 324
 diversidad cultural, 132, 171
 importación de material audiovisual, 126
 producción cinematográfica en, 68, 139, 159, 213, 279
 teatro en, 136-139
individualismo, 221
Indonesia, 323
 artes tradicionales, 129
 operaciones de Nike, 89
 producción cinematográfica en, 149
 teatro en, 137
industria de grabación de cintas, 135
industria del entretenimiento, predominio de productos estadounidenses, 159
industria discográfica, 166
 independiente, 165
industria editorial, 50, 149-150, 317
 en América Latina, 152

influencia de los productos culturales, 205-206
información
  derecho a buscar, recibir y difundir, 230
  doctrina del libre flujo de, 231
  pobreza de, 277
Informe sobre Desarrollo Humano, 44, 148, 159
Ingram, 61
Iniciativa para la Música Digital Segura (IMDS), 105
innovación estética, función estructural de la, 184-185
Instituto Cervantes, 278
Instituto Goethe, 278
Instituto Nacional de Investigaciones Históricas y Culturales de Pakistán, 128
International Herald Tribune, 18, 29, 43, 55, 62, 68, 104, 107, 113, 328
Internet, 13, 14, 83, 85-86, 90, 107, 143, 144, 146, 192, 216, 277
  como herramienta para la organización política, 86
  como medio corporativo, 87
  división en zonas geográficas, 328
  incumplimiento del copyright, 101
  juegos, 201
  oportunidad única para los artistas, 108
  peligros, 327
  técnicas de geolocalización, 328
intimidad como valor cultural preciado, 192
invento, definición, 109
Isla de Pascua, producción cinematográfica en la, 184
Islam, 25, 27, 137, 142, 149, 190, 306, 313
  derechos individuales en el, 233
islámico, arte, 31

Israel, 148
Italia, robo de objetos de arte, 313

J. Walter Thompson, 231
Jacquet, Janine, 96
Jagt, Marijn van der, 191
jaipongan, estilo musical, 135
Jameson, Fredric, 35, 165, 185, 186
Japón
  copyright en, 113
  importación de productos culturales de, 156
  producción cinematográfica en, 148
japonesa, cultura, 68
Jost, François, 192
jùjú, estilo musical de Nigeria, 27
Jurassic Park: The Lost World [*El mundo perdido: Jurassic Park*], 59

Kabanech, Muhammad, 27
Kabul, saqueo del museo de, 312
Karaoke, 68
Karmitz, Marin, 35
Kasfir, Sidney, 153, 163
Kasoma, Kabwe, 138
Kenia, 103
Khalife, Marcel, "Oh, Padre, soy yo, Youssef", 27
King, Rodney, paliza de, 200
King, Stephen, 51
Klein, Naomi, 89
Knight-Ridder, 67
Kodak, 61
Kôdansha, 69
Koïchiro Matsuura, 235, 308
Kondorf, N. 153
Kretschmer, Martin, 111
Kristol, Irving, 63
Kroes, Rob, 63, 147

L.A. Heat, 198
La Découverte, 142

Labaki, Aimar, 148
Laing, Dave, 103
Landau, Saul, 186, 195, 240
LAP, grupo, en Indonesia, 323
Larson, Charles, 151
Layali Abu-Hilmiyya, 190
Le Monde, 29, 91, 151
Le Monde Diplomatique, 44
Leach, William, 72, 78, 182, 208
    Land of Desire [Tierra del deseo], 181
Leiby, Richard, 200
lenguas
    derechos de las, 312
    locales, películas en, 311
    protección de las, 311
    véase también Conferencia Mundial de Derechos Lingüísticos
Lent, John, 141, 154, 188
Ley contra el robo electrónico (1997), 106
Ley de Derechos de Autor para el Milenio Digital, 97
Ley de Derechos de Autor para el Milenio Digital de Estados Unidos (1998), 105
Ley de Telecomunicación de Estados Unidos (1996), 88
Líbano, guerra civil, 147-148
libertad cultural, 19, 26
libertad de expresión, 25, 227-245
libre comercio, 222
    como obstáculo para el desarrollo, 278
librerías
    cierre, 150
    en Estados Unidos, 61
    en Francia, 141
libros
    como bienes de consumo, 104
    impresión, 34
    mejores libros en inglés, 30
    producción, 151-152
    véase también publicación

Limbaugh, Rush, 183
límites, 61
límites a la expresión artística, 321
lingüística, diversidad, 311
Litman, Jessica, 97, 109
lluvia ácida, efectos en los edificios, 317
local, beneficio, 124
local, economía cultural, 125-126, 130
locales, culturas, 39, 162, 166-167

Mackerras, Colin, 127
Maddy, Amadu, 138
Madonna, 110
makonde, arte, 175
Malhotra, Sheena, 155
Mali, 151
Malm, Krister, 36, 101-102, 115, 166, 185-186
Mandelbaum, Jacques, 149
Mander, Jerry, 86-87, 185
Manuel, Peter, 132, 134, 167, 171, 189
marca de agua digital, 105
marcas, desarrollo de, 89, 126, 209-210
marcas estadounidenses, uso ilegítimo de, 99
Marinho, Robert, 58, 157
marionetas, teatro de, 127
Marruecos, producción cinematográfica en, 151
Mars, 212
Martin, Randy, 132
Martín-Barbero, Jesús, 64, 158, 161-162
Masao Miyoshi, 37, 147
masas, concepto de cultura de, 70-71
matanzas en escuelas, 322
Matoub, Lounès, asesinato de, 25
maya, religión, 306
McBride, Sean, 234
McCarthy, Todd, 29

McChesney, Robert, 49, 58, 86, 87, 184
McGraw-Hill, 50
Mediaset, 67
medios de comunicación, 86
    apertura de mercados, 86
    caracterización de los, 70
    tecnologías, 86-87
Megadeth, 200
memoria,
    aniquilación de, 194
    despertar de, 211-219
    imágenes visuales como sustituto de, 212
Menon, Vijay, 148
mercado negro del arte, 77
mercadotecnia posfordista, 211
Merida, Kevin, 200
mestizaje, 173
metalenguaje, 84
Mewton, Conrad, 53, 91, 143, 145
México
    editoriales en, 149-150
    Hollywood y la captación del público de cine en, 151
    producción cinematográfica en, 148
Meyer, Birgit, 141
Miami, como capital cultural de América Latina, 157
Microsoft, 91
Middelhoff, Thomas, 90
Midem Americas, 157
Midnight Special, 61
Mignolo, Walter, 310
Milanesi, Luis Augusto, 211
Milani, Hadj, 113
Miller, Marc Crispin, 61
milongas, 133
mingei (artesanía popular japonesa), movimiento, 162
minorías
    exclusión, 322
    igualdad en el trato, 276
Minuit, 142

Miss Mundo, manifestaciones públicas de rechazo en India del concurso, 324
Mo, Fini, 166
moda, desfiles, 181
moda, industria de la, 211
Modern Library, 30
Moeran, Brian, 163, 202
Mohamad, Mahathir, 154
monasterios budistas tibetanos, demolición de, 306-307
Monceau, Nicola, 147
Monroe, Marilyn, 110
moralidad, 227
    papel en la consideración de las obras de arte, 228
Moulin, Raymonde, 73, 74, 76
móvil, 79
movimientos indígenas, 310-311
movimientos progresistas, fin de los, 188
Mowlana, Hamid, 310
mp3, 106, 106-108
MTV, 63, 65, 184, 188, 222
MTV Latino, 157
mujeres
    canciones, 189
    como víctimas en el cine, 202,
    desafío de las normas sociales, 191
    imagen, 23
    libros escritos por, 30
    recatadas, imágenes, 203
    victimización, 215
    violencia contra, 197
Müller, Heiner, 189, 193
multicines, crecimiento de los, 60
multiculturalismo, 173
Municipal Cinema Co. (Noruega), 322
Murdoch, Rupert, 69, 154, 155, 168, 323
Museo de Arte de Brooklyn, 26
Museo de Arte Moderno de Nueva York, 81, 175

Museo Getty, 314
Museo Guggenheim, 81
Museo Nacional de Harare, 162
museos, como instituciones financieras, 81
música, 181
   a todo volumen, 195-196
   adquisición de empresas, 51
   ambiental no deseada, 194
   calipso, 185
   distribución, 51-52, 144
   descentralización de la, 134
   electrónica, 146
   grabación, 49
   importancia en las culturas locales, 132
   prohibición de, 51
   tradicional, desaparición, 309
   venta de repertorio doméstico, 135
   véase también música folclórica y música del mundo
música del mundo, 54, 160-168
   acuñación del término, 165-166
músicos, 161
   exilio de, 153
   problemas para comprar instrumentos, 151

nación, concepto de, 128
Naciones Unidas, 233, 237, 240, 329
Nader, Ralph, 42
NAFTA, 117, 198
Nandy, Ashis, 310
Napster, 99, 106-108
Naresh, Suman, 126
Nasdaq, 90
natural, nostalgia de lo, 161
Natural Born Killers [Asesinos natos/Asesinos por naturaleza], 214
N'Dour, Youssou, 174, 176
Nederveen Pieterse, Jan, 26, 125, 175
Negus, Keith, 52, 54, 157

Neiman Marcus, 164
neoliberalismo, 19, 148, 173, 280
Newey, Adam, 327
News Corporation, 49, 69, 154
Nigeria, 151, 311
   canciones jùjú en, 27
   piratería de vídeos en, 102
   producción cinematográfica en, 140
   saqueo de objetos culturales, 138, 140
   teatro en, 138, 140
Nike, memoria anual, 89
niños, consumo de violencia, 215-216
Nique ta mére, 133
Nirvana, 200
Nordenstreng, Kaarle, 234
Noruega, visión de la cultura cinematográfica, 322
Nouvelle Violence, 201
nuevo orden mundial, 185
Nuevo Orden Mundial de la Información y la Comunicación, 234, 235, 237
Nyerere, Julius, 118

Oaks, Stephan, 207
objetos culturales, restauración a su lugar de origen, 308
obras de arte
   como creaciones continuas, 146
   definición, 304
   precio, 74
   robo de, 308
   saqueo de, 312-314
   sistema regulatorio de las, 312
occidentalización, 40, 63-64
Occidente, mediación del diálogo por parte de, 310
Ofili, Chris (cuadro de la Virgen María), 26
Oliveira, Omar Souki, 59, 183, 190
Olmert, Ehud, 29

Omán, concursos de poesía, 142
O'Neill, Richard, 100
Ópera tradicional de Pekín, 127
Oppenheim, Matthew, 105
ordenador, papel en la producción artística, 145
ordenadores, obsolescencia, 318
Organización de Copyright de Trinidad y Tobago (COTT), 102
Organización de la Conferencia Islámica, 238, 307
Organización Mundial de Comercio (OMC), 40-42, 88, 96, 104, 113, 116, 117, 198, 236, 241, 246
   China como miembro de la, 61
   Declaración Ministerial de Doha, 116
   integración en la ONU, 240
   filosofía de la, 41
   Ronda del Milenio, 280
   vista como antidemocrática, 42
Organización Mundial de la Propiedad Intelectual (Ompi), 115
Organización Mundial de Localización (OML), 240
Organización para la Cooperación Económica y el Desarrollo (OCDE), 44, 66
orientalismo, 181
originalidad de la creación, noción de la, 108-111
   dudosa, 110
   énfasis en la, 73
Ouedraogo, Idrissa, 151
Owen, Ursula, 325

Paglia, Camille, 70
Paramount, 101
Paringaux, Roland-Pierre, 312
participación, 230
patentes, 119
patrimonio cultural
   protección, 305-312
   significado, 309
patrimonio cultural iraquí, destrucción del, 31, 305
patrocinio en Estados Unidos, 272
Pearson, 67
Pecotska, Svetlana, 196
P2P, 107
Pelourinho, barrio de Salvador de Bahía, 308
pentecostal, 140-141
Péry, Nicole, 197
Petrella, Riccardo, 39, 83
Pfaff, William, 43
Phillips, 75
Phillipson, Robert, 315
Pichevin, Aymeric, 112
Pigozzi, John-Christophe, 76
Pinault, François, 76
Pinochet, régimen de, 188
piratería, 99-106, 113, 117
   de música, como alternativa a la venta de drogas, 104
   divulgación de música gracias a, 103
   véase también piratería de vídeos
placer, 205, 206, 278-279
   debates sobre la naturaleza del, 24
   el arte como fuente de, 13, 23
   el dolor como, 219
   en la literatura, 30
plagio, 113
PM Entertainment, 198
pobreza, 43, 178
poder, difuso en las redes globales, 85
poesía
   árabe, 142-143
   concursos en Omán, 142
políticas culturales de los gobiernos, 271-279
Pollitt, Katha, 30
Polygram-Universal, fusión, 145
pop.com, 90
popular, arte, 160-168

pornografía, 215, 218, 327-328
    en el cine, 55
    escenas sadomasoquistas, 197
    infantil, 216
    producción en masa, 196
Porto Alegre, Foro Social Mundial de, 228
Poshyananda, Apinan, 32
posmodernidad, 207
potenciación, 221, 276
    de las comunidades, 124
Prisa, 67
privatización, 41, 42
    de los bienes intelectuales y creativos del común, 15
producción, exceso de, 181
producción artística, cambio en el tiempo de, 146
producción de bienes culturales a gran escala, 69-72
Programa Internacional de Garantía de Medios, 65
prohibición, 64
prohibición de obras de arte, 23
Pronk, Jan, 44, 239
propiedad
    concepto de, 56-62
    fenómeno de la, 109
propiedad intelectual, el arte como, 228
Pröpper, Stephan, 192
protección del arte, 227-244
Proyecto de Declaración de las Naciones Unidas sobre los derechos de los pueblos indígenas, 308
publicidad, 15, 23, 35, 36, 50, 55
    en Estados Unidos, 208
    estrategias, 207
    impuesto propuesto, 271
    mayor volumen de, 194
    uso del arte en la, 79
público
    batalla por el, 209
    como un bien, venta, 209
    función creativa, 114
    papel participativo, 110
    poder, 207
pueblos aborígenes, falta de sentido del copyright en los, 114
punk japonés, 156
Puri, Om, 139
Purim, abogado indio, 115
pwe, festival, Birmania, 136

radio
    escuchar la, 52
    tiempos de publicidad, 183
rai, estilo musical, 153
    falta de autoría, 113
Raj, revisionismo, 36
Rambo, 199, 214
Ramonet, Ignacio, 44
Random House, 17, 30, 50
rap, estilo musical, 202
    agresividad del, 195
    valor del, 54
Rapa Nui, 184
Real Academia de Londres: *Sensation: Young Artists from the Saatchi Collection* [Sensación: Artistas jóvenes de la colección Saatchi], 326
rebetika, estilo musical, 174
Recomendaciones sobre Política Cultural Nacional, 273
Red Globo, 58, 67, 157, 158, 191
Red Hot Chili Peppers, 199-200
Red Internacional de Políticas Culturales, 241
Reed Elsevier, 67
refugiados, 122
    artistas como, 153
regionales, infraestructuras para distribución de filmes, 279
regionales, tradiciones artísticas, 281
regionalismo,
    en programas de televisión, 139

Registro de Objetos de Arte Perdidos, 314
República Democrática de Alemania, 193
responsabilidad, 324
Reuters, 67
Richardson, Bonnie, 99
Rien à signaler, 133
Rifkin, Jeremy, 119, 166, 178, 315
  La era del acceso, 57
robo de obras de arte, 312-314
Robocop 3, 201
Rogers, Everett, 155
Rosetta, Plan (en Bélgica), 29
Roux, Emmanuel de, 312
Roux, Gilbert, 309
Royal, Ségolène, 197
ruido
  como mercancía, 194-195
  como violencia, 195
  contaminación por, 194-195
Rushdie, Salman, 25, 322
  Los versos satánicos, 25
Rusia, incumplimiento de las leyes de copyright, 100
  debate sobre el himno nacional, 128

Saatchi, Charles, 76
Sade, Marqués de, 204
sadismo, celebración pública del, 192
Said, Edward, 31, 234
Sall, Seydou, 159
Samaroo, Brinsley, 62
Saraswati (diosa del arte y la ciencia), 28
Sarayama, cerámica producida en la localidad de, 162-163
Sardar, Ziauddin, 232-233
Saro-Wiwa, Ken, ejecución de, 25
Sassen, Saskia, 38-39
Savigliano, Marta, 133, 153, 171
Schapiro, Mark, 65

Schatz, Thomas, 50
Schiller, Dan, 106
Schiller, Herbert, 209-210, 212-213, 223, 231
Scholte, Rob, 110
Schwab, Klaus, 43-46
Scott, Iain, 166
Seattle, movimientos de oposición, 228
Senghor, Léopold, 138
Sesic, Rada, 139
Sesiones para la Democracia, 79
Setordji, Koffi, 152
Seuil, 142
sexo, como mercancía, 195
sexual, liberación, 195
sexualidad, 221
  y violencia, 197
Shambhavi (artista india), 28
Shamieh, George, 198
Shapiro, Andrew, 85
sharia, 25
Sharon, Ariel, 28
Shawcross, William, 154
Sherrill, Robert, 324
Shiva, Vandana, 170, 179, 317
Shôgakkan, 69
Shohat, Ellen, 150, 173
Shûeisha, 69
Shuman, Michael, 124
sincronización cultural, 186
Singapur
  ley de copyright en, 101
  políticas para el arte asiático, 131
Siria, producción cinematográfica en, 142
Sistema Activo de Seguimiento de Delitos, 314
Skutnabb-Kangas, Tove, 315
Slater, Don, 183, 211, 222
Smadja, Claude, 43-46
Smirnov, D., 153
Smith, Anthony, 122-123
Smouts, Marie-Claude, 239

Smudits, Alfred, 125, 134
Sobchak, Vivian, 218
socialismo, noción del tiempo en el, 192-193
sociedad, afirmación de la inexistencia de la, 15
sociedades de la información, 83
sociedades en Red, concepto de, 83
solidaridad, 16, 163, 220
sonido apropiado para funerales, 169
Sony, 49, 166
sostenibilidad, 17, 219
Sotheby's, 75
Soulillou, Jacques, 108
Soyinka, Wole, 138
Springer, Jerry, 200
Srampickal, Jacob, 136, 138, 221
Stallone, Sylvester, 214
Stam, Robert, 150, 172-173
star system, 145, 192,
   monolítico, 97
STAR-TV, 134
Starr, Amory, 42
Steiner, Christopher, 165
Sterling, Bruce (*The Hacker Crackdown*), 100
Stivers, Richard, 195, 212
Stone, Oliver, 214
Stratton, Jon, 201
Ströter-Bender, Jutta, 116
subastas, globalización, 75-76
subsidios, planes de, 125
   en países pobres, 277
Sudáfrica
   mineros, 131
   teatro en, 137
Sun Jiazhen, 156
supertexto, 84
Sussman, Gerald, 188
Sutherland, Efua, 138
Swaan, Abram de, 169, 312
Synergies African Ventures, 102

tailandés, boxeo, 175
tailandés, colecciones de arte, 32
tailandés, música y baile clásico, 133
Taiwán, cantantes populares de, 23
talibán
   campaña contra las imágenes no islámicas, 306-307
   destrucción de instrumentos musicales, 25
tango, 133
   como cultura popular, 171
Tanzania, 151, 175
   danza en, 133
teatro, 136, 169, 181, 193
   en Asia, 131
   en Ghana, 110
   en campañas de alfabetización, 195
   festival Bamako, 151
   Longser, en Indonesia 323
   total, 138
tecno-cuerpo, 215
tecnología de la información, 123
tejidos, 164
telégrafo magnético, 83
telenovelas,189-191
   como reflejo de la realidad, 192
   en América Latina, 58
   en Brasil, 158, 183, 190
   en los países árabes, 142
Televisa, 67
televisión
   efectos en los centros rurales, 167
   en Hungría, 65
   estadounidense, 158
   niños como televidentes, 187
   violencia en, 216
   contra las mujeres, 202
televisión satelital en China, 323-324
tensión entre las personas, reducción de la, 220
Tercer Mundo
   derechos de comunicación en el, 237

derechos de propiedad intelectual transferidos desde el, 116
motivos e imágenes del, 116
producción cinematográfica en el, 150
Terminator, 201
terrorismo, 190
Tetsuya Komura, 69
The Challenge to the South [El reto al Sur], 118
Thiongo, Ngugi Wa, 138, 152
Thoreau, Henry David (*Walden*), 83
tiempo, concepción en el socialismo, 194
Tiffin, Helen, 309, 311
Tiger, Lionel, 25, 200
Time Inc., 231
Time-Life, 157
Time Warner, 101
  véase también AOL Time Warner,
Titanic, 137
  piratería, 104
títeres, teatro de, 135, 161
tk news, 69
toma de decisiones en el arte, 72
Tomlinson, John, 186, 321
Tôru Mitsui, 113
Towse, Ruth, 111
trabajadores de la construcción y estética, 37
tradición, pérdida de la, 175
tradición oral, desaparición de la cultura de, 310
tradicional, arte, 160-168
tradicional, desaparición de la sociedad, 160
traducción de estudios culturales, 18
tranquilidad amenazada por el ruido, 194
transparencia, 41
Tratado Unidroit, 314
transporte público asiático, pintura en el, 141
triángulo de comercio, 38-39

Trinidad, piratería de música en, 101-102
Triple Earth, 166
turismo, 131, 161, 165, 178, 189, 212, 236-237
  arte producido para el, 163
  efectos del, 127
  todo está a la venta en el, 184
Turquía, producción cinematográfica en, 147
20th Century Fox, 29, 231

Ukasha, Usama Anwar, 190
Ulrich, Adama, 138
Un solo mundo, voces múltiples, 234
Unesco, 115, 233, 235, 237, 240, 308, 309, 314
  Conferencia de Nairobi, 234
  Debilitamiento de la, 241
  Nuestra diversidad creativa, 26, 114, 115, 199, 235, 245, 255, 310, 332
  relación de Estados Unidos con, 234
  véase también Comisión Mundial de Cultura y Desarrollo de las Naciones Unidas
Unidad Popular de Chile, gobierno de, 188
Unión Europea, 99, 125
United Technologies, 79
Unity in Islamic Art [La unidad en el arte islámico], 79
universal, noción de lo, 237
Universal Soldier [Soldado universal], 201

Valenti, Jack, 65, 155, 235, 296
vallenato, estilo musical, 132-133
velocidad, necesidad de, 193
verdad desnuda, La, 196
Verhoeven, Paul, *Starship Troopers* [*Las brigadas del espacio*], 200
Viacom, 49

Victor, Nomi, 201
vídeo, industria del, 198-199
  en Nigeria, 140, 311
vídeo, piratería, 101-102
  en China, 104
  en Corea, 100
  en Ghana, 102
  en Nigeria, 102
  en Oriente Medio, 102
  utilización de estampillas fiscales numeradas, 102
vídeo digital, 108, 143-144
videojuegos, 215-216, 217-218
  violencia, 201
    efectos en los niños, 215-216
vídeos
  en MTV, 184
    exclusión de vídeos políticos, 188
    escenas de tortura en, 216
    producción en Estados Unidos, 200
  véase también vídeo digital
Vietnam, guerra de, 217
violación, 201, 202, 324
violencia, 23, 214-218, 326
  atracción de los hombres por la, 216
  como fracaso de la comunicación humana, 205
  culto a la, 204
  en el cine, 206, 322
  en las exportaciones estadounidenses, 198
  en televisión, 217
  goce de la, 202
  mercadotecnia de la, 198-205
  «Perfil e índice de violencia», 199
  rituales, 203
virtual, existencia, 177
virtualidad, concepto de, 84

visuales, artes
  mercados, 72-83
  pérdida de especialización, 73
  producción de obras interactivas en, 145
visuales, imágenes
  como sustitutos de la memoria, 212
  proliferación de, 194
Vivendi-Universal, 49-50
voyerismo, 192

Wagner, Richard, concierto de, 28-29
Waisvisz, Michael, 146
Wallis, Roger, 36, 101-102, 111, 166, 185-186
Warner, 65
Wassel, jeque Nasr Farid, 307
Waterman, Chris, 27
Waterstone's, 150
Webster, Frank, 82, 221
Weiss, Friedl, 117
Went, Robert, 85
Whannel, Paddy, 213
White Zombie, 200
Wolff, Janet, 36
Wolveren, Karel van, 69
Wong, Deborah, 134
Worpole, Ken, 277

Yahoo, operaciones en Francia, 328
Yanagi, Muneyoshi, 162
Yugoslavia, guerra en, 217, 308

Zelnick, Strauss, 29, 54, 197
Zimbabue
  esculturas de piedra en, 24, 162
  producción cinematográfica en, 199